As Licenças Compulsórias
de Direitos
de Propriedade Industrial

COLEÇÃO DE ESTUDOS DE DIREITO INTELECTUAL
TOMO I

As Licenças Compulsórias de Direitos de Propriedade Industrial

2016

Vítor Palmela Fidalgo
Assistente Convidado da Faculdade de Direito da Universidade de Lisboa
Diretor do Departamento de Propriedade Intelectual da Inventa International

AS LICENÇAS COMPULSÓRIAS DE DIREITOS
DE PROPRIEDADE INDUSTRIAL

AUTOR
Vítor Palmela Fidalgo

EDITOR
EDIÇÕES ALMEDINA, S. A.
Rua Fernandes Tomás, n.ᵒˢ 76-80
3000-167 Coimbra
Tel.: 239 851 904 · Fax: 239 851 901
www.almedina.net · editora@almedina.net

DESIGN DE CAPA
FBA.

PRÉ-IMPRESSÃO
EDIÇÕES ALMEDINA, SA

IMPRESSÃO E ACABAMENTO
PAPELMUNDE

Junho, 2016

DEPÓSITO LEGAL
411970/16

Apesar do cuidado e rigor colocados na elaboração da presente obra, devem os diplomas legais dela constantes ser sempre objecto de confirmação com as publicações oficiais.
Toda a reprodução desta obra, por fotocópia ou outro qualquer processo, sem prévia autorização escrita do Editor, é ilícita e passível de procedimento judicial contra o infractor.

 GRUPOALMEDINA

BIBLIOTECA NACIONAL DE PORTUGAL – CATALOGAÇÃO NA PUBLICAÇÃO
FIDALGO, Vítor Palmela
As licenças compulsórias de
direitos de propriedade industrial
ISBN 978-972-40-6530-4
CDU   347

Aos meus Pais,
João e Anabela

Verba mollia et efficacia.

NOTA PRÉVIA E AGRADECIMENTOS

O estudo que agora se publica corresponde, essencialmente, à dissertação de mestrado em Ciências Jurídicas, defendida na Faculdade de Direito da Universidade de Lisboa, que foi em 2015 galardoada com o *Prémio Professor Doutor José de Oliveira Ascensão*, instituído pela Associação Portuguesa de Direito Intelectual (APDI), que visa galardoar o autor de uma obra de investigação na área de Direito Intelectual.

Agradecemos a valiosa orientação e contributos científicos do Senhor Professor Doutor Dário Moura Vicente e do Senhor Professor Doutor José Alberto Vieira.

Agradecemos igualmente à Biblioteca da Faculdade de Direito da Universidade *Rheinische Friedrich-Wilhelms*, em Bona, que sempre providenciou e atendeu a todos os pedidos ditados pela investigação, durante o período passado na Alemanha.

Aos meus pais e restantes familiares, aos meus amigos portugueses e brasileiros e a colegas que, de alguma forma, contribuíram para a realização deste trabalho, a nossa gratidão.

Finalmente, não podemos deixar de agradecer à Faculdade de Direito da Universidade de Lisboa, que além dos seus ensinamentos, nos deixou este incessante prazer pela investigação de excelência, pela academia e pela partilha de conhecimentos entre os seus membros.

ADVERTÊNCIAS

– A menção de texto legal, sem indicação do diploma em que se integra, não sendo decorrente da secção em estudo, deve entender-se como referida ao Código de Propriedade Industrial, aprovado pelo Decreto-lei nº 36/2003, de 5 de março, com a sua última alteração efetuada pela Lei nº 46/2011, de 24 de junho.

– O presente trabalho está atualizado com a referência a elementos publicados até novembro de 2015.

ABREVIATURAS

AAVV	Autores vários
A.B.A. J.	American Bar Association Journal
ABPI	Associação Brasileira de Propriedade Intelectual
Am. U. Int'l L. Rev.	American University International Law Review
Am. Pat. L. Ass'n Q.J.	American Patent Law Association Quarterly Journal
BFDC	Boletim da Faculdade de Direito de Coimbra
BGH	Bundesgerichtshof
BIRPI	Bureaux Internationaux Réunis pour la Protection de la Propriété Intellectuelle
BMJ	Boletim do Ministério da Justiça
BPatG	Bundespatentgericht
BPI	Boletim da Propriedade Industrial
CAMR	Controlled Drugs and Substances Act
Cap.	Capítulo
CC	Código Civil Português
CEDAM	Casa Editrice Dott. Antonio Milani
Conv.UPOV	Convenção Internacional para a Proteção das Obtenções Vegetais
Cornell J.L. and Pub. Pol'y.	Cornell Journal of Law and Public Policy
CRP	Constituição da República Portuguesa
CPA	Código do Procedimento Administrativo

CPC	Código de Processo Civil
CPE	Convenção sobre a Patente Europeia 2000
CPI	Código da Propriedade Industrial
CUP	Convenção de União de Paris para a Proteção da Propriedade Industrial
Colab.	Colaboração
Coord.	Coordenação
Ed.	Edição
EIPR	European Intellectual Property Review
Envtl. L.	Environmental. Law
FDA	U.S. Food and Drug Administration
Food Drug Cosm. L. J.	Food Drug Cosmetic Law Journal
FTC	Federal Trade Commission
Geo. Mason L. Rev.	George Mason Law Review
Giust. civ.	Giustizia Civile
GebrMG	Gebrauchsmustergesetz
GrundG	Grundgesetz
GRUR	Gewerblicher Rechtsschutz und Urheberrecht Internationaler Teil
GWB	Gesetz gegen Wettbewerbsbeschränkungen
IEP	Instituto Europeu de Patentes
IIC	International Review of Intellectual Property and Competition Law
INFARMED	Autoridade Nacional do Medicamento e Produtos de Saúde, I.P.
Int'l L. & Mgmt. Rev.	International Law and Management Review
Int. J. Intellectual Property Management	International Journal of Intellectual Property Management
L.J.	Law Journal
Loy. U. Chi. Int'l L. Rev.	Loyola University Chicago International Law Review
JIEL	Journal of International Economic Law
J. Intell. Prop. L.	Journal of Intellectual Property Law
MERCOSUL	Mercado Comum do Sul
Nw. J. Int'l L. & Bus	Northwestern Journal of International Law & Business

PatG	Patentgesetz
Reg.	Regulamento
Reimp.	Reimpressão
Rev Panam Salud	Revista Panamericana de Salud Pública
RLJ	Revista de Legislação e Jurisprudência
ROA	Revista da Ordem dos Advogados
OMC	Organização Mundial do Comércio
OMS	Organização Mundial de Saúde
Osgoode Hall L. J.	Osgood Hall Law Journal
Sec.	Secção
SortenschutzG	Sortenschutzgesetz
TCAS	Tribunal Central Administrativo Sul
TFUE	Tratado sobre o Funcionamento da União Europeia
TJUE	Tribunal de Justiça da União Europeia
TRIMS	Agreement on Trade Related Investment Measures
Trips	Agreement on Trade-Related Aspects of Intellectual Property Rights
UAIPIT	University of Alicante Intellectual Property & Information Technology
Va. L. Rev.	Virginia Law Review
Vol.	Volume

Capítulo I
Introdução

§ 1. Apresentação
Se olharmos para o tema das licenças compulsórias, verificamos que a bibliografia portuguesa existente é bastante limitada[1]. Ao debruçarmo-nos analiticamente sobre este fenómeno, descobrimos que isso se deve, porventura, à aparente escassa relevância da sua utilização no território português[2]. E mencionamos aparente, pois, apesar da difícil quantificação

---

[1] A monografia de referência que surgiu até ao momento data de 2008: REMÉDIO MARQUES, *Licenças (Voluntárias e Obrigatórias) de Direitos de Propriedade Industrial*, Coimbra, Almedina, 2008. Contudo, esta debruça-se com maior intensidade sobre a questão das licenças voluntárias. Muitas outras obras abordam, naturalmente, esta matéria. Em todo o caso, esta é quase sempre relegada para segundo plano, nomeadamente para abordar questões paralelas ao tema em estudo. *Vide*, entre outros, CASTRO MARQUES, «As Licenças de Direito de Propriedade Intelectual e a Defesa da Concorrência», in AAVV, *Direito Industrial*, vol. III, Coimbra, Almedina, 2003, pp. 329 e ss.; COUTO GONÇALVES, *Manual de Direito Industrial*, 6ª ed., Coimbra, Almedina, 2015, pp. 110 e ss.; REMÉDIO MARQUES, «Patentes Biotecnológicas e o Acesso a Produtos de Saúde – Uma Perspectiva Europeia e Luso-Brasileira», *O Direito*, 141º, I, Coimbra, Almedina, 2009, pp. 163 e ss.; REMÉDIO MARQUES, «Direito de Autor e Licença Compulsória – Um Olhar Luso-Brasileiro», *Boletim da Faculdade de Direito de Coimbra*, vol. 86, 2010, pp. 49 e ss.

[2] Segundo dados recolhidos junto do Instituto Nacional de Propriedade Industrial, nos últimos anos, foi concedida apenas uma licença compulsória. Esta foi concedida em 31.10.2002, a favor da empresa Sapec Agro S.A., sobre a patente nacional nº 76136, que dizia respeito a um "processo para a preparação de misturas fungicidas sinérgicas contendo uma mistura de pelo menos uma N-Arilacilamina e 1-(2-Ciano-2-2-Metoxi-Iminoacetil)-3-Etil-Ureia

deste fenómeno, a mera existência deste tipo de licenças serve como mecanismo de persuasão contra certas práticas, incentivando ainda o licenciamento de forma voluntária. Em segundo lugar, o instituto das licenças compulsórias é algo que paira permanentemente no ar quando se fala em direitos de propriedade industrial, sendo, como já mencionado, "as old as the patent system itself"[3]. Num país com uma dimensão tecnológica e económica como Portugal, a licença compulsória poderá parecer distante, existindo a ideia de que a sua utilização nunca se mostrará necessária. Tal consiste num erro. Em Portugal, este mecanismo já foi utilizado. Não tem gerado controvérsias doutrinárias, contudo, dadas as matérias delicadas em que esta figura se envolve, poderá ser necessária uma grande resposta dos juristas, que, como já referimos, até agora não lhe deram a devida importância.

A utilidade da abordagem deste tema manifesta-se, desde logo, quando nos debruçamos sobre o regime esparso presente no CPI. Para além das condições para a sua atribuição, a restante matéria diz respeitos aos procedimentos administrativos de concessão. Desta feita, a substância da relação entre o titular da patente e o licenciado não tem um regime definido na lei. Como acrescenta a doutrina italiana, a principal dificuldade hermenêutica consiste no perfil duplo deste instituto. Sendo a sua fonte um ato administrativo, a licença compulsória apresenta ainda um perfil privatístico, similar ao contrato de licença voluntária[4]. Além do mais, nunca poderemos perder de vista que este consiste num instituto unitário, pelo que, de forma a não perder a coerência, a sua configuração jurídica-dogmática terá de assentar, necessariamente, numa base comum[5].

Destarte, resta-nos dizer que pretendemos com esta obra desenvolver um estudo dogmático profundo deste instituto, suscitando e ponderando questões novas, analisando as já existentes e densificando o regime procedimental presente no nosso direito.

---

e/ou Tris-(Etilfosfonato) de alumínio". Para consultar o averbamento desta licença, *vide* BPI nº 1/2003.
[3] COHEN, «Compulsory Licensing of Patents – The Paris Convention Model», *IDEA*, vol. 20, nº 2, 1979, pp. 153 e ss., pp. 153.
[4] GRECO, «Aspetti Pubblicistici e Privatistici Della C.D. Licenza Obbligatoria di Brevetto», *Rivista di Diritto Industriale*, Anno XXXVIII, I, Milano, Giuffrè, 1977, pp. 5 e ss., pp. 7.
[5] *Idem.*

§ 2. Enquadramento e sistematização

Uma vez apresentado o tema, compete-nos agora enquadrar a sua sistematização. O nosso estudo será dividido em sete Capítulos, alguns deles subdividindo-se em secções.

Depois da introdução no Capítulo inaugural, no Capítulo II, esta obra irá explanar as noções gerais sobre as licenças compulsórias, de forma a que se solidifiquem conceitos e diferenças base.

No Capítulo III, iremos abordar a tão falada questão das licenças compulsórias e o acesso aos medicamentos, incluindo diversos regimes sobre a concessão de licenças compulsórias para exportação, quando estejam em causa problemas de saúde pública. Convém fazer aqui um alerta. Optámos, sistematicamente, por colocar esta problemática neste capítulo, pois entendemos que esta deve ser uma questão prévia, que, não podendo deixar de ser abordada, terá de ser apresentada antes de entrarmos no regime jurídico português das licenças compulsórias, que corresponde ao principal objeto do nosso estudo. Naturalmente, poderão surgir algumas dificuldades de compreensão de algumas questões que serão abordadas neste capítulo. Contudo, apresentados os conceitos gerais no precedente Capítulo II, em conjunto com as explanações do próprio Capítulo III, estamos em crer que o leitor se conseguirá integrar totalmente nestas matérias.

Chegados ao Capítulo IV, iremos estudar o regime jurídico das licenças compulsórias na sua dimensão de direito internacional, tendo como base o Acordo *Trips* e a Convenção de Paris para a Proteção da Propriedade Industrial. A abordagem de direito internacional será mais breve por duas razões. Por um lado, o principal objeto do nosso estudo são as licenças compulsórias na ordem jurídica portuguesa. Por outro lado, sendo Portugal um dos Estados-membros da OMC e, consequentemente, o seu regime sobre licenças compulsórias ser inspirado – *rectius* como quase todos os Estados-membros da OMC – no art. 31º do Acordo *Trips* e art. 5ºA da CUP, cremos que poderia dar-se uma duplicação desnecessária na teorização de diversas questões. Desta forma, a abordagem do direito português terá em grande medida as disposições das licenças compulsórias no regime jurídico internacional, além de que muitas das questões serão abordadas do mesmo modo, não havendo desta forma um prejuízo decorrente de uma menor abordagem de direito internacional.

No Capítulo V, trataremos da licença compulsória no direito europeu, mais concretamente da sua base jurisprudencial como medida contra práticas restritivas da concorrência e ainda o seu novo regime, presente no diploma sobre a patente europeia com efeito comum.

No Capítulo VI, será realizada a importante resenha das licenças compulsórias no direito comparado. Esta análise comparativa terá como base as ordens jurídicas que mais influenciam o direito português e ainda aquelas em que as licenças compulsórias têm sido alvo de maior discussão. A análise passará pelas ordens jurídicas alemã, brasileira, norte-americana, francesa, indiana e italiana.

Finalmente, no Capítulo VII, iremos entrar no regime jurídico português sobre licenças compulsórias. Esta análise será realizada em seis secções. A primeira contém questões gerais, como, por exemplo, os tipos de licenças compulsórias, admissibilidade constitucional das mesmas ou direitos de propriedade industrial abrangidos. A segunda irá confrontar todos os fundamentos que poderão dar lugar a licenças compulsórias no direito português. Abordar-se-á ainda o requisito presente em todos os tipos de licenças compulsórias: *a tentativa de obtenção de uma licença voluntária*. A secção III será destinada ao procedimento administrativo e às condições para a concessão de licenças compulsórias. Na secção IV, iremos raciocinar acerca da construção da licença compulsória como um instituto unitário e todas as suas vicissitudes. Na secção V, o nosso estudo irá centrar-se na modificação e extinção da licença (revisão, impugnação e extinção). E, por fim, na secção VI, como não poderia deixar de ser, iremos teorizar a *espinhosa* questão de saber qual a natureza jurídica deste instituto.

§ 3. Objetivos do Direito de Propriedade Industrial. Licença compulsória como balanceamento das desvantagens do sistema

I. Quando o Estado atribui uma patente ou outro direito sobre uma invenção, está a atribuir um exclusivo ao seu titular – temporalmente limitado – que tem quatro propósitos já bem conhecidos pela doutrina[6]:
- Reconhecer o esforço intelectual;
- Premiar o inventor por esse esforço;
- Incentivar a investigação e a inovação (*inventividade*);
- Promover a divulgação e disseminação do conhecimento tecnológico.

---

[6] Por todos, *vide* BEIER, «The Significance of the Patent System for Technical, Economic and Social Progress», *IIC*, vol. 11, no. 5, Munich/Oxford, 1980, pp. 563 e ss., pp. 574.

I. INTRODUÇÃO

Tudo isto tem em mente um objetivo superior: o desenvolvimento social, económico e tecnológico da sociedade.

Desta forma, com a concessão de um monopólio privado, o inventor irá ter um incentivo para despender capital na procura de novas invenções, pois sabe que poderá recuperar o investimento durante a concessão do exclusivo[7]. De outra forma, isto seria muito difícil de obter. Digamos que existe, como refere SALAMOLARD, um interesse público na concessão destes direitos exclusivos[8].

Não obstante, apesar das claras vantagens, existem igualmente fatores negativos que devem ser considerados. Ao ser atribuído, por um Estado ou por uma Organização Internacional, um exclusivo para explorar uma invenção, o titular do mesmo adquire a faculdade de impedir a exploração por terceiros, traduzindo-se assim num *jus prohibendi*[9]. Deste modo, em condições normais, este irá agir conforme o seu poder no mercado, de uma forma desvantajosa para os consumidores, querendo, com um baixo nível de produção, o máximo de lucro possível[10].

É neste ambiente que surgem as licenças[11] compulsórias. Estas, permitindo a um terceiro explorar a patente sem o consentimento do seu titular, mas mediante uma remuneração, vêm equilibrar todo este sistema, sendo mais do que apenas *válvulas de escape* do mesmo, na medida em que permitem a prossecução de objetivos próprios do Direito de Propriedade

---

[7] SALAMOLARD, *La licence obligatoire en matière de brevets d'invention – Etude de droit comparé*, Genève, Librairie Doz, 1978, pp. 215.

[8] *Idem*.

[9] CARLOS CORREA/SALVADOR BERGEL, *Patentes y Competencia*, Argentina, Rubinzal – Culzoni Editores, 1996, pp. 35.

[10] Como referem CORNISH/LLEWELYN/APLIN, *Intellectual Property, Patents, Copyright, Trade Marks & Allied Rights*, London, Sweet & Maxwell, 10th ed. 2010, pp. 317 (7-40): "A Wholehearted patent system will contain nothing that fetters a patentee's power to act as a monopolist if the market allows it: he will be able to hold production of his invention down to the level of the maximum profit".

[11] Devido à importância da "licença" no âmbito do direito da propriedade intelectual, é cada vez mais discutido na doutrina o seu significado jurídico. Como refere OLIVEIRA ASCENSÃO, «A "Licença" no Direito Intelectual», *Contratos de Direito de Autor e de Direito Industrial*, Org. Carlos Ferreira de Almeida, Luís Couto Gonçalves, Cláudia Trabuco, Coimbra, Almedina, 2011, pp. 93 e ss., pp. 93, a licença é um termo "incómodo", sendo que assume a devida importância noutros ramos do direito, como é o caso do direito administrativo, apresentando-se como um ato administrativo unilateral. Contudo, tal como nota o Professor, estas contrapõem-se às licenças de direito da propriedade intelectual, que, ao contrário das licenças de direito público, manifestam um interesse privado.

Industrial ou mesmo do interesse público em geral. Como medidas excecionais que são, nunca deverão ser discricionárias[12].

II. Na verdade, não será por acaso que o tema das licenças compulsórias tem assumido, desde sempre, uma relevância e atualidade permanentes dentro da propriedade industrial. No desenvolvimento deste ramo do direito, este instituto assoma quase sempre no centro das discussões. Desde discussões sobre a obrigação de exploração local, passando pelas *blocking patents* ou pela promoção do interesse público em geral, onde mais recentemente nos surgiu a questão da proteção da saúde pública, a licença compulsória tem sido vista com parte da solução.

O direito de propriedade industrial, que concretamente no que diz respeito às invenções, onde preconiza a sua "perfeição" na imperfeição que é a outorga de um monopólio privado, encontra na licença compulsória um compromisso entre os vários interesses em jogo, servindo este instituto como pêndulo do sistema.

§ 4. Delimitação terminológica

I. Neste ponto procedemos a uma chamada de atenção para o facto de, na presente obra, apresentarmos o *nomen* de "licença compulsória"[13] e

---

[12] Esta preocupação de tentar balancear os interesses em jogo é bem visível, por exemplo, na comunicação da República da Coreia de 1998 já no âmbito da OMC, que referia o seguinte: "Compulsory licensing aims at diffusing technology which can provide benefit to the public by way of preventing patent holders from exclusively hoarding the patents and licensing contracts with unreasonable terms and conditions. Nevertheless, indiscreet use of compulsory licensing can discourage efforts for innovation. For this reason, the TRIPS Agreement sets forth detailed conditions for the use of compulsory licensing." (doc. OMC WT/WGTCP/W/105, de 23 de outubro de 1998).

[13] Em termos de direito comparado, no direito brasileiro, a locução utilizada é, precisamente, "licença compulsória" (cf. art. 68º e ss. da lei de patentes brasileira), o mesmo se passando com alguma doutrina portuguesa (v.g., FERREIRA DE ALMEIDA, «Contratos da Propriedade Intelectual. Uma Síntese», *Contratos de Direito de Autor e de Direito Industrial*, Org. Carlos Ferreira de Almeida, Luís Couto Gonçalves, Cláudia Trabuco, Coimbra, Almedina, 2011, pp. 9 e ss., pp. 16; OLIVEIRA ASCENSÃO, «A "Licença" no Direito Intelectual», ob. cit., pp. 96). Nos países anglo-saxónicos, utiliza-se o termo "compulsory license" (cf. art. 84º da *Patents Act 1970* da Índia; art. 48º e ss. da *Patents Act 1977* do Reino Unido). No direito alemão, surge-nos a "Zwangslizenz" (cf. nº 1 do § 24 *PatG* alemão). O direito espanhol dá *nomen* a este instituto como "licencia obligatoria" (cf. arts. 86º e ss. da *Ley de Patentes Española*), o mesmo se passando nos países que falam castelhano (cf., v.g., art. 70º e ss., *Ley de la Propriedad Industrial* Mexicana). Por sua vez, no direito italiano, está prevista a "licenza obbligatoria" (cf.

I. INTRODUÇÃO

não outros termos existentes no mundo jurídico, como "licença obrigatória"[14] ou "licença compulsiva"[15]. É certo que o nome que se atribui a este tipo de licença é pouco importante em termos jurídicos, mas também constitui uma verdade que em qualquer ramo do direito há um esforço dos juristas para dar um *nomen* totalmente correto e adequado para cada figura específica.

II. O termo que a nossa lei adotou foi, precisamente, "licença obrigatória"[16]. Pensamos, contudo, que este não é o termo mais correto para descrever o instituto em causa.

Ao verificarmos as expressões que nos surgem no mundo do direito, notamos um elo comum: todas referem o termo "licença". Em tempos, especialmente no direito inglês, foram utilizadas as expressões "compulsory working", "working clause" ou "revocation of patents for non-working". Apesar de serem uma limitação ao direito exclusivo, estas expressões não têm que ver com licenças compulsórias, mas sim com a caducidade. O nascimento destas expressões deveu-se ao facto de a primeira consequência para a falta de exploração da invenção ter assentado na caducidade[17].

A doutrina italiana debruçou-se sobre o *nomen* a dar a este instituto, mais concretamente Greco. O Professor, tentando repelir algumas críticas que se apontaram ao termo *licenza obbligatoria*, afirmou que a locução *licenza* seria perfeitamente adequada, pois não se tratava de chamar à colação a fonte da relação, na medida em que já existiam as licenças contratuais, mas sim a própria natureza desta, que não deixa de ser contratual[18]. Referiu ainda o Professor que a lei italiana, ao contrapor na própria lei

---

arts. 70º e ss. do *Codice della Proprietà Industriale*) e, no direito francês, a expressão utilizada é "licence obligatoire" (cf. arts. L613-11 e ss. do *Code de la Propriété Intellectuelle*).

[14] É este o termo referido nos arts.107º e ss. do CPI, termo que já vem do CPI de 1940 e de 1995.

[15] Referido por Castro Marques, «As Licenças de Direito de Propriedade Intelectual e a Defesa da Concorrência», ob. cit., pp. 339.

[16] Cf. arts. 107º e ss.

[17] Cf., por exemplo, Pasquale Frederico, «Compulsory Licensing in Other Countries», *Law and Contemporary Problems*, 13, 1948, pp. 295 e ss., disponível em www.heioonline.org (visitado em 15.03.2012), pp. 295, nota 1.

[18] Greco, «Aspetti Pubblicistici e Privatistici Della C.D. Licenza Obbligatoria di Brevetto», ob. cit., pp. 14.

a licença contratual à licença obrigatória, indicava claramente que o que estaria em causa era a própria relação em si e não sua fonte contratual ou administrativa[19]. Por fim, GRECO acrescentou que a censurabilidade poderia ser apenas apontada ao termo *obbligatoria*, dado que não haveria propriamente uma obrigação de licenciar o direito de propriedade industrial, sendo que, na sua opinião, o termo mais aceitável seria *licenza coattiva*[20].

III. Na nossa opinião, o nome preferível a atribuir a estas licenças será "licença compulsória".

Quanto ao primeiro termo, seguimos a opinião de GRECO. No direito português, tal como no italiano, as licenças contratuais ou voluntárias são contrapostas às licenças compulsórias, pelo que nos indica que o que está em causa não é a fonte destas. Desta forma, o termo "licença" não abarca somente contratos perfeitos, em que foram manifestadas todas as vontades das partes[21].

Colocando de lado o termo "licença coativa", parece-nos que a denominação "licença compulsória" será a mais adequada. Para além do facto de, no direito brasileiro, ser este o termo adotado, pelo que nunca será estranho ao vocabulário jurídico de língua portuguesa, estamos em crer que o termo *licenças obrigatórias* não traduz corretamente a realidade deste tipo de licença. Se atentarmos nos requisitos e processo de concessão de licenças compulsórias no Código da Propriedade Industrial português (doravante CPI), verificamos que as licenças não são, de todo, obrigatórias, os sujeitos são, sim, compulsivamente obrigados a fornecer uma licença a quem a requerer junto do Instituto Nacional de Propriedade Industrial (doravante INPI). No caso das licenças compulsórias, poderá existir um conjunto de situações que materialmente darão lugar à concessão de uma licença compulsória. Esta poderá, contudo, não se verificar, porque o titular do direito potestativo não o exerceu, ou seja, não é automática a sua concessão, mas sim através de um impulso e depois de verificados certos requisitos.

---

[19] *Idem*, pp. 14, nota 20.
[20] *Idem*, pp. 14.
[21] Parece ir em sentido contrário o pensamento de REMÉDIO MARQUES, «Direito de Autor e Licença Compulsória – Um Olhar Luso-Brasileiro», *BFDC*, vol. 86, 2010, pp. 49 e ss., pp. 69, quando afirma que a expressão *licença compulsória* é "equívoca", na medida em que o termo *licença* "implica a expressão do poder de autodeterminação da vontade do titular do direito autoral".

Capítulo II
Generalidades

§ 5. Conceito introdutório de licença compulsória

De modo a termos uma primeira aproximação do que são licenças compulsórias, convém dar um conceito introdutório, ainda que não nos vinculando ao mesmo. Desta forma, pretendemos dar apenas um conceito base amplo, que consiga ser operativo, com vista a podermos entrar a fundo nas restantes questões.

Podemos pegar num conceito oferecido pela doutrina atual. Estes são variados[22], quase todos eles elucidativos. Em todo o caso, nesta primeira fase do nosso estudo, preferimos o conceito simples dado por REICHMAN, afirmando que a licença compulsória "diz respeito à prática de um Governo em autorizar a si próprio ou a terceiros o uso do objeto da patente,

---

[22] A título de exemplo, podemos mencionar CARLOS CORREA, *Intellectual Property Rights and the Use of Compulsory Licenses: Options for Developing Countries*, Trade-Related Agenda, Development, and Equity, Working papers, South Center, Genève, disponível em «www.southcentre.org» (consultado em 17.01.2011), pp. 3, que refere que a licença compulsória consiste em "an authorization given by a national authority to a person, without or against the consent of the title-holder, for the exploitation of a subject matter protected by a patent or other intellectual property rights"; TROLLER, *Précis de Droit Suisse des Biens Immatériels*, 2e ed., Bâle, Helbing & Lichtenhahn, 2006, pp. 299, que sucintamente afirma que "le licence obligatoire est un licence imposée par la loi. Dès que les conditions légales sont remplies, le preneur peut exiger que le titulaire du droit exclusif lui accorde une licence".

sem autorização do detentor do direito, por razões de políticas públicas" (tradução livre)[23].

Este conceito poderá ser dos mais elucidativos para uma primeira abordagem do objeto em estudo, na medida em que permite observar, em termos amplos, várias facetas das licenças compulsórias. Desde logo nos indica que estas consistem numa autorização do Governo. Obviamente, aqui, o Governo terá de ser olhado em traços largos, uma vez que, como iremos verificar, não é somente este que poderá conceder licenças compulsórias, abarcando assim, toda a administração pública, pois as entidades administrativas também o podem fazer.

Este conceito foca ainda a dimensão do beneficiário da licença: esta poderá ser em benefício do próprio Governo ou a favor de terceiros.

Por último, este conceito refere ainda o aspeto mais importante, que é a característica de esta licença ser concedida sem o acordo do detentor da patente e por razões de interesse público. A expressão "políticas públicas" não será com certeza a mais indicada. De qualquer forma, em termos amplos, todos os fundamentos que dão lugar a licenças compulsórias terão subjacente o interesse público, seja olhando para a licença compulsória tendo como fundamento a dependência entre patentes ou a falta de exploração, seja concebendo-a como um instrumento para a proteção da saúde pública, o desenvolvimento da economia nacional, ou outros interesses da sociedade em geral.

§ 6. Antecedentes históricos

6.1. Génese das licenças compulsórias a nível internacional

I. Se olharmos para a evolução histórica das licenças em estudo[24], verificamos que estas começaram por relacionar-se com a obrigação de explorar a patente em cada território do Estado, questão que foi introduzida pela primeira vez no Estatuto dos Monopólios do Reino Unido,

---

[23] REICHMAN/HAZENDHAL, *Non-voluntary Licensing of Patented Inventions: Historical Perspectives, Legal Frameworks Under Trips and an Overview of the Practice in Canada and in United States of America*, Issues Papers no. 5, UNCTAD/ICTSD, Genève, 2002, disponível em «www.iprsonline.org» (consultado em 20.12.2010), pp. 3.

[24] Sobre a evolução histórica internacional da licença compulsória, vide o *Nosso* «O Regime Jurídico Internacional das Licenças Compulsórias», *CCJUR em Revista*, ano 9, edição especial, Alagoas, Cesmac, 2011-2012, pp. 113 e ss., pp. 115 e ss.

em 1623[25]. Nos dias de hoje, esta conceção está um pouco alterada, mas, em pleno século XVII, os países exigiam que a patente fosse explorada unicamente para satisfazer as necessidades do território nacional de onde a mesma fosse originária, i.e., tinha de ser explorada localmente, sendo assim proibida a exploração através de importação[26]. Caso isso não sucedesse, o Governo declarava a sua caducidade.

O instituto da licença compulsória surgiu precisamente para evitar essa medida tão pesada[27], tornando-se no meio indicado, de acordo com o princípio da proporcionalidade, para tutelar casos em que existia a concessão de direitos exclusivos sobre invenções mas estes não eram explorados[28].

II. A primeira grande aparição das licenças compulsórias ocorreu com os Estatutos dos Monopólios do Reino Unido[29], nomeadamente, na secção 22 da *Patents Act* de 1883, exercendo esta disposição uma grande influência em legislações de outros países, bem como no regime que iria

---

[25] CARLOS CORREA, *Intellectual Property Rights and the Use of Compulsory Licenses...*, ob. cit., pp. 3; PFANNER, «Die Zwangslizenzierung von Patenten: Überblick und neuere Entwicklungen», *GRUR Int.*, vol. 6, 1985, pp. 357 e ss., pp. 358.
[26] Esta medida estava relacionada com o protecionismo existente na época. Na verdade, o que se pretendia era que a invenção fosse proveitosa para a própria economia do país. Se olharmos para a sec. 13 da lei de patentes inglesa de 1919, onde estava prevista a licença compulsória para o caso de se explorar a patente através de importação, verificamos que a doutrina interpretava esta disposição também no sentido que o titular da patente estaria sujeito à concessão de uma licença compulsória se a explorasse em Inglaterra de forma não rentável (*unprofitable*), ou seja, de forma inútil. Cf. PASQUALE FREDERICO, «Compulsory Licensing in Other Countries», ob. cit., pp. 297.
[27] CARLOS CORREA, *Intellectual Property Rights and the Use of Compulsory Licenses...*, pp. 3; REICHMAN/HAZENDHAL, *Non-voluntary Licensing of Patented Inventions...*, ob. cit., pp. 3.
[28] Já no antigo regime dos privilégios, o titular do direito poderia ser obrigado a conceder a um terceiro a utilização deste. Na verdade, a obrigação de o explorar era condição essencial para a concessão dos privilégios. Cf. SALAMOLARD, *La licence obligatoire en matière de brevets d'invention...*, ob. cit., pp. 25 e 26; AKERMAN, *L'Obligation d'Exploiter et la Licence Obligatoire en Matière de Brevets d'Invention: Étude de Droit International et de Droit Comparé (Théorie et Jurisprudence)*, Paris, Recueil Siley, 1936, pp. 325 e ss.
[29] SALAMOLARD, *La licence obligatoire en matière de brevets d'invention...*, ob. cit., pp. 27, refere que a primeira aparição legal da licença compulsória surgiu em 1784 em lei sobre a propriedade industrial promulgada no Estado da Carolina do Sul, à data ainda colónia britânica.

surgir na Convenção da União de Paris para a Proteção da Propriedade Industrial (doravante CUP)[30].

À medida que foram surgindo as diversas disposições a nível europeu e devido ao cada vez maior intercâmbio comercial, foi sentida a necessidade de tutelar esta questão a nível internacional. Destarte, numa das revisões da CUP[31], mais precisamente na conferência de Haia de 1925, foi estipulada a licença compulsória como fundamento para a falta de exploração da patente[32]. Esta disposição surgiu para ultrapassar uma solução

---

[30] PLAISANT/JACQ, *Le Nouveau Régime International de la Propriété Industrielle*, Recueil Sirey, Paris, 1927, pp. 67; SABATIER, *L'explotation des Brevets d'Invention et l'intérêt Général d'Ordre Économique*, Paris, Librairie de la Cour de cassation, 1976, pp. 123; CARLOS CORREA, *Intellectual Property Rights and the Use of Compulsory Licenses...*, ob. cit., pp. 3; ZUDDAS, «Le Licenze Obbligatorie (Spunti Critici sulla Mancata Attuazione del Brevetto)», in Giust. civ., 1976, V, 144, pp. 137 e ss., pp. 139, nota 10; TSUR, «Compulsory Licensing in the Israel Patents Law», *IIC*, vol. 16, no. 5, Munich/Oxford, 1985, pp. 541 e ss., pp. 542 e 543.

[31] Esta Convenção internacional foi assinada a 20 de março de 1883. Sobre a evolução histórica da Convenção, *vide* AKERMAN, *L'Obligation d'exploiter et la licence obligatoire en matière de brevets d'invention...*, ob. cit., pp. 19 e ss.
A CUP teve o grande mérito de determinar regras que desde logo estabeleceram uma tutela mínima aos direitos de propriedade industrial. Dessas regras, emergiram princípios que ainda hoje são aplicáveis. Desde logo se destaca o *princípio do tratamento nacional* ou do trato nacional, pelo qual os membros da CUP se obrigam a equiparar os estrangeiros aos nacionais dos seus países em matérias relacionadas com a proteção da propriedade industrial. O segundo grande princípio que emergiu desta Convenção foi o da independência das patentes e marcas. Este procura salvaguardar que os estados não sejam obrigados a conceder, recusar ou extinguir direitos de propriedade industrial se outro estado já o fez. Em suma, as questões mencionadas devem ser tratadas a nível interno pelo direito nacional. Para mais desenvolvimentos sobre esta Convenção, *vide*, entre outros, MOURA VICENTE, *A Tutela Internacional da Propriedade Intelectual*, Almedina, Coimbra, 2008, pp. 138 e ss.; MASIÁ/HARGAIN, «Protección Internacional de la Propiedad Industrial e Intelectual, *Derecho del Comercio Internacional, Derecho del Comercio Internacional (Mercosur – Unión Europea)*, Coord. Carlos Mota/ /Daniel Hargain, Lanús Este, Reus – B de F, 2005, pp. 169 e ss., pp. 177; FORD, «Compulsory Licensing Provisions under the Trips Agreement: Balancing Bills and Patents», *American University Law Review*, vol. 14, 2000, pp. 941 e 974, disponível em «http://www.auilr.org/pdf/15/15-4-5.pdf» (consultado em 10.02.2011), pp. 957 e 958; BEIER, «One Hundred Years of International Cooperation – The Role of Paris Convention in the Past, Present and Future», *IIC*, vol. 39, no. 7, Munich/Oxford, 1984, pp. 1 e ss.

[32] Cf. PROPRIEDADE INDUSTRIAL – PARECER, *Parecer das 13ª, 18ª e 20ª Secções ouvida a 11ª Secção, da Câmara Corporativa sobre a respectiva proposta de lei, nos termos do artigo 105º da Constituição*, Assembleia Nacional, Lisboa, 1937, pp. 128; ANNA ASSANTI, *Le Licenze Obbligatorie*, Milano, Giuffrè Editore, 1978, pp. 7; DINWOODIE/HENNESSEY/PERLMUTTER, *International Intellectual Property Law and Policy*, San Francisco, Lexis Nevis, 2001, pp. 405.

II. GENERALIDADES

mais pesada que tinha sido acordada na revisão da CUP, na conferência de Washington em 1911[33/34], que passava, precisamente, pela previsão da caducidade da patente caso esta não fosse explorada. Na verdade, não se pense que a licença compulsória ainda não era por esta altura tema nos encontros internacionais, muito pelo contrário. Mesmo antes da deliberação para a introdução da caducidade por falta de exploração da patente e até mesmo antes da entrada em vigor da CUP, já vários países elaboravam propostas defendendo a introdução de um regime de licenciamento compulsório, menosprezando a caducidade[35]. Efetivamente, esta pressão cada vez mais intensa no sentido de se alterar a CUP também se deveu ao facto de alguns países, especialmente europeus, terem alterado as respetivas legislações, substituindo a caducidade pela licença compulsória. Assim, a manutenção da caducidade poderia levar à desatualização do ainda jovem e frágil acordo internacional, o que poderia levar à saída de alguns países e ser um obstáculo para o "recrutement" de outros[36].

Neste sentido, a partir da revisão de 1925 a caducidade passou a ser subsidiária, tornando-se apenas possível no caso de a concessão de uma licença compulsória não constituir "remédio suficiente" para a resolução de uma determinada situação abusiva[37].

Esta disposição foi inspirada no *UK Patent Act de 1883*, que consagrava a licença compulsória para o caso de não exploração da patente no Reino Unido. Na verdade, esta mudança legislativa na CUP também se deveu ao facto de alguns países, especialmente europeus, decidirem mudar a sua legislação, substituindo a licença compulsória pela caducidade (cf. PLAISANT//JACQ, *Le Nouveau Régime International de la Propriété Industrielle*, Recueil Sirey, Paris, 1927, pp. 67).

[33] ANNA ASSANTI, *Le Licenze Obbligatorie*, ob. cit., pp. 6. Esta norma foi criada no Ato Adicional de Bruxelas e mais tarde inserida no texto geral da Convenção aquando da Conferência de Washington. Sobre esta revisão, *vide* PLAISANT/JACQ, *Le Nouveau Régime International de la Propriété Industrielle*, ob. cit., pp. 67 e ss.; LADAS, *Patents, Trademarks, and Related Rights*, vol. I, Cambridge, Harvard University Press, 1975, pp. 520.

[34] Para um olhar breve sobre as várias revisões da CUP, *vide*, CHATAP, *La Licence Obligatoire comme sanction Du défaut d›exploitation des brevets d'invention dans les Pays en Developpement*, Paris, Presses Universitaires de France, 1986, pp. 3 e ss.

[35] DINWOODIE/HENNESSEY/PERLMUTTER, *International Intellectual Property Law and Policy*, ob. cit., pp. 402 e 403.

[36] PLAISANT/JACQ, *Le Nouveau Régime International de la Propriété Industrielle*, ob. cit., pp. 67

[37] Cf. ANNA ASSANTI, «Principi Costituzionale e Sistema Delle Licenze Obbligatorie», *Rivista di Diritto Industriale*, I, 1977, pp. 179 e ss., pp. 180 e 181; CARLOS CORREA, *Intellectual Property Rights and the Use of Compulsory Licenses...*, ob. cit., pp. 3; REICHMAN/HAZENDHAL, *Non-voluntary Licensing of Patented Inventions...*, ob. cit., pp. 11. Estes últimos autores

III. A CUP, no seu artigo 5ºA, nº 2 e 4, previu as licenças compulsórias somente para casos de falta de exploração. Contudo, desde logo deixou a porta aberta para a existência de outros motivos que fundamentassem a atribuição deste tipo de licenças, ao colocar este fundamento como meramente exemplificativo. Esta disposição ainda hoje se mantém em vigor, tendo sido completada pelas disposições presentes no Acordo Relativo aos Aspetos do Direito da Propriedade Intelectual Relacionados com o Comércio (doravante somente Acordo *Trips*[38]).

No que diz respeito às alterações ao art. 5ºA da CUP, temos ainda que tomar nota de outra questão. Não obstante ter sido estipulada a licença compulsória como fundamento para a falta de exploração, previu-se ainda que esta não podia ser imposta ao titular da patente antes de ter ultrapassado o prazo de três anos, a contar da data da concessão da patente ou quando o proprietário da patente demonstrasse *legitimate excuses*. Estas limitações, que continuam a ser observadas tanto na CUP como nas várias ordens jurídicas dos Estados-membros, têm como objetivo permitir que o titular da patente tenha tempo de a colocar no mercado, visando ainda impedir a existência utilizações abusivas deste instituto.

Apesar da importância desta mudança legislativa internacional, nem todos os Estados-membros da CUP instituíram, imediatamente, um regime baseado nas licenças compulsórias. Existiu até alguma resistência, como foi o caso dos direitos português, francês ou italiano, onde este instituto só surgiu alguns anos mais tarde.

IV. De igual importância em termos históricos foi o gradual reconhecimento do *interesse público* como fundamento para a concessão de licenças compulsórias. Na verdade, apesar de a CUP ter deixado a porta

---

referem mesmo que "one effect of the 1925 reforms was clearly to discredit the use of forfeiture as a remedy for abuse «...»". Esta redação parece ter sido inspirada na lei inglesa, que previa a *order for revocation* se a licença compulsória não se revelasse suficiente para eliminar o abuso existente (SENA, «L'art. 5 della Convenzione di Unione e la Decadenza del Brevetto per Difetto di Attuazione», *Rivista di Diritto Industriale*, I, Milano, Giuffrè, 1964, pp. 5 e ss., pp. 17).

[38] Em português, a sigla utilizada é ADPIC. *Trips* corresponde ao acrónimo inglês para *Agreement on Trade-Related Aspects of Intellectual Property Rights*. Utilizaremos este acrónimo por razões de uniformização do termo.

aberta para a existência de outros fundamentos[39], muitos países interpretavam o artigo 5ºA, nº 1, de forma restrita, defendendo que só estaria comtemplada a licença compulsória por falta de exploração. Contudo, na conferência de Lisboa em 1958, a entidade que administrava a CUP veio esclarecer os Estados-membros, interpretando o art. 5ºA no sentido que seria possível conceder licenças compulsórias com base no interesse público, mesmo não tendo sido ainda ultrapassado o prazo estipulado para a concessão de uma licença compulsória com fundamento na falta de exploração da patente[40].

Esta clarificação não obteve o resultado pretendido, na medida em que o *interesse público* como fundamento para a concessão de licenças compulsórias continuou a ser alvo de muita resistência, existindo ainda algumas tentativas de modificação do texto da CUP, com o propósito de incluir este fundamento. Tal esteve perto de acontecer com a revisão proposta ao art. 5ºA, na Conferência de Genebra. Em 1980, na sétima conferência diplomática para a revisão da CUP, um grupo de 16 Estados elaborou uma proposta com vista à alteração do art. 5ºA, sendo que um dos pontos em discussão foi precisamente a introdução, no texto legal, do interesse público como fundamento para a concessão de licenças compulsórias. Na proposta de base, no seu parágrafo 8 do art. 5ºA, estipulava-se que cada Estado-membro da CUP teria o direito de prever, na sua legislação nacional, licenças compulsórias com base neste fundamento, dando como

---

[39] Neste sentido, BODENHAUSEN, *Guide d'Application de la Convention de Paris pour la Protection de la Propriété Industrielle (telle que revisée à Stockholm en 1967)*, Genève, BIRPI, 1969, pp. 72.

[40] Cf. BEIER, «Exclusive Rights, Statutory and Compulsory Licenses in Patent and Utility Model Law», *IIC*, vol. 30, no. 3, 1999, pp. 251 e ss., pp. 262 e 263; SALAMOLARD, *La licence obligatoire en matière de brevets d'invention...*, ob. cit., pp. 199; REICHMAN/HAZENDHAL, *Non-voluntary Licensing of Patented Inventions...*, ob. cit., pp. 11 e 12; BOROS, «La revisione dell'art. 5 della Convenzione di Parigi per la Protezione della Proprietà industriale nel Contesto della Settima Revisione della Convenzione», *Riv. Dir. Ind.*, Anno XXXVIII, Milano, Giuffrè, 1989, pp. 85 e ss., pp. 106. Acrescenta este último autor que a posição defendida pela conferência da CUP de 1958 é correta, pois "l'uso dell'invenzione per soddisfare interessi privati è una cosa bem distinta dall'esigenza di soddisfare pubblici interessi".

exemplo a segurança nacional, a alimentação, a saúde ou outros setores da economia nacional que tivessem necessidade de ser desenvolvidos[41/42].

[41] Cf. BOROS, «La revisione dell'art. 5 della Convenzione di Parigi per la Protezione della Proprietà Industriale nel Contesto della Settima Revisione della Convenzione», ob. cit., pp. 107. O autor criticou esta proposta, referindo, em termos gerais, que a mesma não estabelecia quaisquer critérios para a aplicação das licenças compulsórias com este fundamento, carecendo de precisão. Acrescentou ainda que a CUP nunca deveria regular a faculdade de os Estados preverem esta regra, devendo a mesma ser regulada por uma Convenção específica, na medida em que poderia implicar uma redução da soberania.

[42] A sétima revisão da CUP, realizada em Genebra, gerou ainda muita controvérsia, porque, para além das já mencionadas tentativas de prever expressamente o interesse público como fundamento para as licenças compulsórias, tentou ainda operar uma verdadeira revolução no art. 5ºA da CUP.

Em termos gerais, a proposta de base para a alteração do art. 5º permitiria aos Estados--membros estipular quaisquer medidas que fossem necessárias para prevenir os abusos pelo titular do exclusivo. Ao contrário do art. 5ºA dado pela Revisão de Estocolmo de 1967, esta nova formulação não definia quais as medidas que poderiam ser adoptadas para prevenir tais abusos, referindo somente *medidas legislativas*. Como referiu BOROS, aceitar-se esta modificação implicaria recuar ao nível de proteção dada pela CUP na versão que adveio da revisão de Haia de 1925.

Outra alteração prevista seria a possibilidade de caducidade da patente, quando a importação dos produtos, tendo origem em qualquer Estado-membro, fosse considerada abusiva. Não que a proposta não aceitasse que a possibilidade de importação de produtos de outros Estados-membros da CUP fosse válida, tal como estipulava a versão da CUP de 1967, referia sim, que poderia existir caducidade da patente por importação, se essa mesma importação fosse individualmente considerada abusiva, não definindo o que entendia por "abuso". Desta forma, e no limite, dar-se-ia a possibilidade aos Estados de considerar quaisquer importações como abusivas, podendo a regra geral ser esvaziada de sentido, tal a ambiguidade da letra da proposta para alteração da CUP.

A proposta de alteração que gerou mais polémica foi a previsão de licenças compulsórias exclusivas. No nº 6 do art. 5ºA da proposta de base, era previsto um desvio à regra já estipulada na revisão de 1958. Esta previa a concessão de licenças compulsórias exclusivas, concedidas por um período entre três a cinco anos, sendo que, segundo a letra da lei, esta teria como objetivo assegurar a exploração local da licença.

A proposta de revisão continha ainda algumas regras especiais para os países em vias de desenvolvimento, o que não surpreende dado que foram estes os principais impulsionadores da revisão. A primeira destas propostas dizia respeito aos prazos mais curtos para se requerer uma licença compulsória com fundamento na falta ou insuficiente exploração da patente. Ao contrário dos três ou quatro anos previstos na regra geral, estes poderiam requerer uma licença compulsória depois de dois ou três anos (cf. art. 5ºA, nº 8, § 1, da proposta de base de alteração à CUP, apresentada na Conferência de Genebra). Era ainda dada a possibilidade aos países em vias de desenvolvimento de, *ab initio*, se decidirem pela caducidade ou pela revogação, em vez da licença compulsória, adquirindo estas medidas um caráter alter-

II. GENERALIDADES

V. Foi com a revisão de Lisboa de 1958 que a CUP[43] passou a prever, no seu artigo 5ºA, nº 4, que o prazo para requerer a licença compulsória poderia variar entre três anos a partir da data de concessão de patente, ou, em alternativa, quatro anos a partir da data do pedido de patente, aplicando-se o prazo que fosse mais longo. Estipularam-se ainda certas condições a que as licenças compulsórias deveriam obedecer, nomeadamente, o facto de não serem exclusivas e só poderem ser transferidas com parte da empresa ou estabelecimento comercial que as estivesse a explorar[44].

De referir que, apesar de a letra da Convenção ser explícita, surgiu a dúvida sobre se o prazo de três ou quatro anos também se deveria aplicar a outros fundamentos de licenças compulsórias, sendo que esta dúvida acabou por se manifestar nas legislações dos Estados-membros. A título de exemplo, a lei suíça, até à revisão da lei de patentes em 1977, que entrou em vigor a 1 de Janeiro de 1978, não permitia que se requeresse uma licença compulsória com fundamento em dependência entre patentes, antes que se ultrapassasse o prazo de três anos após a concessão da patente dominante[45].

VI. No que diz respeito às licenças compulsórias com fundamento em dependência entre patentes, o desenvolvimento histórico desta modalidade parece ter estado na conferência de 1958 para a revisão da CUP[46]. Numa proposta elaborada pelo grupo suíço pertencente à Associação Internacional para a Proteção da Propriedade Industrial, foi feita menção para se incluir a previsão de licenças compulsórias a favor dos titulares

---

nativo e não subsidiário. (cf. nº 8, b) do art. 5ºA da proposta de base). Cf. Boros, «La revisione dell'art. 5 della Convenzione di Parigi per la Protezione della Proprietà Industriale nel Contesto della Settima Revisione della Convenzione», ob. cit., pp. 101 e ss.

[43] Sobre a discussão e revisão da licença compulsória na conferência de Lisboa, vide FABIANI, «Onere di Attuazione dell'Invenzione e Abuso del Brevetto», *Studi in Memoria di Tullio Ascarelli*, vol. I, Milano, Giuffrè, 1969, pp. 525 e ss., pp. 549 e ss.

[44] Estabeleceu-se ainda um nº 5 no art. 5ºA que, pela primeira vez, estendeu a licença compulsória aos modelos de utilidade.

[45] HANS WALTER, «Compulsory Licenses in Respect of Dependent Patents Under the Law of Switzerland and Other European States», *IIC*, vol. 21, no. 4, Munich/Oxford, 1990, pp. 532 e ss., pp. 535.

[46] PIRES DE CARVALHO, *The Trips Regime of Patent Rights*, London, Kluwer Law International, 2002, pp. 250.

das patentes que não as podiam explorar sem infringir outras patentes anteriores, desde que aquelas significassem um progresso técnico em relação à patente mais antiga. Propuseram ainda que, no caso de as invenções compreenderem a mesma função económica, para além de existir uma licença compulsória a favor do titular da patente dependente, o titular da patente dominante poderia requerer uma licença cruzada[47]. Apesar desta proposta não ter tido aceitação no âmbito da CUP, foi mais tarde adotada pelo Acordo *Trips*.

VII. Em 1994, surgiu o Acordo *Trips*[48]. Não obstante as difíceis negociações[49] entre países desenvolvidos e países em desenvolvimento em matéria de licenças compulsórias, estas foram consagradas no art. 31º. Apesar de o termo *licença compulsória* não ser desconhecido no Acordo *Trips*, na medida em que nos surge no art. 21º quando este estabelece a proibição de licenças compulsórias sobre marcas, não foi adotado como *nomen*, mencionando-se as licenças compulsórias como "*outros usos sem*

---

[47] *Idem*.

[48] Sobre o Acordo *Trips*, incluindo os seus antecedentes e o regime vigente, existe uma ampla bibliografia a recomendar. No que respeita à nacional, podemos referir Ribeiro de Almeida, «Os Princípios Estruturantes do Acordo Trips: um contributo para a liberalização do comércio Mundial», *ROA*, Ano 64, vol. I/II, novembro 2004, pp. 257 e ss.; Carlos Olavo, «O Trips e a Duração das Patentes», *ROA*, Lisboa, Ano 66, nº 3, vol. II, setembro 2006, pp. 915 e ss.; Moreira Rato, «O Acordo Trips/ADPIC: Avaliação», *Direito Industrial*, Vol. II, 2002, pp. 281 e ss. Quanto à bibliografia estrangeira, *vide*, entre outros, Yusuf, «Trips: Background, Principles and General Provisions», *Intellectual Property and International Trade: The TRIPS Agreement*, ed. Carlos M. Correa, Abdulqawi A. Yusuf, 2nd ed., Alphen aan den Rijn, Kluwer Law International, 2008, pp. 3 e ss., pp. 3 a 21; Hase, «The Application and Interpretation of the Agreement on Trade-Related Aspects of Intellectual Property Rights», *Intellectual Property and International Trade: The TRIPS Agreement*, ed. Carlos M. Correa, Abdulqawi A. Yusuf, 2nd ed., Alphen aan den Rijn, Kluwer Internacional, 2008, pp. 83 a 124.

[49] Sobre as negociações para o nascimento do Acordo *Trips*, *vide*, por exemplo, Huala Adolf, Trade-Related Aspects of Intellectual Property Rights and Developing Countries, *The Developing Economies*, XXXXIX, 1, 2001, pp. 49 e ss., pp. 53 e ss.

autorização do titular da patente"⁵⁰/⁵¹. Neste Acordo, que consta num dos anexos ao Acordo sobre a OMC, surgiu um regime de licenças compulsórias mais detalhado. Porém, quando comparado com convenções internacionais anteriores, o Acordo *Trips* veio estipular condições mais rígidas para a concessão destas⁵²/⁵³.

⁵⁰ PIRES DE CARVALHO, *The Trips Regime of Patent Rights*, ob. cit., pp. 230 (nota 597), refere que a razão para a não adopção do termo "licença compulsória" no Acordo *Trips* se deveu ao facto de este ser um conceito desconhecido para a maioria dos Países-membros do GATT (Acordo que precedeu à OMC), dando como exemplo os EUA, que ainda hoje não utilizam este termo.
Com todo o respeito, esta não nos parece ser a explicação que está de acordo com a realidade. Na verdade, o que é facto é que o conceito já era conhecido da CUP e já estava inserido em diversos ordenamentos jurídicos em todo o mundo. Cremos assim, que foi uma forma de desvalorizar este instituto por parte dos países desenvolvidos, que não queriam refletir um termo tão forte num Acordo tão liberalizante. No mesmo sentido por nós defendido parece ir BERCOVITZ, «Notas sobre las Licencias Obligatorias de Patentes», in AAVV, *Direito Industrial*, Coimbra, Almedina, Vol.II, 2002, pp. 81 e ss., pp. 86.
⁵¹ Lembramos que, embora fosse um instituto do qual certos países tinham relutância em fazer uso, certo é que, à data do começo das negociações para a elaboração do Acordo *Trips*, a licença compulsória já tinha sido concedida por 96 países (CARLOS CORREA, «Patent Rights», *Intellectual Property and International Trade: The TRIPS Agreement*, ed. Carlos M. Correa, Abdulqawi A. Yusuf, 2nd ed, Alphen aan den Rijn, Kluwer Law International, 2008, pp. 227 e ss., pp. 245).
⁵² No mesmo sentido, HUALA ADOLF, Trade-Related Aspects of Intellectual Property Rights and Developing Countries, ob. cit., pp. 67.
⁵³ Histórico e com relevância para as licenças compulsórias foi o Acordo de Cartagena (também denominado Pacto Andino), publicado em 31 de dezembro de 1970 e que entrou em vigor a 13 de julho de 1971. Na decisão nº 24 deste Acordo, celebrado entre Bolívia, Chile, Colômbia, Equador e Peru, na cidade colombiana de Cartagena, visava-se obter entre os países um regime comum no que diz respeito ao tratamento de capitais estrangeiros e da propriedade industrial. Só com a decisão nº 85, de 11 de Junho de 1974, foi estabelecido um regime para a propriedade industrial, onde se incluiu as licenças compulsórias. De acordo com a decisão nº 85, após três anos a contar da data da concessão da patente, o titular teria que notificar o respetivo organismo nacional, dando conta que deu início à exploração da mesma. Caso esta notificação não fosse realizada, desde logo se estabelecia uma presunção que a exploração não fora iniciada, podendo a patente ser alvo de uma licença compulsória com fundamento na falta de exploração. Poderia ainda ser concedida uma licença compulsória com este fundamento se a exploração fosse insuficiente para satisfazer a procura do mercado interno do país em questão em termos de *qualidade, quantidade*, ou de *preços razoáveis*. Por fim, eram previstos ainda outros fundamentos para a concessão de licenças compulsórias: a licença compulsória com base em abuso de monopólio, por dependência entre patentes, por razões de saúde pública e por necessidades de desenvolvimento da economia nacional, sendo que as duas últimas eram constituídas de ofício. Todas as licenças compul-

6.2. Surgimento das Licenças Compulsórias no Direito Português

I. No que diz respeito ao direito português, sendo este membro originário da CUP, o legislador, embora com algum atraso, acompanhou sempre a evolução desta Convenção.

Na lei de 1896, no art. 38º e 39º, era já estabelecida a obrigatoriedade de exploração por parte do titular da patente ou respetivo licenciado. Se tal não fosse realizado no prazo de dois anos a contar da concessão do direito, ou fosse interrompida a sua exploração durante esse mesmo prazo, o titular perderia o "privilégio", declarando-se a caducidade, a não ser que este apresentasse "legítimo impedimento"[54].

II. Um regime jurídico versando sobre licenças compulsórias surgiu com o CPI de 1940[55]. Baseando-se no art. 19º da lei que estabeleceu as

---

sórias davam lugar a uma remuneração a favor do titular da patente, sendo que, apesar de serem concedidas por autoridades administrativas, poderiam ser revistas pelo Tribunal. A licença compulsória poderia ser modificada a requerimento tanto do licenciado quanto do titular da patente. Quanto à cessão da licença compulsória ou da sua sublicença, esta poderia ser concedida, exigindo-se, contudo, a concordância quer da autoridade que concedeu a licença quer do titular da patente.

Sobre o Acordo de Cartagena e o seu regime de licenças compulsórias, vide SALAMOLARD, *La licence obligatoire en matière de brevets d'invention...*, ob. cit., pp. 205 e ss. e ARACAMA ZORRAQUÍN, «Der gewerbliche Rechtsschutz in Lateinamerika – Beginn einer neuen Entwicklung», *Grur*, vol. 2, 1976, pp. 53 e ss., pp. 54 e ss.

[54] Rezava assim o art. 38º: "Da patente resulta para o concessionário a obrigação de dar à execução, por si, ou por seu representante ou cessionário, o seu invento, fabricando em Portugal os artefactos ou produtos a que o mesmo invento se referir".

O art. 39º referia o seguinte: "Quem, dentro de dois anos, contados a partir da data da patente, não der à execução, por si ou por seu representante ou concessionário, o seu invento, fabricando em Portugal os artefactos ou produtos a que o mesmo invento se referir, ou cessar esse fabrico por dois anos consecutivos, exceto justificando legítimo impedimento, perderá o dito privilégio".

[55] O art. 30º estipulava o seguinte:

"Pode ser obrigado a conceder uma licença de exploração da invenção o titular que, durante o prazo de três anos, a contar da concessão da patente, e sem justo motivo, não a explorar, por si ou seu representante legal, em qualquer parte do território português, ou o não fizer de modo a ocorrer às necessidades nacionais.

§ 1º Pode também ser obrigado a conceder licença de exploração da invenção o titular que, durante o prazo de três anos consecutivos e sem justo motivo, deixar de fazer a sua exploração.

§ 2º Se a exploração da indústria com importância considerável para a economia nacional exigir a utilização de invento anteriormente patenteado, recusada pelo respetivo titular ou

bases para o regime da propriedade industrial, a lei nº 1972 de 21 de junho de 1938[56], era prevista a concessão de licenças compulsórias com fundamento na falta de exploração ou dependência entre patentes[57].

III. Com o CPI de 1995, passaram a ser previstos mais fundamentos para a concessão de licenças compulsórias, nomeadamente tendo como base o interesse público e as necessidades de exportação[58].
Foram ainda alterados os procedimentos de concessão, prevendo-se um complexo sistema contendo várias fases, como era o caso da mediação facultativa, com o objetivo de alcançar o acordo entre as partes.

só autorizada em condições excessivamente onerosas, poderá este ser obrigado a conceder, ao titular da patente mais moderna, licença para utilizar o invento mais antigo. O titular da patente mais moderna pode também ser obrigado a conceder licença para a utilização do seu invento, ao titular da mais antiga, se esta for de considerável importância".
[56] Sobre os seus antecedentes, cf. PROPRIEDADE INDUSTRIAL – PARECER, *Parecer das 13ª, 18ª e 20ª Secções ouvida a 11ª Secção, da Câmara Corporativa sobre a respetiva proposta de lei, nos termos do artigo 105º da Constituição*, ob. cit., pp. 124 e ss.
[57] Na realidade este fundamento parece até ter tido consagração mais precoce, nomeadamente no art. 47º do Regulamento para a execução do Decreto nº 6, de 15 de dezembro de 1894, onde se estipulava que, se o inventor dependente não pudesse explorar a invenção anterior, e as duas partes não chegassem a acordo "sobre a indemnização devida pela cessão dos direitos", o primeiro poderia requerer uma solução arbitral para a exploração desse invento, estipulando-se nesta instância a remuneração devida (cf. Diário do Governo, de 4 de maio de 1894, nº 75, pp. 901 e ss.).
[58] O artigo 105º referia o seguinte:
"Poderão ser concedidas licenças obrigatórias sobre uma determinada patente quando ocorrer um dos casos seguintes:
a) Falta ou insuficiente exploração da invenção patenteada;
b) Necessidade de exportação;
c) Dependência entre patentes;
d) Existência de motivos de interesse público.
2- Pode também ser obrigado a conceder licença de exploração de invenção o titular que, durante o prazo de três anos consecutivos e sem justo motivo ou base legal, deixar de fazer a sua exploração.
3- Os pedidos de licença obrigatória serão examinados pela ordem em que foram requeridos junto do Instituto Nacional da Propriedade Industrial.
4- Enquanto uma licença obrigatória se mantiver em vigor, o titular da patente não pode ser obrigado a conceder outra antes daquela ter sido cancelada.
5- A licença obrigatória só poderá ser transmitida, mesmo sob a forma de sublicença, com a parte da empresa ou do estabelecimento que a explore.
6- A importação, pelo licenciado, do produto protegido pela patente, mesmo que obtido por diferente processo, determina o cancelamento da respetiva licença".

Por fim, outra novidade do CPI de 1995 foi ainda a alteração da competência de concessão, que passou a ser do INPI ou, no caso de licenças compulsórias por interesse público, do Governo.

IV. O regime de licenciamento compulsório que encontramos nos dias de hoje advém, em grande parte, do CPI de 2003, ainda que se admita que houve poucas mudanças em relação aos fundamentos gerais previstos no CPI de 1995 (apenas se revogou a previsão de licença compulsória por motivos de *necessidades de exportação*[59]), sendo que a grande alteração foi operada no procedimento de concessão. Podemos afirmar que houve como que um ligeiro aperfeiçoamento do regime.

Além de passar a prever um pré-requisito obrigatório para a concessão de licenças compulsórias, a tentativa de obtenção de licença contratual, acabando-se com a mediação por parte do INPI, as condições das licenças compulsórias passaram a ser estabelecidas por Peritos: um nomeado pelo INPI e outro pelas restantes partes envolvidas. Isto fez com que passasse a existir uma maior intervenção do requerido e do requerente no estabelecimento das condições, mais concretamente na quantificação da remuneração.

§ 7. Delimitação de figuras próximas

7.1. Licenças voluntárias

I. Este tipo de licenças tem implícita, tal como o nome indica, uma oneração *voluntária* dos direitos de propriedade industrial. Estas distinguem-se facilmente das licenças compulsórias precisamente pelo carácter voluntário da disposição do direito, ao contrário das licenças compulsórias que são impostas sem o consentimento do titular da patente. Enquanto as licenças voluntárias resultam de um contrato entre privados, as licenças compulsórias são concedidas administrativamente, mesmo que daí resultem efeitos de direito privado.

II. Apesar de as licenças voluntárias, como iremos ver mais à frente[60], poderem ser vistas como um dos objetivos a alcançar pelas licenças

---

[59] Este fundamento continua a prever-se, por exemplo, na *Ley Española* de Patentes, em que a competência para a sua concessão pertence ao Governo (cf. arts. 86º e 88º).
[60] *Infra* § 9.

II. GENERALIDADES

compulsórias, não se confundem com estas, na medida em que as fontes de constituição são diferentes. Se olharmos para o CPI, verificamos que os seus regimes se encontram perfeitamente autonomizados. As licenças voluntárias estão previstas nos arts. 31º e 32º[61], enquanto o regime das licenças compulsórias surge-nos nos arts. 107º a 112º. O único ponto de contacto que poderá existir entre estes dois tipos de licenças, reside no facto de algumas das normas aplicadas às licenças voluntárias poderem ser aplicadas, com as devidas adaptações, às licenças compulsórias, na medida em que as relações que emergem entre o titular do direito de propriedade industrial e o licenciado são relações de direito privado[62/63].

7.2. Licenças de pleno direito

I. Este tipo de licença tem a particularidade de o contrato realizado entre o titular da patente e o licenciado ser precedido de uma oferta pública de licenças[64], intermediadas pelos institutos de propriedade industrial[65]. Esta não tem consagração legal no direito português, contudo, são um instituto habitual noutras ordens jurídicas. Se olharmos para o direito comparado, como é o caso do direito italiano (*licenza di pieno diritto*)[66], do

---

[61] Encontram-se igualmente previstas no Acordo *Trips*, no art. 28º, nº 2.

[62] Para mais desenvolvimentos sobre a licença contratual, *vide* RAMELA, *Tratado de la Propriedad Industrial*, I (inventos industriales), trad. Revista General de Legislacíon y Jurisprudencia, Madrid, Hijos de Reus Editores, 1913, pp. 224 e ss.; CHAVANNE/BURST, *Droit de la Propriété Industrielle*, 5e ed., Dalloz, Paris, 1998, pp. 202 e ss.; REMÉDIO MARQUES, *Licenças (Voluntárias e Obrigatórias) de Direitos de Propriedade Industrial*, ob. cit., pp. 17 e ss.; FERNANDEZ-NÓVOA/OTERO LASTRES/BOTANA AGRA, *Manual de la propriedad industrial*, Madrid, Marcial Pons, 2009, pp. 194 e 195.

[63] Cf. *infra* § 37.

[64] FERNANDEZ-NÓVOA/OTERO LASTRES/BOTANA AGRA, *Manual de la propriedad industrial*, ob. cit., pp. 195; SENA, *Trattato di Diritto Civile e Commerciale – I Diritti Sulle Invenzioni e Sui Modelli Industriali*, 2ª ed., Milano, Giuffrè Editore, 1984, pp. 424.

[65] Como é mencionado por RAVÀ, *Diritto Industriale*, vol. II, Torino, UTET, 1988, pp. 178, este instituto é importante quando se analisa politicamente o direito das patentes, na medida em que conjuga a doutrina económica liberal, que defende os direitos dos titulares das patentes, com um regime de domínio público, embora remunerado.

[66] Cf. art. 80º. Sobre a mesma, *vide*, entre outros, CATALDO, *Il Codice Civile Commentario – I Brevetti per Invenzione e per Modelo art. 2584 – 2594*, 2ª ed., Milano, Giuffrè editore, 2000, pp. 178 e 179; SENA, *Trattato di Diritto Civile e Commerciale*, ob. cit., pp. 424 e 425.

direito alemão (*Lizenzbereitschaftserklärung*)[67], do direito espanhol (*licencia de pleno derecho*)[68] ou do direito brasileiro (*oferta de licença*)[69], as patentes poderão ser sujeitas a este tipo de licenças, sendo que a oferta pública será feita por escrito e registada, mediante a qual, com este último ato, a entidade administrativa dará publicidade dessa mesma oferta[70]. Esta será uma licença não exclusiva e o seu regime o da licença contratual[71]. Compensando a colocação da patente neste regime, muitas vezes os titulares beneficiam de uma redução das taxas a pagar pela manutenção do exclusivo[72].

Estas licenças poderão ser revogadas se o instituto público competente verificar que existem direitos exclusivos anteriores à oferta pública[73], ou ainda se o licenciado não efetuar o pagamento da remuneração estabelecida[74].

II. Apesar de ser fácil de verificar as diferenças que existem entre as licenças de pleno direito e as licenças compulsórias, existem alguns pontos em comum, nomeadamente o facto de a proposta contratual ser integrada por um ato de intermediação de um instituto público[75]. Mau grado esta similitude, as semelhanças terminam por aqui. Apesar de existir

---

[67] Cf. art. 23 da *PatG*. Sobre este tipo de licença no direito alemão, *vide*, entre outros, NIRK, Gewerblicher Rechtsschutz: *Urheber- und Geschmacksmusterrecht, Erfinder – Wettbewerbs, Kartell- und Warenzeichenrecht*, Stuttgart, Kohlhammer, 1981, pp. 288.
[68] Cf. arts. 81º e 82º. Sobre a mesma, *vide* FERNANDEZ-NÓVOA/OTERO LASTRES/BOTANA AGRA, *Manual de la propriedad industrial*, ob. cit., pp. 195.
[69] Cf. arts. 64º a 67º. Sobre este instituto no direito brasileiro, *vide* BLASI, *A propriedade industrial – Os sistemas de marcas, patentes e desenhos industriais analisados a partir da lei nº 9.279, de 14 de Maio de 1996*, 2ª ed., Rio de Janeiro, Forense, 2005, pp. 303 a 305.
[70] Cf. FERNANDEZ-NÓVOA/OTERO LASTRES/BOTANA AGRA, *Manual de la propriedad industrial*, ob. cit., pp. 195.
[71] Cf. FERNANDEZ-NÓVOA/OTERO LASTRES/BOTANA AGRA, *Manual de la propriedad industrial*, ob. cit, pp. 196; WIPO, *Exclusions from Patentable Subject Matter and Exceptions and Limitations to the Rights*, Standing Committee on the Law of Patents, Thirteenth Session, Geneva, 2009, pp. 45.
[72] WIPO, *Exclusions from Patentable Subject Matter and Exceptions and Limitations to the Rights*, ob. cit., pp. 45.
[73] Cf. sec. 47(2) do *Patent Act* do Reino Unido.
[74] Cf. art. 82º, nº 1, da *Ley de patentes* espanhola.
[75] REMÉDIO MARQUES, *Licenças (Voluntárias e Obrigatórias) de Direitos de Propriedade Industrial*, ob. cit., pp. 158.

alguma discussão na doutrina sobre qual será a natureza jurídica destas licenças, estas não se confundem de todo com as licenças compulsórias. As licenças de pleno direito já têm sido olhadas como um *domínio público pagante*, estando a meio caminho entre a licença contratual e a licença compulsória[76]. Em nossa opinião, nas licenças de pleno direito, estamos ainda perante licenças voluntárias[77].

7.3. Licenças constituídas de acordo com o regime especial do inventor dependente

I. Quando alguém inventa algo, surge desde logo uma questão: a quem pertence o direito à patente? A resposta óbvia será afirmar que pertence ao inventor. Essa é a regra geral presente no art. 58º[78]. Existem, contudo, regras especiais, em que o direito de patente, dada a relação laboral existente entre diversos sujeitos, poderá, mediante certas condições, pertencer a outra pessoa que não aquela que a criou. Este problema surge nas denominadas invenções laborais ou de empregado, ou invenções de dependentes, traduzindo à letra a nomenclatura referida pela doutrina italiana – *invenzione dei dipendente*[79/80].

---

[76] Cataldo, *Il Codice Civile Commentario...*, ob. cit., pp. 178; Vanzetti/Di Cataldo, *Manuale di Diritto Industriale*, seconda edizione, Milano, Giuffrè, 1996, pp. 402.

[77] Neste sentido, Demaret, «Patent- und Urheberrechtsschutz, Zwangslizenzen und freier Warenverkehr im Gemeinschaftsrecht», *GRUR Int.*, vol. I, nº 1, 1987, pp. 1 e ss., pp. 2, que alerta para a não confusão com a *Lizenzbereitschaftserklärung*; cf. ainda Idem, «Compulsory Licences and the Free Movement of Goods under Community Law», *IIC*, vol. 18, no. 2, Munich/Oxford, 1987, pp. 161 e ss., pp. 165.

[78] De acordo com o normal mecanismo sucessório, a invenção poderá pertencer aos sucessores do inventor (cf. art. 58º, nº 1).

[79] Cf. art. 64º do *Codice della proprietà industriale*.

[80] Para mais desenvolvimentos sobre a problemática das invenções realizadas por empregados, para além da doutrina já citada neste ponto, *vide*, entre outros, Pinto Coelho, «Jurídico dos Inventos ou Assalariados na Moderna Legislação Portuguesa sobre Patentes», *RLJ*, 84, 1952, pp. 2950 e ss.; Wolk, «Remuneration of Employee Inventors – Is there a Common European Ground? A Comparison of National Laws on Compensation of Inventors in Germany, France, Spain, Sweden, and the United Kingdom», *IIC*, vol.. 42, no. 3, Munich//Oxford, 2011, pp. 272 e ss.; AAVV, *Le Nuove Leggi Civili – La Riforma del Codice della Proprietà Industriale*, Milano, Giuffrè Editore, 2010, pp. 165 e ss.; Lee/Langley, «Employees' Inventions: Statutory Compensation Schemes in Japan and the United Kingdom», *EIPR*, 7, 2005, pp. 250 e ss.

II. Esta regra especial surge-nos no art. 59º e, dado o estado de avanço da industrialização, se nos focarmos em dados empíricos, estas constituem mais a regra do que a exceção[81].

Do regime, retira-se um princípio: desde que a atividade inventiva se integre na atividade da empresa, o direito de patente poderá pertencer a esta. Caso contrário, a titularidade da invenção seguirá a regra geral do art. 58º. Sem embargo, a lei quis prever um mecanismo que premiasse quem realmente materializou a invenção. Se a atividade inventiva estiver prevista e existir uma especial remuneração para essa atividade, o direito de patente pertencerá à empresa, não dando azo a mais discussões. Contudo, mesmo que a atividade esteja prevista, poderá suceder o caso de a remuneração não estar regulada, sendo que, desta feita, terá de ser estabelecida uma compensação ao *inventor dependente* de "harmonia com a importância da invenção"[82].

Por fim, a última das hipóteses e a que nos interessa neste caso, é a estabelecida no nº 3, do art. 59º. Neste âmbito, a atividade inventiva não está prevista mas, ainda assim, a invenção integra-se na atividade da empresa. Se esta factibilidade ocorrer, a empresa terá duas opções: ou assume a propriedade da invenção, compensando o trabalhador por isso, ou constitui-se uma licença de exploração exclusiva a favor da empresa, mediante uma remuneração a favor do empregado. No caso de ser constituída uma licença a favor do empregador, suscita-se a questão de saber que tipo de licença será esta, na medida em que, apesar de o inventor assalariado ficar com a propriedade da invenção, não há manifestação de vontade na licença constituída a favor do empregador.

III. Existem alguns autores que já a qualificaram como licença compulsória. ROTONDI, antes da entrada em vigor do regime geral de licenciamento compulsório em Itália, já afirmava que este instituto era

---

[81] Como refere OLIVEIRA ASCENSÃO, *Direito Comercial – Direito Industrial*, vol. II, Lisboa, AAFDL, 1988, pp. 241, "a figura do inventor dotado, que na província aperfeiçoou o quadro da bicicleta, não tem nenhum significado, se confrontada com as centenas de invenções que todos os dias escorrem como água da atividade das grandes empresas".

[82] Sobre este complexo conceito indeterminado, *vide* AAVV, *Código da Propriedade Industrial Anotado*, Coord. António Campinos/Luís Couto Gonçalves, Coimbra, Almedina, 2010, pp. 218 e 219 e, ainda, a decisão do BGH, 6 de março de 2012, IIC, 2012, pp. 712 e ss., que trata sobre este conceito no direito alemão.

conhecido do direito italiano, precisamente na situação descrita *supra*, na altura previsto nos arts. 24º e 25º, do Decreto Real nº 1127, de 29 de Junho de 1939[83].

Não podemos estar de acordo. Desde logo, a *ratio* destas duas licenças é completamente diferenciada, sendo que, na licença constituída a favor do empregador, a finalidade será permitir a sua exploração, pois a atividade inventiva está prevista no seu objeto. Além do mais, não existe nenhum ato administrativo na concessão desta licença. Quando a empresa, confrontada com esta realidade, decide optar apenas pela sua exploração, através de uma licença exclusiva, as partes serão obrigadas a negociar as suas condições. Caso não cheguem a acordo, parece-nos que a questão terá de ser resolvida em tribunal.

Em conclusão, parece-nos que a licença prevista no art. 59º se enquadra nas *licenças legais*, instituto típico nos direitos de autor e conexos, não constituindo uma licença compulsória, na medida em que, apesar da sua constituição se tornar obrigatória, a negociação irá ser privada, não havendo nenhum tipo legal que seja similar à licença compulsória[84].

§ 8. O uso público não-comercial

8.1. Conceito e seu significado. *Crown use, government use* e *amtliche Benutzungsanordnung*

I. Ponto comum em quase os todos os regimes que versam sobre direitos de propriedade industrial é a previsão de licenças compulsórias para *uso público não comercial*. O CPI português não foge à regra e prevê para os produtos semicondutores que as licenças compulsórias só poderão ser concedidas para *uso público não comercial*[85]. A transposição deste conceito

---

[83] ROTONDI, *Diritto Industriale*, 4ª ed., Milano, Casa Editora Ambrosiana, 1942, pp. 207. Cf. ainda, na doutrina brasileira, CALDAS BARROS, Manual de Direito da Propriedade Intelectual, Aracaju, Evocati, 2007, pp. 284, que coloca a "licença não voluntária de invenção realizada por empregado" ao lado das restantes licenças compulsórias.

[84] No mesmo sentido, afastando este instituto das licenças compulsórias, AKERMAN, *L'Obligation d'exploiter et la licence obligatoire en matière de brevets d'invention...*, ob. cit., pp. 347 e 348, que as inclui, da mesma forma, como parte das licenças legais, "volontiers licences légales «...» constituent des limitations *inhérentes au droit du breveté, dès sa naissance*, et dérivent directment *ex lege*".

[85] Cf. art. 107º, nº 5 e art. 169º.

adveio do texto legal presente no Acordo *Trips*, que o refere em duas alíneas no art. 31º.

II. Tendo como ponto de partida a formulação que está presente no Acordo *Trips*, numa primeira abordagem, este conceito poderá querer indicar-nos que estamos perante uma simples modalidade de licença compulsória, onde a utilização da mesma terá de ser realizada por entidades públicas e almejar fins não comerciais. Contudo, é mais do que isso. O *uso público não comercial* presente no Acordo *Trips* apresenta um regime mais detalhado, não se circunscrevendo a uma simples modalidade de licença compulsória. No caso de estarmos perante uma licença compulsória para *uso público não comercial*, a alínea b) do art. 31º, dispensa a obtenção de licença contratual, além de estabelecer a obrigatoriedade de notificação do titular da patente por parte da entidade pública ou da sua concessionária, se estas entidades souberem ou tiverem meios para saber que uma patente está a ser utilizada com este fim. Na alínea c) do artigo em questão, está ainda previsto que, nas licenças compulsórias sobre produtos semicondutores, as licenças compulsórias só poderão ser constituídas para *uso público não comercial*.

Na realidade, este regime não visa mais do que encaixar as previsões existentes em vários regimes do direito comparado, onde este tipo de utilização nos surge como prerrogativa a favor do Governo. Dentro do *uso público não comercial* estão assim incorporados institutos como o *crown use*, o *government use*[86] ou o *amtliche Benutzungsanordnung*, este último presente na Alemanha, que é um dos poucos países não anglo-saxónicos que detêm um instituto deste género.

Iremos encetar, no próximo ponto, a explicação em maior detalhe sobre a regulação presente no Acordo *Trips*. Por agora, convém enquadrar este instituto em três países: Reino Unido, EUA e Alemanha.

III. O instituto do *crown use* teve a sua génese no Reino Unido, quando surgiram os primeiros direitos exclusivos imateriais. Como estes eram privilégios oferecidos pela Coroa, esta não se sentia vinculada ao *jus*

---

[86] Neste sentido, LAW, *Patents and Public Health*..., ob. cit., pp. 117. Na Índia, a confusão do legislador foi tão grande que, aquando da transposição das regras do Acordo *Trips*, criou um regime para o uso público não-comercial (cf. sec. 92, nº 1, iii)), à imagem do Acordo *Trips*, continuando a manter a previsão do *Government use*, presente na sec. 99 e ss.

prohibendi atribuído ao titular, podendo fazer uso dos direitos exclusivos, sendo que, se alguma compensação fosse oferecida, seria *ex gratia*[87]. Em 1883, houve uma mudança. A coroa passou a ter de respeitar os direitos de patente e, não obstante se ter mantido a possibilidade de a Coroa explorar os direitos exclusivos em determinadas circunstâncias, a compensação passou a ser obrigatória.

Atualmente, esta prerrogativa encontra-se estipulada nas secções 55 a 59 do *Patent Act* do Reino Unido de 1977[88], tendo-se dispersado para outros países de origem anglo-saxónica, como o Canadá, a Austrália ou a Nova Zelândia. O *crown use* é apenas legítimo se for autorizado por um departamento do Governo para "services of the crown"[89], sendo que a utilização do direito de propriedade industrial será unicamente atribuída a uma entidade governamental ou uma outra entidade em nome desta (concessionária)[90], abrangendo assim a administração direta, excluindo institutos públicos, correios, universidades, municípios, etc.[91] O *crown use* poderá ter vários fundamentos subjacentes: motivos de defesa nacional no estrangeiro, desenvolvimento, produção e utilização de energia atómica e, ainda, fabrico de medicamentos destinados ao sistema de saúde do Reino Unido, havendo, sem embargo, o dever de notificar o inventor[92].

---

[87] CORNISH/LLEWELYN/APLIN, *Intellectual Property, Patents, Copyright, Trade Marks & Allied Rights*, ob. cit., pp. 323 e 324.

[88] Este regime está ainda, em termos similares, previsto para o *registered designs* (cf. tabela 1 do *Registered Designs Act 1949*). Cf. ainda CORNISH/LLEWELYN/APLIN, *Intellectual Property, Patents, Copyright, Trade Marks & Allied Rights*, ob. cit., pp. 618; WHITE, *Patents for Inventions and the Registration of Industrial Designs*, London, Stevens & Sons, 1950, pp. 227 e ss.; BENTLY//SHERMAN, *Intellectual Property Law*, 3rd ed., New York, Oxford University Press, 2009, pp. 674. Este último autor refere a utilidade deste instituto no *design*, dando como exemplo o uso do mesmo para uma arma, um míssil nuclear ou uma máscara em caso de ataque químico ou biológico.

[89] BENTLY/SHERMAN, *Intellectual Property Law*, ob. cit., pp. 582. Sobre as circunstâncias em que devem ser invocados "services of the crown", *vide* o caso *Pfizer Corporation vs Ministry of Health*, de 1 de fevereiro de 1965, House of Lordes, AC, 512 e ss., ainda no âmbito do *Patent Act* de 1949.

[90] Cf. sec. 55 § 1.

[91] CORNISH/LLEWELYN/APLIN, *Intellectual Property, Patents, Copyright, Trade Marks & Allied Rights*, ob. cit., pp. 325.

[92] Cf. BENTLY/SHERMAN, *Intellectual Property Law*, ob. cit., pp. 582; CORNISH/LLEWELYN//APLIN, *Intellectual Property, Patents, Copyright, Trade Marks & Allied Rights*, ob. cit., pp. 325.

Este poder não permite o gozo de todos os direitos inerentes à patente. Enquanto os atos de produção, uso, manutenção ou importação cabem dentro desta exceção, os atos de venda e a oferta dos produtos não são, em regra, permitidos[93].

O titular da patente irá ter direito ao pagamento de uma remuneração, sendo uma *compensation* por lucros cessantes. Se as partes não chegarem a acordo, a questão da remuneração irá ser decidida pelo tribunal.

IV. Quanto às previsões sobre *government use*[94], estas advêm do resquício histórico deixado pelos ingleses pelo *crown use*, estando estas disposições inseridas no *eminent domain*, que é tido como o poder do Estado, por ele próprio ou através de concessão, de usar a propriedade privada para fins públicos[95].

O *government use* está previsto na secção 28 § 1498 do *United States Code*, permitindo ao Governo ou a alguma entidade autorizada por este (*contractor*) utilizar uma patente[96], tendo contudo de pagar uma *reasonable compensation*, de acordo com os vários critérios descritos na lei[97]. O titular do direito de propriedade industrial poderá discutir a compensação no tribunal, não podendo, contudo, fazer uso de uma *injunction* para cessar o uso da patente por parte do Governo.

V. Por fim, a denominada *amtliche Benutzungsanordnung*, equivalente ao *government* ou *crown use*, está presente no § 13 da lei de patentes alemã, autorizando o Governo federal a utilizar a patente de acordo com o interesse público, onde se incluem expressamente razões de segurança. Esta utilização sem o consentimento do titular poderá ser levada a cabo

---

[93] Cf. as exceções na sec. 56 § 2 a 4.

[94] Este regime estende-se aos *copyrights* (cf. sec. 28 § 1498, b)).

[95] Em traços gerais, poderá equivaler, em Portugal, ao tratamento da propriedade privada através do instituto da expropriação ou da requisição.

[96] MUSUNGU/CECILE OH, *The use of Flexibilities in Trips by Developing Countries: Can they Promote Access to Medicines?*, South Centre, Geneve, 2006, pp. 36.

[97] Cf. sec. 28 § 1498: "«...» Reasonable and entire compensation shall include the owner's reasonable costs, including reasonable fees for expert witnesses and attorneys, in pursuing the action if the owner is an independent inventor, a nonprofit organization, or an entity that had no more than 500 employees at any time during the 5-year period preceding the use or manufacture of the patented invention by or for the United States «...»."

por uma entidade pertencente ao Governo federal ou por alguma outra entidade pública ou privada, desde que devidamente autorizada para tal.

O titular da patente irá ter direito a uma remuneração, sendo que, se não se chegar a acordo quanto ao seu montante, este irá ser discutido em tribunal. A decisão de usar o direito de propriedade industrial deverá ser comunicada antes da sua utilização e esta decisão poderá ser contestada pelo titular do direito no Tribunal Federal Administrativo (*Bundesverwaltungsgerich*)[98].

8.2. O *uso público não comercial* como figura jurídica autónoma?

I. Embora não exista nenhum debate aceso sobre esta questão, as opiniões divergem quando se trata de saber se o *uso público não comercial* consiste num tipo especial de licença compulsória[99] ou num instituto jurídico diferenciado[100]. Na doutrina alemã, este tema tem sido debatido, existindo diversas opiniões, na medida em que alguns olham para este instituto como uma licença compulsória e outros como um tipo especial de expropriação. Neste último caso, as regras a seguir sobre a compensação a favor do titular da patente deverão ser as estipuladas no § 13 do *PatG*. Por fim, existem alguns autores que, como WOLFF, encaram esta disposição não como sendo uma licença compulsória, mas sim como uma limitação aos direitos de patentes[101], tal como aquelas que nos surgem, por exemplo, no art. 30º do Acordo *Trips*.

II. Numa tentativa de distinção entre estas duas figuras, já foi referido que a diferença entre o *uso público não comercial* e a licença compulsória comum, consiste na natureza diferenciada do seu uso. Enquanto, no *uso público não comercial*, a licença só poderá ser atribuída a entidades

---

[98] Sobre esta figura, cf. WOLFF, *Zwangslizenzen im Immaterialgüterrecht*, Göttingen, V & R Unipress, 2005, pp. 47 e 48.
[99] Neste sentido, LAW, *Patents and Public Health...*, ob. cit., pp. 117; BENTLY/SHERMAN, *Intellectual Property Law*, ob. cit., pp. 582, «...» special form of compulsory licence «...»"; REMÉDIO MARQUES, *Licenças (Voluntárias e Obrigatórias) de Direitos de Propriedade Industrial*, ob. cit., pp. 194, que refere que estamos perante "outra modalidade de licença obrigatória".
[100] Neste sentido, CORNISH/LLEWELYN/APLIN, *Intellectual Property, Patents, Copyright, Trade Marks & Allied Rights*, ob. cit., pp. 323; MUSUNGU/CECILE OH, *The use of Flexibilities in Trips by Developing Countries...*, ob. cit., pp. 35.
[101] WOLFF, *Zwangslizenzen im Immaterialgüterrecht*, ob. cit., pp. 48.

públicas, não visando o lucro, a licença compulsória comum poderá cobrir o uso privado e ter fins comerciais[102].

Não cremos que a diferenciação possa ser estabelecida deste modo. Na verdade, na licença compulsória comum, somente no ato de concessão se irá determinar qual será o âmbito da mesma, podendo, também esta, ser concedida apenas a favor de uma entidade pública, tendo fins não comerciais. A verdadeira diferença está, sim, no facto de, no *uso público não comercial*, não se prever um procedimento administrativo para a sua concessão. Será que esta diferença nos obriga a concluir que estamos perante um instituto diferente da licença compulsória? Pensamos que não. Usando um método tipológico, verificamos que quase todas as características das licenças em confronto se encaixam. Mesmo que não haja um procedimento administrativo de concessão, terá, necessariamente, que existir um ato administrativo dentro da própria esfera governamental para a exploração do direito exclusivo.

Desta feita, somos da opinião de que o *uso público não comercial* consiste num tipo especial de licença compulsória, figura normalmente regulada nos países da *common law*, tendo sido transposta para o Acordo *Trips*. Se observarmos o seu regime, entendemos qual o sentido dado à dispensa da obrigação de tentativa de obtenção de licença contratual em caso de *situação de extrema urgência*, na medida em que, nestas situações, este pré-requisito poderia agravar ainda mais a resolução da urgência em causa[103]. Pelo contrário, já não se vislumbra a necessidade de dispensa em caso de *uso público não comercial*, uma vez que o mesmo, *per si*, não constitui justificativa. Já foi referido que esta dispensa se consubstancia na prevalência do interesse público do uso não comercial[104]. Mas que interesse público é aqui descrito, se nem estamos perante um fundamento? Mais, o interesse público justificaria sempre esta dispensa? A verdade é que não está aqui em causa a clássica licença compulsória por interesse público. Ancorado a este conceito, que constitui um subtipo dentro da licença compulsória, está o objetivo de colocar as situações cobertas pela *government use* ou a *crown use*, dado que, de outra forma, este tipo de licença compulsória não seria admitido à luz do Acordo *Trips*, já que vai muito para além do que é

---

[102] MUSUNGU/CECILE OH, *The use of Flexibilities in Trips by Developing Countries...*, ob. cit., pp. 35.
[103] Cf. PIRES DE CARVALHO, *The Trips Regime of Patent Rights*, ob. cit., pp. 236.
[104] *Idem*.

II. GENERALIDADES

estipulado na típica licença compulsória, limitando, ainda mais, os direitos do *patent owner*.

Assim, a regulamentação do *uso público não comercial* no Acordo *Trips* demonstra claramente que a fonte de inspiração foram as disposições presentes no *common law*. A título de exemplo, note-se que o termo "contractor" presente na sec. 28 § 1498 *US Code* é, *ipsis verbis*, referido na última parte da alínea b) do Acordo *Trips*[105/106].

Além disso, se verificarmos os trabalhos preparatórios do Acordo *Trips*, notamos que no *Charmain Report* de 1990, se encontrava expressamente referido que o *government use* estaria dentro do conceito de licença compulsória[107], estipulando-se ainda que nada no tratado deveria ser interpretado de forma a proibir "for the working or use of a patent for *governmental purposes*"[108] (*itálico* nosso)[109].

A previsão deste tipo especial de licença compulsória para os produtos semicondutores vem confirmar o defendido. Na verdade, a contar com a redação presente em anteriores trabalhos preparatórios, a concessão de licenças compulsórias sobre este tipo de direito de propriedade industrial seria permitida, à semelhança das patentes[110]. Contudo, a final acordou-se que somente seria permitida uma licença compulsória do tipo *government use*[111]. Esta solução resultou das várias pressões vindas dos EUA. Visto que a indústria subjacente aos produtos semicondutores seria

---

[105] Refere o seguinte: "In the case of public non-commercial use, where the government or *contractor*, without making a patent search, knows or has demonstrable grounds to know that a valid patent is or will be used by or for the government, the right holder shall be informed promptly (*itálico* nosso).

[106] Esta relação entre "public non-commercial use" e o "government use" prevista no *US Code* já foi confirmada por GORLIN, *An Analysis of the Pharmaceutical Related Provisions of the WTO-TRIPS Intellectual Property Agreement*, London, Intellectual Property Institute, 1999, pp. 34.

[107] Cf. art. 40º, nº 2, do doc. GAAT MTN.GNG/NG11/W/76, de 23 de julho de 1990.

[108] *Idem*, pp. 21. Doc. GATT MTN.TNC/W/35/Rev.1, 3 de dezembro de 1990.

[109] Neste sentido, vai, da mesma forma, a abordagem de DeRoo, «"Public Non-Comercial Use" Compulsory licensing for Pharmaceutical drugs in Government Health Care Programs», *Michigan Journal of International Law*, vol. 32, pp. 347 e ss., disponível em http://students.law.umich.edu/mjil/uploads/articles/v32n2-deroo.pdf (visitado em 25.05.2011), pp. 387 e ss.

[110] Cf. art. 40º, nº 2, doc. GATT MTN.TNC/W/35/Rev.1, de 3 de dezembro de 1990.

[111] DRAHOS/BRAITWAITE, *Information Feudalism: Who Owns the Knowledge Economy?*, London, Earthscan, 2002, pp. 148 e 149.

o coração da indústria militar e da alta tecnologia, uma licença compulsória tão alargada poderia ter consequências nefastas, sendo que a solução passou assim por limitar este instituto quando estivéssemos perante produtos semicondutores.

Se verificarmos o direito português, este tipo especial de licença compulsória não existe. Está estipulado para os produtos semicondutores que as licenças compulsórias só poderão ser concedidas com "finalidade pública não comercial". Contudo, de forma alguma estamos perante o *government use* ou o *crown use* aqui abordados. A deficiente e restrita redação do Acordo *Trips* levou a maior parte dos países a transpor para a sua ordem jurídica este conceito de *uso público não comercial*, não como um instituto especial, mas sim como uma modalidade de licença compulsória. O exemplo de Portugal é seguido por muitas outras ordens jurídicas no mundo. Tal é o caso de França[112] e do Brasil[113], que apenas vislumbram este conceito como indicando uma modalidade de licença compulsória, seja no que diz respeito às licenças compulsórias sobre produtos semicondutores, no caso do direito francês, seja quando se regula o interesse público, referindo que este só poderá ter como finalidade o uso público não comercial, como acontece no direito brasileiro.

Assim, pegando no caso português, na concessão de uma licença compulsória sobre produtos semicondutores, não existe nenhum procedimento similar ao *government use*. A concessão segue o seu procedimento normal, atribuindo-se a competência ao INPI, sendo que a única especialidade consistirá no facto de o seu âmbito estar, à partida, limitado ao *uso público não comercial*. Desta forma, só estes dois conceitos – *público* e *não comercial* – terão de ser interpretados de modo a conseguirmos discernir em que condições poderão estas licenças compulsórias ser concedidas.

III. Se este *uso público não comercial* consiste num tipo especial licença compulsória, estarão as disposições dos arts. 107º, nº 5, e 169º do CPI a violar o Acordo *Trips*? Cremos que não. A disposição do Acordo *Trips* é na verdade bastante deficiente. Este conceito surge-nos em dois momentos: no art. 31º, na alínea b), estipulando-se a dispensa da obtenção de licença contratual e o sistema de notificação, e, na alínea c), quando refere que,

---

[112] Cf. art. L. 613-19-1 do Código de Propriedade Intelectual.
[113] Cf. Decreto nº 3.201, de 6 de outubro de 1999.

no caso dos produtos semicondutores, a licença compulsória só poderá ser concedida tendo em vista o *uso público não comercial*. Alheios a esta realidade, muitos Estados-membros da OMC interpretaram este conceito da forma mais óbvia possível: tratando-o como uma modalidade de licença compulsória. Esta interpretação, estamos em crer, levou em conta o art. 31º da Convenção de Viena sobre o Direito dos Tratados.

IV. Em suma, diríamos que este termo *"public non-commercial use"* e a sua regulamentação no Acordo *Trips* nasceram de modo a incluírem e a regularem as disposições concernentes ao *government use, crown use* ou ao *amtliche Benutzungsanordnung*, inexistentes na maioria das ordens jurídicas de origem romano-germânica. Estas, confrontadas com um elemento estranho às suas ordens jurídicas e sem a adequada densificação no Acordo *Trips*, decidiram transpor este conceito de forma literal, inserindo-o como uma mera modalidade de licença compulsória e não como um tipo especial.

Destarte, resta-nos interpretar o conceito em si, que será o mesmo que dizer que devemos interpretar os dois termos presentes no mesmo: "public" e "non-commercial".

A grande diferença desta modalidade relativamente a outras modalidades de licença compulsória já referidas consiste precisamente na sua finalidade. Ao passo que, na primeira modalidade, estas poderão ter diversos propósitos, incluindo características comerciais de obtenção do lucro, esta última, como o seu próprio nome chama a atenção, só poderá ser concedida com fins públicos e não comerciais, ou seja, que não tenham como objetivo a obtenção do lucro. Não queremos com isto afirmar que os produtos obtidos através da licença compulsória terão que ser distribuídos gratuitamente ou sem qualquer lucro, como já foi colocado em dúvida[114]. O que está aqui em causa é a prevalência ou a preponderância do interesse público no uso não comercial da invenção[115]. Desta forma,

---

[114] OVERWALLE, «Differential Pricing: Piercing or Fostering the IP Incentive for Public Health?», *Differential Pricing of Patent-Protected Pharmaceuticals inside Europe – Exploring Compulsory Licenses and Exhaustion for Access to Patented Essential Medicines*, Ed. Christine Godt, ZERP, Germany, Nomos, 2010, pp. 113 e ss., pp. 118.
[115] Cf. PIRES DE CARVALHO, *The Trips Regime of Patent Rights,* ob. cit, pp. 236.

seguindo a opinião de Musungue e Cecile Oh[116], o termo "public" deverá ser interpretado como referindo-se ao propósito do uso e não às entidades que irão explorar a licença.

§ 9. Fundamentos e *ratio* subjacente ao instituto das licenças compulsórias

I. Se analisarmos os direitos de propriedade industrial, em especial as patentes, verificamos que estes são monopólios outorgados pelo Estado. Habitualmente, os monopólios privados não são bem vistos pela ordem jurídica, na medida em que estes permitem ao titular usufruir do seu direito sem qualquer concorrência, sendo que, a partir dessa situação, poderão advir abusos. Desta forma, mesmo podendo afirmar-se que a concessão do direito exclusivo de propriedade industrial pelo Estado advém de um *prémio* pelo esforço inventivo, permitindo recuperar o investimento realizado, o que se pretende verdadeiramente é incentivar ainda mais a procura de novas invenções, que irá permitir o desenvolvimento tecnológico e económico em geral. Quer-se com isto dizer que, apesar das invenções patenteadas restringirem a concorrência, estas têm determinadas finalidades, sendo que, se as mesmas não forem prosseguidas, o direito terá de atuar em conformidade.

II. Quando olhamos para as licenças compulsórias, parece-nos que estas serão o meio indicado para conseguir um balanço entre os vários problemas que poderão surgir do facto de estarmos perante monopólios privados. Este instituto é um *minimus*[117] em relação a outras repercussões como a expropriação[118] ou a caducidade. Dentro das hipóteses em jogo,

---

[116] Cf. Musungu/Cecile Oh, *The use of Flexibilities in Trips by Developing Countries...*, ob. cit., pp. 36.

[117] Roubier, *Le Droit de la Propriété Industrielle*, vol. II, (Les Créations Nouvelles), Paris, Du Recueil Sirey, 1952, nº 187, pp. 275, fala em "conciliation «...» de la protection de l'inventeur avec les necessites d'ordre public".

[118] O nosso CPI, no art. 105º, limita-se a estabelecer que as patentes poderão ser expropriadas nos termos gerais, mediante justa indemnização. Este último aspeto é uma novidade no código de propriedade industrial de 2003, na medida em que, no CPI de 1995, a "justa indemnização" não era referida, o que, em bom rigor, não seria necessário, visto que esta já é uma exigência constitucional (art. 62º, nº 2, da CRP). Por fim, é ainda de salientar que o nosso código se limita a enviar para as regras gerais do código das expropriações (Lei nº 168/99, de 18 de setembro), quando estamos perante uma expropriação de patente

esta medida será a forma mais apropriada e justa de levar à cessação de um "abuso" existente[119] ou de tutelar outros direitos que entrem em colisão com o exclusivo.

Neste âmbito, podemos explorar um esquema elaborado pela doutrina francesa, mais especificamente por SABATIER, que aponta alguns fundamentos teóricos e práticos para a preferência da *license imposée* em comparação com outras alternativas[120].

No que diz respeito ao fundamento teórico, a licença compulsória será preferível a outras medidas, visto que:
– O titular do direito – *recitius* patente –, apesar de perder o direito exclusivo de exploração, conserva o seu direito;
– A sociedade reúne condições de exploração dentro de um quadro de economia de mercado[121].

No primeiro caso, as obrigações inerentes ao direito de propriedade industrial mantêm-se, contribuindo para a manutenção do incentivo à inovação e ao desenvolvimento da investigação, beneficiando reflexamente a sociedade. O titular conserva o seu direito, embora vendo-o "comprimido"[122].

No segundo caso, a exploração do direito de propriedade industrial, que irá ser realizada por um terceiro, irá estar de acordo com as necessidades do país, além de que a licença compulsória estará adaptada à economia de mercado, dado que esta medida não obrigará o Estado a outro tipo de intervenções mais onerosas, como a expropriação.

(nº 3). É curioso que, em França, a expropriação de patente só admitida pelo *code de la propriété intellectuelle* (art. L. 613-20) para situações de defesa nacional. Vide CHAVANNE/BURST, *Droit de la Propriété Industrielle*, ob. cit., pp. 227; SCHMIDT-SZALEWSKI/PIERRE, *Droit de la Propriété Industrielle*, 3e ed., Paris, Litec, 2003, pp. 118. Para as expropriações em geral no direito português, vide ALVES CORREIA, *Manual de Direito do Urbanismo*, vol.II, Coimbra, Almedina, 2010, pp. 123 e ss.
[119] BERCOVITZ, «Notas sobre las Licencias Obligatorias de Patentes», ob. cit., pp. 81 e 82.
[120] SABATIER, *L'explotation des Brevets d'Invention et l'Intérêt Général d'Ordre Économique*, ob. cit., pp. 147.
[121] *Idem*, pp. 148 e 149.
[122] *Idem*.

Quanto ao fundamento prático, este também se desdobra em dois:
- As licenças compulsórias adaptam-se a diversas hipóteses[123];
- Este tipo de licenças é adotado pela esmagadora maioria das legislações[124].

As licenças compulsórias atuam na tutela de vários tipos de situações. As circunstâncias mais comuns são as relacionadas com o próprio direito de propriedade industrial, como a *falta ou insuficiente exploração* ou a *dependência entre patentes*. Contudo, estas adquirem ainda importância na tutela do *interesse público*, atuando em áreas como a saúde pública, alimentação, desenvolvimento económico ou tecnológico. A licença compulsória tem sido ainda aplicada noutros ramos de direito, quando estão envolvidos direitos de propriedade industrial, como são as licenças compulsórias com fundamento em *práticas anticoncorrenciais* no direito da concorrência.

Em segundo lugar, as licenças compulsórias têm expressão em quase todas as legislações a nível mundial, devido, em grande parte, às convenções internacionais sobre propriedade industrial, com grande destaque para a uniformização operada pelo Acordo *Trips*, que teve uma importância central nesta matéria.

III. Este esquema elaborado por SABATIER ajuda-nos a discernir o próximo passo, que será o de descobrir qual a *ratio* por detrás das licenças compulsórias.

Podemos apontar à licença compulsória os seguintes objetivos:
- evitar abusos na exploração do direito de propriedade industrial;
- contribuir para a promoção da inventividade;
- tutelar valores jurídicos ancorados ao interesse público, servindo como balança de vários interesses em colisão.

Somos ainda da opinião que os objetivos não se ficam por aqui. Independentemente das observações já realizadas, que podem ser dadas como assentes, pensamos que existe um objetivo que não se retira dos fundamentos, mas que está sempre presente neste instituto: promover a celebração de licenças voluntárias[125].

---

[123] *Idem*, pp. 150.
[124] *Idem*, pp. 150 e ss.
[125] No mesmo sentido, entre outros, PFANNER, «Die Zwangslizenzierung von Patenten: Überblick und neuere Entwicklungen», ob. cit., pp. 371; BENTLY/SHERMAN, *Intellectual Property Law*, ob. cit., pp. 578; BERCOVITZ, Alberto, «Notas sobre las Licencias Obligatorias de

Como atesta REMÉDIO MARQUES[126], os próprios processos administrativos e judiciais com vista à obtenção de uma licença compulsória são morosos e complexos, sendo que tal idiossincrasia não se deverá, na sua totalidade, a laxismo do legislador, tendo subjacente, isso sim, um objetivo tácito, que será o de incentivar a celebração de licenças voluntárias.

Efetivamente, não é pelo facto de o número de concessão de licenças compulsórias ser baixo que podemos desvalorizar este instituto[127]. Deve, sim, existir uma visão de quais serão todos os objetivos inerentes a estas licenças. Poderá argumentar-se que isto consiste num mero efeito reflexo e não num objetivo implícito, contudo, salvo melhor opinião, almeja-se o raciocínio que defendemos nos meandros das normas que preveem estas licenças[128].

Se observarmos o art. 31º, b), do Acordo *Trips* e o art. 107º, nº 3, do CPI, notamos que um dos requisitos gerais para a obtenção de licenças compulsórias é o facto de o sujeito que pretende a licença a ter tentado obter de forma voluntária. Como veremos mais à frente[129], estes "esforços" terão que corresponder a uma conduta material densificada, não meramente formal, ou seja, terão de se materializar em certos comportamentos que atestem essa tentativa de obter a licença voluntária.

IV. Em suma, cremos que não estamos perante um mero efeito reflexo das licenças compulsórias, mas sim de um objetivo do instituto, que tem a sua razão de ser porque, para além de estas licenças serem restrições a direitos subjetivos, o direito costuma preferir que as questões se

---

Patentes», ob. cit., pp. 89. Ainda, como refere HAMMES, *O Direito da Propriedade Intelectual: subsídios para o ensino*, São Leopoldo, Unisinos, 1996, pp. 267 (776), "o efeito da licença compulsória é mais psicológico do que real". Acrescenta ainda o autor que "para o titular é sempre mais interessante negociar livremente do que se ver constrangido a conceder a licença".
[126] REMÉDIO MARQUES, *Licenças (Voluntárias e Obrigatórias) de Direitos de Propriedade Industrial*, ob. cit., pp. 205.
[127] Assim, CARLOS CORREA, *Intellectual Property Rights and the Use of Compulsory Licenses...*, ob. cit. pp. 23.
[128] ARNOLD/JANICKE, «Compulsory Licensing Anyone», Journal of the Patent Office Society, vol. 55, no. 3, 1973, pp. 149 e ss., disponível em «www.heinonline.org» (visitado em 15.03.2012), pp. 166, parecem estar de acordo com este pensamento, ao referirem que o facto de os procedimentos e os custos inerentes às licenças serem morosos e dispendiosos forçarem o titular da patente a conceder uma licença voluntária.
[129] *Infra* § 34.

resolvam na esfera dos particulares. Nesta última questão em concreto, a composição entre as partes poderá tutelar de uma forma mais satisfatória e razoável os interesses conflituantes em presença, evitando processos morosos e custas para as partes e para o Estado.

O incentivo à obtenção de licenças contratuais adquire especial relevância na *dependência entre direitos de propriedade industrial*[130]. Como refere GIANNA ARNOLD, ao abordar as licenças compulsórias por dependência entre patentes, na dependência entre direitos de propriedade industrial, este incentivo ao licenciamento voluntário faz com que as licenças compulsórias raramente sejam concedidas, dada a circunstância de ambas as partes terem interesse na obtenção de uma licença cruzada[131].

§ 10. Excurso sobre as licenças compulsórias nos direitos de autor e conexos

I. Apesar de o nosso estudo visar as licenças compulsórias nos direitos de propriedade industrial, dada a dimensão conjunta da propriedade intelectual, convém contribuir com alguns apontamentos dogmáticos sobre as licenças compulsórias nos direitos de autor e direitos conexos. Este instituto não deixa de estar presente tanto a nível internacional quanto nacional.

II. Na ordem jurídica internacional, as licenças compulsórias estão previstas no art. 11º- *bis*, nº 2, e art. 13º, nº 1 e anexos II, III e IV, da Convenção de Berna para a Proteção das Obras Literárias e Artísticas, que, tal como a CUP, foi incorporada pelo Acordo *Trips*[132]. Nesta legislação, onde historicamente a licença compulsória surgiu pela primeira vez no art. 13º, nº 1, com a Revisão de Berlim de 1908, é comum a existência de *statutory licences*, tipo de licença já em desuso no direito de propriedade industrial, mas comum nos direitos de autor e conexos, onde é previsto que, em troca de uma remuneração, um terceiro poderá explorar o exclusivo sem ter

---

[130] No mesmo sentido, referindo especialmente este objetivo nas licenças compulsórias por dependência entre patentes, REMÉDIO MARQUES, *Biotecnologia(s) e Propriedade Intelectual*, vol. II, Coimbra, Almedina, 2007, pp. 119, e STRAUS, «Bedeutung des TRIPS für das Patentrecht», *Grur Int.*, pp. 179 e ss., pp. 201.

[131] GIANNA ARNOLD, «International Compulsory Licensing: The Rationales and the Reality», IDEA, 1993, pp. 349 e ss., pp. 358.

[132] A incorporação abrangeu, somente, do art. 9º ao art. 21º e respetivos anexos.

que interpor qualquer ação. Apesar de similitudes com as licenças compulsórias, estas não se confundem[133]. As *statutory licences* são *licenças legais*, pois não necessitam de qualquer ato administrativo ou judicial para a sua concessão, sendo automaticamente concedidas, mediante a verificação de certos requisitos legais.

Comparando os direitos de propriedade industrial com os direitos de autor e conexos, pergunta-se qual será a razão de existir um grande número de *statutory licences* neste último ramo de direito. Na realidade, até ao aparecimento do Acordo *Trips*, era comum encontrar-se este tipo de licenças no direito de patentes. Após a assinatura deste último acordo, estas disposições tornaram-se raras, na medida em que se entendia que estas licenças enfraqueciam em demasia os direitos dos titulares de patentes.

Nos direitos de autor e direitos conexos, esta realidade não mudou e continua presente, sendo mesmo "autorizada" pelo Acordo *Trips*, que incorporou as normas sobre licenças da Convenção de Berna. Pensamos que é devido à própria natureza do direito que as licenças legais têm maior aceitabilidade quando estamos perante direitos de autor e direitos conexos. Nesta sede, são raros os casos em que o criador e titular do direito tem condições de o explorar. Na maioria das vezes, o autor estará interessado em receber uma determinada quantia pela sua criação original. Deste modo, os direitos de autor e direitos conexos são, por excelência, direitos exclusivos mais suscetíveis a serem onerados por licenças[134].

III. Ao nível *supranacional*, de referir que o Tribunal de Justiça da União Europeia já decidiu conceder licenças compulsórias sobre direitos de autor. Basta lembrarmo-nos do caso *Magill*. A própria Comissão Europeia também já decidiu nesse sentido, nomeadamente no caso *Microsoft*, licenciando compulsoriamente vários direitos de autor ligados à sociedade de Informação. Apesar de existir uma recusa por parte dos titulares

---

[133] Na doutrina nacional, MENEZES LEITÃO, *Direitos de Autor*, Coimbra, Almedina, 2011, pp. 166 e ss., refere-se às mesmas como "licenças legais", em contraposição às "licenças obrigatórias". Na doutrina estrangeira, CARLOS CORREA, *Intellectual Property Rights and the Use of Compulsory Licenses*...ob. cit., pp. 4, refere-se às "statutory licenses", não deixando, contudo, de as classificar como licenças compulsórias.

[134] Neste sentido, BEIER, «Exclusive Rights, Statutory and Compulsory Licenses in Patent and Utility Model Law», ob. cit., pp. 254.

de licenciar estes direitos, o real fundamento para estas licenças compulsórias baseou-se em práticas anticompetitivas, mais precisamente no abuso de posição dominante[135].

Esta legislação internacional é acompanhada pelas ordens jurídicas nacionais. A título de exemplo, nos EUA, as licenças compulsórias surgem-nos em numerosas disposições do *Copyright Act US Code*, nomeadamente nas secções 108 a 122 e, ainda, na secção 1004. O mesmo se passa no Reino Unido, a saber, na secção 144 do *Copyright, Designs and Patents Act* 1988, onde o Secretário de Estado e o *Office of Fair Trading and the Competition Comission*, têm o poder de conceder licenças compulsórias com fundamento em práticas anticompetitivas. Veja-se ainda o caso do direito alemão, onde estas licenças nos surgem no § 42ª da *Urheberrecht Gesetz*[136].

IV. Na ordem jurídica portuguesa, também estão previstas licenças compulsórias sobre direitos de autor, mais concretamente no art. 52º do Código de Direitos de Autor e Conexos. Esta disposição diz respeito à reedição de obra esgotada[137], prevendo-se a possibilidade de concessão de licença compulsória quando o titular do direito de reedição se recusar a exercê-lo ou autorizar a reedição da obra somente depois de esgotadas as edições anteriores. Nestes casos, "qualquer interessado" (incluindo o próprio Estado) poderá requerer ao tribunal autorização para reeditar a obra, ficando o requerente com direito apenas a uma reedição[138/139].

Não é de estranhar a legitimidade do Estado para pedir uma licença compulsória com este fundamento. Basta pensarmos no interesse do Ministério da Cultura em reeditar uma obra fundamental para algum plano de ensino escolar ou projeto cultural.

---

[135] Cf. *infra* § 20.

[136] A presença de licenças compulsórias sobre direitos de autor é ainda notada na proposta para um Código de Direito de Autor Europeu do *Wittem Group*, nomeadamente, no art. 5.4, n 2.

[137] FRANCISCO REBELLO, *Código do Direito de Autor e dos Direitos Conexos*, Lisboa, Âncora, 2002, pp. 95; MOURA VICENTE, «O Equilíbrio de Interesses no Direito de Autor», *Direito da Sociedade da Informação*, vol. IX, Coimbra, Coimbra Editora, 2011, pp. 249 e ss., pp. 268; SÁ E MELLO, *Manual de Direito de Autor*, Coimbra, Almedina, 2014, pp. 275 e 276.

[138] OLIVEIRA ASCENSÃO, *Direito Civil – Direitos de Autor e Direitos Conexos*, reimp., Coimbra, Coimbra Editora, 2008, pp. 215.

[139] Cf. art. 52º, nº 1. Cf. MENEZES LEITÃO, *Direitos de Autor*, ob. cit., pp. 167 e 168.

II. GENERALIDADES

Segundo o art. 53º, nº 1, seguir-se-á o processo especial de suprimento do consentimento, previsto nos arts. 1425º e ss. do CPC. Na avaliação da viabilidade desta licença compulsória, o tribunal só a poderá conceder se existir interesse público na reedição da obra e, no caso de existir recusa do titular do direito para a reeditar, este pode evitar a sua concessão apresentando motivos legítimos ("recusa se não fundar em razão moral ou material atendível"). Contudo, o titular do direito de autor não poderá invocar razões de ordem financeira para a recusa da reedição[140]. Mesmo sendo concedida a licença, esta não será exclusiva, i.e., irá permitir que o titular do direito possa efetuar futuras reedições ou licencie a sua reprodução a um terceiro[141].

Deste regime, retira-se o paralelo que existe para com as licenças compulsórias por falta ou insuficiente exploração do art. 107º, nº 1, a), e art. 108º, do CPI, nomeadamente na possibilidade de a recusa ser justificada, tendo o titular do direito razões legítimas, não obstante as razões financeiras – onde pensamos que, tal como no regime de direito de propriedade industrial, se podem incluir as razões económicas – não serem escusas suficientes. Outro paralelo será a não exclusividade, que é condição típica nas licenças compulsórias em estudo.

De referir ainda que, da decisão do tribunal de outorgar uma licença compulsória, poderá haver recurso para a Relação, tendo este efeitos suspensivos[142].

---

[140] Cf. art. 52º, nº 2. O requerente da licença deve, desde logo, indicar ao tribunal o número de exemplares que pretende editar.
[141] Cf. art. 52º, nº 3.
[142] Cf. art. 53º, nº 2. Existem ainda inúmeras *licenças legais*. A título de exemplo, no art. 191º do Código de Direitos de Autor e Conexos, prevê-se que, em geral, um interessado na utilização de um direito conexo, mediante o caucionamento de uma remuneração, possa utilizar esse mesmo direito. Contudo, isso só será possível depois de este ter encetado diligências com o titular do direito mas não o ter conseguido contactar, ou este não se pronunciar num prazo razoável. Há deste modo uma *presunção de anuência* por parte do titular, não obstante as tentativas de diligências falhadas terem de ser comprovadas pelo Ministério da Cultura (cf. Oliveira Ascensão, *Direito Civil – Direitos de Autor e Direitos Conexos*, ob. cit., pp. 215). É prevista ainda a licença a favor de um interessado (mediante remuneração) relativamente a obras póstumas se, passados 25 anos a contar da morte do autor, os sucessores não utilizarem a obra. Não obstante, os titulares do direito podem obstar a esta utilização, se demonstrarem que esta não utilização se deveu a "impossibilidade ou de demora na divulgação ou publicação por ponderosos motivos de ordem moral" (cf. art. 70º, nº 3). Podemos dar ainda o exemplo do art. 144º, que prevê uma licença sobre a obra musical e o respetivo texto que

V. Quanto à natureza das licenças compulsórias nos direitos de autor e direitos conexos, o Professor OLIVEIRA ASCENSÃO refere que o que caracteriza estas licenças é o "caráter constitutivo da autorização", i.e., a sua forma de obtenção. Fazendo um paralelo com os direitos reais, o Professor conclui que a licença compulsória tem similitudes com a servidão coativa[143/144].

for objeto de fixação fonográfica comercial. O autor irá ter direito a uma a *retribuição equitativa* que será acordada pelas partes, ou, na falta de acordo, pelo Ministério da Cultura. O autor pode ainda determinar a cessação desta exploração, "sempre que a qualidade técnica da fixação comprometer a correta comunicação da obra".
[143] Cf. OLIVEIRA ASCENSÃO, *Direito Civil – Direitos de Autor e Direitos Conexos*, ob. cit., pp. 215.
[144] Sobre as licenças compulsórias nos direitos de autor e conexos na legislação portuguesa, além da bibliografia citada, *vide* REMÉDIO MARQUES, «Direito de Autor e Licença Compulsória – Um Olhar Luso-Brasileiro», *Boletim da Faculdade de Direito de Coimbra*, vol. 86, 2010, pp. 49 e ss.; Na doutrina estrangeira, *vide*, entre outros, ABRAMS, Copyright's first Compulsory License, *Santa Clara Computer & High Tech. L.J. 215*, vol. 26, Issue 2, 2010, pp. 215 a 252, disponível em «www.chtlj.org» (consultado em 12.05.2011), que discute as licenças compulsórias no âmbito da legislação americana sobre *copyrigths*.

Capítulo III
As licenças compulsórias como instrumento determinante no acesso aos medicamentos

§ 11. **Colocação do problema. Apontamento histórico da mediatização da questão. Valores jurídicos em colisão**
I. As licenças compulsórias têm sido amplamente referidas como um dos meios adequados para limitar o direito exclusivo atribuído pelos direitos de propriedade industrial, quando estamos perante situações em que, à primeira vista, são incompatíveis com o exercício destes direitos de monopólio, tutelando outros valores que a doutrina aponta como essenciais[145]. Um desses valores essenciais corresponde precisamente à saúde pública, pelo que é na área do acesso aos medicamentos que as licenças compulsórias mais se têm feito ouvir.

Na verdade, a discussão entre o acesso aos medicamentos e os direitos de propriedade industrial – principalmente patentes – tem vindo a tomar

---

[145] Cf. CARLOS CORREA., «Compulsory Licensing: How to Gain Access to Patented Technology», *Intellectual Property Management in Health and Agricultural Innovation: A Handbook of Best Practices*, 2007, disponível em «www.iphandbook.org» (consultado em 12.04.2011), pp. 273 e ss. Este autor propõe que as licenças compulsórias sejam um dos mecanismos que permitam o acesso à tecnologia, pois, nos dias que correm, a atribuição de direitos de propriedade industrial sem qualquer aplicação prática, em conjunto com amplas reivindicações, tem levado a que muitas empresas de investigação encontrem entraves devido a toda uma panóplia de direitos de propriedade industrial concedidos.

lugar ano após ano, aos níveis tanto internacional quanto das legislações nacionais[146]. Antes da entrada em vigor do Acordo *Trips*, muitos países, na sua maioria países em desenvolvimento, produziam medicamentos genéricos a baixo custo, pois as invenções farmacêuticas não eram protegidas como patentes[147].

II. Com a entrada em vigor do Acordo *Trips*, os desejos dos EUA e da União Europeia, que já no âmbito do GAAT faziam pressão para a admissão generalizada de patentes sobre invenções farmacêuticas, foram atendidos. A entrada em vigor do Acordo, ao exigir um *standard* mínimo de proteção dos direitos de propriedade industrial a todos os Estados-membros, teve ainda como consequência a obrigatoriedade de proteção de patentes sobre invenções farmacêuticas[148/149].

Apesar da discussão do acesso aos medicamentos e dos direitos de propriedade industrial ser antiga, começou a ser vista de outra forma a partir da promulgação, na África do Sul, pelo Presidente Nélson Man-

---

[146] Em Itália, o Tribunal Constitucional, numa decisão a 20 de março de 1978, declarou inconstitucional o art. 14º, nº 1, da lei de Patentes italiana de 1939, por proibir a patenteabilidade dos produtos farmacêuticos. A partir do trânsito em julgado da decisão, todos os produtos e processos farmacêuticos começaram a poder ser patenteados. Na sequência desta decisão e por sugestão do Tribunal Constitucional, existiram várias propostas no sentido de se introduzir licenças compulsórias não exclusivas relativas somente a produtos farmacêuticos, tendo como objetivo a proteção da saúde pública. Contudo, estas propostas nunca chegaram a ser concretizadas. Cf. UBERTAZZI/ VOHLAND, «The New Italian Patent Act», *IIC*, vol. 11, no. 4, Munich/Oxford, 1980, pp. 441 e ss., pp. 445.

[147] HESTERMEYER, *Human Rights and the WTO*, New York, Oxford Press, 2007, pp. 11. Mesmo durante as negociações para a entrada em vigor do Acordo *Trips*, se olharmos para as propostas por parte dos países desenvolvidos e dos países em desenvolvimento e menos desenvolvidos, verificamos que existia uma grande clivagem de posições entre os mesmos no que diz respeito ao estatuto que deveriam ter as patentes sobre produtos farmacêuticos. Cf. HUALA ADOLF, Trade-Related Aspects of Intellectual Property Rights and Developing Countries, ob. cit., pp. 56 e ss.

[148] Cf., por todos, DUROJAYE, *Trips, Human Rights and Access to Medicines in Africa – A post Doha Analysis*, Saarbrücken, VDM Verlag, 2010, pp. 7.

[149] A preocupação com esta problemática não se quedou, exclusivamente, pelos países menos desenvolvidos e em desenvolvimento. Muitas ONGs também abordaram este assunto. Destaque-se a famosa ONG *Médicos sem Fronteiras* (MSF), que deu conta das suas preocupações aquando da entrada em vigor do Acordo *Trips*. Cf. HOEN, *Trips, Pharmaceutical Patents and Access to Essential Medicines: Seattle, Doha and Beyond*, 2003, disponível em «www.who.int» (consultado em 22.02.2011), pp. 42 e 43.

dela, da Lei Sul-africana de medicamentos e substâncias relacionadas, no ano de 1997[150].

Esta decisão deveu-se ao descontrolo no tratamento de diversas epidemias no país, descontrolo, esse, agravado pelo elevado preço dos medicamentos. Não obstante esta lei já ser polémica, a disposição que veio criar maior desconforto na comunidade internacional foi a secção 15C, que passou a permitir ao Ministro da Saúde recorrer às importações paralelas e licenças compulsórias, quando o país se visse confrontado com medicamentos com preços demasiado elevados e existisse uma necessidade extrema de proteção da saúde pública[151].

III. Como seria de esperar, as indústrias farmacêuticas, com o apoio do EUA e da União Europeia, contestaram esta lei. Em fevereiro de 1998, 41 grandes empresas farmacêuticas internacionais vieram interpor uma ação contra o Governo Sul-africano, pois, no entender destas, a secção 15C estaria a violar a Constituição do país, concedendo demasiados poderes ao Ministro da Saúde e desrespeitando o direito de propriedade. Por último, referiram ainda que havia um desrespeito para com o art. 27º

---

[150] HESTERMEYER, *Human Rights and the WTO*, ob. cit., pp. 11; MATTHEWS, «WTO Decision on Implementation of Paragraph 6 of the Doha Declaration on the Trips Agreement and Public Health: A Solution to the Access to Essential Medicines Problem?», *JIEL*, vol. 7, 1, Oxford University Press, 2004, pp. 73 e ss., pp. 78 e 79; HOEN, *Trips, Pharmaceutical Patents and Access to Essential Medicines: Seattle, Doha and Beyond*, ob. cit., pp. 43 e 44; HARRIS, «Trips After Fifteen Years: Success or Failure, as Measured by Compulsory Licensing», *J. Intell. Prop. L.*, vol. 18, 2011, pp. 367 e ss., pp. 384 e 385.

[151] O texto legal era o seguinte:
"The minister may prescribe conditions for the supply of more affordable medicines in certain circumstances so as to protect the health of the public, and in particular may,
a) notwithstanding anything to the contrary contained in the Patents Act, 1978 (Act No. 57 of 1978), determine that the rights with regard to any medicine under a patent law granted in the Republic shall not extend to acts in respect of such medicine which has been put onto the market by the owner of the medicine, or with his or her consent;
b) prescribe the conditions on which any medicine, which is identical in composition, meets the same quality standard and is intended to have the same proprietary name as that of another medicine already registered in the Republic, but which is imported by a person other than the person who is the holder of the registration certificate of the medicine already registered and which originates from any site of manufacture of the original manufacturer as approved by the council in the prescribed manner, may be imported;
c) prescribe the registration procedure for, as well as the use of, the medicine referred to in paragraph (b).

do Acordo *Trips*, na medida em que esta disposição não permitia uma discriminação em relação às patentes farmacêuticas, discriminação, essa, que existiria no artigo mencionado[152/153]. Contra-argumentando, o Governo Sul-africano veio defender que, nos termos da sua Constituição, era dever do Governo proteger a saúde pública[154].

IV. Esta ação interposta pelas farmacêuticas veio tornar a relação entre o Acordo *Trips* e o acesso a medicamentos numa das questões mais debatidas ao nível internacional. Contudo, no que diz respeito concretamente à ação esta relevou-se um desastre para as farmacêuticas. Toda a opinião pública se mostrou contra as posições destas, levando-as a retirar a ação contra o Governo Sul-africano. Em 19 de abril de 2001, a indústria farmacêutica e o Governo Sul-africano, numa declaração conjunta, comprometeram-se a trabalhar lado a lado para resolver as questões de saúde pública no país. O Governo sul-africano comprometeu-se ainda, numa clara concessão à indústria farmacêutica por esta ter retirado a ação, a respeitar o Acordo *Trips* e a consultá-las quando tomasse a decisão de utilizar as prerrogativas concedidas na Secção 15C do *South African Medicines and Related Substances Control Amendment Act*[155].

V. Debruçando-nos dogmaticamente sobre a questão, somos da opinião de que, como refere REMÉDIO MARQUES, não podemos tratar as patentes relacionadas com a saúde humana da mesma forma como tratamos juridicamente outras patentes que apenas influem no mercado[156].

---

[152] HESTERMEYER, *Human Rights and the WTO*, ob. cit., pp. 13; DEROO, «"Public Non-Comercial Use", Compulsory Licensing for Pharmaceutical Drugs in Government Health Care Programs», ob. cit., pp. 355 e 356.
[153] Da mesma forma, os EUA, além do desagrado manifestado em relação a esta lei, procederam à inclusão da África do Sul na chamada *"Special 301'Wacth list"*. Esta lista tinha como objetivo agrupar os países que, nos termos da legislação Norte-americana, não cumpriam com uma adequada proteção da propriedade industrial. Além disso, decidiram ainda punir comercialmente a África do Sul, ao retirar-lhe um tratamento preferencial em relação a alguns produtos no que diz respeito às tarifas aduaneiras.
[154] HESTERMEYER, Human *Rights and the WTO*, ob. cit., pp. 13.
[155] HESTERMEYER, *Human Rights and the WTO*, ob. cit., pp. 13; DEROO, «"Public Non-Comercial Use", Compulsory Licensing for Pharmaceutical Drugs in Government Health Care Programs», ob. cit., pp. 357.
[156] REMÉDIO MARQUES, «Patentes biotecnológicas e o acesso a produtos de saúde...», ob. cit., pp. 164. Vale a pena reescrever as palavras elucidativas do Professor que, referindo-se

Assim, devido a estas diferenças de valores, mesmo estando em causa o mesmo direito de propriedade industrial, há que fazer uma separação e olhar jurídico-dogmaticamente de forma mais cautelosa para os direitos de propriedade industrial relacionados com medicamentos[157].

Desta forma, não devem ser menosprezadas as licenças compulsórias como um instrumento privilegiado no acesso aos medicamentos, nem devem estas ser objeto de entraves sem qualquer justificação[158].

Não é de estranhar que a comunidade internacional, principalmente por pressão dos países menos desenvolvidos e em desenvolvimento, tenha chegado a acordo sobre estas questões. É exemplo disso a *Declaração de Doha* em 2001 e a consequente *decisão do Conselho do Trips* de 2003. Mais recentemente e na sequência dos avanços conseguidos, a Comissão europeia procedeu à promulgação do Regulamento (CE) nº 816/2006, do Parlamento Europeu e do Conselho, de 17 de maio de 2006, que tem como âmbito a concessão de licenças compulsórias sobre direitos de patente e certificados complementares de proteção destinados ao fabrico de produtos farmacêuticos, tendo como fim a exportação para países com problemas de saúde pública. São todos estes progressos e instrumentos que iremos ver em detalhe de seguida.

Em suma, estas discussões ao nível internacional sobre a propriedade industrial e a saúde pública, além de permitirem dar efetividade ao

---

mais especificamente às patentes biotecnológicas, escreve o seguinte: "«...» as patentes biotecnológicas e, em geral, as patentes aplicadas no sector da saúde humana não devem estar sujeitas à mesma atenção e, logo, ao mesmíssimo regime jurídico das patentes relativas – digamos – a aspiradores, máquinas de torrar o pão ou a espremedores de fruta. Isto porque as patentes respeitantes a produtos, processos ou usos aplicados na prestação de cuidados de saúde atinam à vida humana e ao bem-estar físico, psíquico e social das pessoas. Valores que não são exatamente assimiláveis aos valores mercadológicos dos produtos que incorporam as invenções materializadas nas referidas máquinas ou em produtos não biológicos".

[157] Contudo, em abono da verdade, como refere PIRES DE CARVALHO, *The Trips Regime of Patent Rights*, ob. cit., pp. 122 e 123, o problema de acesso a medicamentos nos países mais pobres não tem que ver, necessariamente, com as patentes. Estes problemas terão que ver, sobretudo, com a pobreza e todas as suas consequências. Além do mais, acrescenta o autor, os países menos desenvolvidos que hoje lutam contra as patentes farmacêuticas são os mesmos que, antes da entrada do Acordo *Trips, não patenteávam os produtos farmacêuticos,* sendo que, mesmo nessa altura, nunca se conseguiram desenvolver, nem tiveram sucesso em fornecer à sua população o acesso a medicamentos essenciais para a saúde pública.

[158] REMÉDIO MARQUES, «Patentes biotecnológicas e o acesso a produtos de saúde...», ob. cit., pp. 164.

regime das licenças compulsórias para exportação, contribuíram ainda para que os países menos desenvolvidos perdessem alguma "vergonha" e deixassem de ter receios sobre eventuais sanções comerciais, procedendo à concessão de algumas licenças compulsórias sobre fármacos patenteados. Veja-se o caso, por exemplo, de Moçambique que, em 2004, concedeu uma "licença compulsiva" para controlar a epidemia de SIDA[159], ou o da Tailândia que, em 2006 e 2007, devido a graves questões de saúde pública e baseando-se no programa *30 Baht Scheme*, decidiu conceder várias licenças compulsórias[160].

---

[159] Cf. doc. do Ministro da Indústria e Comércio (Gabinete do Ministro), Licença Compulsiva No. 01/MIC/04, disponível em «http://www.cptech.org». O Governo Moçambicano decidiu conceder a licença dos fármacos lamivudina, stavudina e nevirapin, devido a o vírus HIV constituir "uma séria ameaça no esforço nacional de combate à fome, doença, subdesenvolvimento e miséria" e dado o facto de "os elevados níveis de morbilidade e mortalidade" terem colocado Moçambique entre os dez países africanos mais afetados por este tipo de doença.

[160] O Governo tailandês, em novembro de 2006, decidiu licenciar compulsoriamente o fármaco *efivarenz*, usado no tratamento da SIDA, a favor da Agência Farmacêutica do Governo (*Government Pharmaceutical Organization* ou GPO). Em janeiro de 2007, concedeu mais três licenças compulsórias, desta vez sobre os fármacos *Abbot's Kaletra, Sanofi-Aventis* e *BMS's Plavix*. Entre setembro e novembro de 2007, o Governo anunciaria a concessão de ainda mais licenças compulsórias, desta vez abrangendo fármacos não apenas para o tratamento da SIDA, mas também do cancro e ainda de doenças cardiovasculares. Estas licenças foram alvo de bastantes críticas, desde logo pelo facto de o Governo tailandês, em muitos casos, nem sequer ter negociado previamente com a indústria farmacêutica, como é requerido para se conceder qualquer licença deste tipo. O Governo tailandês contra-argumentou, afirmando que a tentativa de negociação prévia só iria atrasar mais o fornecimento de medicamentos à população, colocando mais vidas em perigo. Outras críticas foram direcionadas à falta de justificação das licenças, tendo estas motivos políticos por detrás, mais concretamente, o favorecimento da empresa estatal de fármacos, a GPO, que duplicou os lucros desde a abertura do programa de saúde pública, além de que, supostamente, o Governo tailandês teria interesse em ver esta empresa a competir com as gigantes empresas indianas de genéricos. Algumas companhias, como retaliação, deixaram de lançar novos produtos farmacêuticos na Tailândia. (cf. LYBECKER/FOWLER, «Compulsory Licensing in Canada and Thailand: Comparing Regimes to Ensure Legitimate Use of the WTO Rules», *Journal of Law, Medicines & Ethics*, 2009, pp. 222 e ss., pp. 227 e ss.; HARRIS, «Trips After Fifteen Years: Success or Failure, as Measured by Compulsory Licensing», ob. cit., pp. 387; KUANPOTH, «Compulsory Licences: Law and Practice in Thailand», *Compulsory Licensing. Practical Experiences and Ways Forward*, MPI Studies on Intellectual Property and Competition Law, 22, ed. Reto M. Hilty, Kung-Chung Liu, Heidelberg, Springer, pp. 61 e ss.).

§ 12. A Declaração de Doha de novembro de 2001. A decisão do Conselho do *Trips* de 30/08/2003 e a emenda ao Acordo *Trips* de 6 de dezembro de 2005

I. Em 2001, na 4ª Conferência Ministerial da OMC, surge uma declaração que, podemos dizer, constituiu um progresso no debate entre os direitos privativos de propriedade industrial e o acesso à saúde pública, mais precisamente uma contenda que nasceu devido aos elevados preços dos medicamentos patenteados, que impediam os países menos desenvolvidos e alguns países em desenvolvimento de aceder aos mesmos e auxiliar a sua população a braços com epidemias[161].

Esta Declaração nasceu, em grande parte, devido à pressão de vários países em desenvolvimento, mais concretamente do denominado "Grupo Africano"[162], liderado pelo Zimbabwe. Este Grupo apresentou uma proposta ao Conselho do *Trips* no sentido de que, na próxima conferência ministerial a realizar em Doha, existisse uma declaração conjunta de modo a clarificar a relação entre o Acordo *Trips* e o acesso aos medicamentos, apostando-se primordialmente em dois instrumentos: as licenças compulsórias e as importações paralelas[163].

II. Desta IV Conferência Ministerial, saiu a doravante denominada *Declaração de Doha sobre o Acordo Trips e a Saúde Pública*[164].

Independentemente da natureza desta mesma declaração, facto é que esta teve bastante importância para os países atingidos com vários surtos

---

[161] Vários ativistas, em conjunto com os países em desenvolvimento, dada a situação de incerteza em matéria de medicamentos, chegaram a defender a aplicação do art. 30º do Acordo *Trips*, que estipula que os membros poderão prever exceções aos direitos exclusivos conferidos por patentes, cf. Emily NG/Kohler, «Finding Flaws: The Limitations of Compulsory Licensing for Improving Access To Medicines – An International Comparison», *Health Law Journal*, vol. 16, 2008, pp. 143 e ss., pp. 146.

[162] Que continha ainda outros países não africanos, sendo estes a Indonésia, Barbados, Brasil, Equador, República Dominicana, Sri Lanka, Peru, Venezuela, Índia, Honduras, Paquistão, Paraguai, Filipinas, Jamaica, Bolívia, Cuba e Tailândia.

163 Cf. doc. OMC IP/C/W/296, 29 de junho de 2001.

[164] Cf. doc. OMC WT/MIN(01)/DEC/W/2, 14 de novembro de 2001. Para mais desenvolvimentos sobre os antecedentes da mesma, *vide* Hoen, *Trips, Pharmaceutical Patents and Access to Essential Medicines: Seattle, Doha and Beyond*, ob. cit., pp. 50 e ss.; Durojaye, *Trips Human Rights and Access to Medicines in Africa...*, ob. cit., pp. 26 e ss.

de doenças, que viram nesta declaração um marco político importante, levando a que muitas das suas pretensões ao nível da saúde pública fossem atendidas[165].

Esta Declaração conjunta, composta por sete pontos, reconhece desde logo a gravidade da situação que os países com menos desenvolvimento enfrentam em termos de saúde pública, enfatizando as várias epidemias comuns nestes países[166]. Os pontos dois a quatro, em termos lacónicos, fazem a ligação com os direitos de propriedade industrial e o acesso aos medicamentos, reconhecendo a importância da propriedade industrial para produção de novos fármacos e sindicando a liberdade que os países menos desenvolvidos terão para interpretar o Acordo *Trips* de forma a protegerem a saúde pública[167].

Finalmente, no ponto cinco, principiando por enfatizar a importância dos artigos 7º e 8º (objetivos e princípios) na interpretação do Acordo *Trips*, vem clarificar duas questões em relação ao regime das licenças compulsórias:

- *primo*, a liberdade de fundamentos que este tipo de licenças poderá ter;
- *secundo*, a liberdade que os membros do Acordo *Trips* terão para definir o que entendem por *emergência nacional* ou *outras situações de extrema urgência*, presentes na alínea b) do art. 31º, indicando alguns

---

[165] Além deste efeito, teve também o mérito de chamar a atenção de toda a comunidade internacional, fazendo com que a mesma se desdobrasse em ações de solidariedade para com os países menos desenvolvidos, desde o fornecimento de medicamentos a baixo ou mesmo a nenhum custo à regulação de preços e às iniciativas público-privadas, entre outras ações. *Vide* MATTHEWS, «WTO Decision on Implementation of Paragraph 6 of the Doha Declaration on the Trips Agreement and Public Health, ob. cit., pp. 75.

[166] O § 1 refere o seguinte: "We recognize the gravity of the public health problems afflicting many developing and least-developed countries, especially those resulting from HIV/AIDS, tuberculosis, malaria and other epidemics".

[167] Importante nesta questão é, principalmente, o § 4, que refere: "We agree that the TRIPS Agreement does not and should not prevent Members from taking measures to protect public health. Accordingly, while reiterating our commitment to the TRIPS Agreement, we affirm that the Agreement can and should be interpreted and implemented in a manner supportive of WTO Members' right to protect public health and, in particular, to promote access to medicines for all.

In this connection, we reaffirm the right of WTO Members to use, to the full, the provisions in the TRIPS Agreement, which provide flexibility for this purpose".

casos a título de exemplo, como epidemias de HIV, Tuberculose ou Malária[168].

III. Não obstante, o grande contributo da Declaração de Doha não incidiu sobre estes aspetos. Na realidade, o ponto cinco só veio confirmar algo que já era permitido pelo Acordo *Trips*, embora a sua proclamação solene seja uma afirmação política com relevo, que tenta evitar as chamadas "forças invisíveis" de pressionar os países menos desenvolvidos para não concederem licenças compulsórias, tendo ainda o mérito de alertar a comunidade internacional para os problemas de saúde pública.

O grande passo dado por esta Declaração foi o proclamado no parágrafo 6[169]. Neste, pode ler-se o seguinte:

"We recognize that WTO Members with insufficient or no manufacturing capacities in the pharmaceutical sector could face difficulties in making effective use of compulsory licensing under the TRIPS Agreement. We instruct the Council for TRIPS to find an expeditious solution to this problem and to report to the General Council before the end of 2002".

Esta disposição veio propor uma solução para um problema que já tinha sido mencionado em muitos fóruns internacionais. A questão era a seguinte: sendo a concessão de licenças compulsórias permitida, estas de nada serviriam para os países que tivessem pouca ou nenhuma capacidade industrial e técnica para produzirem medicamentos, na medida em que o art. 31º, f), do Acordo *Trips* impedia a exportação da maior parte dos produtos obtidos através destas licenças[170], tornando o regime obsoleto em termos práticos, não resolvendo o problema em discussão[171]. Além

---

[168] A alínea c) do § 5 refere o seguinte: "Each member has the right to determine what constitutes a national emergency or other circumstances of extreme urgency, it being understood that public health crises, including those relating to HIV/AIDS, tuberculosis, malaria and other epidemics, can represent a national emergency or other circumstances of extreme urgency".

[169] Como refere DUROJAYE, *Trips, Human Rights and Access to Medicines in Africa...*, ob. cit., pp. 11, "Perhaps the most important aspect of this declaration is found in paragraph 6 «...»".

[170] Como refere a alínea f) do art. 31º, a concessão de licenças compulsórias deve servir *"predominantemente* para fornecimento do mercado interno do Membro que autorizou essa utilização" (*itálico* nosso).

[171] Cf., entre outros, BERCOVITZ, «Globalización y Propriedad Intellectual», *Direito Industrial*, vol. VII, Coimbra, Almedina, 2010, pp. 53 e ss., pp. 65; ABELLO, *La Licence, Instrument*

do mais, hoje em dia, são poucos os países que não protegem direitos de propriedade industrial, para além de que os que não têm esta proteção serão países pobres, com poucas ou mesmo nenhumas capacidades para produzir fármacos, não lhes permitindo assim, de outra forma, ultrapassar este regime[172].

De modo a contornar este problema, o parágrafo 6 veio ditar ao Conselho do *Trips* a incumbência de apresentar uma solução ao Conselho Geral, dando um prazo que deveria ser antes de 2002.

IV. Depois de várias negociações e apresentadas várias propostas[173], em 30 de agosto de 2003, o Conselho do *Trips* chegou a bom porto, acordando que o parágrafo 6 da Declaração de Doha deveria ser aplicado, derrogando-se parcialmente a alínea f) do art. 31º[174]. Contudo, segundo o Conselho do *Trips*, esta decisão não seria definitiva, durando apenas até

---

de Régulation des Droits de Propriété Intellectuelle, Paris, LGDJ, 2008, pp. 212; ELLIOT, «Steps forward, backward, and sideways: Canada's bill on exporting generic pharmaceuticals», *Hiv/Aids Policy and Law Review*, vol. 9, nº 3, 2004, pp. 15 e ss., disponível em «www.aidslaw.ca» (consultado em 17.02.2011), pp. 15; CHAUDHURI, *Trips and Changes in Pharmaceutical Patent Regime in India*, Working paper, 2005, disponível em «www.who.int» (consultado em 16.03.2011), pp. 35; CARLOS CORREA, *Implications of the Doha Declaration on the Trips Agreement and Public Health*, World Health Organization, Buenos Aires, 2002, disponível em «www.who.int» (consultado em 17.01.2011), pp. 19 e ss; MATTHEWS, «WTO Decision on Implementation of Paragraph 6 of the Doha Declaration on the Trips Agreement and Public Health», ob. cit., pp. 82, e «Trips Flexibilities and Access to Medicines in Developing Countries: The Problem with Technical Assistance and Free Trade Agreements», *EIPR*, 11, Sweet & Maxwell, 2005, pp. 420 e ss., pp. 421; CORNISH/LLEWLYN/APLIN, *Property, Patents, Copyright, Trade Marks & Allied Rights*, ob. cit., pp. 319. Curiosamente, esta discussão já tinha antecedentes. No debate mantido antes na Conferência de Haia de 1925, que, como já referimos, veio consagrar as licenças compulsórias na CUP, alguns países em desenvolvimento opuseram-se a estas, pois, no entender destes, "compulsory licenses were not always a reliable remedy because of the difficulties of finding local licenses", (cf. DINWOODIE/HENNESSEY/PERLMUTTER, *International Intellectual Property Law and Policy*, ob. cit., pp. 406).

[172] LAW, *Patents and Public Health...*, ob. cit., pp. 129.

[173] Para uma análise das negociações e das várias propostas apresentadas – principalmente as cinco elaboradas por grupos de membros da OMC, *vide* MATTHEWS, «WTO Decision on Implementation of Paragraph 6 of the Doha Declaration on the Trips Agreement and Public Health», ob. cit., pp. 83 e ss.; HESTERMEYER, *Human Rights and the WTO*, ob. cit, pp. 262 e ss..

[174] Cf. doc. OMC WT/L/540 de 2 de setembro de 2003 e doc. OMC WT/L/540/Corr., 29 de julho de 2005.

se alcançar um amplo consenso entre os Estados-membros sobre a alteração da alínea f) do art. 31º.

Em suma, com esta decisão, os membros da OMC passaram a ter um instrumento com uma grande força jurídica, que lhes permitia proceder à importação e exportação de produtos farmacêuticos, de modo a suprir as necessidades de saúde pública[175].

V. A Decisão, seguindo a Declaração de Doha, não veio limitar as doenças abrangidas, não dando uma enumeração exaustiva das mesmas[176], estabelecendo ainda uma definição aberta de *produtos farmacêuticos*[177].

O mesmo já não pode ser dito no que diz respeito ao alcance da sua aplicação aos Países-membros importadores. A Decisão veio limitar os países importadores elegíveis, abrangendo somente os países menos desenvolvidos e os que, mediante notificação ao Conselho do *Trips*, tendo pouca ou nenhuma capacidade de fabricação dos produtos mencionados, quiserem recorrer a este mecanismo. Em sentido contrário, não se estabeleceu qualquer limitação à elegibilidade dos países exportadores, o que se entende, na medida em que o que se almeja será facilitar a concessão de licenças compulsórias ao abrigo deste mecanismo, de modo a ajudar países com sérias dificuldades em questões de saúde pública[178].

VI. A decisão impôs alguns requisitos formais, consagrando um sistema de notificações. No seu § 3, convencionou-se o dever do membro importador de notificar o Conselho do *Trips* quando pretenda fazer uso

---

[175] REMÉDIO MARQUES, «Propriedade Intelectual e Interesse Público *Boletim da Faculdade de Direito de Coimbra*, vol. 79, 2003, pp. 293 e ss. e nota 91, e «Patentes biotecnológicas e o acesso a produtos de saúde...», ob. cit., pp. 186 e 187.

[176] ABELLA, *La Licence, Instrument de Régulation des Droits de Propriété Intellectuelle*, ob. cit., pp. 213; HESTERMEYER, *Human Rights and the WTO*, ob. cit, pp. 265.

[177] Doc. OMC WT/L/540 de 2 de setembro de 2003, §1, a). De referir que, no âmbito das negociações que vieram culminar com a decisão do Conselho *Trips* de 2003, os EUA tentaram restringir o alcance da disposição, querendo abranger, fundamentalmente, apenas os produtos farmacêuticos relacionados com os vírus da sida, malária, tuberculose, e, enventualmente, um outro pequeno grupo de doenças infecciosas (cf. ABBOTT/ REICHMAN, «The Doha Round's Public Health Legacy: Strategies for the production and diffusion of patented medicines under the amended Trips Provisions», *JIEL*, vol. 10, 4, Oxford University Press, 2007, pp. 921 e ss, pp. 936).

[178] Cf. § 1, c).

deste regime, sendo que a notificação deverá conter vários elementos obrigatórios, tais como os nomes e a quantidade prevista de produtos a exportar. Deverá existir ainda a confirmação de que o país requerente será um país importador, havendo mecanismos diferenciados se se tratar um país menos desenvolvido ou de outros países que afirmam não ter capacidade de produção de produtos farmacêuticos. Por último, a notificação deverá informar ainda que, a existir patente sobre um determinado produto farmacêutico, será intenção do país importador conceder uma licença compulsória nos termos do art. 31º do Acordo *Trips*.

No que diz respeito aos países exportadores, estes também não ficaram livres de algumas condições. Numa tentativa de evitar a fraude do regime, limitou-se o âmbito quantitativo da licença compulsória, ao estipular-se que o país exportador deverá somente fabricar o que o país – ou países – importador necessitar, sendo que toda essa produção só poderá ter como destino este último[179]. Regulou-se ainda a identificação dos produtos farmacêuticos, sendo que estes terão de conter a menção que provêm deste regime e de apresentar uma embalagem com características especiais (v.g., como uma cor específica), de modo a serem facilmente identificados. Todas estas especificidades não deverão ter repercussões ao nível do preço[180]. Por último, tal como foi regulado para os países importadores, estipulou-se que o país exportador terá que notificar o Conselho do *Trips* aquando da concessão da licença compulsória, devendo mencionar-se ainda as condições a que esta ficará sujeita.

VII. Quanto ao pagamento da remuneração, que não foi de forma alguma dispensado, a decisão de 2003 refere que deverá ser efetuado pelo país exportador, embora a avaliação da remuneração, segundo o art. 31º, alínea h), do Acordo *Trips*, seja realizada tendo como referência o país importador. Por outro lado, segundo o § 3, tendo o país importador de proceder, também, à concessão de uma licença compulsória pelo facto

---

[179] Além do mais, estipulou o iii), b) do § 2, que, antes do envio das tais quantidades necessárias, o exportador teria de anunciar num sítio da internet quais as quantidades que iriam ser enviadas e, ainda, o destino e as características distintivas dos produtos ao abrigo do ii), b) do § 2.
[180] Como afirma HESTERMEYER, *Human Rights and the WTO*, ob. cit., pp. 267 e 268, este será um dos mecanismos mais relevantes no combate à fraude, dificultando a reexportação dos produtos farmacêuticos por parte dos países importadores.

de o produto pretendido estar patenteado nesse mesmo país, não será devida qualquer remuneração pelo mesmo, evitando-se desta forma uma dupla retribuição[181/182].

VIII. Sendo esta uma decisão do Conselho do *Trips*, não será pela sua mera existência que este mecanismo se torna operacional. Cada país terá que emendar a sua lei de patentes e assim derrogar parcialmente o art. 31º, f)[183]. Muitos países já procederam à adoção de regras deste tipo, não obstante o número ainda ser limitado. Entre estes países, encontram-se a Coreia do Sul, a Noruega, o Canadá, a China e a Índia. No que a Portugal diz respeito, este já tem na sua ordem jurídica uma resposta ao problema. Tal passo foi dado pela União Europeia através do Regulamento (CE) nº 816/2006, do Parlamento Europeu e do Conselho, de 17 de maio de 2006. A análise a este Regulamento será realizada no próximo ponto.

IX. Segundo as diretrizes do § 11 da Decisão do Conselho *Trips* de 2003, a decisão ficaria sem efeito no dia em que entrasse em vigor uma emenda ao Acordo *Trips* sobre o conteúdo acordado na mesma, obrigando ainda o Conselho do *Trips* a iniciar os trabalhos com vista a essa emenda o mais tardar até ao final de 2003[184]. Depois de algumas negociações, sendo

---

[181] Manifestando-se ainda contra a dupla retribuição: ABBOTT, *WTO Trips Agreement and Its Implications for Access to Medicines in Developing Countries*, Study paper for the British Comission on Intellectual Property, 2002, disponível em «www.frederickabbott.com» (consultado em 20.02.2011), pp. 36.
[182] Para uma crítica a esta decisão, *vide* PAAS, «Compulsory Licensing under TRIPS Agreement – a Cruel Taunt for Developing Countries», *EIPR*, vol. 31, 12, Sweet & Maxwell, 2009, pp. 609 e ss., pp. 612 e ss. Esta autora identifica algumas das críticas sobre as quais partilhamos a mesma opinião, desde logo, pelo facto de o sistema implementado ser demasiado pesado e poder levar bastante tempo até que o objetivo seja conseguido. Além do mais, requer que, no país exportador, as empresas de genéricos tenham incentivo na realização desta operação, o que muitas vezes pode não suceder devido às deficiências apontadas.
[183] HESTERMEYER, *Human Rights and the WTO*, ob. cit, pp. 270.
[184] Segundo o § 11: "This Decision, including the waivers granted in it, shall terminate for each Member on the date on which an amendment to the TRIPS Agreement replacing its provisions takes effect for that Member. The TRIPS Council shall initiate by the end of 2003 work on the preparation of such an amendment with a view to its adoption within six months, on the understanding that the amendment will be based, where appropriate, on this Decision and on the further understanding that it will not be part of the negotiations referred to in paragraph 45 of the Doha Ministerial Declaration."

sempre separadas pela posição de alguns países desenvolvidos e os países em desenvolvimento e menos desenvolvidos[185], chegou-se ao acordo numa Conferência Ministerial, a 18 de Dezembro de 2005[186]. Esta emenda permanente ao Acordo *Trips*, seguiu religiosamente o texto da Decisão, inserindo um artigo 31º *bis*[187].

Contudo, e não obstante o agrado pelo facto de os Estados-membros da OMC terem chegado a acordo, esta alteração ao Acordo *Trips* ainda não entrou em vigor, pois, necessitando da aprovação de dois terços dos membros foram poucos os países que já a ratificaram[188].

---

[185] Para desenvolvimentos sobre estas negociações, *vide* HESTERMEYER, *Human Rights and the WTO*, ob. cit., pp. 272 a 274.

[186] Cf. doc. OMC WT/MN(05)/DEC, 22 de dezembro de 2005.

[187] O art. 31º *bis* vem estipular o acordado no § 2 da Decisão do Conselho *Trips* de 30 de agosto. As notificações previstas estão agora contidas no § 2 do anexo ao Acordo *Trips*, também nascido da emenda. O nº 2 do art. 31º *bis* vem transpor a dispensa de remuneração para os países importadores, sendo que o nº 3 do art. 31º *bis* vem transpor a dispensa do art. 31º, f), quando haja a celebração de acordos regionais, que é o que estava previsto no § 6 (i) da Decisão. O nº 4 ocupa-se das medidas para combater a fraude, sendo que, por último, a outra nota com alguma relevância vai para o nº 7, que refere a obrigação por parte do Conselho *Trips* de reexaminar anualmente o funcionamento do sistema estipulado e, também, o dever de informar anualmente o Conselho geral sobre a sua aplicação. Neste caso, ao contrário do parágrafo 8 da Decisão, não se exige que esta revisão se faça de acordo com o parágrafo 4 do artigo XI do Tratado da OMC.

Para uma consulta de todos os documentos relacionados com a Declaração de Doha e um guia para a sua aplicação, *vide* ABBOTT/PUYMBROECK, *Compulsory Licensing for Public Health: A Guide of Model Documents for Implementation of the Doha Declaration Paragraph 6 Decision*, World Bank Working Paper no. 61, Washington D.C., The World Bank, 2005.

[188] O Conselho Geral do *Trips* começou por decidir que o prazo máximo para a emenda entrar em vigor seria até 1 de dezembro de 2007. Contudo, devido às reticências de muitos países, o Conselho Geral voltou a prorrogar o prazo, desta vez até 31 de dezembro de 2009. Mais uma vez, não se conseguindo ainda atingir os dois terços necessários, o Conselho Geral, através da Decisão de 17 de dezembro (Doc. OMC WT/L/785 de 18 de dezembro de 2009), prorrogou o prazo novamente, sendo que, desta feita, o prazo iria até 31 de dezembro de 2011. Não obstante, prevendo um possível atraso na adesão dos Estados-membros, a decisão de 18 de dezembro de 2009 previa já uma futura extensão deste mesmo prazo. Ao término deste estudo, a última prorrogação prevista foi a de 30 de novembro de 2015, que alargou o prazo de adesão até 31 de dezembro de 2017 (cf. doc. OMC WT/L/829, de 5 de dezembro de 2011 e doc. OMC WT/L/965, de 30 de novembro de 2015). Até ao momento, aderiram 67 Estados-membros.

§ 13. O regime jurídico das licenças compulsórias para exportação de medicamentos. Experiências comparativas.

13.1. O regime jurídico canadiano. A experiência canadiana no caso *Canadá – Apo TriAvir – Ruanda*

I. O *Canada's Access to Medicines Regime* (CAMR), nascendo de uma emenda ao *Canadian Patent Act*[189], entrou em vigor a 14 de maio de 2005, encontrando-se na extensa secção 21.01[190]. Este sistema foi consagrado

---

[189] De referir que, na sua história, o Canadá foi um dos países do mundo que concedeu mais licenças compulsórias, especialmente na área dos medicamentos. Até 1923, a falta de exploração local da invenção daria lugar à caducidade da patente. Contudo, a partir dessa data, a política mudou, consagrando-se a licença compulsória. Ainda assim, a doutrina refere que o impacto desta mudança não foi muito significativo, pois, entre 1923 e 1969, apesar de terem existido 49 pedidos de concessão de licenças compulsórias, somente 22 foram concedidas (cf. SHULMAN/RICHARD, «The 1987 Canadian Patent Law Amendments: Revised Pharmaceutical Compulsory Licensing Provisions», *Food Drug Cosm. L. J.*, vol. 43, 1988, pp. 745 e ss., pp. 746 e 747). Em 1969, operou-se uma revisão legislativa, que passou a permitir ao *Commissioner* conceder licenças compulsórias para importação de produtos farmacêuticos. Estas alterações tiveram bastante mais sucesso, permitindo o crescimento da indústria de genéricos canadiana. Só na primeira década, foram concedidas 142 licenças compulsórias, embora apenas 42 fossem relativas a produtos farmacêuticos. Contudo, isto incrementou uma grande competição entre as empresas de genéricos canadianas, o que fez baixar consideravelmente o preço dos medicamentos (cf. SHULMAN/RICHARD, «The 1987 Canadian Patent Law Amendments: Revised Pharmaceutical Compulsory Licensing Provisions», ob. cit., pp. 747 e 748). Em 1987, iniciou-se um grande processo de reforma da lei de patentes, que veio afetar em grande medida o regime das licenças compulsórias. Segundo o Governo canadiano, esta reforma serviria para responder às preocupações das empresas (especialmente as da indústria farmacêutica) que queriam inovar, mas que se inibiam devido a um regime de licenças compulsórias demasiado permissivo. Assim, para além de alterar a duração das patentes de 17 para 20 anos, a revisão visou diretamente facilitar a vida aos detentores de patentes farmacêuticas, limitando-se a licença compulsória para a importação. Além do mais, as licenças compulsórias sobre medicamentos para exploração no território canadiano ficaram sujeitas a um prazo de sete anos. Para mais desenvolvimentos, *vide* cf. SHULMAN/RICHARD, «The 1987 Canadian Patent Law Amendments: Revised Pharmaceutical Compulsory Licensing Provisions», ob. cit., pp. 745 e ss.; REICHMAN/HAZENDHAL, *Non-voluntary Licensing of Patented Inventions...*, ob. cit., pp. 20 e ss.

[190] TSAI, Canada's Access to Medicines Regime: Compulsory Licensing Schemes Under the WTO Doha Declaration», *Virginia Journal of International Law*, vol. 49, 4, 2009, pp. 1063 e ss., pp. 1076.

pelo chamado *Jean Chrétien Pledge to Africa Act*[191] (*Bill C-9*[192]), que veio alterar a lei de patentes e a lei sobre alimentos e medicamentos[193].

Este regime, ao contrário da emenda nascida da Conferência Ministerial, vem limitar o âmbito dos produtos farmacêuticos abrangidos. Apenas os produtos farmacêuticos presentes na tabela 1, anexa à lei de patentes, são autorizados a serem licenciados compulsoriamente para exportação[194]. Da mesma forma, a lista de países que poderão beneficiar deste regime também é limitada àqueles que estão presentes nas restantes tabelas[195].

Como requisito prévio à concessão de uma licença compulsória, terá de ter existido uma tentativa de obtenção de uma licença contratual, sendo que esta tentativa deverá ter sido realizada, pelo menos, trinta dias antes do requerimento de obtenção da licença compulsória[196].

---

[191] Denominação referente ao antigo Primeiro-ministro que fez parte do Governo que inicialmente introduziu no Parlamento canadiano uma proposta de lei sobre esta matéria.

[192] Sobre os acontecimentos que antecederam a promulgação da lei, *vide* ELLIOT, «Pledges and Pitfalls: Canada's Legislation on Compulsory Licensing of Pharmaceuticals for Export», *Int. J. Intellectual Property Management*, vol. 1, nos. 1/2, 2006, pp. 94 e ss., pp. 96 e 97.

[193] Em termos gerais, nesta lei, *Food and Drugs Act*, estabeleceu-se que os produtos farmacêuticos produzidos pelas empresas de genéricos e advindos de uma licença compulsória concedida no Canadá deveriam ter os mesmos requisitos de regulação de qualidade, adotados nesta legislação para os outros produtos farmacêuticos (ELLIOT, «Pledges and Pitfalls: Canada's Legislation on Compulsory Licensing of Pharmaceuticals for Export», ob. cit., pp. 98).

[194] Cf. sec. 21.02 e tabela 1 anexa à lei. A elaboração desta lista baseou-se, principalmente, na *Model List of Essential Medicines*, da OMS.

[195] O CAMR tem três listas de países que podem ser considerados como países importadores. No anexo 2, estão os *países menos desenvolvidos*, membros da OMC, que apenas têm de mencionar o tipo de produto farmacêutico que pretendem importar, como foi o caso do Ruanda. No anexo 3, encontram-se os *países em desenvolvimento*, membros da OMC, que, além de terem de referir qual o produto farmacêutico a importar, terão ainda que provar que têm pouca ou nenhuma capacidade para produzir medicamentos. Finalmente, no anexo 4, estão os países em desenvolvimento que, sendo membros ou não da OMC, terão de provar os dois requisitos mencionados para o anexo 3 e ainda demonstrar que se debatem com uma *national emergency* ou *other circumstance of extreme urgency*. TSAI, «Canada's Access to Medicines Regime: Compulsory Licensing Schemes Under the WTO Doha Declaration», ob. cit., pp. 1090 a 1094, crítica estas disposições, referindo que os critérios para sabermos o que são países com insuficiente ou nenhuma capacidade de produção de medicamentos são débeis, limitando a utilização deste regime. Finaliza o autor, propondo a eliminação dos anexos 3 e 4 e defendendo a junção de todos os países no anexo 2.

[196] Cf. sec. 21.04, c) i).

Quanto às condições de concessão da licença compulsória, esta terá um prazo de duração limitado a dois anos[197], embora, se for necessária renovação, a duração poderá ser estendida por mais dois anos, iniciando-se a contagem no dia imediatamente a seguir ao dia em que a licença compulsória expirou[198]. Contudo, uma eventual renovação não será fácil. Esta apresenta requisitos apertados, pois, para além de poder ser realizada apenas uma única vez, terá de ser pedida, sob pena de intempestividade, nos trinta dias imediatamente antes de a licença compulsória expirar[199]. A renovação será aceite, se o licenciado provar que a quantidade de produtos farmacêuticos autorizados para exportação não foi ou não será suficiente até à data em que a licença compulsória expira[200].

Curiosos são os critérios previstos para a quantificação dos *royalties* a pagar pela concessão da licença compulsória. Aquando do aferimento do valor da licença, esta deverá ter em conta as razões humanitárias por detrás da sua concessão e a sua utilização numa base não comercial[201].

Nas secções 21.13 e 21.14, surgem-nos inúmeros motivos para a cessação da licença compulsória. Esta poderá caducar automaticamente quando o prazo da licença expirar[202], ou ser decretada oficiosamente por uma autoridade administrativa, como acontece quando o Ministro da Saúde refere que os produtos farmacêuticos não estão de acordo com os requerimentos estipulados no *Food and Drugs Act*[203].

A licença compulsória poderá ainda ser revogada pelo tribunal. Esta hipótese é prevista em duas situações:
– falta de pagamento da remuneração pelo licenciado[204];
– utilização da licença com intuito especulativo[205].

---

[197] Cf. sec. 21.09.
[198] Cf. sec. 21.12, nº 4.
[199] Cf. sec. 21.12, nº 3.
[200] Cf. sec. 21.12, nº 1 e 2.
[201] Cf. sec. 21.08, nº 2.
[202] Cf. sec. 21.13, a).
[203] Cf. sec. 21.13. b).
[204] Cf. sec. 21.14, d).
[205] Cf. sec. 21.17. Como já foi mencionado, esta disposição baseia-se na cláusula de boa-fé (*Good Faith Clause*) inserida na Decisão de 10 de agosto, permitindo que os objetivos deste regime não sejam desvirtuados (COTTER, «The implications of Rwanda's Paragraph 6 Agreement with Canada for Other Developing Countries», *Loy. U. Chi. Int'l L. Rev.*, vol. 5, 2, 2008, pp. 177 e ss., pp. 187; LAW, Patents and Public Health..., ob. cit., pp. 231).

Esta última disposição é particular do regime canadiano e tem como objetivo evitar que a licença compulsória se mercantilize. O licenciado terá de ter presente que, se o preço médio que obtém com a licença exceder 25% do preço médio do produto patenteado a circular no Canadá, o patenteado poderá interpor uma ação no tribunal federal, referindo que o acordo é, na sua essência, comercial. O tribunal tem vários critérios na lei para verificar se a licença compulsória é ou não comercial na sua natureza, tal como a verificação dos níveis normais de rentabilidade ou acordos de licenciamento que normalmente se estabelecem na área dos produtos farmacêuticos[206]. Se o poder judicial determinar que o acordo tem natureza comercial, poderá optar por uma de duas opções: ou revoga a licença compulsória ou condena o licenciado ao pagamento de uma *remuneração adequada*, de forma a compensar o titular da patente[207].

II. É importante referir que já foi feito uso deste regime. A 17 de julho de 2007, o Ruanda[208] tornou-se no primeiro país a notificar a OMC, manifestando a vontade de importar medicamentos relacionados com o HIV através do regime da licença compulsória para exportação[209]. Sensivelmente três meses mais tarde, a 4 de outubro de 2007[210], o Canadá notificou a OMC, referindo que tinha autorizado a empresa *Apotex, inc.* a produzir uma versão genérica de um medicamento patenteado usado no tratamento do HIV, através da concessão de uma licença compulsória,

---

[206] Cf. sec. 21.17, b).
[207] Cf. sec. 21.17, nº 3.
[208] Cf. sec. 21.17, nº 3. É importante mencionar que este país africano se debatia e ainda se debate, com uma grave epidemia de HIV (COTTER, «The implications of Rwanda's Paragraph 6 Agreement with Canada for Other Developing Countries», ob. cit., pp. 179 e 180).
[209] LYBECKER/FOWLER, «Compulsory Licensing in Canada and Thailand: Comparing Regimes to Ensure Legitimate Use of the WTO Rules», ob. cit., pp. 223; HESTERMEYER, «Canadian-made Drugs for Rwanda: The First Application of the WTO Waiver on Patents and Medicines», *ASIL Insight International Economic Law Edition*, vol. 11, 28, 2007, disponível em «http://www.asil.org/» (visitado em 16.10.2012), pp. 3; TSAI, Canada's Access to Medicines Regime: Compulsory Licensing Schemes Under the WTO Doha Declaration», ob. cit., pp. 1076; COTTER, «The implications of Rwanda's Paragraph 6 Agreement with Canada for Other Developing Countries», ob. cit., pp. 177. A notificação foi realizada com base no parágrafo 2, a), da Decisão de 30 de agosto de 2003. *Vide* doc. OMC IP/N/9/RWA/1, de 19 julho de 2007.
[210] Cf. doc. OMC IP/N/10/CAN/1, de 8 de outubro de 2007. A empresa obteve a licença compulsória a 20 de setembro de 2007.

III. AS LICENÇAS COMPULSÓRIAS COMO INSTRUMENTO DETERMINANTE NO ACESSO ...

e que pretendia exportar os produtos subjacentes a esta para o Ruanda. Seguindo a secção 21.04, nº 3, c), i), antes das mencionadas notificações, houve duras negociações entre a empresa de genéricos e as detentoras das patentes, a *GSK, Shire* e a *Boehringer Ingelheim*, de forma a acordarem uma licença voluntária. As negociações entre a *Apotex, inc.* e as três empresas titulares dos direitos de patente falharam, mas estas foram conduzidas de uma forma que satisfizeram os requisitos da lei, permitindo avançar para a concessão de uma licença compulsória[211].

Aquando da concessão da licença, existiram alguns problemas que colocaram a nu um dos defeitos deste regime canadiano, inviabilizando que o processo fosse mais célere. A empresa de genéricos *Apotex, inc.*, depois de anunciar que iria produzir a combinação (*fixed-dose combination*) de três antivirais utilizados para combater o HIV (zidovudine, lamivudine e nevirapine), que se veio a denominar *Apo-triAvir*, enfrentou dificuldades para a concessão da licença compulsória, na medida em que, na densificação do conceito de *pharmaceutical product* presente no anexo 1 da lei canadiana de patentes, não estava incluída qualquer combinação entre medicamentos. Desta forma, a empresa teve de esperar que a lei de patentes fosse emendada de modo a incluir aquela combinação de produtos farmacêuticos (cf. sec. 21º, 03, nº 1, a)) e, só depois disso, em agosto de 2006, recebeu aprovação do instituto *Health Canada* para iniciar a fabricação do produto[212].

De referir, para finalizar este ponto, que este processo não se está a revelar eficaz. Até ao momento, apesar de o acordo prever mais remessas

---

[211] TSAI, Canada's Access to Medicines Regime: Compulsory Licensing Schemes Under the WTO Doha Declaration» ob. cit., pp. 1078. De referir que a empresa *Apotex, inc.* planeou enviar duzentas e sessenta mil caixas de doses singulares de *Apo-triAvir*, cada uma custando 0,40 centavos de dólar por comprimido. Uma quantia bastante mais acessível, se comparada com os vinte dólares por comprimido que, nos países desenvolvidos, os consumidores tinham de pagar às empresas titulares das patentes (cf. COTTER, «The implications of Rwanda's Paragraph 6 Agreement with Canada for Other Developing Countries», ob. cit., pp. 185, e TSAI, Canada's Access to Medicines Regime: Compulsory Licensing Schemes Under the WTO Doha Declaration» ob. cit., pp. 1077).

[212] Cf. TSAI, Canada's Access to Medicines Regime: Compulsory Licensing Schemes Under the WTO Doha Declaration» ob. cit., pp. 1077 e 1078; HESTERMEYER, *Canadian-made Drugs for Rwanda: The First Application of the WTO Waiver on Patents and Medicines*, ob. cit., pp. 3.

de medicamentos ao abrigo deste regime, o único envio de fármacos realizado ocorreu a 23 de setembro de 2008[213].

III. Se analisarmos o regime canadiano, verificamos que este não segue o modelo mais liberal previsto na decisão da OMC de 30 de agosto de 2003.

Para além de conter inúmeras formalidades, algumas sem precedente na Decisão da OMC, a não observação destas poderá levar à cessação da licença, o que nos parece uma solução demasiado pesada, dados os valores humanitários em jogo. A título de exemplo, já depois de a licença estar aprovada, antes de qualquer envio de produtos farmacêuticos, o licenciado terá de, no prazo de quinze dias, notificar o titular da patente, a entidade administrativa que concedeu a licença e o país a que se destina, mencionando a quantidade específica de produtos que irão ser exportados. Se tal não for efetuado, a licença poderá ser revogada pelo tribunal federal.

Bem sabemos que estas regras tentam evitar a fraude que poderá nascer em torno deste regime, mas, se pretendermos tutelar situações relacionadas com a saúde pública, teremos de arranjar medidas alternativas para estes casos. Uma sanção punindo o licenciado poderia ser uma excelente alternativa.

Outros problemas subsistem. Como já foi verificado no único caso que até agora existiu, *Canadá-Ruanda*[214], uma lista fechada de produtos farmacêuticos poderá criar bastantes dificuldades no processo de concessão de licenças compulsórias para exportação. Não obstante o facto de o *Governor Council* poder alargar a lista de produtos farmacêuticos abrangidos, através de proposta do Ministro da Saúde[215], mesmo assim este processo irá protelar ainda mais a concessão da licença, além de que poderá contribuir para o titular da patente optar por diligências que atrasem a

---

[213] TSAI, Canada's Access to Medicines Regime: Compulsory Licensing Schemes Under the WTO Doha Declaration» ob. cit., pp. 1079.

[214] TSAI, Canada's Access to Medicines Regime: Compulsory Licensing Schemes Under the WTO Doha Declaration» ob. cit., pp. 1094. Como refere HESTERMEYER, *Canadian-made Drugs for Rwanda: The First Application of the WTO Waiver on Patents and Medicines*, ob. cit., pp. 3, "the first application of the mechanism shows that it is too cumbersome to work effectively".

[215] Cf. sec. 21.03, nº 1. Cf. LAW, *Patents and Public Health*..., pp. 228.

concessão da mesma. Na verdade, esta opção do legislador não se entende, pois, como afirma ELLIOT, a decisão de elaborar uma lista *tendencialmente fechada* vai contra o consenso alcançado a nível internacional na OMC, na medida em que, apesar das pressões dos países desenvolvidos, o Acordo conseguiu não limitar as doenças específicas ou produtos farmacêuticos abrangidos[216]. A mesma crítica se aplica à lista de países importadores, mesmo que, mais uma vez, possa haver inclusão ou exclusão de países, desta vez por recomendação do Ministro dos Negócios Estrangeiros, do Ministro do Comércio Internacional ou do Ministro da Cooperação Internacional.

Existem ainda certas condições que podem desencorajar, *ab initio*, as empresas de genéricos a produzir os fármacos. Como já foi notado, além dos elevados custos das incontáveis formalidades, a rentabilidade poderá não ser atrativa, devido, v.g., à limitação temporal da licença, porque esta, mesmo com a eventual renovação, não se poderá estender por mais de quatro anos[217]. Como advoga TSAI, não limitar a licença compulsória em termos temporais não é incompatível com o Acordo *Trips* nem com a Decisão de 30 de agosto, pois nada nesses instrumentos o faz[218]. O que há é, acrescentamos, uma limitação temporal, mas que não é quantificada. Queremos com isto dizer que a licença compulsória deverá, sim, ser limitada de acordo com o princípio da proporcionalidade, não sendo aceitável o estabelecimento legal de limites temporais prévios, na medida em que poderá inviabilizar a tutela do interesse público que se pretende alcançar com a concessão da licença.

Outra condição passível de desencorajar as empresas de genéricos de produzir os produtos farmacêuticos ao abrigo deste regime será a possibilidade de se revogar a licença compulsória por esta ser de natureza comercial[219]. Não se menospreza a tentativa de evitar a fraude que está inerente a esta condição, contudo, uma disposição deste cariz, dada a sua subjetividade, será um convite aos titulares das patentes para litigarem

---

[216] ELLIOT, «Pledges and Pitfalls: Canada's Legislation on Compulsory Licensing of Pharmaceuticals for Export», ob. cit., pp. 101.
[217] *Idem*, pp. 107 e 108.
[218] TSAI, «Canada's Access to Medicines Regime: Compulsory Licensing Schemes Under the WTO Doha Declaration», ob. cit., pp. 1086.
[219] *Idem*, pp. 1084.

contra a concessão da licença compulsória – algo que poderia ser resolvido aquando do estabelecimento das condições de concessão da licença[220].

Por último, outro dos grandes reparos a fazer a este regime está na não previsão da dispensa de negociações prévias para a tentativa de obtenção de uma licença voluntária em casos de emergência nacional ou noutros casos de extrema urgência, como está previsto, por exemplo, no regime da concessão de licenças compulsórias para exportação da União Europeia. Salve-se, contudo, a limitação temporal deste pré-requisito que se cinge ao período de trinta dias, sendo um dos raros aspetos em que o legislador canadiano foi mais longe do que a decisão do Conselho *Trips* de 30 de agosto, dado que este permanece em silêncio quanto ao "reasonable period of time" estabelecido no art. 31º, b), do Acordo *Trips*[221].

IV. Como nota conclusiva, em termos gerais, apesar de todas as críticas que têm sido feitas a este regime e de o único caso em que foi posto à prova não estar a ser bem-sucedido, não se poderá catalogar esta transposição como um insucesso legislativo. Na verdade, para além de o CAMR em algumas matérias ter ido mais longe do que o estipulado na Decisão do Conselho *Trips*, muitas das formalidades criticadas são originárias deste último acordo, sendo que o legislador canadiano se limitou a transpô-las. Sem embargo, seriam bem-vindas reformas que previssem a dispensa de negociações prévias em casos de urgência[222], que limitassem as possibilidades de revogação e não previssem limites temporais quantificados para a duração da licença compulsória, deixando ao intérprete o adequado juízo valorativo.

13.2. A legislação da União Indiana no regime das Licenças compulsórias com fins de exportação

I. Também a União Indiana transpôs para a sua ordem jurídica a Decisão do Conselho Trips de 2003, regime que foi introduzido pela emenda à lei

---

[220] ELLIOT, «Pledges and Pitfalls: Canada's Legislation on Compulsory Licensing of Pharmaceuticals for Export», ob. cit., pp. 108.
[221] *Idem*, pp. 99.
[222] TSAI, «Canada's Access to Medicines Regime: Compulsory Licensing Schemes Under the WTO Doha Declaration» ob. cit., pp. 1086, chega mesmo a propor a eliminação deste requisito, argumentando que o mesmo envolve elevados custos para as empresas que desejem fazer uso deste regime.

III. AS LICENÇAS COMPULSÓRIAS COMO INSTRUMENTO DETERMINANTE NO ACESSO ...

de patentes de 2005[223]. Antes de 2005, como a Índia não protegia as invenções farmacêuticas de produtos, poderia exportá-los para países sem capacidade para os produzir. Após a proteção das invenções farmacêuticas, a União Indiana deixou de poder fazê-lo, pois, mesmo concedendo uma licença compulsória, esta, como manda o Acordo *Trips*, teria de servir (primordialmente) para o fornecimento do mercado interno[224].

O legislador indiano optou por não estabelecer um regime muito detalhado, sendo, pelo contrário, bastante simplista[225]. O nº 2 da secção 92A estabelece que a entidade administrativa que concede a licença compulsória a irá conceder nos termos e condições que a mesma entender. Apesar das críticas já dirigidas a esta pouca densificação[226], pensamos que não se dá *carte blanche* ao *Controller*, na medida em que, apesar de o processo administrativo poder ser agilizado, as condições obrigatórias presentes na secção 90 terão de ser observadas. Assim, estipula-se que estas licenças terão como objetivo lidar com problemas de saúde pública, exigindo-se que estas sejam concedidas no próprio país importador, ou, numa eventual impossibilidade, que o país importador tenha permitido a importação desses produtos farmacêuticos[227].

Não são densificados, como noutras transposições, os países importadores elegíveis, sendo suficiente que estes provem a falta de capacidade de produzir produtos farmacêuticos de modo a fazer face a determinado problema de saúde pública[228].

Por fim, em paralelo com outras legislações, dentro da noção de "pharmaceutical products", poderão estar incluídos os ingredientes necessá-

---

[223] Cf. o relatório da revisão anual sobre a implementação do parágrafo 6, doc. OMC IP/C/37, de 3 de novembro de 2005, § 6, onde se refere que houve uma comunicação de uma delegação indiana sobre a consagração de um regime sobre licenças compulsórias para exportação. UNNI, «Indian Patent Law and TRIPS: Redrawing the Flexibility Framework in the Context of Public Policy and Health», *Global Business and Development Law Jounal*, vol. 25, 2012, pp. 323 e ss., pp. 335; CHAUDHURI, Trips and Changes in Pharmaceutical Patent Regime in India, ob. cit., pp. 35.
[224] Cf. sec. 90º, nº 1, vii).
[225] Como refere LAW, *Patents and Public Health*..., ob. cit., pp. 237, "it would be fair to say that section 92A represents the absolute minimum in provisions necessary to transpose the Article 31*bis* system".
[226] LAW, *Patents and Public Health*..., ob. cit., pp. 237.
[227] Cf. sec. 92ºA, nº 1.
[228] Cf. sec. 92ºA, nº 1.

rios à produção dos fármacos e eventuais diagnósticos requeridos no uso desses mesmos produtos[229].

II. Este regime necessita, definitivamente, de uma revisão urgente. E afirmamos ser urgente, dado o facto de a Índia ser um dos países do mundo que tem das mais fortes empresas de medicamentos genéricos, podendo tornar-se numa das nações exportadoras mais solicitadas, quando uma questão deste tipo surgir. Mais do que a transposição de algumas formalidades estipuladas na Decisão do Conselho *Trips*, que em muitos casos só protelam a resolução do problema de saúde pública, a Índia necessita de inserir disposições que permitam que haja boa-fé no uso deste sistema, não colocando em causa os valores que se pretendem alcançar.

Somos da opinião de que este regime, tal como nos é apresentado, viola o Acordo *Trips* e a respetiva Decisão. Desta forma, e no sentido de suprir algumas deficiências da lei, deverão ser aplicadas algumas das regras procedimentais internas e ainda as que estão presentes na Decisão do Conselho *Trips*.

13.3. A alteração à lei de patentes norueguesa

I. Na Noruega, a introdução deste regime foi realizada pela alteração à lei de patentes pela Lei nº 127, de 19 de dezembro de 2003, e pelo Decreto Real de 14 de maio de 2005, entrando em vigor a 1 de junho de 2004, introduzindo-se ainda o Regulamento nº 1162, de 20 de dezembro de 1996, que veio regular esta matéria em termos mais detalhados.[230] A adoção desta legislação teve um claro apoio social, incluindo da Associação Norueguesa de Fabricantes Farmacêuticos[231].

Esta modificação não procurou alcançar um procedimento muito detalhado, até porque é comum, no direito norueguês, para questões que não sejam claramente previstas, recorrer-se diretamente ao Direito Internacional Público[232]. Muitas vezes, é a própria lei que remete para

---

[229] Cf. sec. 92ºA, nº 3, § 2.
[230] Cf. doc. OMC IP/C/W/427, de 17 de setembro de 2004, onde é declarada pelo Estado norueguês a implementação deste regime.
[231] Refere o doc. OMC IP/C/W/427: "The consultation process revealed that there was strong general support for the draft proposal. None of the commenting bodies opposed the proposal, but some commented on the method of implementation «...»".
[232] Doc. OMC IP/C/W/427, III, § 2.

a Decisão do Conselho, como acontece no que diz respeito aos países importadores elegíveis[233], as notificações a efetuar ao Conselho *Trips*[234], os produtos farmacêuticos abrangidos[235], as características dos rótulos dos produtos a serem exportados[236], a informação que deve ser fornecida no sítio eletrónico[237] ou a exigência prévia da tentativa de obtenção de licença contratual[238].

II. A competência para a concessão da licença compulsória para exportação será da autoridade da concorrência ou dos tribunais, estes últimos, em segunda instância[239]. A remuneração irá ter em conta os parâmetros dos arts. 49º e ss. da lei de patentes norueguesa, parâmetros, estes, que se aplicam em geral a todas as licenças compulsórias. Sendo este critério igual ao estabelecido no Acordo *Trips*, terá a especialidade de, segundo o art. 108º, o valor económico da licença ser aferido tendo em conta o país importador.

Como refere Law, as autoridades norueguesas respeitam a soberania das decisões realizadas pelos países importadores nesta matéria, sendo que quase não recai nenhum ónus sobre as autoridades norueguesas[240]. Como é explicado na notificação realizada à OMC, a não ser que haja indicações específicas de que as necessidades de saúde pública nos países importadores foram incorretamente descritas, "the Norwegian authorities should normally accept the information provided in the notification".

---

[233] Cf. art. 107º, nº 1, do Regulamento, nº 1162.
[234] Cf. art. 107º, nº 2, e art. 109º, § 1, do Reg.
[235] Cf. art. 108º, nº 2, do Reg.
[236] Cf. art. 108º, nº 4, § 2, do Reg.
[237] Cf. art. 109º, nº § 2, do Reg.
[238] A nota explicativa presente no doc. OMC IP/C/W/427, de 17 de setembro de 2004, III, § 4, refere esta ideia: "The other provisions of Article 31 of the TRIPS Agreement and the Norwegian Patents Act will continue to apply in relation to applications for compulsory licences. In the case of the general requirements set out in Article 31 (b), for instance, this means that except in the event of a national emergency or in the case of public non-commercial use, prior efforts must have been made to negotiate an authorisation from the right holder on reasonable commercial terms and conditions".
[239] Cf. art. 109º, § 1, do Reg. Law, *Patents and Public Health*..., ob. cit., pp. 224.
[240] Law, *Patents and Public Health*..., ob. cit., pp. 224.

III. Quem se debruça sobre este sistema implementado na Noruega, tem apontado boas críticas ao mesmo. Denomina-se este regime como minimalista em relação à Decisão do Conselho *Trips*, pois preveem-se mecanismos mais simples, sendo que em muitas questões se remete para a própria decisão. Elege-se mesmo este sistema como aquele que, de um ponto vista jurídico, é mais adequado para resolver os problemas levantados pelo parágrafo 6 da Declaração de Doha[241].

Na realidade, a transposição norueguesa tem bastantes aspectos positivos. Não limita os produtos farmacêuticos abrangidos, nem as doenças; não limita temporalmente a licença compulsória; dispensa a tentativa de obtenção de licença contratual em casos de urgência; não contém critérios rígidos no que diz respeito à elegibilidade dos países importadores; não consagra mecanismos de revogação próprios deste sistema, como acontece, por exemplo, no regime jurídico canadiano.

Tem de se admitir, como já afirmado, que este sistema incorpora as preocupações de saúde pública levantadas na Declaração de Doha[242], parecendo, contudo, olhar somente para o lado dos países menos desenvolvidos. Por outro lado, para além de não trazer um sistema de remuneração mais rápido para os casos de urgência, como nos surge no sistema da União Europeia, o que é certo é que todas as críticas apontadas ao regime canadiano estão aqui satisfeitas. Contudo, não podemos deixar de notar a leveza com que é tratado o potencial abuso que este sistema pode permitir. Na realidade, a situação só não é mais preocupante, pois, como refere a notificação à OMC, a capacidade de produção de produtos farmacêuticos na Noruega não é tão elevada, quando comparada com outros países.[243] A utilização deste regime no futuro, sem as necessárias salvaguardas contra o abuso deste sistema, poderá originar conflitos no seio da OMC.

---

[241] *Idem*, pp. 225 e ss.
[242] *Idem*, pp. 225.
[243] Cf. doc. OMC IP/C/W/427, de 17 de setembro de 2004, IV, § 1, "Given that Norway does not have a large pharmaceutical industry, at least in the product areas which are most likely to benefit from the General Council Decision, we do not expect the Norwegian industry to be a significant contributor under this system in the near future".

13.4. A resposta da União Europeia ao problema da concessão de licenças compulsórias para exportação e o acesso à saúde pública

I. Como REMÉDIO MARQUES assinala, de acordo com o CPI português, não é possível a concessão de licenças compulsórias para exportação, na medida em que, se atentarmos na única disposição que poderia permitir a concessão de licenças compulsórias com este fim, o art. 110º, esta indica que o interesse público é o nacional, e não o internacional ou transnacional[244].

Não obstante, desde 2006 que temos um instrumento jurídico de fonte europeia que permite a concessão de licenças compulsórias para fins de exportação. Este instrumento consiste no já mencionado Regulamento (CE) nº 816/2006, do Parlamento Europeu e do Conselho, de 17 de maio. Este visou a uniformização desta matéria ao nível europeu, tendo ainda como objetivo promover concorrência sã entre Estados-membros e evitar a reimportação dentro das fronteiras da União Europeia[245].

Este Regulamento, que se aplica não só às patentes como também aos certificados complementares de proteção (desde que protejam medicamentos para uso humano), vem cumprir a Decisão do Conselho *Trips* de 2003, sendo que, desta forma, muitas soluções que referimos para a Declaração de Doha e para a Decisão de 2003 irão ser as mesmas neste regime.

II. No que diz respeito à legitimidade para pedir uma licença compulsória, esta poderá ser requerida por qualquer pessoa à autoridade nacional competente – em Portugal, o INPI[246] – do Estado-membro ou dos Estados-membros que possam ser necessários para a operação[247].

---

[244] REMÉDIO MARQUES, *Licenças (Voluntárias e Obrigatórias) de Direitos de Propriedade Industrial*, ob. cit., pp. 219.
[245] Estes objetivos são visíveis no § 4 do Preâmbulo do Regulamento em questão, afirmando que "É necessária uma aplicação uniforme da Decisão para garantir que as condições de concessão de licenças obrigatórias para o fabrico e a venda de produtos farmacêuticos, quando tais produtos se destinem à exportação, sejam as mesmas em todos os Estados-Membros, e evitar a distorção da concorrência para os operadores do mercado único. Deverão igualmente aplicar-se regras uniformes a fim de evitar a reimportação no território da Comunidade de produtos farmacêuticos fabricados nos termos da Decisão".
[246] Cf. art. 3º, nº 1.
[247] Cf. art. 6º, nº 1.

Este requerimento terá que ser acompanhado de elementos formais obrigatórios previstos no art. 6º, nº 3. Depois do pedido, a autoridade competente irá informar de seguida o titular do direito de propriedade industrial correspondente, dando a este a oportunidade de resposta[248].

São exigidas, *talis qualis* é referido no art. 31º, b), do Acordo *Trips*, negociações prévias, sendo este requisito dispensado em casos de emergência nacional ou noutros casos de extrema urgência[249]. Esta disposição do Regulamento tem grande efeito no direito português, que é o de derrogar parcialmente o art. 107º, nº 3. Dado que não existe no nosso CPI uma regra semelhante ao art. 31º, b), do Acordo *Trips*, com a promulgação deste Regulamento, esta regra passou a estar em vigor, embora somente para os casos especificados no mesmo[250]. Na densificação desta regra, é de mencionar que o Regulamento exige que os esforços para a tentativa de obtenção de uma licença contratual terão de ter decorrido, num período de, pelo menos, "30 dias antes da apresentação do pedido". É, na realidade, um prazo curto, mas parece-nos que será adequado, tendo em conta os bens a serem protegidos.

III. Outro ponto relevante é o procedimento de concessão das licenças compulsórias. A licença compulsória estará limitada temporalmente[251], sendo que a produção dos medicamentos deverá ser limitada em termos quantitativos[252], podendo abranger, contudo, qualquer medicamento, não estando presa a catálogos fechados[253], englobando ainda "kits de diagnóstico *ex vivo*"[254].

Todas estas limitações são atenuadas no art. 16º, nº 4, que permite à autoridade nacional competente que emitiu a licença compulsória,

---

[248] Cf. art. 7º, nº 1.
[249] Cf. art. 9º, nº 1.
[250] No mesmo sentido REMÉDIO MARQUES, *Licenças (Voluntárias e Obrigatórias) de Direitos de Propriedade Industrial*, ob. cit., pp. 223.
[251] Cf. art. 10, nº 3.
[252] Cf. art. 10, nº 2.
[253] Cf. rt. 2º, nº 1.
[254] LAW, *Patents and Public Health*..., ob. cit., pp. 240, refere que com esta disposição o Regulamento implicitamente estende a licença compulsória às informações não divulgadas (cf. art. 39º, do Acordo *Trips*), o que, em conjunto com o direito de propriedade industrial, será perfeitamente possível.

mediante requerimento do titular da mesma, modificar as condições que foram acordadas, autorizando o fabrico e a exportação de mais quantidades de produtos farmacêuticos, considerando as necessidades do país importador.

IV. O Regulamento, seguindo a decisão de 2003, em nenhum momento dispensa a *remuneração adequada*[255]. Nos casos do art. 9º, nº 2, nomeadamente, urgências e uso público não comercial, o art. 10º, nº 9, a) estabelece uma fórmula simples para achar este montante: a remuneração não deverá ultrapassar os 4% do preço total do medicamento. Esta forma de calcular a remuneração é positiva, na medida em que, como refere o § 15 do Preâmbulo, perante estas situações, pretende-se "acelerar o processo de concessão de uma licença obrigatória".

Apesar de proibir a dupla remuneração, o Regulamento não resolve um problema, que é o de o titular, por exemplo, ser detentor de várias patentes (ou certificados complementares de proteção) para o mesmo produto farmacêutico, tanto no país exportador como no país importador. Nestas hipóteses, naturalmente que deverão ser concedidas tantas licenças compulsórias quantas sejam necessárias para o produto em causa. Sem embargo, na esteira de REMÉDIO MARQUES, concordamos que deverá ser feito um *cômputo global* da remuneração, já que está em causa o mesmo produto[256], tendo como bitola o valor económico da patente no país importador ou, em casos de extrema urgência ou de emergência nacional, até ao montante máximo de 4% do preço total a pagar pelo país importador[257/258].

---

[255] Cf. art. 10º, nº 9.
[256] REMÉDIO MARQUES, *Licenças (Voluntárias e Obrigatórias) de Direitos de Propriedade Industrial*, ob. cit., pp. 226.
[257] Cf. art. 10º, nº 9.
[258] O mesmo deve acontecer para o caso de o produto farmacêutico estar protegido por vários direitos de propriedade industrial e estes sejam da titularidade várias pessoas. Obviamente que irá conceder-se tantas licenças compulsórias consoante os direitos de propriedade industrial que sejam *quebrados*, contudo, a remuneração será feita em termos globais, pois, como REMÉDIO MARQUES, *Licenças (Voluntárias e Obrigatórias) de Direitos de Propriedade Industrial*, ob. cit., pp. 229, refere, está aqui em causa o princípio da unidade, "posto que todas elas respeitam à utilização do mesmo fármaco, o produto final e exportação". Sendo assim, a remuneração será realizada globalmente, procedendo-se à repartição entre os vários *patent holders*.

Por último, caso o titular da patente do país de exportação transmita a um terceiro os direitos de uma patente, da qual também tem direitos no país importador, a remuneração já não irá ser fixada globalmente e haverá lugar para duas remunerações, no país de exportação e no país importador[259].

V. O art. 6º, nº 4, do Regulamento, refere que a legislação nacional está autorizada a prever requisitos administrativos ou meramente formais, que sejam necessários ao processo de concessão da licença compulsória. Não obstante, estes requisitos nunca deverão "agravar desnecessariamente" os custos e o ónus que o potencial licenciado já terá que suportar, nem deve tornar o processo de concessão mais complexo, quando comparado com o procedimento previsto no direito nacional, i.e., no nosso caso, comparado com o regime previsto no arts. 107º e ss.

Na realidade, o Estatuto do Medicamento, aprovado pelo Decreto-lei nº 176/2006, de 30 de agosto, prevê, nos arts. 75º e 76º, algumas regras destinadas à exportação de medicamentos, referindo que esta está sujeita a autorização de fabrico, obrigando, desta forma, o exportador a obter esta autorização em Portugal e não no seio da União Europeia. O art. 75º, nº 2, dispensa as normas de acondicionamento, rotulagem e apresentação do medicamento, tal como estão reguladas no próprio estatuto, não se podendo, contudo, proceder à exportação de medicamentos que tenham sido retirados por razões de saúde pública[260].

Relevante será ainda o facto de o art. 76º, nº 1, prever que, a pedido da autoridade competente de um estado terceiro, o INFARMED terá que emitir, no prazo de dez dias, um "documento que certifique a titularidade da autorização de fabrico por parte de um fabricante de medicamentos no território nacional".

De resto, quanto às restantes formalidades para a concessão da licença compulsória que não estiverem previstas no Regulamento, poderemos sempre aplicar o regime dos arts. 111º e 112º.

VI. Podemos afirmar, sem qualquer dúvida, que esta regulação demonstra ser mais bem-sucedida do que a legislação canadiana e, naturalmente, a indiana.

---

[259] REMÉDIO MARQUES, *Licenças (Voluntárias e Obrigatórias) de Direitos de Propriedade Industrial*, ob. cit., pp. 228.
[260] Cf. art. 75º, nº 3.

Uma das vantagens deste regime para com a transposição realizada pelo Canadá assenta no facto de o Regulamento não limitar a duração da licença compulsória. Muito embora o art. 10º, nº 3, refira que "o prazo de validade da licença deve ser indicado", o que já levou à afirmação de que a licença compulsória não poderá ser concedida por um período ilimitado[261], somos da opinião de que, apesar de a menção ser obrigatória sob pena de ilegalidade, este prazo poderá vir indicado a termo certo ou incerto, de acordo com as características do caso concreto. Claro está que, em honra do princípio da proporcionalidade que disciplina esta matéria, se o prazo se relevar, à partida, determinável, deverá colocar-se no ato de concessão da licença. O importante será a licença compulsória não se prolongar por mais tempo do que o necessário, na medida em que os direitos do titular do exclusivo também deverão ser tidos em conta.

VII. Quanto às críticas a apontar a este regulamento, estas deverão ser dirigidas, mais uma vez, ao excesso de formalidades, sendo que algumas delas foram mesmo além das que estão previstas na Decisão do Conselho *Trips*. Basta dar como exemplo o art. 14º, que permite às autoridades alfandegárias reter a saída de produtos farmacêuticos subjacentes a uma licença compulsória para exportação, quando há suspeita de que estes estão a ser reimportados para dentro do território da União Europeia. Não se critica o combate à fraude, mas sim a falta de uma definição do que são os "motivos suficientes" exigidos para a suspeição desta, tornando este artigo um terreno fértil para a paralisação deste regime.

Deixai-nos ainda realizar um pequeno apontamento no que concerne à possibilidade de revogação da licença compulsória, prevista no art. 16º. Congratulamo-nos com o facto de o Regulamento não conter um regime tão permissivo quanto o que vimos do regime canadiano. Não obstante, o regulamento não seguiu o estipulado no art. 31º, g), do Acordo *Trips*, que apenas permite a revogação da licença quando as suas circunstâncias cessarem e não haja a possibilidade de as mesmas voltarem a ocorrer. Pelo contrário, segundo o art. 16º, nº 1, a licença compulsória será revogada, se as condições desta "não forem respeitadas pelo seu titular", o que poderá levar à revogação da licença, por exemplo, pela falta de pagamento de uma prestação[262].

---

[261] LAW, *Patents and Public Health...*, ob. cit., pp. 240.
[262] No mesmo sentido, *Idem*, pp. 241.

A Holanda, em 2005, procedeu à promulgação de um instrumento jurídico que, fazendo a ponte com o art. 57º, nº 1, da lei de patentes holandesa, prevê a concessão de licenças compulsórias com fundamento em interesse público, estabelecendo um quadro normativo semelhante à Decisão do Conselho *Trips* de 30 de agosto[263]. Este regime foi formulado antes do Regulamento sobre a mesma matéria, aprovado pela União Europeia. Contudo, dado o facto de a Holanda estar inserida na União Europeia, este regime terá de ser harmonizado com as suas regras[264/265].

Também a China emendou a sua lei de patentes para estar de acordo com a Decisão do Conselho *Trips* de 30 de agosto. Tornando-se membro da OMC em 2001, ficando, por conseguinte, obrigado às disposições desta, o Estado chinês alterou a sua lei de patentes em 2005, prevendo-se, desta forma, a licença compulsória com fins de exportação para países com falta ou insuficiente capacidade de produção de medicamentos. Esta alteração, que entrou em vigor a 1 de janeiro de 2006, encontra-se no art. 50º, em termos gerais, e noutro diploma (*Measures for Compulsory License on Patent Implementation concerning Public Health Problems*), que estabelece as suas regras formais, limitando-se a referir que, com fundamento na saúde pública, poderão ser concedidas licenças compulsórias para a produção e exportação de produtos farmacêuticos para países ou regiões que estejam de acordo com as disposições dos tratados internacionais a que a República Popular da China aderiu. As licenças compulsórias deverão ser concedidas pelo departamento de patentes, que está sob a alçada do Conselho de Estado chinês[266].

---

[263] Cf. Notificação da emenda de acordo com a Decisão do Conselho *Trips* de 2003, doc. OMC WT/L/540, de 2 setembro de 2003.

[264] Segundo o último parágrafo das notas explicativas, *Policy rules on issuing compulsory licences pursuant to WTO Decision WT/L/540 on the implementation of paragraph 6 of the Doha Declaration on the TRIPS Agreement and public health, under section 57, subsection 1 of the Kingdom Act on Patents of 1995*, "these policy rules were drafted prior to the presentation of the European Commission Regulation on this topic, which is now in preparation and will be presented to the Council by the Commission to promote uniform national implementation throughout the European Union. At such time as this Regulation enters into force, Dutch legislation will be amended to conform with it as needed".

[265] Sobre esta mesma lei, *vide* LAW, *Patents and Public Health...*, ob. cit., pp. 234 a 236.

[266] HAIJUN, «Reality and Potentiality: Compulsory Patent Licensing in China from a Comparative Perspective», *EIPR*, vol. 31, 2, Sweet & Maxwell, 2009, pp. 93 e ss., pp. 97 e ss. Para consultar uma tradução não oficial da lei de patente chinesa, *vide* «www.wipo.int».

Capítulo IV
As licenças compulsórias na CUP e no Acordo Trips

§ 14. As disposições jurídicas internacionais

I. Embora, primordialmente, o nosso enfoque seja o regime jurídico português de fonte interna, dada a relevância das normas de direito internacional na formação do nosso regime de licenças compulsórias – *rectius* como em quase todos os Estados-membros da OMC –, é imprescindível fazer uma referência, ainda que menos aprofundada, às disposições de direito internacional que versam sobre o instituto em estudo e têm aplicação no nosso direito. Os instrumentos internacionais a ter aqui em conta são os já mencionados CUP e Acordo *Trips*.

II. Conforme consta da CUP e do Acordo *Trips*, as licenças compulsórias estão previstas para várias situações. Para encontrarmos o regime em vigor em Portugal, será necessário cruzar estes dois Acordos com o regime jurídico português. Não nos podemos esquecer que estas Convenções estabelecem as bases mínimas para a regulação desta matéria, não deixando ao CPI grande espaço de manobra em relação a alguns requisitos e condições. Não que o Acordo *Trips* ou a CUP tenham, na nossa opinião, efeito direto[267], mas, para além de se ter de tomar em

---

[267] Esta é uma discussão que já vai longa na doutrina. A discussão centra-se no seguinte: será o Acordo *Trips self-executing*? Se afirmarmos que sim, na prática, o Estado português não terá que emitir nenhum ato legislativo e as disposições do Acordo poderão ser invocadas

conta a vigência das normas internacionais no direito português, o legislador nacional, como seria de esperar, seguiu de perto estes instrumentos internacionais, sendo que a interpretação deste instituto deverá considerar todas as suas fontes.

diretamente pelos particulares. Contudo, se atentarmos no art. 1º, nº 1 (e ainda no art. XVI, nº 4, do Acordo da OMC), desde logo chegamos à conclusão de que, em bloco, o Acordo *Trips* não pode ser considerado *self-executing* (cf. no mesmo sentido, entre outros, OLIVEIRA ASCENSÃO, «Relatório Final de Actividade da Comissão de Acompanhamento do Código da Propriedade Industrial», *Revista da Faculdade de Direito da Universidade de Lisboa*, vol. XXXVIII, nº 1, 1997, pp. 339 e ss., pp. 341; FAUSTO DE QUADROS, «O Carácter Self-Executing de Disposições de Tratados Internacionais. O Caso Concreto do Acordo Trips», *ROA*, ano 61, nº 3, dezembro de 2001, pp. 1269 a 1312; pp. 1287 e ss.; GERVAIS, *The TRIPS Agreement: Drafting History and Analysis*, 2nd ed., London, Sweet & Maxwell, 2003, pp. 87, nota 19; REMÉDIO MARQUES/NOGUEIRA SERENS, «Direito de Patente: sucessão de leis no tempo e a proibição de outorga de patentes nacionais sobre produtos químicos ou farmacêuticos no domínio do CPI de 1940 – o aditamento de reivindicações de produto químico ou farmacêutico no quadro do CPI de 1995, nos procedimentos de proteção de pendentes na data de adesão à Convenção da Patente Europeia e ao Acordo *Trips*», *O Direito*, 138º, V, Coimbra, Almedina, 2006, pp. 1011 e ss., pp. 1060; REMÉDIO MARQUES, *Medicamentos vs Patentes: estudos de propriedade industrial*, Coimbra, Coimbra Editora, 2008, pp. 348). Esta é ainda a posição referida pelo Conselho das Comunidades Europeias na sua Decisão nº 94/800/CEE e da jurisprudência comunitária, v.g., caso *Portugal vs. Conselho*, 23 de novembro de 1999, TJUE, in *Colectânea de Jurisprudência do Tribunal de Justiça das Comunidades*, 1999, I, pp. 8395, nº 42 a 46, caso *Parfums Christian Dior vs Tuk Consultancy BV*, TJUE, 14 de dezembro de 2000, disponível em «www.curia.europa.eu», pontos 41 e ss., e ainda na jurisprudência portuguesa, v.g., Tribunal da Relação de Lisboa, Acórdão de 7 de julho de 2009 (Roque Nogueira), disponível em «www.dgsi.pt». Em sentido contrário ao defendido, cf. Tribunal da Relação de Lisboa, Acórdão de 14 de dezembro de 2004 (Maria do Rosário Morgado), disponível em «www.dgsi.pt».

Apesar de a opinião maioritária ir no sentido de que o Acordo *Trips* não tem efeito direto, alguns autores, mesmo dentro dos que não atribuem efeito direto, discutem ainda se algumas das regras do Acordo, por serem bastante precisas, claras e determinadas, podem ser de aplicação direta e imediata na ordem jurídica dos Estados-membros. A discussão baseia-se fundamentalmente no art. 33º referente à duração das patentes (cf., entre outros, PIRES DE CARVALHO, *The Trips Regime of Patent Rights*, ob. cit., pp. 53 e 54; MOURA VICENTE, *A Tutela Internacional da Propriedade Intelectual*, ob. cit., pp. 151 e 152; JORGE MIRANDA/BACELAR GOUVEIA, «A Duração da Patente no Acordo Trips e no Novo Código da Propriedade Industrial à Luz da Constituição Portuguesa», *ROA*, Ano 57, vol. I, janeiro de 1997, pp. 249 e ss., pp. 263 e ss.), discutindo-se ainda alguns preceitos do art. 31º, referente às licenças compulsórias (cf. REMÉDIO MARQUES, *Licenças (Voluntárias e Obrigatórias) de Direitos de Propriedade Industrial*, ob. cit., pp. 242). Em sede própria, será analisada esta questão.

§ 15. A ligação entre os arts. 30º e 31º do Acordo *Trips*

I. O art. 30º do Acordo *Trips* vem estipular que os Estados-membros "podem prever exceções limitadas aos direitos exclusivos conferidos por uma patente". Estas exceções mencionadas no dispositivo normativo são, como é natural, limitações aos direitos conferidos no art. 28º. As exceções do art. 30º são, de facto, um ajuste para com todos os direitos exclusivos conferidos pelo art. 28º e advêm mesmo do balanceamento de direitos desejado pelo art. 7º do Acordo[268].

Sem embargo, estas exceções aos direitos de patente estão sujeitas a três limitações expressas na lei:
- não poderão colidir injustificavelmente com a exploração *normal* da patente;
- não poderão prejudicar injustificavelmente os legítimos interesses do titular da patente;
- terão de ter em conta os direitos de terceiros.

Estes requisitos são cumulativos[269] como, de resto, já foi referido no relatório de disputa da *União Europeia – Canadá* : "failure to comply with any one of the three conditions results in the Article 30 exception being disallowed".

Várias exceções aos direitos de patente são consideradas como estando dentro do escopo normativo desta disposição. Entre estas, as mais comuns são o *uso privado não comercial (private non-commercial use)*[270], os

---

[268] Pires de Carvalho, *The Trips Regime of Patent Rights*, ob. cit., pp. 221. *Vide*, ainda, Bently/Sherman, «Limiting Patents», *Compulsory Licensing. Practical Experiences and Ways Forward*, MPI Studies on Intellectual Property and Competition Law, 22, ed. Reto M. Hilty, Kung-Chung Liu, Heidelberg, Springer, pp. 313 e ss., pp. 325 e ss.

[269] Law, *Patents and Public Health...*, ob. cit., pp. 91; Pires de Carvalho, *The Trips Regime of Patent Rights*, ob. cit., pp. 222.

[270] O uso privado sem fins não comerciais é uma exceção comum aos direitos exclusivos do patenteado. Surge-nos, no direito português, no art. 102º, a), como no direito comparado, como é o caso do direito alemão, no art.11º, nº 1, do PatG (*privaten Bereich zu nichtgewerblichen Zwecken*). Nesta exceção, entende-se que, pelo caráter da mesma, os interesses do titular do direito de propriedade industrial não irão ser prejudicados, dado que os atos privados não irão comprometer o retorno económico da patente.

atos realizados para fins experimentais (*experimental use*)[271] ou a exceção *bolar*[272/273].

[271] Esta exceção é admitida tanto nos EUA como na União Europeia, embora, no primeiro apenas para propósitos científicos (*vide* Caso *Madey vs Duke*, US Appeals for the Federal Circuit, de 3 de outubro de 2002, disponível em «http://cyber.law.harvard.edu/people/tfisher/2002Madeyedit.html»). No direito português, está previsto, no art. 102º, c), que os direitos de patente não são abrangidos pelos "atos realizados exclusivamente para fins de ensaio ou experimentais, incluindo experiências para preparação dos processos administrativos necessários à aprovação de produtos pelos organismos oficiais competentes, não podendo, contudo, iniciar-se a exploração industrial ou comercial desses produtos antes de se verificar a caducidade da patente que os protege". Esta exceção é vista como determinante para o próprio direito de patentes, pois cria um ambiente favorável à inovação (cf. CARLOS CORREA, *Trade Related Aspects of Intellectual Property Rights: A Commentary on the TRIPS Agreement*, Oxford, Oxford University Press, 2007, pp. 304).

[272] O nome dado a esta exceção adveio do Caso *Roche Products Inc. vs. Bolar Pharmaceutical Co.*, que surgiu nos EUA e, numa primeira fase, impediu a *FDA* de permitir o processo de aprovação antes da expiração da duração da patente, de modo a que uma empresa de genéricos *Bolar Pharmaceutical Co.* pudesse comercializar o medicamento logo após a expiração da patente (*vide* Caso *Roche Products Inc. vs. Bolar Pharmaceutical Co.*, de 23 de abril de 1984, US Appeals for the Federal Circuit, disponível em «http://biotech.law.lsu.edu/cases/IP/patent/roche_v_bolar.htm»). Contudo, o *US Drug Price Competition* viria a permitir esta prática desde que a patente fosse *relevant*. Esta exceção tem como objetivo permitir às empresas de genéricos usar a patente farmacêutica para realizar os testes necessários e preencher a respetiva fase de aprovação antes da expiração da patente, de modo a comercializar a versão genérica do produto logo após a expiração do direito exclusivo. Desta forma, as empresas de genéricos conseguem colocar os seus produtos o mais rapidamente possível no mercado, permitindo o desenvolvimento desta indústria, para além de que os consumidores conseguem usufruir, com a maior brevidade possível, de produtos farmacêuticos a um baixo custo (cf. CARLOS CORREA, *Trade Related Aspects of Intellectual Property Rights: A Commentary on the TRIPS Agreement*, ob. cit., pp. 304 e 305). Na realidade, não é pelo facto de se tratar de um medicamento genérico que a indústria de genéricos não necessita de demonstrar a eficácia, a segurança e a sua "bioequivalência" relativamente ao medicamento patenteado (cf. REMÉDIO MARQUES, «O Direito de Patentes, o Sistema Regulatório de Aprovação, o Direito de Concorrência e o Acesso aos Medicamentos Genéricos», in AAVV, *Direito Industrial*, vol. VII, Coimbra, Almedina, 2010, pp. 285 e ss., pp. 304 e 305).

[273] CARLOS CORREA, *Trade Related Aspects of Intellectual Property Rights: A Commentary on the TRIPS Agreement*, ob. cit., pp. 303, defende que aqui estará ainda incluído o esgotamento internacional. STRAUS, «Implications of the TRIPs Agreement in the Field of Patent Law», *ICC Studies – from GATT to Trips*, vol. 18, Beier e Gerhard Schricker, Munich, Max Planck Institute for Foreign and International Patent, Copyright and Competition Law, 1996, pp. 160 e ss., pp. 203, discorda, referindo que a regra do esgotamento internacional iria colidir "de forma injustificável como a exploração normal da patente" e, provavelmente, prejudicaria, de forma não razoável, os interesses legítimos do titular da patente. Assim, ainda

II. Se nos debruçarmos sobre o art. 31º, verificamos que este também consiste numa exceção aos direitos do titular da patente, direitos, esses, previstos no art. 28º. Desta forma, faz-se mister perguntar qual a relação entre o art. 30º e o art. 31º. Fornecerá o art. 30º uma base para o art. 31º? Esta questão não é virgem. Desde há muito que se tem feito a ligação entre o art. 30º e o art. 31º. Logo após a Declaração de Doha de 14 de novembro de 2001, a União Europeia[274] e os países desenvolvidos[275] defenderam que o art. 30º permitiria uma fácil implementação do parágrafo 6 da Declaração, tendo alguma doutrina seguido o mesmo caminho[276].

Atualmente, Law, ao analisar estes dois artigos, parece defender a ideia de que o art. 30º funciona como regra geral e o art. 31º, como regra especial, ao colocar, dentro do art. 30º, além de outras exceções, as licenças compulsórias, afirmando ainda que estes dois artigos dão aos Estados-membros a extensão permitida pelas exceções estipuladas[277].

Parece-nos que esta leitura não poderá ser realizada com sucesso. Salvo melhor opinião, julgamos que a única coisa que estas disposições têm em comum será o facto de serem *exceções* aos direitos do titular da patente. Contudo, a natureza destas é totalmente diferenciada[278], sendo

---

segundo o autor, só será possível o esgotamento em segmentos de mercado regionais, tal como o mercado da União Europeia. Não podíamos estar mais de acordo com esta última posição.

[274] Cf. doc. OMC, nº IP/C/W/339, de 4 de março de 2002. O ponto 23 diz o seguinte: "An alternative approach would consist of interpreting Article 30 of the TRIPS Agreement in a way that would allow a Member to introduce a specific exception in its legislation for the purpose of supplying another country which had granted a compulsory licence for the importation of a specific pharmaceutical product". *Vide*, ainda, pontos 24 a 31.

[275] Cf. doc. OMC, nº IP/C/W/355, de 24 de junho de 2002. O 5º parágrafo do sumário refere o seguinte: "Without prejudice to the possibility of Members seeking additional expeditious solutions to the problem identified in Paragraph 6, *the TRIPS Council should recommend an authoritative interpretation of Article 30 of the TRIPS Agreement*, so as to recognize the right of WTO Members to authorize third parties to make, sell and export patented public health-related products without the consent of the patent holder to address public health needs in another country" (*itálico* nosso).

[276] Carlos Correa, *Implications of the Doha Declaration on the Trips Agreement and Public Health*, ob. cit., pp. 27.

[277] Law, *Patents and Public Health...*, ob. cit., pp. 90 e 93.

[278] Parecem ir no mesmo sentido, Straus, «Implications of the TRIPs Agreement in the Field of Patent Law», ob. cit., pp. 203; Abbott, *WTO Trips Agreement and Its Implications for Access to Medicines in Developing Countries*, ob. cit., pp. 26 e 27.

que não é por serem *exceções* aos direitos que as poderemos agrupar em conjunto. Se observarmos os dois artigos, verificamos que o objeto das exceções previstas opera de maneira diferente. As exceções do art. 30º funcionam automaticamente, não sendo necessário qualquer ato do titular da patente, do poder administrativo ou judicial. Além disso, não é necessária qualquer compensação[279]. O próprio artigo 31º, na anotação ao termo "outras utilizações", refere que este diz respeito a "todas as utilizações que não autorizadas ao abrigo do art. 30º". Assim, parece-nos que não poderá ser defendida uma relação de regra comum e regra especial entre estes dois artigos. Até o elemento de interpretação histórico dos trabalhos preparatórios parece confirmar esta ideia. Num dos documentos que mais influenciou a versão final do Acordo *Trips*, elaborou-se uma lista não exaustiva das exceções que deveriam estar incluídas naquele que viria a ser o art. 30º[280]. Esta lista não foi aprovada na versão final, contudo, demonstrou que a licença compulsória era algo diferente, pois não estava comtemplada, não se confundindo com as restantes exceções.

§ 16. **A questão da exigência de exploração local e os acordos internacionais: apontamento histórico e discussão jurídica**
I. Tem sido bastante discutida a nível internacional, a questão de se saber se um Estado-membro do Acordo *Trips* poderá impor, através da sua legislação, a obrigatoriedade de exploração local das patentes, tendo como consequência a concessão de uma licença compulsória se esta oneração não for respeitada. Esta discussão surge-nos devido ao facto de o Acordo *Trips* estipular, no seu art. 27º, nº 1, que os direitos de patente deverão ser gozados sem haver *discriminação*, nomeadamente quanto ao facto de os produtos serem *importados* ou *produzidos localmente*. Assim, como já foi mencionado pelos EUA na disputa que teve com o Brasil, este artigo parece proibir a imposição por parte de um Estado-membro da exploração local da invenção e, consequentemente, a licença compulsória se tal não for seguido.

Este problema não se coloca no direito português, pois este segue, literalmente, o que é estipulado no Acordo *Trips*. O mesmo não se pode

---

[279] Carlos Correa, *Intellectual Property Rights and the Use of Compulsory Licenses...*, ob. cit., pp. 7.
[280] Cf. doc. GAAT, MTN.GNG/NG11/W/76, de 23 e julho de 1990, pp. 18.

IV. AS LICENÇAS COMPULSÓRIAS NA CUP E NO ACORDO TRIPS

dizer de outras ordens jurídicas, como o Brasil[281] ou a União Indiana[282], que impõem a exploração local das invenções, tendo como medida a licença compulsória se tal não for alcançado.

II. A discussão sobre a imposição da exploração local das patentes já vai longa e promete não ter os dias contados. Atingiu o seu auge com o caso que opôs os Estados Unidos e o Brasil, que, como iremos ver, não teve um resultado muito satisfatório no que diz respeito às dúvidas existentes nesta matéria.

A exploração local surgiu quase com o dealbar do direito de patentes, impondo-se mesmo como uma obrigação. Já no século XVII, os Estatutos dos Monopólios do Reino Unido de 1623 estipulavam a obrigação de exploração local, sob pena de a patente ser retirada ao seu titular[283]. O mesmo caminho foi seguido no século posterior, em que as disposições sobre patentes em França e nos EUA estipulavam, quanto às patentes estrangeiras, que as mesmas só poderiam ser protegidas se fossem exploradas localmente[284].

A partir do século XIX, iniciou-se uma mudança nesta tendência, em grande medida surgida pela criação da CUP, onde se principiou por proibir a caducidade automática em caso de exploração da invenção através de importação, mesmo tendo sido aceite que o titular do direito de propriedade industrial deveria ser obrigado a explorar a patente de acordo com o estipulado na lei nacional de cada Estado-membro. Com revisão da CUP de 1925, a licença compulsória foi introduzida, restringindo-se a caducidade, tornando-se esta meramente subsidiária, e estabelecendo-se, pela primeira vez, a *falta de exploração* como fundamento para a concessão da licença compulsória.

---

[281] Cf. art. 68º, § 1, i), da Lei que regula direitos e obrigações relativos à propriedade industrial. *Vide infra* § 23.
[282] Cf. sec. 83, a) e b), sec. 84, nº 1, c) e nº 7, e), e sec. 90º, n º 2, da lei de patentes indiana. *Vide infra* § 26.
[283] CHAMP/ATTARAN, «Patent Rights and Local Working Under the WTO TRIPS Agreement: An Analysis of the U.S.-Brazil Patent Dispute», *The Yale Journal of International Law*, vol. 27, 2002, pp. 365 e ss., disponível em «papers.ssrn.com» (visitando em 30.06.2012), pp. 371.
[284] HALEWOOD, «Regulating Patent Holders: Local Working Requirements and Compulsory Licences at International Law», *Osgoode Hall L. J.*, 35, 1997, pp. 243 e ss., pp. 251 e 252.

III. Quando os vários países se reuniram para discutir o futuro Acordo *Trips*, estabeleceram-se profundas clivagens entre países desenvolvidos e países menos desenvolvidos. Um dos temas mais "quentes" foi, precisamente, o da exploração local. Três visões surgiram durante as negociações:
 a) Os países em desenvolvimento defendiam que a exploração local fosse uma obrigação por parte dos titulares das patentes[285].
 b) Os Estados Unidos defendiam a proibição da imposição da exploração local, ao mesmo tempo que apresentavam uma proposta apenas com dois fundamentos para a concessão de licenças compulsórias: por práticas anticompetitivas e em situações de declarada emergência nacional[286].
 c) A União Europeia adotou a posição intermédia, defendendo que a exploração local poderia ser admitida, sublinhando, contudo, que o titular da patente poderia justificar a falta de exploração local se demonstrasse que esta se devia a razões legais, técnicas ou comerciais[287].

Nunca se chegou a consenso. Devido a este impasse, o Presidente das negociações sobre o Acordo *Trips* elaborou um texto em julho de 1990, tentando incorporar as diversas posições. Não obstante, ficou mais perto da posição dos países menos desenvolvidos e da União Europeia, pois, para além de estipular as práticas anticompetitivas e a emergência nacional como fundamentos para a concessão de licenças compulsórias, estabeleceu ainda outros fundamentos, como a dependência entre patentes, o *primordial* interesse público e a falta de exploração. E, mais importante,

---

[285] Cf. doc. GATT MTN.GNG/NG11/W/71, de 14 maio de 1990. Comunicação realizada pelos seguintes países: Argentina, Brasil, Chile, China, Colômbia, Cuba, Egito, India, Nigéria, Peru, Tanzânia, Uruguai e Paquistão.
[286] Cf. doc. GATT MTN.GNG/NG11/W/70, de 11 de maio de 1990, em especial pp. 11, art. 27º.
[287] Cf. doc. GATT MTN.GNG/NG11/W/68, de 29 de março de 1990. O art. 26º, nº 4, referia o seguinte: "Compulsory licences may not be issued for non-working or insufficiency of working on the territory of the granting authority if the right holder can show that the lack or insufficiency of local working is justified by the existence of legal, technical or commercial reasons".

estabeleceu que a exploração local era uma das obrigações do titular da patente, sujeito aos limites da legislação de cada país[288].

Grande parte do texto elaborado pelo *Chairman* do grupo de negociações para o Acordo *Trips* foi adotado meses mais tarde, a 3 de dezembro de 1990. O chamado *Brussels Draft* veio colocar, como o documento do Presidente das negociações para o Acordo *Trips* já o tinha feito, a exploração como uma obrigação para os Estados-membros. Da mesma forma, o regime sobre licenças compulsórias proposto neste documento, aqui seguindo a formulação elaborada pela União Europeia, não surgiu limitado nos seus fundamentos, impondo-se apenas algumas condições de concessão. Contudo, a ambiguidade veio a seguir. No que diz respeito à licença compulsória, o texto de Bruxelas parece ter estipulado que não poderia ser concedida uma licença compulsória por falta de exploração, "where importation is adequate to supply the local market", ou quando a falta de exploração se devesse a razões legítimas[289]. Assim, apesar da estipulação da obrigação da exploração local por parte do patenteado como princípio, este ficaria quase como letra morta, pois, à falta de critérios adicionais, o titular do direito de propriedade industrial poderia sempre alegar que a exploração através da importação satisfazia o mercado.

Apesar da aproximação de ideias, ninguém chegou a um consenso e as negociações foram retomadas em fevereiro de 2001[290]. Contudo, as partes concordaram em recomeçar o debate não partindo zero, mas sim tendo

---

[288] Cf. doc. GATT MTN.GNG/NG11/W/76, de 23 de julho de 1990. Em especial, *vide* secção 5, § 3.3B, pp. 19, onde se refere que o titular da patente tem a obrigação de "to work the patented invention in the territory of the Party granting it within the time limits fixed by national legislation".

[289] No mesmo sentido, CHAMP/ATTARAN, «Patent Rights and Local Working Under the WTO TRIPS Agreement: An Analysis of the U.S.-Brazil Patent Dispute», ob. cit., pp. 377. Cf. GATT MTN.TNC/W/35/Rev.1, de 3 de dezembro de 1990. Em especial o confuso art. 34º que referia o seguinte: "Authorisation by a PARTY of such use (i.e. compulsory licensing) on grounds of failure to work or insufficiency of working of the patented product or process shall not be applied for before the expiration of a period of four years from the date of filling of the patent application or three years from the date of grant of the patent, whichever period expires last. Such authorization shall not be granted [where importation is adequate to supply the local market or] if the right holder can justify failure to work or insufficiency of working by legitimate reasons, including legal, technical or economic reasons".

[290] CHAMP/ATTARAN, «Patent Rights and Local Working Under the WTO TRIPS Agreement: An Analysis of the U.S.-Brazil Patent Dispute», ob. cit., pp. 378.

como pano de fundo o documento de Bruxelas[291]. Não foi devido a esse facto que os países em desenvolvimento deixaram cair a questão da obrigação de exploração local, pois, através dos vários documentos submetidos pelos mesmos em 1991, é possível verificar que a questão continuava a ter uma importância fundamental para os mesmos[292]. Nesta data surgiu um dos conceitos que tem gerado mais discussão até aos dias de hoje: *discriminação*. Foi por proposta do então Diretor-geral do GATT e Presidente do Comité sobre as negociações comerciais, Arthur Dunkel, que se mencionou pela primeira vez a palavra "discriminação", afirmando-se que os Estados-membros precisariam ainda de decidir se os direitos inerentes à patente poderiam ser gozados sem *discriminação* relativamente ao local de invenção, ao domínio tecnológico ou à circunstância de os produtos serem importados ou localmente produzidos[293].

Os sucessivos documentos que surgiram até ao final de 1993 nunca mais "deixaram cair" o texto elaborado por Dunkel, que foi adotado na versão final do Acordo *Trips*[294].

IV. Como já foi afirmado, é verdade que o texto hoje presente na parte final do Acordo *Trips* parece não ter surgido da negociação das partes[295]. Contudo, também é verdade que os países em desenvolvimento não tiveram sucesso em impor a sua posição, que era a obrigação de exploração local da patente. Essa, sem sombra de dúvida, não existe no Acordo *Trips*, não obrigando assim nenhum Estado-membro nesse sentido. Não obstante, o Acordo não seguiu a posição dos EUA quanto ao regime das licenças compulsórias, não criando um *numerus clausus* de funda-

---

[291] *Idem*.
[292] Cf. doc. GATT MTN.GNG/TRIPS/3, de 18 de novembro de 1991, e doc. GATT MTN.GNG/TRIPS/5, de 9 de dezembro de 1991.
[293] CARLOS CORREA, *Trade Related Aspects of Intellectual Property Rights: A Commentary on the TRIPS Agreement*, ob. cit., pp. 281. Cf. doc. MTN.TNC/W/89/Add.1, de 7 de novembro de 1991. Vale a pena citar a seguinte passagem: "«...» although there are some outstanding issues in other parts as well. In the patent area, for example, it remains to be decided to what extent it will be possible to agree that patents shall be available and patent rights enjoyable without discrimination as to the place of invention, the field of technology and whether products are imported or locally produced «...»".
[294] CHAMP/ATTARAN, «Patent Rights and Local Working Under the WTO TRIPS Agreement: An Analysis of the U.S.-Brazil Patent Dispute», ob. cit., pp. 379.
[295] *Idem*, pp. 378.

mentos para estas, estipulando expressamente, inclusive, a licença compulsória por falta de exploração, ao transpor a regra do art. 5ºA da CUP.

O âmago da discórdia centra-se hoje em dia no art. 27º, nº 1, onde se refere que "patents shall be available and patent rights enjoyable *without discrimination* (...) whether products are *imported or locally produced*" (itálico nosso). Esta disposição fez surgir o caso *EUA vs. Brasil*[296]. A 30 de maio de 2000, o Governo norte-americano, com base no art. 4º das regras e processos que regem o Memorando de Entendimento para a Resolução de Litígios[297], o art. XXII do GATT, e ainda tendo em conta o art. 64º do Acordo *Trips*, decidiu requerer uma audiência na OMC, criticando a disposição do art. 68º, § 1 da lei que regula a propriedade industrial brasileira, que permite a concessão de uma licença compulsória caso o titular da patente ou o seu licenciado não a explore localmente. Segundo o Governo dos EUA, esta disposição iria contra o art. 27º, nº 1, já mencionado, e ainda contra o art. 28º, que versa sobre os direitos atribuídos ao titular da patente[298].

Numa fase inicial do litígio, apesar de duas longas reuniões, não foi alcançado qualquer acordo, tendo sido mesmo constituído um órgão, dentro da OMC, para a resolução do mesmo[299]. No final do mês de janeiro, no dia 31, o Governo brasileiro contra-atacou, requerendo na OMC uma audiência, referindo que várias disposições do *U.S. Patent Act*, em especial as regras das secções 204 a 209 do capítulo 18, que requerem a exploração local de patentes obtidas com assistência do Governo, estariam a violar, da mesma forma, as regras presentes nos arts. 27º, nº 1, e 28º do Acordo *Trips*[300].

Devido a este impasse, as partes procuraram chegar a acordo, o que foi alcançado em junho de 2001. Os respetivos Governos fizeram mú-

---

[296] Sobre esta disputa, *vide* CARLOS CORREA, *Trade Related Aspects of Intellectual Property Rights: A Commentary on the TRIPS Agreement*, ob. cit., pp. 286; CHAMP/ATTARAN, «Patent Rights and Local Working Under the WTO TRIPS Agreement: An Analysis of the U.S.-Brazil Patent Dispute», ob. cit., pp. 380 e ss.; PIRES DE CARVALHO, *The Trips Regime of Patent Rights*, ob. cit., pp. 165 e ss.; BLASI, *A propriedade industrial...*, ob. cit., pp. 19 e ss.
[297] Designado pela sigla inglesa DSU – *Understanding Rules and Procedures Governing the Settlement of Disputes*.
[298] Cf. doc. OMC WT/DS199/1, de 8 de junho de 2000.
[299] Cf. doc. OMC WT/DS199/3, de 9 de janeiro de 2001.
[300] Cf. doc. OMC WT/DS224/1, de 7 de fevereiro de 2001. O Governo brasileiro mencionou ainda que as disposições do *U.S. Patent Act* estariam a violar o art. 8º do Acordo sobre as Medidas de Investimento relacionadas com o Comércio (*Trims*).

tuas concessões. Por um lado, ainda que discordando do que o art. 68º, § 1, estivesse a violar o Acordo *Trips*, na condição de o Governo norte-americano retirar a acusação feita, o Governo brasileiro acordou que, sendo necessário recorrer ao art. 68º, § 1, contra empresas norte-americanas, consultaria primeiramente o Governo dos EUA. No que diz respeito aos EUA, estes acabariam por aceitar a proposta na condição de que o Governo brasileiro não prosseguisse com a ação relacionada com algumas disposições estabelecidas no *U.S. Patent Act*[301].

V. A maioria das vozes na doutrina vão no sentido da posição tomada pelos EUA, ou seja, concordam que o art. 27º, nº 1, do Acordo *Trips* proíbe a imposição da exploração local das patentes pelos Estados-membros[302]. Não obstante, existem algumas vozes discordantes.

A análise de CARLOS CORREA incide sobre duas disposições: o art. 27º, nº 1, e o art. 28º, nº 1. Refere que o primeiro não define se os produtos – ou processos – são do próprio titular da patente ou de um terceiro que está a infringir o direito. Acrescenta ainda que o artigo que define os direitos é apenas o artigo seguinte, estabelecendo unicamente direitos de exclusão, ou seja, de índole negativa. Assim, fazendo uma interpretação conjunta do art. 27º e art. 28º, o autor chega à conclusão de que os *products* mencionados no art. 27º, nº 1, não dizem respeito ao titular da patente, sendo sim produtos de terceiros em infração, que nada têm que ver com direitos que o titular da patente goza, pois esses estão enumerados no art. 28º e constituem apenas direitos de exclusão[303].

CHAMP e ATTARAN defendem que há duas interpretações possíveis, que indicam que os Estados-membros da OMC podem impor, nas suas legislações nacionais, a exploração local das patentes. Uma baseada na interpretação conjunta de várias disposições do Acordo, outra, na compreensão do conceito "discriminação".

---

[301] Cf. doc. OMC WT/DS199/4, de 19 de julho de 2001.
[302] LAW, *Patents and Public Health*, ob. cit., pp. 106; PIRES DE CARVALHO, *The Trips Regime of Patent Rights*, ob. cit., pp. 162 e ss.; BLASI, *A propriedade industrial...*, ob.cit., pp. 309. Este último autor menciona que, apesar de se acreditar que o direito brasileiro viola o Acordo *Trips*, tem de se tomar em conta o art. 170º da Constituição brasileira, que refere que o Estado tem de seguir uma política no sentido de atender às necessidades económicas do povo brasileiro.
[303] CARLOS CORREA, *Trade Related Aspects of Intellectual Property Rights: A Commentary on the TRIPS Agreement*, ob. cit., pp. 285.

No primeiro caso, os autores referem que o art. 27º, nº 1, do Acordo *Trips* terá de ser olhado em conjunto com todas as disposições do tratado. Apesar de este artigo estipular que o exercício dos direitos de patente não pode ser alvo de discriminação pelo facto de os produtos patenteados serem importados, esta disposição estará sujeita às exceções presentes nos arts. 30º e 31º. Este último, que diz respeito ao regime aplicado à licença compulsória, não limita os fundamentos inerentes à mesma, pelo que nada impede que sejam concedidas licenças com fundamento na falta de exploração local. Assim, como *lex specialis derogat legi generali*, os arts. 30º e 31º irão sobrepor-se ao art. 27º, nº 1[304].

Os autores apoiam-se ainda nos princípios descritos nos arts. 7º e 8º do Acordo *Trips*. Estes poderão demonstrar-nos outra via interpretativa de forma a admitirmos a legalidade da exploração local, na medida em que ambos os artigos tornam claro que um dos objetivos do Acordo é a transferência de tecnologia e de conhecimentos. Como a exploração local é, reconhecidamente, um meio indicado para alcançar esse resultado, seria um paradoxo o Acordo não o permitir[305].

Quanto ao conceito de "discriminação" adotado no art. 27º, nº 1, os autores defendem que este tem que ver com um tratamento diferenciado que é injustificado ou arbitrário. Desta forma, se o tratamento diferencial for legitimado, apoiando-se nos princípios dos arts. 7º e 8º do Acordo *Trips*, não haverá discriminação. Em suma, o art. 27º, nº 1, proíbe a discriminação, que se dará, por exemplo, ao atribuir-se uma maior duração a determinadas patentes em detrimento de outras, mas permite um tratamento diferenciado legítimo[306].

HESTERMEYER parece também apoiar, em linhas gerais, a doutrina referida por estes últimos autores, ao defender que a normal exploração poderá ser realizada através da importação, não obstante os Estados-membros, principalmente os países em vias de desenvolvimento, serem livres de estabelecer o regime de licenciamento compulsório como entenderem, sendo ainda um suporte a este entendimento os arts. 7º e 8º, na medida em que promovem a transferência de tecnologia[307].

---

[304] CHAMP/ATTARAN, «Patent Rights and Local Working Under the WTO TRIPS Agreement: An Analysis of the U.S.-Brazil Patent Dispute», ob. cit., pp. 386 e 387.
[305] *Idem*.
[306] *Idem*, pp. 389 e 390.
[307] HESTERMEYER, *Human Rights and the WTO*, ob. cit., pp. 242 e ss.

A doutrina indiana, dado o facto de a sua legislação exigir a exploração local de patentes, tem também discutido esta controvérsia. Em geral, adotam os argumentos defendidos por CHAMP e ATTARAN. Não mencionando a questão de o art. 31º ser uma regra especial em relação ao art. 27º, nº 1, sempre adiantam que a palavra "discriminação" não significará o mesmo que "diferenciação", sendo que, somente uma "unjustified differentiation" será proibida pelo art. 27º, nº 1[308]. Segundo os autores, a exploração local foi algo presente em muitas legislações ao redor do mundo. Contudo, com o progresso económico e tecnológico, os países desenvolvidos começaram a retirar esta disposição das suas ordens jurídicas, pois reconheceram que seria impossível explorar todas as suas patentes no território onde estas estavam registadas. Sendo estes países tecnologicamente desenvolvidos, não iriam sofrer quaisquer consequências se "patentes estrangeiras" não fossem exploradas nos seus territórios[309]. Sem embargo, o mesmo não poderá ser afirmado em relação aos países em vias de desenvolvimento, na medida em que a transferência de tecnologia é, para estes, imperativa, assumindo caráter determinante as disposições que obriguem à exploração local, tendo ainda como conse-

---

[308] BASHEER/MRINALINI, *The "Compulsory Licence" Regime in India: Past, Present and Future*, Relatório elaborado para JPO (Junior Professional Officer), 2005, disponível em «papers.ssrn.com» (visitado em 22.08.2012), pp. 34. Os autores vão buscar este argumento ao relatório elaborado por um painel da OMC, devido à acusação feita pela União Europeia ao Canadá, de discriminação realizada no domínio da tecnologia. Este relatório, doc. OMC WT/DS114/R, de 17 de março de 2000, refere, na página 171 (7.94), o seguinte:
"The primary TRIPS provisions that deal with discrimination, such as the national treatment and most-favoured-nation provisions of Articles 3 and 4, do not use the term "discrimination". They speak in more precise terms. The ordinary meaning of the word "discriminate" is potentially broader than these more specific definitions. It certainly extends beyond the concept of differential treatment. It is a normative term, pejorative in connotation, referring to results of the unjustified imposition of differentially disadvantageous treatment. Discrimination may arise from explicitly different treatment, sometimes called "de jure discrimination", but it may also arise from ostensibly identical treatment which, due to differences in circumstances, produces differentially disadvantageous effects, sometimes called "de facto discrimination". The standards by which the justification for differential treatment is measured are a subject of infinite complexity. "Discrimination" is a term to be avoided whenever more precise standards are available, and, when employed, it is a term to be interpreted with caution, and with care to add no more precision than the concept contains".

[309] BASHEER/MRINALINI, *The "Compulsory Licence" Regime in India: Past, Present and Future*, ob. cit., pp. 35.

quência lateral o desenvolvimento económico, algo que também é visado pelos princípios dos arts. 7º e 8º[310].

A doutrina indiana auxilia-se ainda na CUP para sustentar a sua posição. Na medida em que o art. 5ºA afirma que a importação de produtos patenteados não poderá dar lugar a caducidade, só poderá ser aplicado algo menos drástico, que será a licença compulsória[311]. A doutrina acrescenta ainda outro argumento que nos pode ser dado pelo art. 5ºB da CUP, pois este parece diferenciar "exploração" de "importação", excluindo esta última[312], referindo que: "the protection of industrial designs shall not, under any circumstance, be subject to any forfeiture, either by reason of failure to work, or by reason of the importation of articles corresponding to those which are protected".

VI. Cabe tomar posição. Nem todas as patentes são, pelas mais variadas razões técnico-económicas, facilmente exploradas a nível local, como por exemplo, nos países onde a indústria é precária ou mesmo inexistente[313]. Tão-pouco será viável para todas as empresas explorar as patentes localmente. Contudo, também é verdade que a imposição de exploração local irá obrigar muitas empresas a instalarem a sua indústria em determinados países, o que ajudará estes últimos na criação de emprego, na sua independência económica e a adquirir *know-how* proveniente da transferência de tecnologia[314]. A razão do abandono da imposição da exploração local por parte dos países desenvolvidos deu-se a partir do momento em que a sua indústria atingiu um certo nível de desenvolvimento e conhecimento tecnológico, sendo que estes verificaram que a melhor forma de continuar o seu desenvolvimento, atraindo ainda mais patentes de países estrangeiros, seria abandonar a imposição da exploração local, permitindo a exploração do direito de propriedade industrial através da importação, tal como faz o direito português, no art. 106º, nº 3.

---

[310] *Idem*.
[311] *Idem*, pp. 11 e 34.
[312] *Idem*, pp. 10 e 35. E, ainda, cf. Caso *Nacto Pharma vs Bayern Corporation* (Decisão do Controller General of Patents, Designs and Trademarks of India, Mumbai, de 9 de março de 2012, IIC, vol. 5, 2012, pp. 587 e ss., pp. 600 e 601).
[313] LADAS, *Patents, Trademarks, and Related Rights*, ob. cit., pp. 523.
[314] HALEWOOD, «Regulating Patent Holders: Local Working Requirements and Compulsory Licences at International Law», ob. cit., pp. 246.

Desta forma, reconhece-se a importância da exploração local para os países subdesenvolvidos e para alguns países em vias de desenvolvimento. O próximo passo será verificar se a imposição da exploração local é permitida pelo Acordo *Trips*.

Não estamos de acordo com a *ginástica* interpretativa efetuada por CARLOS CORREA, na medida em que nos parece claro que o que o art. 27º, n º 1, tem em conta são os produtos ou processos obtidos pelo próprio titular das patentes. Desta feita, parece-nos que o art. 27º, nº 1, estipula a proibição de imposição de exploração local da invenção como regra geral, não se conseguindo encontrar outro sentido para a palavra *discriminação*, que no texto legal aparenta ter um significado claro e inequívoco. Contudo, no sentido defendido por CHAMP E ATTARAN, estamos em crer que todas as disposições do Acordo *Trips* deverão ser interpretadas em conjunto com os seus princípios, presentes nos arts. 7º e 8º, permitindo, desta forma, que se possa impor a exploração local tendo em vista a promoção do "interesse público", do "desenvolvimento socioeconómico e tecnológico" e da "transferência e divulgação da tecnologia". Sem embargo, dada a regra geral ser a proibição da imposição da exploração local, a derrogação destas regras deverá funcionar como um instrumento *excecional*, não podendo os Estados-membros, pura e simplesmente, inverter este princípio.

Tendo como base esta interpretação e analisando as disposições presentes no direito brasileiro e no direito indiano, chegamos a conclusões diferentes.

Se olharmos para o direito brasileiro, este não impõe, sem mais, a exploração local da patente. Tal como refere o art. 68º, § 1, nº 1, a falta de exploração como fundamento para uma licença compulsória poderá ser afastada, se o titular do direito de patente demonstrar que existe "inviabilidade económica" na exploração local. Desta forma, parece-nos que o direito brasileiro respeita o art. 27º, n º 1, do Acordo *Trips*, na medida em que o titular da patente poderá demonstrar que a exploração local do direito de propriedade industrial não tem viabilidade económica, restringindo, desta forma, o alcance da obrigatoriedade de exploração.

Já no que diz respeito ao direito de patentes indiano, parece-nos que este já não estará de acordo com o art. 27º, n º 1. Na verdade, este parece impor, sem mais, a obrigatoriedade da exploração local das patentes,erigindo-a, desde logo, a princípio aplicável à exploração de patentes, nomeadamente pela secção 83º, a), que refere em termos ambíguos que "patents are granted to encourage inventions and to secure that the inventions are worked in India on a commercial scale and to the fullest extent «...»", concretizado pela alínea seguinte, que estabelece que as patentes "are not granted merely to enable patentees to enjoy a monopoly for the importation of the patented article". Nas disposições subsequentes que versam sobre o regime das licenças compulsórias, não se vislumbram quaisquer exceções aos princípios referidos. Desta forma, somos da opinião que a *Indian Patent Act*, ao impor a obrigatoriedade de exploração local como regra geral, sem quaisquer exceções, estará a violar o Acordo *Trips*, sendo que deverá existir uma alteração legislativa em conformidade.

VII. Por fim, apesar de a ordem jurídica portuguesa seguir o Acordo Trips nesta matéria, podemos ainda analisar qual seria o mérito de uma eventual imposição da obrigatoriedade de exploração no direito português. Na realidade, aquando da revisão ao CPI de 1995, houve uma acérrima discussão sobre esta questão. O Professor OLIVEIRA ASCENSÃO, analisando a proposta de alteração ao CPI, pronunciou-se fortemente contra o fim da imposição da exploração local, defendendo que a exploração da patente através da importação não serviria os interesses de Portugal, na medida em que se subverteria "assim completamente o sentido da patente, como privilégio industrial", e se criariam "mercados estanques"[315].

A proposta de importação como forma de exploração foi inicialmente derrotada. Todavia, voltou novamente à mesa de discussões da Comissão, sendo aprovada por cinco votos a favor e quatro votos contra, usando o Presidente o voto de desempate. A Comissão argumentou que a alteração estaria em consonância com o Acordo *Trips*, nomeadamente o já mencionado art. 27º, nº 1. OLIVEIRA ASCENSÃO discordou, argumentando que a interpretação dada ao artigo não seria a correta. Defendeu o Professor que o Acordo *Trips* seria um acordo comercial, não industrial, ao contrário da CUP, que prevê que não deve haver caducidade se os produtos forem importados, mas não impede que haja a obrigação de explorar

---

[315] OLIVEIRA ASCENSÃO, «Parecer sobre "Proposta de Alteração ao Código da Propriedade Industrial"», *Revista da Faculdade de Direito da Universidade de Lisboa*, vol. XLI, nº 1, 2000, pp. 317 e ss., pp. 325.

no próprio país. Assim, concluiu, poderia dar-se o caso de os produtos importados serem discriminados em relação aos produzidos localmente, sendo que, na medida em que o Acordo *Trips* constitui um acordo comercial, pretendendo que o comércio se faça livremente, impediria esta discriminação, mas não prejudicaria a obrigação de explorar localmente a patente[316].

Da nossa parte, estamos em crer que o atual estado de desenvolvimento e o caminho da competitividade da economia portuguesa nunca irá beneficiar de disposições que imponham a exploração da patente a nível local. Esta não deixa de constituir um mecanismo protecionista, que vai contra o princípio da divisão internacional do trabalho. Na verdade, para países com um maior desenvolvimento industrial, a exploração da patente através de importação irá sempre beneficiar a economia, pois, para além de poder satisfazer as necessidades da sociedade, não irá retrair o investimento estrangeiro.

Não obstante, se, num futuro próximo, for intenção do legislador nacional impor a obrigatoriedade de exploração local, esta nunca poderá colocar em causa o mercado comum europeu, que não se coaduna com tais imposições, nem tal medida encontra abrigo no art. 36º do TFUE. O *caso Comissão Europeia vs. República Italiana*[317] provou isso mesmo, obrigando o direito italiano a ser alterado, depois de a Comissão Europeia ter intentado uma ação de incumprimento por violação do art. 30º do TFUE, com fundamento no facto de o direito italiano impor a exploração local de patentes em Itália, prevendo a concessão de licenças compulsórias como medida caso isso não sucedesse[318]. Considerou o Tribunal de Justiça que essa discriminação não seria motivada pelas exigências específicas da propriedade industrial, mas sim pela "preocupação do legislador nacional de favorecer a produção nacional"[319], constituindo estas disposições

---

[316] *Idem*, pp. 325 e 326.

[317] *Caso Comissão Europeia vs República Italiana*, TJUE, 18 de fevereiro de 1992, disponível em «http://eur-lex.europa.eu»;

[318] Os artigos em discussão foram os arts. 52º e 53º, do Decreto real nº 1127/39. Estes artigos diziam respeito às patentes, sendo ainda aplicados, com as devidas adaptações, às variedades vegetais. Estas disposições impunham a exploração local e referiam, expressamente, que "a introdução ou a venda no território do Estado de objetos produzidos no estrangeiro" não constituía exploração. As consequências da falta de exploração dariam lugar à concessão de licenças compulsórias, licenças, estas, que estavam estipuladas nos arts. 54º, 54º *bis* e 54º *ter*.

[319] *Caso Comissão Europeia vs República Italiana*, cit., ponto 25.

medidas equivalentes a restrições quantitativas à importação nos termos do art. 30º do TFUE[320].

§ 17. A relação entre a Convenção da União de Paris e o Acordo Trips

A relação entre a CUP e o Acordo *Trips* não é de especial complexidade. Já aqui referimos que, segundo o art. 2º, nº 1, os arts. 1º a 12º e o art. 19º da CUP se aplicam ao Acordo *Trips*. Assim, o art. 5ºA, que prevê as licenças compulsórias na CUP, continua em vigor. Desta forma, teremos que articular este artigo com o art. 31º do Acordo *Trips*. Ao contrário do que já foi afirmado, não há, entre o art. 31º e art. 5ºA, uma relação de *lex generalis* e *lex specialis*[321]. As disposições complementam-se, porém não na perfeição, pois estas foram criadas em momentos e em circunstâncias diferentes. Não será, contudo, difícil para o aplicador da lei proceder à sua articulação. Apesar de duplicar alguns requisitos, como é o caso da *não exclusividade* das licenças e da sua *intransmissibilidade tendencial*, as duas disposições não fecham a possibilidade de os Estados-membros preverem fundamentos adicionais para as licenças compulsórias. Na verdade, cremos que não foi por acaso que o Acordo *Trips* não previu, expressamente, a falta ou insuficiente exploração como fundamento, na medida em que este nos surge na CUP, como um regime especificado.

As duas fontes internacionais funcionam assim como bloco legislativo contíguo, complementando-se e nunca entrando em conflito no que diz respeito ao regime que versa sobre licenças compulsórias.

§ 18. A liberdade de fundamentos deixada aos Estados-membros para a concessão de licenças compulsórias. As previsões específicas previstas na CUP e no Acordo Trips

I. Os fundamentos previstos para a concessão de licenças compulsórias na CUP e no Acordo *Trips* são habitualmente aqueles que nos surgem ao nível das legislações nacionais. Embora, inegavelmente, estes instrumentos internacionais tenham tido uma grande influência na moldura jurídica nacional dos Estados-membros, tal não se deve ao facto de os fun-

---

[320] Mencionando esta questão, entre outros, VANZETTI/DI CATALDO, *Manuale di Diritto Industriale*, 2ª ed., Milano, Giuffrè, 1996, pp. 400 e 401.
[321] LAW, *Patents and Public Health...*, ob. cit., pp. 107.

damentos serem impostos por estes. Como refere a doutrina, de forma unânime, a CUP e o Acordo *Trips* não proíbem os Estados-membros de estipularem licenças compulsórias com outros fundamentos[322]. Não obstante, esta liberdade não significa que os Estados-membros possam conceder licenças com fundamentos insignificantes ou sem qualquer justificação[323], i.e., que desvirtuem a razão de ser da licença compulsória.

II. A *clássica* licença compulsória por falta ou insuficiente exploração surge-nos na CUP, mais concretamente no art. 5ºA. Já antes discutimos o facto de este fundamento estar ligado ao nascimento do instituto da licença compulsória e para lá remetemos o nosso excurso[324]. Temos ainda a assinalar o facto de, apesar de o Acordo *Trips* não o referir expressamente, alguns autores afirmam que este fundamento pode ser retirado do art. 27º, nº 1, desse mesmo Acordo[325].

Sobre este fundamento resta-nos referir ainda que, de acordo com o art. 5ºA, nº 4, da CUP, a licença compulsória só poderá ser concedida depois de ultrapassados quatro anos a contar da apresentação da patente ou três anos, se tivermos como bitola o prazo a concessão da patente, sendo que estes prazos irão aplicar-se unicamente a este fundamento[326]. Os Estados-membros são ainda livres de densificar o que entendem por *falta de exploração,* nomeadamente se diz respeito apenas ao território

---

[322] Cf., entre outros, CARLOS CORREA, *Intellectual Property Rigths, the WTO and Developing Countries*, London, ZED books, 2000, pp. 90, *Implications of the Doha Declaration on the Trips Agreement and Public Health*, ob. cit., pp. 15, e «Patent Rights», ob. cit., pp. 247. *Vide*, ainda, CARLOS CORREA/SALVADOR BERGEL, *Patentes y Competencia*, ob. cit., pp. 152 e 159; MUSUNGU/CECILE OH, *The use of Flexibilities in Trips by Developing Countries...*, ob. cit., pp. 28; KAUN NG, *Patent Trolling: Innovation at Risk*, EIPR, vol. 31, 12, Sweet & Maxwell, pp. 593 e ss., pp. 606.
A ideia de que há flexibilidade por parte dos Estados-membros no estabelecimento dos fundamentos subjacentes às licenças compulsórias foi ainda reafirmada na Declaração de Doha, onde se lê, no seu parágrafo 5 (b), que *"each member has the right to grant compulsory licenses and the freedom to determine the grounds unpon which such licenses are granted"* (itálico nosso).
[323] No mesmo sentido, LIU, «Rationalising the Regime of Compulsory Patent Licensing by the Essential Facilities Doctrine», IIC, Munich/Oxford, vol. 39, no. 7, pp. 757 e ss., pp. 758.
[324] *Supra* § 6, 6.1.
[325] Cf. CARLOS CORREA, *Intellectual Property Rigths, the WTO and Developing Countries*, ob. cit, pp. 90.
[326] STRAUS, «Implications of the TRIPs Agreement in the Field of Patent Law», ob. cit., pp. 173.

do seu país ou se engloba um conjunto mais alargado, compreendendo outros países[327].

SALAMOLARD, ao analisar esta disposição da CUP, refere que, ao se prever o prazo a partir da apresentação do pedido, eliminam-se alguns inconvenientes resultantes da demora do exame da patente, sendo que, se tal exame não for previsto numa determinada ordem jurídica, estes prazos deverão reduzidos[328].

Não estamos de acordo com esta análise. Efetivamente, os prazos estabelecidos têm ainda em vista as dificuldades que os titulares têm em colocar no mercado a sua invenção. Estes prazos tiveram como objetivo uniformizar a lei dos Estados-membros, sendo uma das condições impostas aos mesmos, não deixando margem para outra interpretação.

II. As licenças compulsórias com fundamento em *motivos de interesse público*, curiosamente, não têm previsão expressa na CUP nem no Acordo *Trips*. Apesar de, à partida, sermos levados a crer que este fundamento não está previsto, o mesmo retira-se de diversas normas. No art. 8º, nº 1, do Acordo *Trips*, que tem como epígrafe "princípios", estipula-se que os Estados-membros poderão "*adotar* medidas necessárias para (...) promover o *interesse público*" (*itálico* nosso). No nº 2 do mesmo artigo, apesar de não referir expressamente a palavra "*public interest*", o texto legal faz referência a fundamentos que cabem no âmbito do mesmo. Este número afirma que poderão ser adotadas medidas com o fim de impedir, entre outras coisas, o "recurso a práticas que restrinjam de forma não razoável o comércio ou que prejudiquem a transferência internacional de tecnologia"[329]. Estas medidas, acrescenta, devem ser compatíveis com o Acordo *Trips*[330].

---

[327] BODENHAUSEN, *Guide d'application de la Convention de Paris pour la protection de la propriété industrielle...*, ob. cit., pp. 73.
[328] SALAMOLARD, *La licence obligatoire en matière de brevets d'invention...*, ob. cit., pp. 200 (nota 1089).
[329] Em sentido idêntico, ZIMMEREN/OVERWALLE, «Reshaping Belgian Patent Law: The Revision of the Research Exemption and the Introduction of a Compulsory License for Public Health», 2006, disponível em «http://www.iip.or.jp» (visitado em 03.05.2012), pp. 4.
[330] Para uma crítica a estes princípios no tocante à sua imprecisão legal, cf. HUALA ADOLF, Trade-Related Aspects of Intellectual Property Rights and Developing Countries, ob. cit., pp. 61.

Outro argumento para aceitarmos que o Acordo *Trips* prevê a existência de licenças compulsórias por motivos de interesse público está no art. 31º, b), que prevê a dispensa de *tentativa de obtenção de uma licença contratual* em *situações de urgência*. Naturalmente, cenários de "urgência" estarão relacionados, inevitavelmente, com situações de interesse público. De resto, já demos conta da importância que a Declaração de Doha teve para estes dois conceitos presentes no art. 31º, b), ao referir, expressamente, a liberdade de os Estados-membros definirem o que entendem por *emergência nacional* ou *outras situações de extrema urgência*[331], conferindo uma certa elasticidade a este fundamento.

Por último, temos ainda o art. 5ºA, nº 2 da CUP, que admite a concessão de licenças compulsórias em geral, sem determinar quais os seus fundamentos, dando unicamente um fundamento exemplificativo, sendo esse a *falta de exploração*.

Embora possa parecer ser um instrumento primordialmente ao serviço dos Governos, a licença compulsória por interesse público não está limitada à intervenção destes. Esta ressalva é bastante relevante, principalmente para os países subdesenvolvidos, em que as organizações humanitárias, como a UNICEF ou a MSF, poderão assumir um papel importante ao requerer e distribuir produtos com base em licenças compulsórias, mesmo sendo agentes privados[332].

III. No art. 31º, l), do Acordo *Trips*, encontra-se prevista a concessão de licenças compulsórias com fundamento na *dependência entre patentes*, que regula esta matéria somente em termos genéricos, estipulando que uma licença por dependência deverá ser concedida se a invenção reivindicada envolver um *importante progresso técnico* que tenha *significado económico considerável* em relação à patente dominante. O Acordo *Trips* estabelece ainda que o titular da patente dominante terá o direito à denominada licença cruzada *(cross license)*, estabelecida em *condições razoáveis*. Por último,

---

[331] Na realidade, como refere LAW, *Patents and Public Health...*, ob. cit., pp. 113, a *emergência nacional* é um dos exemplos de *extrema urgência*. O autor define a *emergência nacional* como sendo "a existência de perigo ou ameaça disso, tendo de ser nacional e, usualmente, estar declarada por uma autoridade governamental" (tradução livre) (pp. 114). O autor toma nota ainda do facto de a *emergência nacional* não ter de ser, naturalmente, em todo o território, relacionando-se com o impacto nacional.

[332] LAW, *Patents and Public Health...*, ob. cit., pp. 144, pp. 117.

é estabelecido ainda que a licença compulsória não poderá ser objeto de cessão, excecionando-se o caso de esta ser cedida em conjunto com a segunda patente.

IV. Para finalizar, no Acordo *Trips*, está ainda prevista a concessão de licenças compulsórias como combate a *práticas anticoncorrenciais*. Não se menciona o que se entende por *prática anticoncorrencial*, deixando aos Estados-membros a liberdade de definir esse mesmo conceito[333]. Este fundamento surge-nos implicitamente, pois, no art. 31º, k)[334], refere-se que os Estados-membros "não são obrigados a aplicar as condições previstas nas alíneas b) e f) no caso de a referida utilização ser autorizada para corrigir uma prática considerada anticoncorrencial na sequência de um processo judicial ou administrativo". A previsão de uma licença compulsória com fundamento em práticas anticompetitivas está presente ainda no art. 40º, mencionando-se várias situações que restringem a concorrência e afetam o direito sobre patentes, que parecem inspirar-se na jurisprudência norte-americana[335].

Esta menção à existência de licenças compulsórias para combater práticas anticoncorrenciais advém de uma técnica legislativa duvidosa, em que é estipulado o fundamento não para o classificar como uma modalidade específica, mas sim para dispensar algumas das condições previstas nas alíneas anteriores. Estas ressalvas dizem respeito, precisamente, à dispensa da tentativa de obtenção de uma licença contratual e ao facto de a licença compulsória ter de ser concedida, predominantemente, para o fornecimento do mercado interno.

Outra particularidade diz respeito à remuneração. Na 2ª parte da alínea k) do art. 31º, está previsto que, quando estivermos perante práticas anticoncorrenciais, a remuneração deverá ser vista de uma forma *sui generis*, não estando amarrada aos critérios estabelecidos na alínea h) do art. 31º, que exigem que esta tenha sempre em conta o caso concreto e o *valor económico da autorização*.

---

[333] LAW, *Patents and Public Health...*, ob. cit., pp. 144.
[334] Concordamos ainda com CARLOS CORREA, «*Patent Rights*», ob. cit., pp. 247, quando refere que o fundamento das licenças compulsórias como remédio para as práticas anticompetitivas encontra ainda guarida no art. 8º, nº 2, do Acordo *Trips*.
[335] Neste sentido, WATAL/SCHERER, «Post-Trips Options For Access to Patented Medicines in Developing Nations», *JIEL*, vol. 5, 4, 2002, pp. 913 e ss., pp. 915.

Pergunta-se qual será o motivo para a remuneração se pactuar com critérios diferenciados no caso de estarmos perante licenças compulsórias com fundamento em práticas anticoncorrenciais. Este deverá naturalmente relacionar-se com as próprias características de uma licença compulsória com este fundamento, na medida em que, se estamos a sancionar um agente de mercado que, a título de exemplo, abusa da posição que detém, a remuneração não poderá ser tão elevada, como quando estamos perante um caso de licença compulsória por interesse público ou por dependência entre patentes. O desvalor jurídico nas práticas anticoncorrenciais é mais elevado, sendo que seria injusto e por vezes desadequado, se se procedesse a uma quantificação da remuneração com base em todo o valor económico da licença.

Não podemos menosprezar ainda outra fonte de inspiração deste regime: a jurisprudência norte-americana, que, a este propósito, formulou a denominada *clean-hands doctrine*, que defende que o tribunal não deve "auxiliar" a parte que agiu de forma imoral e/ou sem ética. Aplicada à licença compulsória, uma remuneração de acordo com os critérios previstos no Acordo *Trips* poderia não reprimir os efeitos negativos da conduta, continuando a parte infratora a colher benefícios da mesma[336]. Em alguns casos na jurisprudência norte-americana, não foram mesmo concedidos quaisquer *royalties* (*royalty-free licensing*[337]).

De facto, apesar de estamos perante valores *aparentemente* antagónicos, na medida em que o Direito de Propriedade Industrial promove a inovação e a inventividade, concedendo um monopólio, e o Direito da Concorrência tenta evitar esses monopólios, tendo como objetivo a concorrência sã e possível entre os agentes de mercado[338], as licenças compulsórias como mecanismo ao serviço deste último ramo do direito têm gozado de notoriedade, nomeadamente nos EUA, Itália, Alemanha e até mesmo no seio própria União Europeia[339/340].

---

[336] LAW, *Patents and Public Health...*, ob. cit., pp. 140.
[337] Cf. § 24.5.
[338] YOSICK, «Compulsory Patent Licensing for Efficient Use of Inventions», *University of Illinois law review*, 2001, pp. 1275 e ss., pp. 1282, disponível em http://www.brinkshofer.com/files/107.pdf (consultado em 15.12.10).
[339] Como PIRES DE CARVALHO, *The Trips Regime of Patent Rights*, ob. cit, pp. 247, afirma, as patentes são, por inerência, anticompetitivas, devido aos direitos exclusivos que conferem.
[340] Sobre a relação entre o Direito de Propriedade Intelectual e o Direito da Concorrência, *vide*, entre outros, FAULL/NIPKPAY, *The EC Law of Competition*, New York, Oxford University

V. Quanto ao requisito prévio da tentativa de obtenção de licença contratual[341], este é, *ipsis verbis*, o que consta na maioria das legislações, incluindo no direito português, sendo que para lá remetemos a nossa explicação detalhada[342]. Resta-nos apenas deixar uma última nota, para referirmos que este requisito, de acordo com a formulação do Acordo *Trips*, poderá ser dispensado em duas ocasiões: em caso de situações de *emergência* (nacional ou noutras situações de extrema urgência) e ainda quando estivermos perante licenças compulsórias com fundamento em práticas anticoncorrenciais.

VI. O Acordo *Trips* estabelece ainda várias condições que restringem o âmbito de liberdade da licença compulsória no momento da sua concessão e, consequentemente, no seu gozo. Estas deverão ter sempre em conta o princípio da proporcionalidade, repercutindo-se em todas as suas características, nomeadamente na sua duração, na extensão do seu exercício (terá que levar em conta o objetivo a alcançar[343]), na sua não exclusividade[344] e, ainda, no facto de só poderem ser transmitidas juntamente com a empresa (ou parte dela) que a detém[345]. Estas serão sujeitas a remuneração[346], podendo ser revista ou revogada se as circunstâncias se alterarem[347].

Nota ainda para o facto de a decisão de concessão e a própria remuneração convencionada poderem ser objeto de recurso, judicial ou por uma outra entidade independente[348/349]. O facto de o Acordo *Trips* frisar a possibilidade de recurso somente em relação à remuneração indica-nos duas

---

Press, 1999, pp. 576 e ss.; TAVASSI, «Diritti della Proprietà e Antitrust nell'Esperienza Comunitaria e Italiana», *Rivista di diritto industriale*, Anno XLVI, Milano, Giuffrè, 1997, pp. 147 e ss., pp. 148 e ss.

[341] Cf. art. 31º, b).
[342] Cf. § 36.4.
[343] Cf. art. 31º, c).
[344] Cf. art. 31º, c).
[345] Cf. art. 31º, e).
[346] Cf. art. 31º, h).
[347] Cf. art. 31º, g).
[348] Cf. art. 31º, i) e j).
[349] Ainda, nos termos do Acordo *Trips*, as licenças compulsórias terão que ser concedidas tendo em vista *predominantemente* o mercado interno do membro que autorizou essa mesma licença (cf. art. 31º, f), do Acordo *Trips*).

coisas: *primo*, que poderá ser previsto um meio processual de recurso diferente relativo a esta matéria; *secondo*, a importância que apresenta a remuneração na definição da licença compulsória, nomeadamente nos objetivos a alcançar pela mesma.

De resto, o Acordo *Trips* não regula a estrutura e o procedimento a desenvolver-se no recurso, deixando essa tarefa aos Estados-membros. A única prerrogativa requerida, na qual estes não poderão deixar de regular, diz respeito ao recurso, que terá de ser comandado por uma autoridade superior[350].

VII. Não desenvolveremos mais aqui estas questões. Dado o facto de muitos destes fundamentos, requisitos e condições presentes no regime que versa sobre licenças compulsórias, com maiores ou menores diferenças, existirem no direito português, irão ser analisados em sede própria, evitando-se, desta forma, uma repetição das matérias.

---

[350] LAW, *Patents and Public Health...*, ob. cit., pp. 143.

Capítulo V
As licenças compulsórias na União Europeia

§ 19. A (falta de) previsão das licenças compulsórias no ordenamento jurídico europeu. O desequilíbrio promovido pelo regime da patente europeia com efeito unitário

I. Apesar da importância que tem para o direito europeu as questões relativas aos direitos de propriedade intelectual, existindo uma constante harmonização e unificação das ordens jurídicas dos Estados-membros, não encontramos qualquer regime geral que regule a matéria das licenças compulsórias. Através de algumas Diretivas e Regulamentos, tem existido uniformização em matérias específicas, como é o caso do já estudado Regulamento (CE) nº 816/2006, do Parlamento Europeu e do Conselho, de 17 de maio, que veio regular a concessão de licenças compulsórias para exportação. Contudo, nestes casos, a licença compulsória é quase sempre concedida a nível nacional. No direito europeu, só existe um caso em que a licença compulsória é concedida diretamente por uma entidade pertencente à União Europeia: surge-nos na previsão constante do art. 29º, do Regulamento (CE) nº 2100/1994, do Conselho, de 27 de julho, relativo ao Regime Comunitário de Proteção das Variedades Vegetais, onde se prevê a concessão de licenças compulsórias com fundamento no interesse público ou dependência entre direitos de propriedade industrial e variedades vegetais comunitárias. A concessão pertence a uma entidade administrativa da União Europeia, mas especificamente ao Instituto Comunitário das Variedades Vegetais.

II. Já existiram algumas tentativas de criar um regime geral sobre licenças compulsórias, em que a competência para a sua concessão fosse *intraeuropeia*[351]. Esta última surgiu na Proposta de Regulamento do Conselho Relativo à Patente Comunitária. Visava-se a criação de uma patente que beneficiasse de uma proteção uniforme e produzisse os mesmos efeitos em todo o território da União Europeia. Continha disposições sobre a outorga de licenças, em que competência pertencia ao *Tribunal da Patente Comunitária*[352].

---

[351] Em termos históricos, merece referência a Convenção de Patentes de Luxemburgo, também denominada Convenção sobre a Patente Comunitária. Esta Convenção, assinada em 1975, mas que nunca entrou em vigor pois só foi ratificada por nove países, estipulava um regime de concessão de patentes comunitárias, contendo disposições sobre licenças compulsórias, nomeadamente, no seu art. 46º, que estendia a aplicação da legislação prevista nos Estados-membros às patentes comunitárias. Contudo, e é importante deixar estar nota, a Convenção, no seu art. 47º, de modo a salvaguardar o mercado comum, referia que uma licença compulsória não poderia ser concedida com fundamento na falta ou insuficiente exploração, se o produto coberto por uma patente, que é fabricado num Estado-membro, fosse colocado noutro Estado-membro, no qual a licença foi pedida, em quantidade suficiente, para a satisfação das necessidades desse mesmo Estado-membro (cf. MOTA MAIA, *Instituto Nacional da Propriedade Industrial : 20 anos/Instituto Nacional da Propriedade Industrial*, Lisboa, Instituto Nacional da Propriedade Industrial, 1996, pp. 395 e ss.). De notar que a salvo desta proibição estavam as licenças compulsórias com fundamento em *interesse público*. DEMARET criticou esta solução, referindo que esta exceção não teria qualquer justificação, na medida em que seria somente baseada numa distinção semântica e não material. Assim, defendia que a única exceção deveria ser nas licenças compulsórias com fundamento na defesa nacional (cf. DEMARET, «Compulsory Licences and the Free Movement of Goods under Community Law», ob. cit., pp. 166 e 184). Sobre a licença compulsória no âmbito desta Convenção, cf., ainda, PFANNER, «Die Zwangslizenzierung von Patenten: Überblick und neuere Entwicklungen», ob. cit., pp. 363.

[352] As licenças compulsórias comunitárias estavam previstas nos arts. 9º-A, 21º e 22º. No que diz respeito aos fundamentos, a proposta de Regulamento não diferia do direito português, prevendo três fundamentos possíveis para a concessão de licenças compulsórias: falta ou insuficiência de exploração, dependência entre direitos de propriedade industrial e interesse público.
Quanto ao primeiro fundamento, a licença compulsória poderia ser concedida se, passados três ou quatro anos, este último prazo a contar da data do pedido, o titular da patente não a tivesse explorado ou não tivesse realizado "preparativos sérios e efetivos" para a explorar (cf. art. 21º, nº 1). Sem embargo, o titular da patente poderia sempre invocar "motivos legítimos" para a não exploração.
Um aspeto interessante era o facto de a lei mencionar que a falta ou insuficiência de exploração teria em conta o mercado comunitário e não, como refere o direito português, o mercado nacional. Desta forma, poderia haver situações em que, apesar da exploração estar a ser

V. AS LICENÇAS COMPULSÓRIAS NA UNIÃO EUROPEIA

Entretanto essa proposta caiu, tendo sido aprovado recentemente, ao abrigo do regime da cooperação reforçada, o Regulamento (UE) nº 1257/2012, do Parlamento Europeu e do Conselho, de 17 de dezembro de 2012, criando a denominada *patente europeia com efeito unitária*, tendo sido também aprovado o Regulamento (UE) nº 1260/2012 do Conselho, de 17 de dezembro de 2012, que regulamenta a cooperação reforçada no domínio da criação da proteção unitária de patentes no que diz respeito ao regime de tradução aplicável e ainda o Acordo relativo ao Tribunal Unificado de Patentes, assinado em Bruxelas em 19 de Fevereiro de 2013, este último já ratificado por Portugal, através da Resolução da Assembleia da República nº 108/2015, de 10 de Abril e pelo Decreto do Presidente da República nº 90/2015, de 6 de Agosto. A criação da patente

---

realizada tendo em conta os parâmetros do mercado nacional, esta poderia não chegar para evitar uma licença compulsória.

Outro fundamento previsto era a dependência entre patentes e/ou variedades vegetais. Neste caso, o Tribunal Comunitário de Patentes poderia conceder uma licença compulsória ao titular de uma patente ou variedade vegetal (comunitária ou nacional), se o titular do direito de propriedade industrial não conseguisse explorar o seu direito sem prejudicar uma patente comunitária (cf. art. 21º, nº 2, da Proposta de Regulamento). Para tal, o titular do direito de propriedade industrial dependente teria de demonstra que, tendo em conta a invenção reivindicada, que o seu direito constituía um "progresso técnico importante" e de "interesse económico considerável". Caso fosse concedida a licença compulsória, o titular onerado com essa mesma licença teria o direito a requerer uma licença recíproca, em "condições razoáveis".

Por último, o Tribunal de Patentes Comunitárias poderia ainda conceder licenças compulsórias por *interesse público*. Este interesse público seria bastante mais limitado do que, v.g., o presente no direito português. Só poderia ser concedida uma licença compulsória com este fundamento em "períodos de crise ou noutras situações de extrema urgência" (cf. art. 21º, nº 3). Ao contrário do direito português, que exige o interesse público associado à defesa nacional, saúde pública, desenvolvimento tecnológico ou económico do país, aqui exigia-se um interesse público qualificado, com requisitos pesados, unicamente quando existissem situações de extrema urgência ("interesse público superior"). Ao contrário de outros fundamentos, em que o pedido poderia ser solicitado por "qualquer pessoa" ou pelo titular que tivesse interesse legítimo na patente dominante, em caso de interesse público, o requerimento só poderia ser peticionado por um Estado-membro.

Como pré-requisito para a concessão de uma licença compulsória, requerer-se-ia ainda a tentativa de obtenção de uma licença contratual, sendo que tal condição poderia sempre ser derrogada quando a licença compulsória tivesse como fundamento o interesse público (cf. art. 21º, nº 5, da Proposta de Regulamento) (sobre esta proposta, *vide* JAEGER, «The EU Patent: Cui Bono et Quo Vadit?» *Common Law Market Review*, vol. 47, 2010, pp. 63 e ss., pp. 71 e ss.).

europeia unitária, que tem como objetivo reduzir os custos da proteção de patentes a nível europeu, ficou muito aquém em algumas matérias. Uma dessas matérias foi precisamente as licenças compulsórias. Dado ser uma questão sensível, o Regulamento preferiu não legislar. Segundo o considerando 10 do Regulamento (UE) nº 1257/2012, "As licenças obrigatórias das patentes europeias com efeito unitário deverão reger-se pela legislação dos Estados-membros participantes no que respeita aos respetivos territórios".

Entende-se que os Estados-membros tenham grande relutância em estipular a concessão de licenças compulsórias a nível europeu. Como em tempos BEIER referiu, uma harmonização nesta matéria traz grandes dificuldades, desde logo, divergências nas interpretações que possam existir, como seria, por exemplo, a interpretação do interesse público[353]. Porém, num sistema que se diz unitário, não legislar uma matéria central do direito de patentes, como são as licenças compulsórias, poderá criar desequilíbrios insustentáveis. Esta omissão assume particular acuidade nas patentes dependentes. O titular de uma patente europeia unitária que é dependente de uma outra (patente dominante), além de ter que requerer licenças compulsórias em cada Estado-membro pertencente a este acordo, irá enfrentar um sem-número de requisitos e condições, que diferem de Estado para Estado[354].

O problema agrava-se quando indagamos como será estabelecida a remuneração da licença compulsória. Uma patente que se quer "unitária" estará, paradoxalmente, sujeita a uma remuneração diferenciada, pois a avaliação terá de ser realizada de acordo o valor da licença nesse mesmo Estado. ULLRICH, criticando este regime, interroga-se acerca do seguinte: na medida em que a patente unitária requer uma remuneração unitária, será de prever que os tribunais ou institutos seguirão a remune-

---

[353] BEIER, «Exclusive Rights, Statutory and Compulsory Licenses in Patent and Utility Model Law», ob. cit., pp. 261.
[354] ULLRICH, «Select from within the System: The European Patent with Unitary Effect», *Max Planck Institute for Intellectual Property & Competition Law Research Paper no. 12-11*, 2012, disponível «www.ip.mpg.de» (visitado em 01.02.2014), pp. 34 e 35. Como refere acertadamente este autor: "Clearly, for the follow-on innovation to become commercially and competitively promising, such unlocking by the grant of a compulsory license must have an equal effect throughout the entire area of cooperation for enhanced market integration" (pp. 34).

V. AS LICENÇAS COMPULSÓRIAS NA UNIÃO EUROPEIA

ração estipulada na primeira licença compulsória concedida[355]? De facto, imagina-se esta situação a suceder. Contudo, se o Regulamento estipula que as licenças compulsórias são matéria regida pelos respetivos Estados-membros, tal corolário irá gerar injustiças, dado que a quantificação da remuneração nunca poderá ser igual em todos os Estados-membros.

III. O regime jurídico da patente europeia com efeito unitário, tendo já sido apelidado de assimétrico, tem como uma das suas maiores falhas o facto de remeter as licenças compulsórias para a legislação dos Estados-membros. O caso das patentes dependentes é paradigmático, sendo um dos exemplos que demonstra que a patente europeia com efeito unitário poderá se tornar num mecanismo de bloqueio à inovação[356], quando deveria ser precisamente o contrário. De facto, num plano mais abrangente e como consequência do que foi referido, discute-se até se esta opção não irá contra o direito europeu, na medida em que poderá criar mercados fragmentados e prejudicar o mercado interno comum, sendo exatamente o oposto do que é pretendido pelo direito europeu[357].

§ 20. As licenças compulsórias por práticas anticoncorrenciais no âmbito europeu

I. Não obstante tudo o que foi referido, e enquanto esperamos que surja um regime geral para as licenças compulsórias a nível europeu, existe uma área onde tem existido a concessão de várias licenças compulsórias. Mais concretamente, as licenças compulsórias têm sido concedidas ao abrigo do art. 102º do TFUE, de forma a solucionar problemas decorrentes de práticas anticoncorrenciais, na defesa do mercado interno comum.

Como é sabido, uma das áreas em que a União Europeia mais se tem esforçado, é na promoção do cumprimento das regras da concorrência. A legislação europeia contém inúmeras regras para a defesa da concorrência, nomeadamente nos arts. 101º e ss. do TFUE. De forma a assegurar um mercado totalmente livre e a sua contínua integração, requer-se o controlo das práticas anticoncorrenciais dentro da própria União Europeia. Já tem sido referido que existe aqui um conflito permanente entre direito da concorrência e direito da propriedade intelectual, na medida

---

[355] *Idem*, pp. 35, nota 140.
[356] *Idem*, pp. 36.
[357] *Idem*, pp. 43 e 44.

em que os dois ramos jurídicos terão desideratos opostos. Contudo, sem querermos entrar a fundo nesta questão, somos da opinião de que não existe aqui qualquer conflito, dado que o direito da concorrência apenas pretende determinar se existe abuso de posição dominante por parte de uma empresa e tutelar essa questão, e não, como à primeira vista se possa pensar, restringir o direito exclusivo atribuído pelo direito de propriedade intelectual. De facto, "uma empresa em posição dominante, titular de direitos de propriedade intelectual, assume, *tal como qualquer outra empresa em situação de domínio*, a especial responsabilidade de não adotar condutas que restrinjam a concorrência no mercado comum"[358] (*itálico* nosso).

Têm sido inúmeros os casos apresentados ao TJUE (ou TGUE), em que existem práticas anticoncorrenciais que envolvem direitos de propriedade intelectual. Exemplos desses casos são os acórdãos *Volvo*[359], *Renault*[360],

---

[358] Sofia Pais, *Entre Inovação e Concorrência – Em Defesa de um Modelo Europeu*, Universidade Católica Editora, Lisboa, 2011, pp. 519.

[359] Caso *AB Volvo*, TJUE, 5 de outubro de 1988, disponível em «http://eur-lex.europa.eu». Neste caso, a empresa *Erik Veng* do Reino Unido importava peças de carroçaria de Itália e Dinamarca para vender no seu país. Tendo em conta este facto, a empresa *AB Volvo* processou a *Erik Veng* por estar a violar direitos de propriedade industrial pertencentes a esta, nomeadamente um dos seus modelos industriais. A empresa acusada defendeu-se, referindo que a *AB Volvo* estaria a agir em abuso de posição dominante, na medida em que esta se recusava a licenciar voluntariamente, em troca de uma remuneração legítima, o seu direito, violando assim as regras de direito da concorrência da União Europeia.
Esta questão foi reenviada prejudicialmente pelo *High Court of Justice* da Inglaterra e do País de Gales para o TJUE, onde se pretendeu saber se existia ou não violação das regras da concorrência, em resultado da recusa de concessão da licença contratual. O tribunal decidiu não conceder uma licença compulsória, defendendo que o titular do modelo industrial teria o direito de rejeitar a licença, pois estaria no âmbito do seu direito exclusivo, sendo que esta recusa, sem mais, não consubstanciaria um abuso de posição dominante (cf. Pinto Monteiro, *A Recusa em Licenciar Direitos de Propriedade Intelectual no Direito da Concorrência*, Coimbra, Almedina, 2010, pp. 102 e ss.).

[360] Caso *Renault*, TJUE, 5 de outubro de 1988, disponível em «http://eur-lex.europa.eu». Neste processo, um Consórcio italiano (*Consorzio italiano della componentistica di ricambio per autoveicoli*) e a empresa *Maxicar*, procuravam utilizar modelos industriais pertencentes à empresa *Renault*. Esta última empresa rejeitou sempre licenciar os seus direitos de propriedade industrial, tendo-se suscitado a questão de saber se estaria a agir em abuso de posição dominante. O TJUE, chamado a decidir a questão a título prejudicial, concluiu que não existia uma prática anticoncorrencial, na medida em que a recusa em licenciar por parte da *Renault* faria parte do âmbito de poderes atribuídos ao titular do direito de propriedade industrial. Não obstante, acrescentou o tribunal, ainda que não se verificando nesta situação *sub judice*

V. AS LICENÇAS COMPULSÓRIAS NA UNIÃO EUROPEIA

Magill[361], *IMS Health*[362] ou *Microsoft*[363]. Alguns destes casos resultaram na concessão de licenças compulsórias, tendo este vindo a ser o remédio

abuso de posição dominante, em certos casos a rejeição arbitrária de uma licença poderia ser considerada abusiva.

[361] Caso *Magill*, TJUE, 6 de abril de 1995, disponível em «http://eur-lex.europa.eu». Neste caso estava em causa o acesso da *Magill* a uma lista de programas semanais protegidas por direitos de autor, pertencentes a várias empresas operadoras de televisão (RTE, BBC e ITP). O TJUE decidiu conceder uma licença compulsória à *Magill*, referindo existir uma conduta abusiva baseada em circunstâncias excecionais. Esta decisão foi bastante criticada, nomeadamente devido ao facto de o tribunal não ter fundamentado as tais circunstâncias excecionais que poderiam dar lugar a abuso de posição dominante. (cf., entre outros, PINTO MONTEIRO, *A Recusa em Licenciar Direitos de Propriedade Intelectual no Direito da Concorrência*, ob. cit., pp. 107 e ss.; REICHENBERGER, «The Role of Compulsory Licensing in Unilateral Refusals to Deal: Have the United States and European Approaches Grown Further Apart IMS?», *J. Corp. L.*, vol. 31, 2006, pp. 549 e ss., pp. 552 e 553; TALADAY/CARLIN, «Compulsory Licensing of Intelectual Property under the Competition Law of the United States and European Community», *George Mason Law Review*, 10, 2002, pp. 443 e ss., disponível www.heionline.org (visitado em 15.03.2012)., pp. 451; JEHORAM/MORTELMANS, «Zur "Magill" - Entscheidung des Europäischen Gerichtshofs», *GRUR Int*, 1997, pp. 11 e ss.).

[362] Caso *IMS Health*, TJUE, 29 de abril de 2004, disponível em «http://eur-lex.europa.eu». O TJUE viu-se confrontado, a título prejudicial, com o litígio pendente entre a *Pharma Intranet Information* e a *IMS Health*. Estas empresas dedicavam a sua atividade à recolha e tratamento de dados no que diz respeito às vendas de produtos farmacêuticos em território alemão. A empresa *IMS Health* processou a *Pharma Intranet Information* por violação dos seus direitos de autor sobre uma base de dados, na medida em que esta última empresa estaria a utilizá-la sem autorização. Diante da questão de saber se a recusa da *IMS Health* em licenciar os seus direitos de autor consubstanciava um abuso de posição dominante, o TJUE decidiu conceder uma licença compulsória, entendendo que as «circunstâncias excecionais» para a existência de ilícito anticoncorrencial estariam preenchidas (cf. PINTO MONTEIRO, *A Recusa em Licenciar Direitos de Propriedade Intelectual no Direito da Concorrência*, ob. cit., pp. 124 e ss.; REICHENBERGER, «The Role of Compulsory Licensing in Unilateral Refusals to Deal: Have the United States and European Approaches Grown Further Apart IMS?», ob. cit., pp. 554 e 555).

[363] Caso *Microsoft*, Comissão Europeia, 17 de setembro de 2007, disponível em «http://eur-lex.europa.eu». Este caso iniciou-se com uma queixa na Comissão Europeia por parte da empresa *Sun Microsystems Inc.* contra a empresa *Microsoft Corporation*, tendo como base o facto de esta se recusar a licenciar determinado *software*, o que lhe impediria a obtenção de interoperabilidade entre os sistemas operativos. A Comissão concluiu que a *Microsoft* estaria a agir em abuso de posição dominante, decidindo condená-la monetariamente, ordenando-a ainda a adotar determinadas condutas, sendo que uma delas foi precisamente a obrigação de licenciar alguns dos seus direitos de propriedade intelectual (cf. PINTO MONTEIRO, *A Recusa em Licenciar Direitos de Propriedade Intelectual no Direito da Concorrência*, ob. cit., pp. 131 e ss.; HEINEMANN, «Compulsory Licences and Product Integration in European Competition

escolhido para fazer face ao abuso de posição dominante, mais concretamente à recusa em licenciar os direitos exclusivos.

Do conjunto desta jurisprudência, poderão retirar-se algumas diretrizes que nos ajudam a explicar qual tem sido o critério adotado nas instâncias europeias. Estas, confrontadas com o facto de o titular de um direito de propriedade intelectual recusar licenciar os seus direitos, tem-se apoiado numa doutrina específica para resolver estes casos, a denominada *essential facilities doctrine*, ou, aportuguesando, a *doutrina das infraestruturas essenciais*. Em termos breves, segundo esta doutrina, uma empresa em posição de monopólio poderá ser obrigada a conceder um produto ou serviço a outra empresa, se tal for necessário para o desenvolvimento da atividade desta, não tendo meio de o conseguir sem a tal infraestrutura.

Contudo, a aplicação desta doutrina no âmbito dos direitos de propriedade intelectual não é pacífica. A título de exemplo, alguns autores interpretam os casos *Magill* e *IMS Health*, como sendo exemplos da aplicação da *doutrina das infraestruturas essenciais*[364]. Em sentido contrário, outros autores aplaudem estas decisões, argumentando que o TJUE teria abandonado a *doutrina das infraestruturas essenciais*, pela sua não adequação aos direitos de propriedade industrial[365], optando-se, assim, por uma outra doutrina, a doutrina das *excepcional circumstances*[366/367].

Law – Assessment of the European Commission's *Microsoft* Decision», *IIC*, vol. 36, no. 1, Munich/Oxford, 2005, pp. 63 e ss., pp. 67 e ss.).

[364] Cf. TALADAY/CARLIN, «Compulsory Licensing of Intelectual Property Under the Competition Law of the United States and European Community», ob. cit., pp. 450 e ss.

[365] PINTO MONTEIRO, *A Recusa em Licenciar Direitos de Propriedade Intelectual no Direito da Concorrência*, ob. cit., pp. 122, refere: "tratar direitos de propriedade intelectual à luz da doutrina das infraestruturas essenciais afigura-se inaceitável, face ao equilíbrio que não pode deixar de existir entre o direito da concorrência e os direitos de propriedade intelectual".

[366] Neste teste, terão de ser preenchidos quatro requisitos: o produto sobre o qual versa o direito de propriedade intelectual ser indispensável à atividade da empresa que o pretende; a recusa em licenciar o direito dificultar o lançamento de um novo produto, sendo que, para esse mesmo produto, existe uma potencial procura por parte dos consumidores; a recusa em licenciar voluntariamente os direitos de propriedade intelectual que conduzam a uma exclusão da concorrência do mercado; não existir justificação objetiva para essa recusa.

[367] PINTO MONTEIRO, *A Recusa em Licenciar Direitos de Propriedade Intelectual no Direito da Concorrência*, ob. cit., pp. 150, refere que no *caso Microsoft*, a Comissão Europeia utilizou outro método para aferir o abuso de posição dominante, nomeadamente tomando em conta eventuais efeitos benéficos que a licença compulsória poderia trazer ao mercado. Esta opção

Cremos que esta questão do *nomen* a dar às decisões proferidas não será relevante. Na verdade, o teste das *excepcional circumstances* não deixa de constituir a *doutrina das infraestruturas essenciais* adaptada aos direitos de propriedade intelectual, dado que o teste das *exceptional circumstances* refere que o produto sobre o qual versa o direito de propriedade intelectual terá de ser indispensável à atividade da empresa que o pretende[368]. Naturalmente que uma adaptação é desejável, na medida em que o acesso a matéria-prima não protegida não poderá ter o mesmo tratamento dos direitos de propriedade intelectual, pois o exclusivo temporário é o âmago do direito.

Sem embargo, no que diz respeito à concessão da licença compulsória e não entrando em questões de direito da concorrência, têm sido erigidos alguns princípios bastantes relevantes no seio do Direito da União Europeia, que devem continuar a ser seguidos, a saber:
– A recusa em licenciar o direito de propriedade intelectual *per si* não serve de fundamento à concessão da licença compulsória. O verdadeiro fundamento são as práticas anticoncorrenciais;
– O direito de excluir terceiros é legítimo, sendo que a mera recusa de concessão de licença voluntária não é ilegal, nem consubstancia uma prática de abuso[369].

Esta será a ideia principal a reter e a que deverá continuar a ser seguida nas próximas decisões que equacionem a aplicação da licença como remédio contra práticas anticoncorrenciais. Independentemente da doutrina escolhida, a licença compulsória deverá ser algo excecional, orientado pelo princípio da proporcionalidade, sendo que será no caso

---

foi criticada pelo autor, referindo que esta decisão deveria ter seguido o fixado em anterior jurisprudência – *rectius* o teste das *circunstâncias excecionais*.
[368] Parece ir neste sentido HEINEMANN, «Compulsory Licences and Product Integration in European Competition Law..., ob. cit., pp. 70.
[369] Cf., v.g., caso *Renault*, cit., "It should be noted at the outset that the mere fact of securing the benefit of an exclusive right granted by law, the effect of which is to enable the manufacture and sale of protected products by unauthorized third parties to be prevented, cannot be regarded as an abusive method of eliminating competition" (§ 15); caso *Magill*, cit., "the exclusive right of reproduction forms part of the author's rights, so that refusal to grant a licence, even if it is the act of an undertaking holding a dominant position, cannot in itself constitute abuse of a dominant position «...»" (§ 49).

concreto que se irá analisar a eventual recusa em licenciar como abusiva, nunca deixando cair, *per si*, o direito de impedir terceiros de usar o exclusivo[370].

Desta feita, ainda que a jurisprudência não tenha formulado qualquer teoria geral para a aplicação das licenças compulsórias neste âmbito, os axiomas descritos devem ser respeitados na hora de conceder uma licença compulsória.

---

[370] No mesmo sentido, SOFIA PAIS, *Entre Inovação e Concorrência...*, ob. cit., pp. 532.

Capítulo VI
Análise comparativa de diversos regimes jurídicos sobre licenças compulsórias

§ 21. **A aparente harmonização do regime de licenças compulsórias com o Acordo *Trips*: posição do problema**
Neste capítulo, iremos analisar alguns dos regimes jurídicos que versam sobre licenças compulsórias. Referimos já, neste estudo, que uma das vantagens das licenças compulsórias, reside no facto de estas estarem previstas em quase todas as ordens jurídicas mundiais. Acrescentámos ainda que grande parte deste fenómeno se deve à uniformização realizada pelas convenções internacionais, especialmente pelo Acordo *Trips*.

Não obstante, apesar de a uniformização existir, esta deixou uma grande margem de manobra às diversas ordens jurídicas dos Estados-membros. Matérias como os fundamentos subjacentes às licenças compulsórias, a densificação do interesse público, a remuneração a atribuir ao titular do direito de propriedade industrial, a entidade com competência para a concessão da licença, entre muitas outras, ficaram à mercê de cada legislador nacional. Desta forma, traduz-se de grande importância o estudo de ordens jurídicas onde, seja por via doutrinal seja por via jurisprudencial, este instituto mais se tem feito sentir. Dado que o nosso estudo incide, primordialmente, sobre a ordem jurídica portuguesa, este capítulo terá como objetivo fornecer uma perspetiva epistemológica sobre o posicionamento das licenças compulsórias em cada ordem jurídica abordada, sendo que grande parte da perspetiva heurística[371], por razões metodológicas, se guardará para quando abordarmos o regime jurídico das licenças compulsórias no CPI português.

§ 22. Alemanha
22.1. Introdução

I. As primeiras leis sobre invenções na ordem jurídica alemã datam do século XIX. Tal como nas restantes ordens jurídicas, começou-se por estipular somente a caducidade, não se fazendo menção à licença compulsória. Nos termos do § 11 da lei de patentes de 7 de abril de 1877, a patente caducaria se, após três anos a contar da data da sua concessão, existisse falta de exploração ou a exploração fosse insuficiente tendo em conta as necessidades do país e/ou se o interesse público exigisse que a exploração fosse concedida a terceiro e o titular tivesse recusado conceder uma licença voluntária[372].

Desde logo se notou a importância do interesse público na limitação das patentes, ao mesmo tempo que surgiu a questão de se saber se este deveria estar presente em todos os fundamentos de caducidade. Tanto a importância do *öffentliche Interesse*, como a discussão sobre a aplicação dogmática do interesse público em conjunto com outro requisito, estão presentes no regime atual, embora agora se concedam, em lugar da caducidade, licenças compulsórias.

II. Devido ao crescente movimento internacional contra a caducidade da patente, bem como à pressão mantida pela indústria alemã, com a lei de 6 de junho de 1911, a caducidade foi limitada, tendo sido introduzida a licença compulsória no ordenamento jurídico alemão, estipulando-se,

---

[371] Os conceitos aqui empregues são-nos dados por MOURA VICENTE, *Direito Comparado*, vol. I (Introdução e Parte Geral), Coimbra, Almedina, pp. 23 e 24, aquando da caracterização das várias funções do Direito Comparado como disciplina jurídica. O Professor agrupa as funções do Direito Comparado em duas categorias fundamentais: a *função epistemológica*, que se consubstancia no conhecimento dos grandes sistemas jurídicos existentes e nos permite fazer uma comparação entre eles, e a *função heurística*, que nos auxilia "na descoberta de soluções para os problemas postos pela regulação da convivência social".

[372] SCHEFFLER, «Die (ungenutzten) Möglichkeiten des Rechtsinstituts der Zwangslizenz», *Grur*, 2003, pp. 97 e ss; pp. 97 e 98; AKERMAN, *L'Obligation d'exploiter et la licence obligatoire en matière de brevets d'invention...*, ob. cit., pp. 271 e 272.

como fundamento único, o interesse público. A caducidade passou apenas a ser possível se a exploração fosse, exclusivamente ou na sua maioria, fora do Império alemão, salvaguardando-se o facto de as regras de direito internacional não se oporem a tal caducidade. Tanto a concessão da licença compulsória quanto a caducidade só poderiam ser decretadas após três anos a contar da concessão da patente.

Depois da criação do *Bundespatentgerichts*, em 1961, a competência para a concessão de licenças compulsórias passou a ser judicial. Desde esse período até hoje, apesar da existência de diversos pedidos, apenas se concedeu uma licença compulsória nos termos da *PatG*[373].

22.2. Regime jurídico

I. O modelo alemão que regula a concessão de licenças compulsórias suscita algumas questões interessantes. O regime surge-nos nos § 24 e § 85 da *PatG*[374], estabelecendo uma remuneração a favor do titular do direito de propriedade industrial que foi sujeito à licença, sendo que os parâmetros para a quantificação não diferem daqueles presentes no Acordo *Trips*[375]. Segundo o § 24, as licenças poderão ser concedidas tendo em conta os seguintes fundamentos:
– Interesse público;
– Dependência entre patentes;
– Práticas anticoncorrenciais.

II. No § 24, nº 1, estabelece-se o primeiro fundamento. A lei alemã não densifica o que entende por interesse público (*öffentliche Interesse*), deixando esse critério aos tribunais. O conceito deve, assim, segundo a

---

[373] WOLFF, *Zwangslizenzen im Immaterialgüterrecht*, ob. cit., pp. 23; SCHEFFLER, «Die (ungenutzten) Möglichkeiten des Rechtsinstituts der Zwangslizenz», ob. cit., pp. 97.
[374] Este regime é aplicado, *ipsis verbis*, aos modelos de utilidade (*Gebrauchsmuster*), que estão regulados noutro diploma (§ 20, *GebrMG*). Quanto às *Zwangsnutzungsrecht* sobre variedades vegetais (*Sortenschutz*), estas estão previstas no § 12, da lei que regula as variedades vegetais (*SortenschutzG*), podendo ter como fundamento o interesse público. Sobre as licenças compulsórias nestes direitos de propriedade industrial, *vide* WOLFF, *Zwangslizenzen im Immaterialgüterrecht*, ob. cit., pp. 51 a 53.
[375] Cf. § 24, nº 6: "«...»Der Patentinhaber hat gegen den Inhaber der Zwangslizenz Anspruch auf eine Vergütung, die nach den Umständen des Falles angemessen ist und den wirtschaftlichen Wert der Zwangslizenz in Betracht zieht «...»".

doutrina[376], ser preenchido caso a caso, i.e., tomando em conta o caso concreto. Em abstrato, a chave será sopesar, por um lado, o interesse público subjacente ao pedido de licença compulsória e, por outro, os interesses legítimos do patenteado, nos termos dos § 9 e 10, sendo que uma licença compulsória deverá ser concedida apenas em *Ausnahmefällen* (casos excecionais)[377]. Não obstante, a jurisprudência e a doutrina alemãs têm indicado algumas áreas onde a balança poderá cair mais para o lado do titular da licença compulsória. Tais circunstâncias prender-se-ão com aspetos relacionados com acesso a medicamentos, tecnologia, razões económicas ou político-sociais[378].

No nº 1, (1), § 24, estabelece-se ainda que, para que esta licença compulsória seja concedida, será necessário que o requerente tenha realizado esforços no sentido da obtenção de uma licença contratual, num período de tempo e em condições razoáveis, de acordo com os usos do comércio. Esta referência aos usos do comércio leva-nos a crer que terá de se considerar os acordos normalmente obtidos sobre licenças voluntárias.

III. Quando ao segundo fundamento, este está previsto no nº 2, § 24, e diz respeito à dependência entre patentes (*Abhängige Patente*). Tal como surge nas restantes ordens jurídicas continentais, na lei de patentes alemã está previsto que o titular de uma patente dependente possa obter uma licença compulsória, contando que a patente posterior represente um progresso técnico importante (*wichtigen technischen Fortschritt*) e de importância comercial considerável (*erheblicher wirtschaftlicher Bedeutung aufweist*). Remete-se ainda para o § 24, (1), nº 1, requerendo-se como pré-requisito, à semelhança do que vimos para as licenças compulsórias por interesse público, que o titular da patente posterior tente obter uma licença voluntária.

Antes de o regime ter sofrido uma alteração em 2005, este artigo remetia para a subsecção nº 1, não fazendo distinção acerca de qual número se aplicaria. Como o regime jurídico das licenças compulsórias tinha,

---

[376] SCHEFFLER, «Die (ungenutzten) Möglichkeiten des Rechtsinstituts der Zwangslizenz», ob. cit., pp. 99.
[377] *Idem.*
[378] BENKARD (ROGGE), *Gebrauchsmustergesetz (Kurzkommentar)*, 7. Aufl, München, Beck, 1981, pp. 622 e 623 (19 e 20); WOLFF, *Zwangslizenzen im Immaterialgüterrecht*, ob. cit., pp. 27.

desde sempre, assentado no interesse público[379], parecia que, para além dos requisitos *standard* relativos à licença compulsória por dependência entre patentes, seria necessário existir ainda um interesse público subjacente. Isto deu azo a bastantes discussões. Muitos aceitaram esta exigência de interesse público, pois, na verdade parecia ter sido opção do legislador, na medida em que a dependência entre patentes no direito alemão apenas tinha surgido através de uma alteração à lei, em 16 de julho de 1998, sendo que o legislador poderia ter optado por outra redação, mas não o fez. Desta forma, a discussão prolongou-se com alguns autores a interpretar a disposição literalmente e outros a defenderem que o interesse público não faria sentido, dado que este já estaria incorporado no *progresso notável de interesse comercial significativo*, ou, pelo contrário, que se deveria escolher entre um ou o outro requisito. Esta discussão resvalou ainda para a questão da conformidade com o Acordo *Trips*, visto que, nas suas disposições, o interesse público não era *conditio* para as licenças compulsórias por dependência entre patentes[380].

Esta discussão terminou e, na nossa opinião, com um final feliz, com a *Gesetz zur Umsetzung der Richtlinie über den rechtlichen Schutz biotechnologischer Erfindungena*, de 21 de janeiro de 2005[381], que, no seu ponto n.º 9, veio alterar este n.º 2, § 24, e mencionar, expressamente, que apenas a subsecção 1 do n.º 1 se aplicaria à dependência entre patentes (tentativa de obtenção de licença contratual), excluindo o interesse público como condição adicional.

IV. Apesar de estar prevista no n.º 5, § 24, a falta de exploração como fundamento para a concessão de uma licença compulsória (*Zwangslizenz wegen Nichtausübung*), não pode ser autonomizada. Se atentarmos no seu teor, esta disposição remete (como sempre o fez) para o n.º 1, exigindo o interesse público como condição, agrupando-se neste fundamento[382].

---

[379] Cf. PFANNER, «Die Zwangslizenzierung von Patenten: Überblick und neuere Entwicklungen», ob. cit., pp. 359.
[380] Cf. WOLFF, *Zwangslizenzen im Immaterialgüterrecht*, ob. cit., pp. 41 e ss.; STRAUS, «Abhängigkeit bei Patenten auf genetische information – ein Sonderfall?, *Grur*, 2003, pp. 315 e ss., pp. 314 e 317.
[381] Esta revisão veio ainda inaugurar as licenças compulsórias por dependência entre variedades vegetais e invenções biotecnológicas (cf. § 24, n.º 3, *PatG*).
[382] BENKARD (ROGGE), *Gebrauchsmustergesetz (Kurzkommentar)*, ob. cit., pp. 617 (2) e 621 (15); STRAUS, «Implications of the TRIPs Agreement in the Field of Patent Law», ob. cit.,

V. De facto, ao não ser densificado, o interesse público no regime jurídico das licenças compulsórias funciona num duplo sentido: como requisito independente para a concessão de licenças compulsórias por interesse público e como requisito para a concessão de qualquer outro tipo de licença compulsória não autónomo.

Esta circunstância no direito de patentes alemão parece advir do facto de se entender, no seio da doutrina, que todas as restrições aos direitos exclusivos deverão assentar sempre no interesse público. Antes da alteração à lei em que foram introduzidas as licenças compulsórias por dependência entre patentes, refletindo sobre o âmbito do direito exclusivo de exploração, foi esta a ideia defendida pelo Professor BEIER, referindo que qualquer restrição seria contrária ao direito de propriedade industrial. Neste sentido, as licenças compulsórias teriam de ter um âmbito reduzido, só podendo ser concedidas com base no interesse público[383]. Desta forma e em conclusão, o autor veio congratular-se pelo regime jurídico de licenças compulsórias presente na ordem jurídica alemã, referindo que a *PatG*, nos § 13[384] e § 24, levava em conta esta premissa. Criticou inclusive a União Europeia e outros países por não entenderem que o não exercício de patentes é inerente ao exclusivo concedido nem que, apesar das vantagens que poderiam advir para quem requeresse as licenças compulsórias, estas também poderiam ser um convite ao aproveitamento por parte dos competidores de algo para o qual nunca se esforçaram (*free ride*)[385].

22.3. A concessão de licenças compulsórias com fundamentos em práticas anticoncorrenciais no direito alemão

I. No § 24, nº 4, surge-nos uma norma que, em sintonia com o Acordo *Trips*, prevê a concessão de licenças compulsórias quando estejam em

---

pp. 205. Como refere este último autor, "under Sec. 24(1), 1981 German Patent Act, may only be granted on the basis of the public interest and where failure to work (or insuficiente working of) a patent only comes into question as an indirect reason to grant such a compulsory license, namely if such inactivity constitutes the precise reason for affirming the public interest".

[383] BEIER, «Patent Protection and the Free Market Economy», *IIC*, vol. 23, no. 2, Munich//Oxford, 1992, pp. 159 e ss., pp. 165 e 166.

[384] Este artigo tem que ver com o uso governamental de patentes de terceiros, já abordado, em que se prevê que este tem de considerar o interesse público.

[385] BEIER, «Patent Protection and the Free Market Economy», ob. cit., pp. 166.

causa práticas anticoncorrenciais, apenas para os produtos semicondutores, parecendo querer indicar que unicamente neste tipo de direito de propriedade industrial poderão ser concedidas licenças compulsórias com este fundamento.

II. Contudo, em 2004, e na sequência de uma decisão do Supremo Tribunal Federal alemão (*Bundesgerichtshof*), este paradigma parece ter sido definitivamente alterado. Este mesmo tribunal, debruçando-se sobre um caso de *abuso de posição dominante*, veio defender a concessão de licenças compulsórias com fundamento em práticas anticoncorrenciais, não tendo como fonte o § 24[386].

Estava em causa uma empresa alemã e uma empresa italiana com filial na Alemanha, sendo que a primeira fabricava e comercializava bidões industriais patenteados[387] e a segunda, ao produzir um tipo específico e avançado de bidão (*tight-head*), estaria a violar a patente da primeira.

A empresa italiana, depois de ter tentado anular a patente sem sucesso, veio argumentar que teria direito a uma licença gratuita de uso, na medida em que não seria possível a produção do material sem infringir a patente em causa, criando-se desta forma uma dependência ilícita, que violaria as normas de direito da concorrência, uma vez que o comportamento da empresa alemã, concedendo licenças gratuitas a outros concorrentes, seria discriminatório[388].

III. Depois da rejeição por parte de duas instâncias, o processo chegou ao Supremo Tribunal Federal. A decisão centrava-se em saber se existiria a obrigação ou não de licenciar, por parte da empresa detentora da patente. Embora não negando que o direito de patente poderia conduzir de forma legítima a um monopólio de comercialização, havendo assim justificação para um tratamento desigual no licenciamento do direito, o BGH veio afirmar que, quando se está numa posição dominante no mercado, o tratamento desigual poderá levar a que se entenda que existe

---

[386] BGH, de 13 de julho de 2004, *IIC*, 2005, pp. 741 e ss.
[387] Tinha como base a patente europeia nº 515390.
[388] *Idem*, pp. 743 e 744. Na realidade, esta dependência adveio do facto de a Associação de Indústria Alemã ter decretado que a conceção de bidões sintéticos com melhores características de drenagem só poderia ser realizada com a patente pertencente a esta.

uma restrição ilegal da concorrência. Segundo o arresto, a posição dominante não advinha da patente em si, mas do facto de que, para aceder ao mercado específico, se tornava necessário utilizar a patente em causa. Acrescentou ainda o arresto que, salvo raras exceções, bidões que não estivessem conforme as regras da Associação de Indústria Alemã seriam praticamente impossíveis de vender. Por fim, e mais importante para o objeto nosso estudo, o tribunal declarou ainda que poderiam ser concedidas licenças compulsórias com base no regime das práticas anticoncorrenciais, pois o pedido de licenciamento realizado no âmbito de um processo de violação da concorrência teria uma natureza diferente do estipulado no § 24 do *PatG*, não se exigindo o interesse público. Tendo isto em conta, o Supremo Tribunal concluiu que, dado que o *PatG* apenas previa o fundamento das licenças compulsórias para um tipo de direito de propriedade industrial – os produtos semicondutores –, a concessão de uma licença compulsória sobre patentes com fundamento em práticas anticoncorrenciais deveria ser encontrada na lei da concorrência[389].

IV. A disputa central neste caso não foi somente a recusa em conceder uma licença voluntária, mas sim, como afirmou Leistner, a potencial discriminação dessa mesma recusa[390]. Nesta decisão, o Supremo Tribunal Federal alemão veio confirmar que, através das regras da concorrência, será possível conceder licenças compulsórias não tendo como fonte o § 24 do *PatG*, mas sim o § 20 do GWB[391]. Por seu turno, e não menos importante, o tribunal deixou bem vincado o direito que o patenteado tem de excluir terceiros da exploração, dando a entender que a rejeição de licenciar, *per si*, é legítima, pois, como sustentou o *Bundesgerichtshof*: "the effect of an intellectual property right lies precisely in the power of the proprietor to exclude others from the use of the protected subject--matter. This exclusivity is not an exemption from competition, but an

---

[389] *Idem*, pp. 743 e ss. Sobre este acórdão, cf. Liu, – «Rationalising the Regime of Compulsory Patent Licensing by the Essential Facilities Doctrine», ob. cit., pp. 768 e ss.
[390] Leistner, Comentário à decisão BGH, de 13 de julho de 2004, *IIC*, 2005, pp. 749 e ss.
[391] Liu, «The Need and Justification for a General Competition Oriented Compulsory Licensing Regime», ob. cit., pp. 697; Philipp Maume, «Compulsoy Licensing in Germany», *Compulsory Licensing. Practical Experiences and Ways Forward*, MPI Studies on Intellectual Property and Competition Law, 22, ed. Reto M. Hilty, Kung-Chung Liu, Heidelberg, Springer, pp. 95 e ss., pp. 101.

instrument of it that compels the proprietor's competitors to compete by substitution as opposed to imitation"[392].

Desta forma, verifica-se que a decisão do Supremo Tribunal Federal alemão veio no sentido da jurisprudência da União Europeia, aplicando o instituto licença compulsória, quando a recusa em licenciar direitos de propriedade industrial constitua uma prática anticoncorrencial[393]. Contudo, segundo a doutrina alemã, esta decisão parece ter introduzido um critério adicional e mais adequado se comparado com a jurisprudência europeia. Como elemento, a simples recusa em licenciar passou a não suficiente para aferirmos o abuso de posição dominante, tendo de existir um critério suplementar, nomeadamente o facto de esta recusa ser discriminatória[394].

22.4. O âmbito do öffentliche Interesse no caso *Prolyferon*

I. Um dos casos mais recentes sobre licenças compulsórias em solo alemão foi *caso Prolyferon*. Este caso tornou-se num marco, pois culminou com a concessão de uma licença compulsória por interesse público, algo que não acontecia na Alemanha há 40 anos. O caso opôs o titular de uma patente farmacêutica – *Interferon – Gamma* –, juntamente com o licenciado da mesma em território alemão (*Boehringer Ingleheim*), contra a empresa *Bioferon*, que fabricou os produtos farmacêuticos *Prolyferon*

---

[392] BGH, de 13 de julho de 2004, cit., pp. 746. *Vide* ainda, entre outros, Philipp Maume, «Compulsoy Licensing in Germany», *Compulsory Licensing. Practical Experiences and Ways Forward*, MPI Studies on Intellectual Property and Competition Law, 22, ed. Reto M. Hilty, Kung-Chung Liu, Heidelberg, Springer, pp. 95 e ss., pp. 98.

[393] Esta relação entre direito de propriedade industrial e direito da concorrência tem sido algumas vezes alvo de discussão na doutrina alemã, com alguns autores a considerarem que as disposições relativas às licenças compulsórias presentes no direito de propriedade industrial seriam lei especial em comparação com as regras estipuladas no direito da concorrência. Cf. Leistner, Comentário à decisão BGH, de 13 de julho de 2004, ob. cit., pp. 750.

[394] *Idem*, pp. 749 e ss., pp. 751. Mais tarde esta decisão foi reforçada e densificada no caso denominado *Orange Book Standard* (BGH, de 6 de Maio de 2009, *IIC*, 2010, pp. 369 e ss.), que instituiu igualmente critérios para o estabelecimento das condições das licenças sobre patentes e a sua conformação para com o direito da concorrência (*vide*, sobre esta decisão, entre outros, Philipp Maume, «Compulsoy Licensing in Germany», ob. cit., pp. 108 e ss. e Leistner, «The Requirements for Compulsory Dependency Licences: Learning from the Transformative Use Doctrine in Copyright Law», *Compulsory Licensing. Practical Experiences and Ways Forward*, MPI Studies on Intellectual Property and Competition Law, 22, ed. Reto M. Hilty, Kung-Chung Liu, Heidelberg, Springer, pp. 221 e ss., pp. 224 e ss.).

20 e *Prolyferon* 40, usando *Interferon – Gamma*. Mesmo após a aprovação por parte da Agência de Saúde Pública e da concessão de patentes sobre os medicamentos desenvolvidos, a empresa *Bioferon* defrontava-se com o problema de não poder explorar o direito de propriedade industrial, dado o facto de as suas patentes serem dependentes, pois o uso das mesmas exigia a utilização de outros princípios ativos patenteados. Dado este impasse, esta última empresa, em meados de 1990, tentou obter uma licença contratual por parte dos titulares das patentes farmacêuticas. Não só esta tentativa se tornou infrutífera, como o uso das patentes anteriores sem o consentimento dos titulares motivou uma ação por parte destes, tendo o Tribunal de Dusseldorf declarado a proibição por parte da empresa *Bioferon* de fabricar, comercializar, fornecer ou usar os produtos farmacêuticos que contivessem o ingrediente ativo patenteado, mesmo que fosse através de importação[395].

Dados estes acontecimentos, a empresa *Bioferon* enveredou por uma última estratégia: requereu, no Tribunal Federal de Patentes, a concessão de uma licença compulsória, fundamentando a mesma no interesse público. Esta foi concedida pelo Tribunal, que aceitou os argumentos da empresa, referindo que o interesse público estaria preenchido de duas formas:

- Por um lado, pela dependência entre patentes, na medida em que, não se permitindo o licenciamento, estar-se-ia a desencorajar qualquer esforço de inovação, sendo que a licença compulsória teria de ser olhada como um instrumento estimulador de novas invenções[396].
- Por outro, pelas razões de saúde pública subjacentes, visto que a continuação da exploração da patente dependente iria beneficiar a saúde pública em geral, pois existiria um melhoramento no tratamento da artrite reumatoide, que afetava milhões de pessoas na Alemanha. Este consistia no único produto farmacêutico contendo *Interferon – Gamma* aprovado para o tratamento desta doença, não interessando a circunstância de ainda não ter sido aferida a categoria superior ou não deste medicamento em termos conclusivos, quando comparado com o princípio ativo referente à patente dominante[397].

---

[395] BPatG, 7 de Junho de 1991, IIC, 1993, pp. 397 e ss., pp. 398.
[396] *Idem*, pp. 400.
[397] *Idem*, pp. 400 e ss.

Em conclusão, o tribunal afirmou que, apesar de existirem desvantagens para os titulares das patentes, não estaria em causa somente o direito do titular da patente dominante *versus* direito do titular da patente dependente, sendo que a decisão de conceder a licença compulsória se baseava, sim, no interesse público subjacente[398].

II. Os titulares dos direitos de patente recorreram para o Supremo Tribunal Federal (*Bundesgerichtshof*), defendendo a revogação da licença compulsória ou, em alternativa, o estabelecimento de um *royalty* de 40%, tendo em conta o preço líquido de cada venda, valor bem mais elevado do que os 8% estabelecidos pelo Tribunal Federal de Patentes.

O Supremo Tribunal Federal deu razão aos Apelantes, revogando a licença compulsória, desmontando todos os fundamentos aludidos na decisão anterior. De modo a sustentar a sua posição, o tribunal principiou por sustentar que não existiria uma definição universal de *interesse público*, sendo um conceito indeterminado sujeito a mudanças[399], consoante as circunstâncias de cada caso[400], havendo sempre que fazer um balanço entre os interesses do titular da patente e o interesse da sociedade em geral. Admitindo a admissibilidade constitucional da licença compulsória com base no § 14 da *GrundG*[401], o Tribunal veio depois acrescentar um elemento importante nesta questão: o princípio da razoabilidade[402]. O titular da patente dependente, ao não provar as vantagens únicas do *Prolyferon*, que se consubstanciariam na sua não equivalência no mercado, impossibilitou a concessão da licença compulsória, na medida em que os interesses da sociedade poderiam ser satisfeitos com outro ou outros produtos equivalentes. Assim, acrescentou o órgão soberano, a descoberta de novos usos para um produto patenteado não seriam por si só razões, nem implicariam à partida a concessão de qualquer licença compulsória[403]. Por último, como argumento lateral, mas importante para o caso *sub judice*, o tribunal veio ainda defender que não era pelo facto de a Agência Federal de Saúde ter aprovado a comercialização do

---

[398] *Idem*, pp. 402 e 403.
[399] *Idem*, pp. 245.
[400] *Idem*, pp. 246,
[401] *Idem*, pp. 245.
[402] *Idem*, pp. 246.
[403] BGH, de 5 de dezembro de 1995, IIC, 1997, pp. 242 e ss.

medicamento que estaria preenchido o interesse público descrito no art. 24º, nº 1, da lei alemã, na medida em que este apenas analisaria a questão do ponto de vista do direito farmacêutico[404].

III. No que diz respeito à decisão em si, se nos focarmos unicamente na questão da saúde pública, estamos em crer que, dada a base factual, a solução não poderá ser condenável. Poderemos criticar esta decisão pelo facto de, ao contrário do Tribunal de Patentes, não se ter feito qualquer menção à dependência entre patentes, quando esta era umas das questões a decidir. Na verdade, o regime vigente na altura estipulava como único fundamento o interesse público. Contudo, esta mesma factualidade não impediu o Tribunal de Patentes de defender que, dada a dependência entre patentes, seria do interesse público a concessão da licença compulsória, na medida em que se estaria a estimular o surgimento de novas invenções. Podemos então entender esta omissão de duas formas: ou o Supremo Tribunal Federal saltou este passo de forma infeliz, ou demonstrou que o estímulo à *inventividade* não seria motivo bastante para consubstanciar uma licença compulsória.

§ 23. Brasil

23.1. Introdução

Com o advento da licença compulsória na Lei 9.279, de 14 de maio de 1996 (regula direitos e obrigações relativos à propriedade industrial), iniciou-se um braço de ferro entre o Governo brasileiro e as farmacêuticas detentoras de patentes de medicamentos que, com o apoio dos EUA, exerceram pressão aos níveis diplomático e comercial, de forma a evitar a "quebra" de patentes.

Em 2001, o na altura Ministro José Serra já tinha realizado contactos com as farmacêuticas, ameaçando-as com a concessão de licenças compulsórias, chegando a declarar o interesse público de vários medicamentos patenteados[405]. Contudo, como iremos ver, estas ameaças iriam

---

[404] *Idem*, pp. 247.
[405] Veja-se o Decreto nº 3201, de 6 de outubro de 1999. Cf. MILTON BARCELLOS, «Licença Compulsória: Balanceamento de Interesses, Motivação e Controle dos Atos Administrativos», *ABPI*, nº 79, nov./dez. de 2005, pp. 60 e ss., pp. 61.

tornar-se realidade anos mais tarde, mais concretamente em 2007, quando foi concedida uma licença compulsória tendo em vista a defesa da saúde pública.

O regime jurídico brasileiro de licenças compulsórias, embora não seja, nos seus princípios, tão diferenciado daqueles que encontramos no direito comparado, não é tão simples como os demais. Tem algumas complexidades, suscitando dúvidas recorrentes. Já aqui abordámos a exigência de *exploração local* presente no regime brasileiro de patentes, contudo, o estudo da licença compulsória nesta ordem jurídica tem-se tornado num *case study*, devido, sobretudo, à concessão da licença compulsória sobre o medicamento *evifarenz*.

23.2. Regime Jurídico

I. Em nossa opinião, existem cinco fundamentos para a concessão de licenças compulsórias no direito brasileiro:
a) Abuso do direito de propriedade industrial;
b) Abuso de poder económico;
c) Falta ou insuficiente exploração;
d) Dependência entre patentes;
d) Interesse público.

A competência para a concessão de licenças compulsórias no direito brasileiro, apesar de algumas especificidades, pertence em geral ao INPI brasileiro, a não ser em casos de *interesse público*, onde a legitimidade para a concessão deste tipo de licenças está a cargo do Presidente da República.

Alguma doutrina descortina mais fundamentos dos que os aqui descritos. A título de exemplo, BLASI vê sete fundamentos para a concessão de licenças compulsórias no direito brasileiro. Além dos já descritos, refere ainda que poderão ser concedidas licenças compulsórias com base em *insuficiência de abastecimento de mercado* e ainda *emergência nacional*[406].

Ao debruçarmo-nos sobre a legislação, parece-nos que o *insuficiente abastecimento de mercado* poderá encaixar-se dentro da *insuficiente exploração*. Para além do regime de ambos não se diferenciar, a *comercialização* descrita na lei terá que ver com a exploração, tal como nos surge, por exemplo, no art. 108º, nº 1, do direito português, onde se prevê que

---

[406] BLASI, *A propriedade industrial...*, ob. cit., pp. 306.

poderá ser concedida uma licença compulsória se o titular da patente não a explorar de modo a ocorrer às necessidades do mercado nacional. Desta forma, salvo melhor opinião, este fundamento encaixa-se dogmaticamente na falta ou insuficiente exploração.

Da mesma forma, estamos em crer que a licença compulsória com fundamento em *emergência nacional* não terá autonomia dogmática, na medida em que não deixa de estar inserida no âmago do interesse público, apesar de algumas especificidades presentes no seu regime[407].

II. Quanto ao primeiro fundamento, é bastante genérico: fala-nos apenas de "exercer os direitos dela [patente] de forma abusiva"[408]. É um conceito bastante aberto, dando azo a diversas interpretações, que parece ter surgido no seguimento do art. 5ºA, nº 2 da CUP, que estipula que os Estados-membros são livres de adotar medidas legislativas para "prevenir abusos" que possam advir do exercício do direito exclusivo. A doutrina dá vários exemplos de exercício abusivo da patente, como os *royalties* excessivos, recusa em conceder licenças ou restrições territoriais[409].

BORGES BARBOSA subdivide este fundamento, na medida em que este deverá abranger o que denomina de *abuso por excesso de poder jurídico*, que se dá quando o titular do direito de propriedade industrial "desempenha uma atividade que ostensivamente envolve uma patente, mas fora do escopo da concessão", e, ainda, o *abuso por desvio teleológico*, consubstanciando-se no desvio das finalidades em que assentam estes direitos de propriedade industrial, como será o caso do uso da patente de forma a restringir a concorrência, na medida em que "a patente tem por fim imediato a retribuição do criador, e como fim mediato o interesse social e o desenvolvimento tecnológico e económico do País"[410].

III. A licença compulsória por abuso de poder económico é amplamente discutida na doutrina brasileira. Esta está prevista no art. 68º,

---

[407] Está prevista a licença compulsória sobre topografias de circuitos integrados, *inter alia*, no art. 48º da Lei 11.484/2007, de 31 de maio. Está também prevista a possibilidade de licenciamento compulsório de variedades vegetais (*cultivares*), mais precisamente no art. 28º e ss., da Lei 9.456/1997, de 25 de abril.
[408] Cf. art. 68º, 1ª parte.
[409] BLASI, *A propriedade industrial...*, ob. cit., pp. 306.
[410] BORGES BARBOSA, *Uma Introdução à Propriedade Intelectual*, 2ª ed. rev., Rio de Janeiro, Lumen Juris, 2003, pp. 443 e 444.

última parte, da lei que regula os direitos de propriedade industrial, e no art. 38º, iv), a), para as infrações relacionadas com o art. 36º, estes dois últimos artigos advindos da Lei nº 12.529, de 30 de novembro de 2011, que estrutura o sistema brasileiro de defesa da concorrência e dispõe sobre a prevenção e repressão às infrações contra a ordem económica. Este último diploma prevê, expressamente, como remédio para as infrações de direito da concorrência, que o *Conselho Administrativo de Defesa Económica* (CADE) possa *aconselhar* a concessão de uma "licença compulsória de direito de propriedade intelectual de titularidade do infrator, quando a infração estiver relacionada ao uso desse direito". Esta nova lei veio ampliar os direitos de propriedade intelectual abrangidos, pois, ao contrário da antecessora, a Lei nº 8.885/94, de 11 de junho, que previa esta medida apenas para as patentes, o novo diploma legal estabeleceu expressamente que a licença compulsória abrange qualquer "direito de propriedade intelectual". Contudo, como alguma doutrina[411] já veio criticar, esta alteração legislativa não poderá ser efetivada na sua plenitude, na medida em que não existe previsão sobre licenças compulsórias em alguns tipos de direito de propriedade intelectual, como serão os casos dos desenhos industriais, denominações geográficas ou marcas.

BORGES BARBOSA, ainda na lei anterior, veio distinguir dois tipos de licenças compulsórias subjacentes a este fundamento. Uma *licença-punição*, presente no art. 38º, iv), a), (antigo art. 24º), "que não está adstrita a uma demanda específica de licenciamento por particulares", que irá ter em conta práticas como, por exemplo, o abuso de posição dominante[412]. E uma *licença de interesse particular*, presente no art. 68º, que segue, inteiramente, o processo de concessão do art. 73º, tendo como teleologia "o reequilíbrio dos direitos e obrigações dos terceiros, e não essencialmente o resguardo da concorrência em si própria", requerendo que o abuso de poder económico seja comprovado por decisão administrativa ou judicial[413/414].

---

[411] MELO, «A Proposta de Nova Lei de Defesa de Concorrência e o Licenciamento Compulsório de Direitos de Propriedade Intelectual», *Revista de Direito*, Universidade Federal de Viçosa, vol. I, nº 3, 2010, pp. 157 e ss., pp. 178 e 179
[412] BORGES BARBOSA, *Uma Introdução à Propriedade Intelectual*, ob. cit., pp. 446.
[413] Cf. art. 68º, *in fine*.
[414] BORGES BARBOSA, *Uma Introdução à Propriedade Intelectual*, ob. cit., pp. 446.

Contudo, no que diz respeito ao procedimento, o autor entende que qualquer que seja o tipo de licença em causa, este será realizado da mesma forma: através da secretaria de direito económico do Ministério da Justiça, ao qual, depois de analisar irá remeter o processo ao CADE. Este instituto apenas terá a prerrogativa de *aconselhar* a concessão da licença compulsória, cabendo sempre a última decisão ao INPI[415].

Na realidade, é difícil discernir a fronteira entre a *licença-punição* que surge do art. 24º da lei 8.484/94, e a *licença de interesse privado* que estará presente no art. 68º da lei que regula a propriedade industrial. Irão as duas sobrepor-se? Quais os casos que sobram para esta última licença compulsória? Parece que até o próprio autor que constrói esta tese tem dificuldades em dividir as duas situações, na medida em que, como o próprio refere, a Lei 9.279/96 não afirma quais as práticas anticoncorrenciais que poderão ser objeto de licença compulsória. Além do mais, o abuso de poder económico, como comanda o art. 68º, terá de ser sempre "comprovado nos termos da lei, por decisão administrativa ou judicial", o que nos parece reconduzir à lei da concorrência. Destarte, salvo melhor opinião, parece-nos que uma construção unitária da licença compulsória com este fundamento seria mais adequado.

IV. No art. 68º, § 1, surge-nos a licença compulsória por falta ou insuficiente exploração. Segundo a disposição, a falta ou insuficiente exploração estará relacionada com as patentes tanto de produto, quanto de processo, além de que poderá ser concedida uma licença compulsória quando a exploração da patente não satisfaça as necessidades do mercado brasileiro.

Já anteriormente identificámos o elemento controverso desta disposição. Quando lemos o art. 68º, § 1, i), verificamos que a exploração da patente através de importação pode não chegar para afastar este regime da licença compulsória. Refere a disposição legal que dará lugar à licença compulsória "a não exploração do objeto da patente no *território brasileiro* (...)" (*itálico* nosso). Esta disposição, como já analisámos[416], motivou

---

[415] No mesmo sentido, BORGES BARBOSA, *Uma Introdução à Propriedade Intelectual*, ob. cit., pp. 446; MELO, «A Proposta de Nova Lei de Defesa de Concorrência e o Licenciamento Compulsório de Direitos de Propriedade Intelectual», ob. cit., pp. 162.
[416] Cf. *supra* § 16.

uma disputa entre Estados Unidos e Brasil em 2001. Foi acordado que, na eventualidade de o Governo brasileiro utilizar esta disposição contra alguma empresa norte-americana, terá primeiro de consultar o Governo dos EUA. Não obstante, esta imposição de *exploração local* não é absoluta, admitindo alguns desvios que fazem com que este regime esteja em conformidade com o Acordo *Trips*. Desta forma, se a exploração local não for viável economicamente[417], será admitida a *exploração* da invenção através de importação[418]. Falta saber em que termos será avaliada esta *inviabilidade* de *exploração local*, que terá de se relacionar, pensamos, com os custos da instalação de uma indústria a nível local, tendo em conta a dimensão da empresa e do alcance comercial da patente.

De forma a requerer a licença compulsória com este fundamento, terá de se ter ultrapassado o prazo de três anos a partir da data de concessão da patente[419].

A falta ou insuficiente exploração poderá ser contra-argumentada através de determinadas justificativas, impedindo a concessão da licença compulsória. Segundo o art. 69º, esses motivos poderão basear-se em *razões legítimas*[420], realização de sérios e efetivos preparativos para a exploração ou obstáculo de ordem legal.

V. A licença compulsória por dependência entre patentes está também prevista no direito brasileiro, no art. 70º. Ao contrário do direito português, o regime é bastante mais simples, não se diferenciando o tipo de invenção em causa. Desta forma, se se verificar uma situação de dependência entre patentes[421], poderá ser concedida uma licença se a patente dependente "constituir substancial progresso técnico", quando comparada com a patente dominante, e o titular da patente dependente tiver tentado a obtenção de uma licença voluntária. O titular da patente

---

[417] Cabendo ao titular da patente provar isso mesmo (cf. BORGES BARBOSA, *Uma Introdução à Propriedade Intelectual*, ob. cit., pp. 457).
[418] Se a exploração for realizada por importação, o art. 68º, § 4, vem ainda admitir a chamada *importação paralela* por terceiros.
[419] Cf. art. 68º, § 5.
[420] Conceito que parece que foi retirado, *ipsis verbis*, do art. 5ºA, nº 4, da CUP.
[421] Segundo o § 1 do art. 70, "considera-se patente dependente aquela cuja exploração depende obrigatoriamente da utilização do objeto de patente anterior", podendo dar-se, como é natural, uma situação de dependência entre patente de processo e patente de produto, e vice-versa".

dominante, verificada a concessão da licença compulsória por dependência, poderá ter direito a uma licença compulsória cruzada.

De notar que a doutrina brasileira vem interpretando este artigo como permitindo que um requerente de um pedido de patente esteja também legitimado a pedir uma licença com este fundamento, i.e., mesmo antes da concessão do direito, na medida em que "quem devesse aguardar a emissão da patente para pedir a licença de dependência estaria frustrando a função social do instituto na aceleração tecnológica"[422].

VI. Por último, temos a licença compulsória por *interesse público*. Esta está prevista expressamente no art. 71º, quando a disposição refere casos de "interesse público" e de "emergência nacional".

De acordo com a lei, o interesse público e a emergência nacional exigem um requisito prévio, que será a declaração de interesse público pelo Ministro da Tutela correspondente à matéria em causa. As pequenas diferenças de regime entre estes dois conceitos advêm do Decreto nº 3.201, de 6 de outubro de 1999, modificado pelo Decreto nº 4.830, de 4 de setembro, que regula em pormenor este fundamento.

No art. 2º, está estipulada a primeira diferença. No caso de interesse público *stricto sensu*, a licença compulsória só poderá ser concedida para uso público não comercial, limitação que não existe em casos de emergência nacional[423]. Nos § 1 e § 2 do art. 2º, surge-nos a densificação de *emergência nacional* e *interesse público*. No primeiro caso, estão incluídas as situações de "iminente perigo público"[424], sendo que, por sua vez, o interesse público *stricto sensu* estará relacionado, de forma não taxativa, com a saúde pública, a nutrição, a defesa do meio ambiente e o desenvolvimento tecnológico e da economia nacional.

É preciso ter em conta que, de acordo o art. 71º, presente na legislação geral sobre propriedade industrial, as autoridades brasileiras só deverão

---

[422] Cf. BORGES BARBOSA, *Uma Introdução à Propriedade Intelectual*, ob. cit., pp. 477.
[423] Esta possibilidade é, na opinião de BORGES BARBOSA, ilegal, na medida em que não encontra previsão na lei que regula os direitos e obrigações relativos à propriedade industrial, e, além disso "cria uma autolimitação ao interesse público", que é previsto constitucionalmente. Na opinião do autor, dado o facto de o Decreto estar ferido de várias ilegalidades, muito do seu conteúdo deve ser substituído pelo que está estipulado no art. 73º do regime geral (cf. BORGES BARBOSA, *Uma Introdução à Propriedade Intelectual*, ob. cit., pp. 474 e ss.).
[424] Podendo este ser, somente, em parte do território brasileiro.

conceder a licença quando "o titular da patente ou o seu licenciado não atenda a essa necessidade". A doutrina entende, desta forma, que o titular do direito de propriedade industrial ou o seu licenciado poderão, através da contestação, opor-se a este fundamento em duas circunstâncias: se estiverem em condições de atenderem à situação de interesse público em causa, ou, ainda que não estejam, se dispuserem a tal, não havendo uma impossibilidade absoluta de o conseguirem[425].

O art. 71º refere que a licença compulsória por interesse público é concedida *ex officio*. Quer-se com isto dizer que, à semelhança do direito francês, é ao Estado que cabe declarar se uma determinada patente estará sujeita ao regime das licenças compulsórias, concedendo-a a quem a requerer e estiver condições para a explorar[426].

23.3. Do caso *Kaletra* ao caso *Efavirenz*

I. Como já mencionámos, a partir da Lei 9.279, de 14 de maio de 1996, o Brasil iniciou uma braço de ferro com a indústria farmacêutica, de forma a prosseguir o seu programa sobre a distribuição gratuita de medicamentos aos portadores do HIV e doentes de SIDA (Lei 9.313, de 13 de novembro de 1996).

O que começou por significar apenas algumas ameaças esporádicas por parte do Governo, alcançou uma maior amplitude em 2005 com o caso *Kaletra*. Através da Portaria n° 985, de 24 de junho de 2005[427], o Ministério da Saúde declarou o interesse público em relação a alguns medicamentos, *inter alia*, os obtidos através da associação dos princípios ativos *lopinavir* e *ritonavir*. Desta feita, um dos medicamentos que foi atingido por esta declaração foi, precisamente, o antirretroviral cuja marca se denominava *Kaletra*, pertencente à farmacêutica *Abbott*[428].

---

[425] Cf. BORGES BARBOSA, *Uma Introdução à Propriedade Intelectual*, ob. cit., pp. 467 e 468

[426] Poderá ainda ser explorada pelo Estado, se este reunir as condições para o fazer. Cf. BORGES BARBOSA, *Uma Introdução à Propriedade Intelectual*, ob. cit., pp. 468.

[427] Referia o seguinte, no segundo parágrafo: "Considerando a importância da associação dos princípios ativos Lopinavir e Ritonavir e medicamentos advindos dessa associação no rol dos inibidores de protease que devem compor o arsenal terapêutico para o tratamento da Infecção por HIV/AIDS no Brasil".

[428] ANNA DIAS, *A Licença Compulsória de Patentes: Análise do Caso Kaletra*, Brasília, 2006, disponível em «www.uniceub.br» (visitado em 05.01.2013), pp. 50.

Apesar das várias conversações entre o Governo e a farmacêutica *Abbott*, em 2005, através da Resolução nº 352, de 11 de agosto, o Ministério da Saúde veio determinar o licenciamento compulsório do medicamento *Kaletra*, ordenando que fossem encerradas as negociações para a redução do preço dos medicamentos[429]. Contudo, dado que a Resolução nunca foi alvo de homologação, a 9 de novembro de 2005, o próprio Ministro da Saúde declarou que, ao contrário do que era afirmado na Resolução, as negociações tinham corrido de forma satisfatória, especialmente no caso *Kaletra*, onde teriam conseguido chegar a um acordo bastante benéfico para o Programa de Saúde. Mais concretamente, o Governo brasileiro tinha conseguido estabelecer um preço de 0,63 USD por cápsula, reduzindo-se o custo em 46%[430].

II. Apesar da quase ameaça concretizada no caso *Kaletra*, dois anos depois o Governo brasileiro acabou mesmo por conceder uma licença compulsória com base no Programa de Saúde Pública. Deu-se, assim, o famoso caso *Efavirenz*, cuja patente pertencia à farmacêutica *Merck Sharp & Dohme*.

Apesar das negociações prévias e mesmo após a declaração de intenção de licenciar o medicamento, o Governo brasileiro e a farmacêutica nunca chegaram a acordo[431]. Destarte, a Portaria nº 886, de 24 de abril de 2007, veio declarar de interesse público os direitos de patente referentes ao medicamento *Efavirenz*, na medida em que os preços praticados comprometiam a viabilidade do programa de distribuição gratuita de medicamentos aos portadores do HIV e doentes de SIDA[432].

---

[429] Refere a alínea a) da Resolução: "diante do fracasso da negociação de redução significativa dos preços dos medicamentos Efavirenz, Lopinavir e Tenofovir, o Ministério da Saúde e o Governo Federal devem encerrar as negociações com os laboratórios detentores destas patentes;".

[430] ANNA DIAS, *A Licença Compulsória de Patentes: Análise do Caso Kaletra*, ob. cit., pp. 53 e 54.

[431] A farmacêutica ofereceu ainda uma redução de 30% sobre o preço do medicamento, mas esta tentativa acabou por ser infrutífera (cf. RODRIGUES/SOLER, «Licença Compulsória do Efavirenz no Brasil em 2007: Contextualização», Rev Panam Salud Publica, vol. 26, 6, 2009, pp. 553 e ss., pp. 555; CARLOS CORREA, «The Use of Compulsory Licences in Latin America», «The Use of Compulsory Licences in Latin America», *Compulsory Licensing. Practical Experiences and Ways Forward*, MPI Studies on Intellectual Property and Competition Law, 22, ed. Reto M. Hilty, Kung-Chung Liu, Heidelberg, Springer, pp. 43 e ss., pp. 52 e 53).

[432] Cf. art. 1º da Portaria nº 886.

A segunda fase para a concessão da licença foi realizada com a publicação do Decreto Presidencial nº 6108, de 4 de maio de 2007[433], em que foi concedida a licença compulsória de ofício.

Esse Decreto Presidencial cumpriu com o estipulado na Lei que regula direitos e obrigações relativos à propriedade industrial e respetivo regulamento. Desta forma, dado estarmos perante a invocação de um interesse público, a licença compulsória foi constituída apenas para uso público não comercial[434], sem exclusividade, tendo um prazo de cinco anos, podendo ser prorrogada por mais cinco. No art. 1º, § 2, surgia uma cláusula de revogação da licença, referindo que se as circunstâncias de interesse público cessassem, a licença compulsória seria revogada pelo Ministro da Saúde. No art. 3º, estava comtemplada a transferência de *know-how* e informações complementares, salvaguardando-se, contudo, o princípio da proporcionalidade, na medida em que a transferência de conhecimentos abrangia unicamente as "necessárias e suficientes à efectiva reprodução dos objectos protegidos". Por fim, no que diz respeito à remuneração, esta foi estabelecida em 1,5%, "sobre o custo do medicamento produzido e acabado pelo Ministério da Saúde ou o preço do medicamento que lhe [fosse] entregue"[435].

Desta forma, ainda durante esse ano, o Governo brasileiro começou a importar da Índia um genérico desse mesmo medicamento a um preço bastante baixo. A utilidade desta licença foi amplamente reconhecida, para além do sucesso do programa contra o HIV e a SIDA, no total estima-se que o estado brasileiro tenha poupado cerca 30,6 milhões de dólares[436].

23.4. A admissão de uma *exclusividade única* pela doutrina e a ausência do pré-requisito de obtenção de licença contratual. O Mercosul e o art. 31º, f), do Acordo *Trips*

I. O regime jurídico brasileiro não tem grandes especialidades em relação a outros regimes no direito comparado. Contudo, sempre podemos aplaudir o facto de a lei prever, expressamente, a não concessão de subli-

---

[433] Para consultar o Decreto mencionado, *vide* «www.planalto.gov.br».
[434] Cf. art. 1º, § 1.
[435] Cf. art. 2º do Decreto Presidencial nº 6108.
[436] Para mais desenvolvimentos sobre todo este procedimento, *vide* RODRIGUES/SOLER, «Licença Compulsória do Efavirenz no Brasil em 2007: Contextualização», ob. cit., pp. 556 e ss.

cenças, algo que, a título de exemplo, no direito português, só se pode retirar por interpretação.

A licença compulsória será, como é natural, não exclusiva. Esta não exclusividade, segundo a doutrina, poderá ser limitada a uma *exclusividade única*, ou seja, não permitindo o titular do direito de propriedade industrial de a explorar[437]. Esta configuração de não exclusividade parece-nos algo duvidosa, na medida em que, para além de não estar prevista na lei, dificilmente será compatível com a alínea d) do art. 31º do Acordo *Trips*.

II. Uma das circunstâncias que salta à vista no regime jurídico de licenciamento compulsório no direito brasileiro é a ausência do pré-requisito de obtenção de licença contratual. É algo único no direito comparado. Se olharmos para os fundamentos da mesma, este pré-requisito surge-nos apenas no art. 70º, iii), para as licenças compulsórias por dependência. A não ser em circunstâncias de extrema urgência ou uso público não comercial, onde, nos termos do Acordo *Trips*, a tentativa de obtenção de licença contratual poderá ser dispensada, nos restantes casos esta deve ser imperativamente transposta pelos Estados-membros da OMC. Apesar de a doutrina aconselhar que se pratique esta tentativa de obtenção contratual antes de se requerer a licença[438] e apesar de, na prática, isso estar a acontecer, como no caso *Efavirenz*[439], a verdade é que este pré-requisito não está previsto em termos gerais, violando desta forma o Acordo *Trips* e colocando em causa um dos objetivos das licenças compulsórias: o incentivo à celebração de licenças voluntárias.

III. Interessante é a interpretação que a doutrina faz do art. 68º, § 2, que, em paralelo com o art. 31º, f), do Acordo *Trips*, estipula que a licença compulsória deverá ser concedida "predominantemente ao mercado interno". Dada a união aduaneira crescente do mercado Sul-americano, BORGES BARBOSA refere que o Mercado Comum do Sul (Mercosul) não poderá ser considerado como externo, tendo influência direta nesta dis-

---

[437] Cf. BORGES BARBOSA, *Uma Introdução à Propriedade Intelectual*, ob. cit., pp. 474.
[438] *Idem*, pp. 455, nota 804.
[439] Basta ler um dos considerandos da Portaria nº 886: "Considerando que o Ministério da Saúde envidou, sem êxito, todos os esforços para alcançar acordo com o fabricante do Efavirenz sobre os preços praticados no Brasil, em termos e condições razoáveis para atender o interesse público".

posição[440]. Se for seguida esta interpretação, e dada a capacidade de produção de medicamentos genéricos de alguns dos países da região, poderá ser criado um sistema de licenças compulsórias para exportação no continente sul-americano, nomeadamente em questões de saúde pública, não sendo necessário, nestes casos, criar qualquer regime de licenças compulsórias para exportação, ao abrigo da Decisão do Conselho *Trips*, que ainda não foi introduzido no direito brasileiro.

§ 24. EUA

24.1. Introdução

I. As licenças compulsórias nos EUA, romantizando a questão, são daqueles casos de *amor-ódio*. Desde sempre tem existido uma visão negativa em relação às licenças compulsórias, mas a jurisprudência tem recorrido permanentemente a este instituto.

Apesar de os EUA não terem qualquer regime jurídico geral que verse sobre licenças compulsórias[441], a verdade sobre as mesmas nesta ordem jurídica é muito mais complexa. Desde logo, o Governo dos EUA, se o compararmos com o dos parceiros europeus, tem poderes mais amplos para revogar uma patente[442]. Além do mais, apesar de não existir um regime geral para a concessão de *compulsory licensing*, o direito norte-americano estabelece, expressamente, vários casos isolados, onde é admitida a sua concessão.

Se olharmos para os casos de licenças compulsórias que existiram ao longo do século XX, verificamos que estes estão relacionados com as diversas políticas de mercado seguidas. Nos anos cinquenta, existia uma visão pró-competitiva, havendo uma certa hostilidade relativamente às patentes, o que desencadeou a concessão de várias licenças compulsórias para solucionar casos em que se considerava que estas estariam a violar normas de concorrência. A concessão de licenças compulsórias com este fundamento diminuiu nos anos noventa, quando foi dada maior importância à preservação dos direitos de patente[443].

---

[440] Borges Barbosa, *Uma Introdução à Propriedade Intelectual*, ob. cit., pp. 456.
[441] Reichman/Hazendhal, *Non-voluntary Licensing of Patented Inventions...*, ob. cit., pp. 21.
[442] Cf. sec. 28 USC § 1498 do *US Code*.
[443] Cf. Reichman/Hazendhal, *Non-voluntary Licensing of Patented Inventions...*, ob. cit., pp. 21; Watal/Scherer, «Post-Trips Options For Access to Patented Medicines in Developing Nations», ob. cit., pp. 916 e 917.

Desta forma, não se pode afirmar com leveza, como já foi feito pelo Supremo Tribunal Americano (*Supreme Court*), que a licença compulsória "is a rarity in our patent system"[444], na medida em que este instituto, como a doutrina afirma, só está ausente virtualmente [445].

24.2. Discussão jurisprudencial, doutrinal e legislativa à volta das licenças compulsórias

I. Apesar da aparente rejeição das licenças compulsórias nos EUA, a discussão ao nível jurisprudencial, doutrinal e legislativo tem sido bastante significativa, não apresentando indícios de vir a cessar.

A oposição a um regime de licenças compulsórias tem sido bastante aguerrida. Os argumentos são os mais variados. Podemos enumerar aqueles que mais se têm feito ouvir. São os seguintes:

– Desvio do propósito inerente ao direito de patentes, na medida em que desincentiva a procura de novas invenções e contribui para os titulares destes direitos as manterem secretas[446];
– Este desincentivo leva à redução da concorrência, dado que é a competição entre empresas que leva ao desenvolvimento de novos produtos[447];

---

[444] Caso *Dawson Chemical Co. vs Rohm & Haas Co.*, Supreme Court, de 27 de junho de 1980, disponível em «http://caselaw.lp.findlaw.com/cgi-bin/getcase.pl?court=US&vol=448&invol=176».
[445] FAUVER, «Compulsory Patent Licensing in the United States: An Idea Whose Time Has Come», *Nw. J. Int'l L. & Bus*, vol. 8, 1988, pp. 666 e ss., pp. 667.
[446] SCHMIDT, «Compulsory Licensing and National Defense: Danger in Abandoning Our Patent System», *A.B.A. J.*, vol. 35, 1949, pp. 476 e ss., disponível em «www.heinonline.org» (visitado em 20.04.2012), pp. 477 e 478; FINNEGAN, «The Folly of Compulsory Licensing», *Journal of the Licensing Executive Society*, vol. 12, nº 2, 1977, pp. 128 e ss., pp. 142 e 143; WHITAKER, «Compulsory Licensing – Another Nail in the Coffin», *Am. Pat. L. Ass'n Q.J.*, vol. 2, 1974, pp. 155 e ss., pp. 163 a 165 e 167 e 168. A doutrina refere, nomeadamente, que as licenças compulsórias levam à diminuição do valor da patente, desencorajando o investimento em novas invenções, pois o risco poderá ser elevado e o retorno diminuto. Quanto ao encorajamento em manter as patentes secretas, este efeito nocivo poderá advir do facto de ser mais vantajoso para as empresas inventoras que algumas invenções se mantenham fora do conhecimento do público e sejam exploradas desta forma.
[447] WHITAKER, «Compulsory Licensing – Another Nail in the Coffin», ob. cit., pp. 165 a 167, refere-se que, sem o exclusivo que a patente providencia, não haverá incentivos para desenvolver novos produtos. Assim, para as empresas, será muito mais fácil procurar licenças para entrar no mercado e competir com outros agentes, do que investir quantias elevadas para o desenvolvimento de outros produtos, pois haverá um grande risco.

- Eventual inconstitucionalidade da licença compulsória[448];
- Inutilidade das licenças compulsórias, na medida em que, se olharmos para os países que têm um regime sobre mesma, a sua concessão é rara[449];
- O facto de as licenças compulsórias não serem um instituto adaptável a todos os países, tendo de se verificar cada ordem jurídica *per si*, devendo ter-se em conta, por exemplo, as características sociais, económicas e políticas[450];
- A dificuldade para se determinar o valor dos *royalties*[451].
- A alteração prejudicial da posição do titular da patente nas negociações dos *royalties*[452];
- O facto de beneficiar empresas estrangeiras em detrimento das empresas nacionais[453];

---

[448] FINNEGAN, «The Folly of Compulsory Licensing», ob. cit., pp. 138; WHITAKER, «Compulsory Licensing – Another Nail in the Coffin», ob. cit., pp. 159; WETZEL, «Can Patent Properties Be Redistributed Through Compulsory Licensing», *Am. Pat. L. Ass›n Q.J.*, vol. 1, 1973, pp. 184 e ss., pp. 191. LAUROESCH, «General Compulsory Patent Licensing in the United States: Good in Theory, But Not Necessary in Practice», *Santa Clara Computer & High Technology Law Journal*, vol. 6, 1990, pp. 41 e ss., disponível www.heionline.org (visitado em 15.03.2012), pp. 44 e ss., apesar de defender a não introdução de um regime geral de licenças compulsórias nos EUA, devido à sua inutilidade e desnecessidade prática, ainda assim defende que este instituto não é inconstitucional, nomeadamente devido ao facto de o direito de patentes prosseguir o interesse público, sendo que, acrescenta o autor, o próprio direito norte-americano já comtempla diversas disposições sobre licenças compulsórias e em nenhuma das disposições se concluiu pela inconstitucionalidade. Sobre a constitucionalidade da licença compulsória nos EUA, em geral, *vide* SCHECTER, «Would Compulsory Licensing of Patents be Unconstitutional?», *Va. L. Rev.*, vol. 22, 1936, pp. 287 e ss.

[449] LAUROESCH, «General Compulsory Patent Licensing in the United States: Good in Theory, But Not Necessary in Practice», ob. cit., pp. 55 e 56; FINNEGAN, «The Folly of Compulsory Licensing», ob. cit., pp. 145.

[450] FINNEGAN, «The Folly of Compulsory Licensing», ob. cit., pp. 144; WHITAKER, «Compulsory Licensing – Another Nail in the Coffin», ob. cit., pp. 159 e ss.; WETZEL, «Can Patent Properties Be Redistributed Through Compulsory Licensing», ob. cit., pp. 186.

[451] FINNEGAN, «The Folly of Compulsory Licensing», ob. cit., pp. 140; WHITAKER, «Compulsory Licensing – Another Nail in the Coffin», ob. cit., pp. 157.

[452] FINNEGAN, «The Folly of Compulsory Licensing», ob. cit., pp. 141. As licenças compulsórias levam a que, na negociação de uma licença contratual, a posição do titular da patente fique mais enfraquecida, levando, muitas vezes, a concluir negócios que não desejaria. Assim, a licença compulsória inverte as normais posições dos contraentes, no que diz respeito às posições de força na negociação.

[453] WHITAKER, «Compulsory Licensing – Another Nail in the Coffin», ob. cit., pp. 168 e 169. Sustenta-se que, apesar de a licença compulsória poder beneficiar as empresas nacionais,

– Tendência para promover a litigância judicial[454].

II. Uma das razões para a rejeição das licenças compulsórias nos EUA reside na interpretação que a doutrina faz do papel da patente, recusando muitas vezes a ideia de que esta consiste num monopólio. Alguma doutrina refere que a patente não constitui, na sua natureza, um verdadeiro monopólio "in the generally accepted sense"[455], na medida em que, para se obter uma patente, o inventor terá criar algo novo, não disponível anteriormente, não privando deste modo, a sociedade. O período de tempo limitado fornecido pelo Estado ao inventor tem em consideração a divulgação da invenção, sendo que, após a expiração desse limite temporal, a patente estará totalmente disponível[456].

É preciso ainda tomar nota que a doutrina que rejeita a licença compulsória, na sua maioria, não rejeita a inexistência desta na sua totalidade. A unanimidade da rejeição encontra-se na previsão de um complexo regime geral que preveja este instituto, tal como acontece nos países europeus. Este consiste até, recorrentemente, num dos argumentos para a rejeição de um regime à imagem dos países europeus, na medida em que o direito norte-americano já contém, na sua legislação, a previsão de algumas licenças compulsórias, como é o caso da licença compulsória presente no *Clean Air Act*. E, mais importante, os tribunais recorrem constantemente à licença compulsória, principalmente em casos relacionados com práticas anticoncorrenciais[457]. Este pensa-

---

pois não irão acarretar com os custos do desenvolvimento de novas invenções, será ainda mais vantajoso para as empresas estrangeiras, na medida em que estas, ao contrário das empresas nacionais, poderão na maior parte das vezes ter vantagens nos custos relacionados com o equipamento industrial e a força de trabalho. As empresas nacionais, por seu turno, competem quase sempre com custos similares, no que diz respeito ao equipamento necessário para a produção e ao capital humano.

[454] Pravel, «Say "No" to More Compulsory Licensing Statutes», *Am. Pat. L. Ass›n Q.J.*, vols. 2, 3, 1974, pp. 185 e ss., pp. 207. Esta crítica refere-se à eventualidade de se promulgar um regime geral de licenciamento compulsório, na medida em que poderá ser, segundo o autor, um incentivo para as empresas serem forçadas a licenciar as suas patentes aos concorrentes, sendo que, da parte destes últimos, haverá uma atitude "it's worth a try" na procura de uma licença compulsória.

[455] Whitaker, «Compulsory Licensing – Another Nail in the Coffin», ob. cit., pp. 156.

[456] *Idem*, pp. 157.

[457] *Idem*, pp. 162 e 163.

mento é claro para FINNEGAN, que afirma que admitir a adoção da licença compulsória *case by case basis* não implica que seja necessário promulgar um regime geral sobre a mesma, dado existirem inúmeras soluções para sancionar as práticas anticoncorrenciais, não se podendo considerar uma só como a mais adequada[458].

III. Por inúmeras vezes já foi proposta a introdução de um regime geral de licenças compulsórias no direito norte-americano. Estas ultrapassaram a mera conjetura doutrinal, chegando mesmo a proposta de alteração ao *Patent Act*. Contudo, fracassaram sempre[459].

Uma das mais recentes propostas doutrinais foi a realizada por YOSICK, que veio propor um regime de licenciamento compulsório tendo como fundamentos a falta de exploração e a dependência entre patentes, assente nas condições estabelecidas no art. 31º do Acordo *Trips*.

Segundo o autor, apesar de o titular da patente ter o direito de excluir terceiros do uso do seu direito[460], os objetivos por detrás da concessão das patentes – promover o desenvolvimento, encorajar os inventores a publicitar as suas invenções – poderiam ser prosseguidos de forma mais eficaz através de um regime de licenciamento compulsório[461]. YOSICK, embora tivesse proposto a introdução de um regime de licença compulsória para falta de exploração, colocou a tónica principal na dependência entre

---

[458] FINNEGAN, «The Folly of Compulsory Licensing», ob. cit., pp. 138.
[459] Cf. COBURN, «Compulsory Licensing by the Courts», *Journal of the Patent Office Society*, vol. 28, no. 3, 1946, pp. 180 e ss., disponível em «www.heinonline.org» (visitado em 22.03.2012), pp. 180 e 181; KUAN NG, «Patent Trolling: Innovation at Risk», ob. cit., pp. 599 e ss.; NIELSEN/SAMARDZIJA, «Compulsory Patent Licensing: Is It a Viable Solution in the United States?», *Michigan Telecommunications and Technology Law Review*, vol. 13, 2007, pp. 509 e ss., pp. 539; FAUVER, Compulsory Patent Licensing in the United States: An Idea Whose Time Has Come», ob. cit., pp. 685; GOLDSMITH, «The Case for "Restricted" Compulsory Licensing», vol. 2, Am. Pat. L. Ass'n Q.J., 1974, pp. 146 e ss., disponível em «http://heionline.org» (visitado em 20.09.2012), pp. 153; ARNOLD/JANICKE, «Compulsory Licensing Anyone», ob. cit., pp. 167 e ss.
Sobre a necessidade de uma licença compulsória com fundamento na dependência entre patentes e a comparação com o regime italiano, *vide* DRAGOTTI, «Brevetto Chimico: Invenzioni di Prodotto, Invenzioni d'Uso e Licenza Obbligatoria. Una Riflessione sulle Esperienze Statunitensi», *Rivista di Diritto Industriale*, I Milano, Giuffrè, 1995, pp. 156 e ss., pp. 167 e ss.
[460] Cf. sec. 35 USC § 271.
[461] YOSICK, «Compulsory Patent Licensing for Efficient Use of Inventions», ob. cit., pp. 1290 e 1291.

patentes (*blocking patentes*). Segundo o autor: "the most compelling, and perhaps least controversial argument for having a compulsory licensing provision *is to resolve the problem of blocking patents*" (*itálico* nosso)[462].

Contudo, é interessante notar que o autor não se atreveu a tocar num dos domínios mais controversos nos EUA. Segundo Yosick, não deverão existir licenças compulsórias que incidam sobre patentes de medicamentos, na medida em que as farmacêuticas, atendendo ao alto custo do seu desenvolvimento, necessitarão de recuperar o investimento realizado e obter incentivos para a produção de novos fármacos, sendo que a licença compulsória será um meio de bloquear este processo[463].

IV. Quanto à jurisprudência, podemos dizer que esta, embora não de uma forma generalizada, tem aceitado licenciar compulsoriamente direitos de propriedade intelectual. A forma como esta tem sido aplicada, tem sido como meio de sancionar prática anticoncorrenciais, tendo como base legal o *Sherman Act*[464].

Um dos casos mais recentes e paradigmáticos foi o que opôs a *Image Technical, Inc.* à *Eastman Kodak Co*[465]. Neste caso, a *Image Technical, Inc.* e outras dez organizações independentes processaram a *Kodak* por violação da secção 2 do *Sherman Act*, acusando esta empresa de monopolizar todo o mercado de serviços de equipamentos para máquinas de fotocópias, tendo esta diversos componentes patenteados. O Tribunal, principiando por reconhecer que existe uma tensão latente entre o direito da concorrência e o direito de propriedade intelectual[466] e apesar de reconhecer que o patenteado teria o direito de rejeitar uso dos seus direitos exclusivos, defendeu que este direito não seria ilimitado, não havendo assim

---

[462] *Idem*, pp. 1293.
[463] *Idem*, pp. 1301.
[464] Cf., a título de exemplo, o Caso *United States vs. Glaxo Group Ltd.*, Supreme Court, 22 de janeiro de 1973, 410 U.S. 52 e ss.; Caso *United States vs. United States Gypsum Co.*, Supreme Court, 27 de novembro de 1950, 340 U.S. 76 e ss.; Caso *Hartford-Empire Co. vs. United States*, Supreme Court, 8 de janeiro de 1945, 323 U.S., 386 e ss.; Caso *Morton Salt Co. vs. G. S. Suppiger Co.*, Supreme Court, 5 de janeiro de 1942, 314 U.S. 488 e ss.; Caso *B. B. Chemical Co. vs. Ellis*, 5 de janeiro de 1942, 314 U.S. 495 e ss.
[465] Caso *Image Technical Services Inc vs. Eastman Kodak Co.*, Court of Appeals – Ninth Circuit, 26 de agosto de 1997, disponível em «http://openjurist.org/125/f3d/1195/image-technical-services-inc-v-eastman-kodak-co».
[466] Segundo o Tribunal: "Clearly the antitrust, copyright and patent laws both overlap and, in certain situations, seem to conflict. This is not a new revelation «...»" (§ 89).

proteção para os patenteados que, segundo o arresto, estendessem o seu direito de monopólio para além do permitido[467]. Assim, o *Ninth Circuit*, seguindo a decisão do tribunal de primeira instância, decidiu licenciar compulsoriamente diversos direitos de propriedade intelectual pertencentes à *Kodak*, fixando a duração destas em dez anos[468].

24.3. A doutrina do *non-use*. O caso *eBay vs. MercExchange*: um ponto de viragem nos EUA?

I. Quando olhamos para a jurisprudência norte-americana em relação à concessão de licenças compulsórias com fundamento em falta de exploração, verificamos que sua posição vai, esmagadoramente, no mesmo sentido: ordem para cessar imediatamente a exploração por parte do agente infrator, através de uma *injunction*, não se concedendo qualquer licença.

Apesar de várias discussões terem tido lugar no Congresso[469], e do apoio de alguma doutrina, que advoga que as licenças compulsórias poderiam ser um instrumento a ter em conta na promoção do "Progress of Science and useful Arts", tal como estipula o art. 1º, sec. 8, cláusula 8, da Constituição norte-americana[470], a jurisprudência é escassa nesse sentido. Muito se pode dever à emblemática decisão do *Supreme Court*, no início do século XX, que criou a denominada *doctrine of the right of non-user*[471]. No caso *Continental Paper Bag Co. vs. Eastern Paper Bag*

---

[467] Segundo a decisão judicial: "This basic right of exclusion does have limits. «...» Nor does the right of exclusion protect an attempt to extend a lawful monopoly beyond the grant of a patent" (§ 96).

[468] Pouco tempo depois houve um caso semelhante mas com um resultado diferente. No caso *In Re Independent Service Organizations Antitrust Litigation vs. Xerox Corporation*, Court of Appeals – Federal Circuit, 17 de fevereiro de 2000, 203 F.3d 1322, o tribunal rejeitou conceder uma licença compulsória, sustentando que a empresa *Xerox* não teria a obrigação de transferir ou licenciar as suas patentes, sendo que essa conduta não violaria as leis da concorrência.

[469] Cf. CASTEL, «Recent Trends in Compulsory Licensing in Case of Non-use of Patents: A Comparative Analysis», *Journal of the Patent Office Society*, vol. 36, 6, 1954, pp. 330 e ss., disponível em «www.heinonline.org» (visitado em 20.04.2012), pp. 330 e 331.

[470] LAUROESCH, «General Compulsory Patent Licensing in the United States: Good in Theory, But Not Necessary in Practice», ob. cit., pp. 52.

[471] YOSICK, «Compulsory Patent Licensing for Efficient Use of Inventions», ob. cit., pp. 1280; SCHECTER, «Would Compulsory Licensing of Patents be Unconstitutional?», ob. cit., pp. 292.

Co.[472], em 1908, o *Supreme Court* acolheu a ideia de que os titulares de patentes teriam o direito absoluto de excluir terceiros de usarem as suas invenções. Neste caso, apesar de o titular não estar a usar o seu direito exclusivo, processou ainda assim o *defendant* por este estar a utilizá-la sem o seu consentimento. O tribunal viria declarar que "it is the privilege of any owner of property to use or not use it, without question of motive"[473], acrescentando ainda a ideia de que as patentes não teriam sido criadas para darem aos patenteados o seu direito de usar, pois estes já detinham esse direito. O que verdadeiramente uma patente permitiria seria o direito "to exclude others"[474].

Este caso veio influenciar os tribunais norte-americanos nos anos seguintes, que só circunstancialmente foram contra esta decisão. Doravante, somente em casos pontuais e em instâncias inferiores, foram concedidas licenças compulsórias com fundamento na falta de exploração, rejeitando-se a *injunction*. Tal paradigma iria sofrer uma reviravolta – que ainda está a acontecer – com o caso *eBay vs. MercExchange*.

> Antes da decisão do caso *eBay,* um dos raros casos em que a jurisprudência norte-americana concedeu uma licença compulsória com fundamento em *non-use*, foi o que colocou frente a frente a *Foster vs. American Machine & Foundry Co.* Apesar de o Tribunal ter condenado a *American Machine & Foundry Co.* a pagar indemnização pela violação da patente de *Foster,* o tribunal decidiu ainda conceder uma licença compulsória ao *defendant,* pois o titular da patente não teria planos para a explorar[475].

II. Este caso foi um dos mais controversos que existiu até hoje nos EUA. No pleito, de um lado estava a *eBay*, reconhecida empresa de procura,

---

[472] Caso *Continental Paper Bag Co. vs. Eastern Paper Bag Co.*, Supreme Court, 1 de junho de 1908, 210 U.S. 405 e ss.

[473] *Idem*, pp. 429. O *Supreme Court* adiantou ainda: "And another fact may be mentioned. In some foreign countries, the right granted to an inventor is affected by nonuse. This policy, we must assume, Congress has not been ignorant of, nor of its effects. It has nevertheless selected another policy; it has continued that policy through many years".

[474] *Idem*, pp. 424.

[475] Caso *Foster vs. American Machine & Foundry Co.*, Court of Appeals – Second Circuit, de 21 de fevereiro de 1974, 492 F.2d 1317 e ss. Para uma crítica à constitucionalidade da concessão da licença compulsória pelo tribunal, *vide* PRAVEL, «Say "No" to More Compulsory Licensing Statutes», ob. cit., pp. 206.

compra e venda de produtos *online*, do outro, a empresa *MerExchange L.L.C.* Esta última processou a *eBay* por estar a utilizar um mecanismo no seu site, que permitia realizar uma compra de forma mais célere e com um preço fixo (*Buy it now*), estando este serviço coberto por diversas patentes protegidas. A *MercExchange* veio requerer o pagamento de uma compensação monetária devido aos danos provocados pela infração e ainda uma *injunction*[476], de modo a que a *eBay* cessasse a sua conduta violadora.

Em primeira instância o *District Court* deu parcial provimento aos pedidos da autora, condenando a *eBay* pelos danos causados, mas não concedendo uma *injunction*, na medida em que a *MercExchange* não tinha atividade comercial com os produtos patenteados e não tinha demonstrado vontade de os licenciar[477]. A *MercExchange* viria a recorrer desta decisão, insistindo na condenação do réu na *injunction* negada pelo *District Court*. O Federal Circuit veio dar razão à recorrente, impondo uma *injunction* à empresa *eBay*, fundamentando a sua decisão no facto de esta medida não estar dependente da vontade ou não de licenciar as referidas patentes[478].

A empresa *eBay*, não concordando com a imposição desta *injunction*, decidiu recorrer para o *Supreme Court*. Antes da decisão, gerou-se uma grande expetativa à volta deste caso. A indústria farmacêutica, ao lado da *MercExchange*, temia que a suavização da lei de patentes prejudicasse as suas patentes. A *eBay* recebeu o apoio de grandes empresas como a *Amazon* e a *Xerox*, que receavam ficar à mercê de agentes, titulares de patentes, que, de má-fé, não as comercializassem, dedicando-se exclusivamente à chantagem a empresas que necessitassem das suas patentes, tendo como único objetivo obter compensações.

---

[476] Este direito está previsto na sec. 35, § 283, do USC, onde se estipula o seguinte: "The several courts having jurisdiction of cases under this title may grant injunctions in accordance with the principles of equity to prevent the violation of any right secured by patent, on such terms as the court deems reasonable".

[477] Cf. COTROPIA, «Compulsory Licensing Under Trips and the Supreme Court of the United States' Decision in eBay vs. MercExchange», *Patent Law and Theory: A Handbook of Contemporary Research*, Cornwall, Edward Elgar, 2008, pp. 557 e ss., pp. 564; FOSTER, «Compulsory Licensing After eBay», *New Jersey Lawyer*, 2009, pp. 33 e ss., pp. 35.

[478] COTROPIA, «Compulsory Licensing Under Trips and the Supreme Court of the United States' Decision in eBay vs. MercExchange», ob. cit., pp. 564; FOSTER, «Compulsory Licensing After eBay», ob. cit., pp. 35.

III. O *Supreme Court* veio, de forma unânime, discordar da decisão anterior e sufragar o estipulado pelo *District Court*[479]. Embora discordando dos fundamentos aplicados por este tribunal inferior, o Supremo Tribunal norte-americano resolveu aplicar o chamado *four-factor test*[480] na decisão sobre a *injunction*. De acordo com este teste, o patenteado deveria demonstrar o seguinte:
   a) sofrimento de danos irreparáveis;
   b) inadequação dos mecanismos reparatórios existentes na lei, como, por exemplo, compensação monetária;
   c) necessidade de impor uma sanção ao infrator;
   d) o interesse público não ser prejudicado com a imposição da *injunction*.

Dado que os requisitos deste teste não foram preenchidos, o Supremo Tribunal acabou por negar a *injunction*.

Houve dois votos de concordância (*concurring opinions*), que vieram ainda adicionar mais argumentos dogmáticos a esta decisão. Por um lado, *Justice* Roberts veio afirmar que a concessão de injunções não deveria dar-se sem limites[481]. Por seu turno, *Justice* Kennedy acrescentou que se deveria ter em conta a natureza da patente e a sua função económica, identificando a existência de empresas que procurariam, nestes direitos exclusivos, não o seu uso, mas essencialmente a obtenção de licenças com remunerações exorbitantes. O magistrado viria a concluir que, quando está em causa um pequeno componente patenteado, importante para outras empresas, e a ameaça de *injunction* é aplicada apenas como meio de aumentar os *royalties* das licenças que estão a ser negociadas, uma condenação ao pagamento de uma indemnização será suficiente, pois uma *injunction* não servirá o interesse público[482].

---

[479] Caso *eBay vs. MerExchange L.L.C.*, Supreme Court, 15 de maio de 2006, 547 U.S., pp. 388 e ss.
[480] *Idem*, pp. 391.
[481] *Idem*, pp. 396.
[482] *Idem*, pp. 396 e 397, *ipsis verbis*: "When the patented invention is but a small component of the product the companies seek to produce and the threat of an injunction is employed simply for undue leverage in negotiations, legal damages may well be sufficient to compensate for the infringement and an injunction may not serve the public interest". Refere ainda: "The equitable discretion over injunctions, granted by the Patent Act, is well suited to allow courts to adapt to the rapid technological and legal developments in the patent system.

IV. A decisão do *Supreme Court* no caso *eBay vs. MerExchange* colocou um ponto final em décadas de decisões que foram no sentido da concessão de *injunctions*, que se fundamentavam, basicamente, na prova de que a patente estaria a ser violada. Embora o *Supreme Court* não tivesse mencionado, expressamente, a licença compulsória, até porque só estava em causa a *injunction*, a doutrina concordou desde logo que esta seria uma porta aberta para este instituto[483]. Desde esse período para cá, já se tem sentido a mudança proporcionada pelo *Supreme Court*, com algumas instâncias inferiores a seguirem a esta decisão[484].

Estas mudanças jurisprudenciais têm levado ao reatar de uma já antiga discussão na doutrina dos EUA. A discussão centra-se na questão de saber se será melhor conceder a *injunction*, deixando as partes negociar por si, ou se, por outro lado, será mais eficiente o poder judicial estabelecer *royalties* através da concessão de uma licença compulsória[485]. De facto, o que está aqui em causa é mais do que um *non-use* por parte do titular do direito de propriedade industrial. Trata-se, também, de uma conduta anticompetitiva, denominada pela doutrina norte-americana de *patent troll*. Este é um termo pejorativo, dirigido às empresas que apenas adquirem patentes para as licenciar, muitas vezes com *royalties* desproporcionados, procurando esse mesmo licenciamento através da ameaça judicial, nomeadamente da imposição de uma *injunction* aos infratores que necessitam de explorar essas patentes[486]. Desta feita, este caso teve o

---

For these reasons it should be recognized that district courts must determine whether past practice fits the circumstances of the cases before them".
[483] Foster, «Compulsory Licensing After eBay», ob. cit., pp. 35.
[484] É exemplo disso, o Caso *Innogenetics, N.V. vs. Abbott Laboratories*, Court of Appeals – Federal Circuit, 17 de janeiro de 2008, disponível em «http://docs.justia.com/cases/federal/appellate-courts/cafc/07-1145/07-1145-2011-03-27.pdf?1301283923», em que o Tribunal veio revogar a decisão anterior do *District Court*, negando uma *injunction* e concedendo uma licença compulsória, sustentando a sua posição no facto de o titular da patente não comercializar o seu direito de propriedade industrial. Cf., ainda, Foster, «Compulsory Licensing After eBay», ob. cit., pp. 37 e 38.
Muitas das vezes, nestas novas decisões, os Tribunais têm evitado o termo *compulsory licensing*, substituindo-o por *ongoing royalty*.
[485] Venkatesan, «Compulsory Licensing of Nonpracticing Patentees After eBay vs. MercExchange», *Va. L. Rev.*, vol. 14, 26, 2009, pp. 13 e ss., pp. 28 e 34.
[486] Cf. Venkatesan, «Compulsory Licensing of Nonpracticing Patentees After eBay vs. MercExchange», ob. cit., pp. 29; Kuan Ng, «Patent Trolling: Innovation at Risk», ob. cit., pp. 596.

condão de fazer com que a natureza da patente e o seu direito de exclusão fossem olhados de outra forma. A partir deste arresto, a jurisprudência, refletindo-se na doutrina, começou a olhar para a patente, integrando-a de uma forma mais permanente no bem público, nomeadamente procurando não colocar entraves ao desenvolvimento e à transferência de tecnologia e tentando evitar que os seus meios processuais de defesa – *injunction* – se tornem numa de fraude à lei.

Devido aos *patent troll*, já foi sugerida a introdução de um regime sobre licenças compulsórias para enfrentar este problema. Apesar de se reconhecer a importância vital do direito de exclusão de terceiros, valores relacionados com o interesse público, a disseminação do conhecimento tecnológico e uma maior eficiência das invenções, levam a crer que a licença compulsória poderá ser um meio indicado para alcançar estes objetivos[487]. Sem embargo, esta sugestão continua à espera de sair dos meios académicos.

24.4. Os regimes especiais previstos para a concessão de licenças compulsórias

I. Os principais regimes previstos para a concessão de licenças compulsórias nos EUA estão regulamentados no *United States Code*, nomeadamente na secção 42º[488]. Estas disposições, como iremos verificar, estão relacionadas com *interesses públicos* em geral[489]. Podemos agrupar os regimes da seguinte forma:

– Licenças compulsórias sobre patentes de produção ou utilização de materiais relacionados com energia nuclear;

O termo *patent troll* advém da referência aos *trolls*, figura da mitologia escandinava que, em muitos contos mitológicos, cobravam portagens em determinadas vias, nomeadamente pontes. A ideia a transmitir será a de que os *patent troll* cobram para quem queira usar a sua tecnologia, tendo somente este objetivo em mente.

[487] KUAN NG, «Patent Trolling: Innovation at Risk», ob. cit., pp. 599 e ss.

[488] São, por vezes, apontados outros regimes que estabelecem licenças compulsórias na ordem jurídica norte-americana, tais como as disposições da sec. 42, § 2182 e 2457, relacionadas com o Departamento de Energia e Aeronáutica nacional e Administração espacial, ou a sec. 35, § 181, relacionado com as invenções que ameaçam a segurança nacional do Estado norte-americano. Estas disposições, apesar de, em certas circunstâncias, darem lugar a compensações para os titulares das patentes, não são mais do que limitações aos direitos, não tendo natureza de licença compulsória.

[489] Neste sentido, YOSICK, «Compulsory Patent Licensing for Efficient Use of Inventions», ob. cit., pp. 1279.

- Licenças compulsórias sobre patentes relacionadas com o controlo da poluição do ar;
- Licenças compulsórias sobre invenções patenteadas com apoio estatal;
- Licenças compulsórias sobre variedades vegetais[490].

II. No primeiro caso, qualquer pessoa poderá requerer à *Atomic Energy Comission*[491] a concessão de uma licença compulsória[494]. O requerente,

no seu pedido, terá de especificar o propósito do uso que irá dar à licença, a prova da tentativa de obtenção de uma licença contratual e, ainda, os potenciais efeitos benéficos que a licença irá trazer[493].

Após o requerimento para a concessão da licença, a Comissão, no prazo de trinta dias, notificará o *patent owner*, informando-o ainda da data da audiência (*hearings*) que irá ter lugar com as duas partes e que deverá ter lugar dentro de sessenta dias após o pedido[494]. Na decisão a tomar pela *Commission*, terão de ser preenchidos os seguintes requisitos:
- A invenção terá de ter uma importância relevante para a produção ou utilização de um determinado material nuclear;

---

[490] Sobre estas, em geral, YOSICK, «Compulsory Patent Licensing for Efficient Use of Inventions», ob. cit., pp. 1278 e ss.; NIELSEN/SAMARDZIJA, «Compulsory Patent Licensing: Is It a Viable Solution in the United States?», ob. cit., pp. 533 e ss.; FAUVER, «Compulsory Patent Licensing in the United States: An Idea Whose Time Has Come», ob. cit., pp. 670; WHITAKER, «Compulsory Licensing – Another Nail in the Coffin», ob. cit., pp. 162.

[491] O *Atomic Energy Act* foi promulgado em 1946, sendo que, como não podia deixar de ser, uma das grandes discussões versava sobre o estabelecimento ou não de uma licença compulsória neste regime. Segundo a doutrina, a licença compulsória foi promulgada neste campo "to insure that no inventions that apply atomic energy to peacetime uses would be withheld from the public enjoyment" (GALANE, «Standards for a Reasonable Royalty under The Atomic Energy Compulsory Licensing Program», Va. L. Rev., vol. 38, 1952, pp. 53 e ss., disponível em «www.heionline.org» (visitado em 10.09.2012), pp. 53, 54 e 57). Contudo, este regime foi desde logo criticado, na medida em que, com a previsão das licenças compulsórias, negar-se-iam os princípios do livre comércio assentes na cultura americana, estando em marcha uma "socialization of inventions" (SCHMIDT, «Compulsory Licensing and National Defense: Danger in Abandoning Our Patent System», ob. cit., pp. 476 e 477).

[492] Cf. Sec. 42, § 2183, d).

[493] Cf. Sec. 42, § 2183, b) e c).

[494] Cf. Sec. 42, § 2183, d). Esta audiência é obrigatória, sob pena de a licença compulsória ser ilegal (cf. sec. 42, § 2183, f)).

- O licenciamento de tal invenção deverá ser de grande importância para a condução das atividades do potencial licenciado;
- As atividades a que o potencial licenciado se propôs a prosseguir devem estar relacionadas com a difusão e desenvolvimento da utilização de energia atómica com fins pacíficos[495];
- O requerente não ter conseguido a obtenção de uma licença voluntária do titular da patente em condições razoáveis, tendo em conta os objetivos relacionados com o uso da patente[496].

Esta licença compulsória terá de ter um propósito bastante específico, estando limitado ao mesmo. Segundo a alínea f), da sec. 42, § 2183, a Comissão não poderá conceder a licença para outro propósito diferente daquele que foi requerido.

O titular da patente terá ainda direito a receber *royalties* por parte do licenciado, sendo que estes deverão ser *reasonable*[497]. Contudo, no caso de ser a Comissão de Energia Atómica a definir a remuneração a pagar, pelo facto de as partes não chegarem a acordo, esta deverá seguir os seguintes critérios:

a) O parecer a ser providenciado pelo Conselho para Compensação de Patentes (*Patent Compensation Board*[498]);
b) Valores de quaisquer ações de defesa, geral ou especial, em que o titular da patente tenha sido parte;
c) Se for o caso, ter em conta a extensão do financiamento federal obtido para o desenvolvimento da invenção;
d) Ter em conta o grau de utilidade, novidade e importância da invenção, bem como os custos que o titular da patente teve no desenvolvimento da mesma.

---

[495] Como se refere no nº 3 da sec. 42, § 2013, e), as atividades do potencial licenciado terão de ser relevantes para a prossecução das políticas e propósitos da secção em questão (conjugando-se com a sec. 42, § 2013, pois é neste inciso que se estabelecem estes princípios).
[496] Cf. sec. 42, § 2183, e).
[497] Cf. sec. 42, § 2183, g).
[498] No regime originário, era este Conselho que fixava os *royalties*. Mais tarde, a competência foi transferida para a Comissão de Energia Atómica, restando ao Conselho a tarefa de emitir parecer sobre a questão, não sendo esse parecer vinculativo.

III. Segundo a sec. 42 § 7608, poderá ser concedida uma licença compulsória sobre patentes relacionadas com o controlo da poluição do ar. O objetivo deste regime será o de permitir à indústria um maior acesso aos instrumentos de controlo de poluição atmosférica[499], ao mesmo tempo que se previne condutas anticoncorrenciais neste ramo económico específico. A licença compulsória será concedida pelo *Federal District Court*, com o apoio do *Attorney General*. Quanto à patente alvo de licença compulsória, esta terá de constituir um método insubstituível no cumprimento das regras de emissão de gases poluentes[500], sendo que a sua indisponibilidade poderá resultar numa redução substancial da concorrência ou propiciar a criação de um monopólio[501].

No que diz respeito às condições, o dispositivo normativo apenas nos indica que a licença compulsória deverá ser concedida em termos razoáveis. Segundo a doutrina, esta redação legislativa delega aos tribunais a função de, no caso concreto, construir os termos a que estas licenças ficam sujeitas[502].

Uma das discussões que se gerou nos EUA à volta deste regime, foi a de saber quem detinha legitimidade para recorrer a ele. A questão estava especificamente centrada na possibilidade de um cidadão estrangeiro poder fazer uso do mesmo[503]. Concluiu-se que qualquer pessoa, desde que possuísse um legítimo interesse, poderia requerer uma licença compulsória com base neste regime[504].

IV. O *Bayh-Dole Act* veio implementar um sistema que tem como objetivo incentivar as pequenas e médias empresas, instituições sem fins lucrativos ou universidades, a desenvolver projetos de investigação de novas invenções, permitindo a estas entidades beneficiarem de financiamento através de fundos públicos[505].

---

[499] YOSICK, «Compulsory Patent Licensing for Efficient Use of Inventions», ob. cit., pp. 1279.
[500] Cf. sec. 42 § 7608, nº 1.
[501] Cf. sec. 42 § 7608, nº 2.
[502] GERBER/KITSON, «Compulsory Licensing of Patents under The Clean Air Act of 1970», *Envtl. L.*, vol. 33, 1973, pp. 33 e ss., pp. 57 e nota 137.
[503] *Idem*, pp. 44 e ss.
[504] *Idem*, pp. 45.
[505] Cf. sec. 18 § 200 USC.

Contudo, de acordo com a sec. 18 § 203, estas invenções conseguidas com *Federal Assistance* estarão sujeitas ao licenciamento compulsório, a título exclusivo ou não, tendo como beneficiária a própria Agência Federal. A concessão desta licença compulsória poderá ter os seguintes fundamentos:
- Falta de exploração da invenção no campo de aplicação designado, ou não ser esperado que essa mesma exploração se dê num prazo razoável;
- Razões de saúde pública ou segurança, se não forem adequadamente satisfeitas pela entidade que detém a patente;
- O uso público especificado pela legislação federal não estar a ser cumprido ou não existir expetativa de o mesmo vir a ser satisfeito pelo titular da patente;
- Razões que se prendem com a falta de exploração relacionada com a utilização que é requerida na sec. 18 § 204.

As condições a que ficam sujeitas as licenças compulsórias serão acordadas caso a caso, sendo que a Agência Federal só poderá iniciar o processo para a concessão da licença, se o titular do direito de propriedade industrial recusar licenciar a sua patente a título contratual.

Nos EUA, já se tem discutido a urgência na promulgação de uma lei que preveja a licença compulsória por interesse público, nomeadamente para casos em que seja necessária a utilização das patentes tendo como propósito as pequisas e as experiências científicas[506]. Esta questão prende-se com o facto de os tribunais americanos normalmente interpretarem a *experimental use exception* muito restritivamente, não permitindo a universidade e instituições não lucrativas utilizarem direitos protegidos com o intuito de desenvolverem novas invenções[507]. Com base nesta ideia, propõe-se uma alteração ao *Bayh-Dole Act*, no sentido de se introduzir uma licença compulsória por interesse público, tendo como base o permitido pelo Acordo *Trips*[508], não sendo unicamente para os casos de uso

---

[506] THOMAS, «Protectiong Academic and Non-Profit Research: Creating a Compulsory Licensing Provision in the Absence of an Experimental Use Exception», *Santa Clara Computer & High Tecnology Law Journal*, vol. 23, 2006, pp. 347 e ss., pp. 348 e ss.

[507] Para uma breve resenha histórica sobre o uso experimental nos EUA, *vide Idem*, pp. 349 e ss.

[508] *Idem*, pp. 367 e ss.

experimental, mas abrangendo várias outras situações. Isto permitiria, ao mesmo tempo, beneficiar os pesquisadores, tal como as universidades e instituições não lucrativas, e ainda a sociedade no seu todo, na medida em que iria promover o progresso da ciência e do conhecimento[509].

V. Por fim, temos as licenças compulsórias previstas, expressamente, para as variedades vegetais.

Este regime encontra-se previsto na sec. 7, § 2404, do *US Code*. A legitimidade para a concessão é atribuída ao Secretário da Agricultura, sendo que estas licenças terão como fundamento o *interesse público*. Se observarmos a lei, este *interesse público* parece consubstanciar-se numa emergência nacional[510], na medida em que nos refere que a licença compulsória será concedida de modo a assegurar o adequado fornecimento do mercado norte-americano no que diz respeito aos alimentos, se o titular da variedade vegetal estiver relutante em fazê-lo ou não o conseguir realizar a um preço razoável, de acordo com as necessidades públicas.

A única limitação imposta diz respeito à duração temporal, que não poderá exceder os dois anos, sendo as restantes condições estabelecidas caso a caso. A remuneração deverá ser equitativa e, segundo o *Plant Variety Act*, isso significa que os *royalties* não deverão ser abaixo do *reasonable*.

24.5. O problema da fixação dos *royalties* aos titulares das patentes e os *royalties free*

I. A concessão de licenças compulsórias *royalty-free* tem sido um meio de proteger o direito de patente. Na realidade, muitas das condutas anticompetitivas advêm de patentes fraudulentas, i.e., patentes que foram concedidas sem estarem preenchidos todos os requisitos. Como muitas vezes poderá ser complicado provar o nível de fraude, os tribunais, ao invés de revogarem a patente, preferem licenciá-la de forma compulsória, sem a atribuição de qualquer remuneração ao titular. Através desta licença, almeja-se assim encorajar a concorrência, eliminando os efeitos nocivos da patente fraudulenta[511].

---

[509] *Idem*, pp. 369 e 370.
[510] Neste sentido, LAUROESCH, «General Compulsory Patent Licensing in the United States: Good in Theory, But Not Necessary in Practice», ob. cit., pp. 55.
[511] SCHLAM, «Compulsory Royalty-Free Licensing as an Antitrust Remedy for Patent Fraud: Law, Policy and The Patent-Antitrust Interface Revisited», *Cornell J.L. and Pub. Pol'y.*, vol.

Um dos arrestos em que esta matéria foi discutida foi no caso *Hartford-Empire Co. vs. United States*. Estava em causa a violação do *Sherman* e do *Clayton Act*, nomeadamente devido a práticas anticoncorrenciais, na medida em que a companhia *Hartford* não estava a produzir em quantidades suficientes certos bens patenteados, ligados à produção vidreira, tendo como o objetivo manter os preços dos produtos elevados. O Tribunal Federal rejeitou a revogação da patente, decidindo-se pela concessão de uma licença compulsória sem qualquer contrapartida remuneratória para o titular[512]. Da decisão, foi interposto recurso para o Supremo Tribunal, tendo este decidido em sentido contrário, referindo que a decisão judicial anterior teria ido longe demais, sendo mesmo confiscatória. Segundo o Supremo Tribunal, a decisão deveria ater-se unicamente na cessação da conduta ilegal e na prevenção de futuras violações[513], na medida em que o Governo não teria colocado em causa a validade substancial da patente[514].

Esta decisão não foi consensual, tendo alguns magistrados emitido votos contrários, nomeadamente o magistrado Black e o magistrado Rutledge's. O primeiro referiu que, atendendo ao facto de as patentes estarem a gerar múltiplos casos de práticas anticoncorrenciais, a restau-

---

7, 1998, pp. 467 e ss., disponível em «www.heinonline.org» (visitado em 18.05.2012), pp. 470 e 471.

[512] *Idem*, pp. 502 e 503.

[513] Caso *Hartford-Empire Co. vs. United States*, Supreme Court, 8 de janeiro de 1945, 323 U.S., 386 e ss. Cf. Holmes, «Compulsory Patent and Trademark Licensing: A Framework for Analysis», *Loy. U. Chi. L.J.*, «disponível www.heionline.org» (visitado em 18.10.2012), pp. 48 e 49.

[514] Caso *Hartford-Empire Co. vs. United States*, cit., pp. 414, "It is to be borne in mind that the Government has not, in this litigation, attacked the validity of any patent or the priority ascribed to any by the patent office, nor has it attacked, as excessive or unreasonable, the standard royalties heretofore exacted by Hartford. Hartford has reduced all of its royalties to a uniform scale, and has waived and abolished and agreed to waive and abolish all restrictions and limitations in its outstanding leases, so that every licensee shall be at liberty to use the machinery for the manufacture of any kind or quantity of glassware comprehended within the decree. Moreover, if licenses or assignments by any one of the corporate defendants to any other still contain any offensive provision, such provision can, by appropriate injunction, be cancelled, so that the owner of each patent will have unrestricted freedom to use and to license, and every licensee equally with every other will be free of restriction as to the use of the leased or licensed machinery, method or process, or the articles manufactured thereon or thereunder".

ração da concorrência só poderia ser realizada com a supressão deste comportamento, sendo a licença compulsória *royalty-free* a melhor opção[515]. O magistrado Rutledge's defendeu solução semelhante. Segundo este, dada a magnitude das práticas anticoncorrenciais *sub judice*, a licença compulsória sem direito a qualquer remuneração seria ideal para este caso. Caso contrário, a obtenção de *royalties* pela empresa *Hartford* iria contribuir para que as violações anticoncorrenciais se continuassem a verificar[516]. Finalmente, este último magistrado defendeu ainda que o peticionado pelo Governo, a revogação da patente, seria sempre mais penalizador do que a licença compulsória *royalty-free*[517/518].

24.6. Uma síntese conclusiva: a rejeição da licença compulsória com raízes na "sagrada" proteção da propriedade. O caso *Antrax*. A atitude protecionista dos EUA em termos político--económicos

I. A aversão da jurisprudência norte-americana à licença compulsória, tanto nos casos de *non-use* como em outros fundamentos, é em gran-

---

[515] *Idem*, pp. 435 e ss.

[516] *Idem*, pp. 450. "The requirement of licensing of existing patents, royalty free, would present greater difficulty if the violation had not been so gross and so long continued. But because it was both, and because the evidence shows a long course of using patents and patent position illegally to acquire other patents and consolidate still stronger positions, it is impossible now to determine what patents members of the combination may have acquired illegally. The certainty is however that many were so acquired. Since the pool and its members are not required to dispose of the patents, any revenues now received by them from the existing patents are the result, and inevitably will continue to be the result, of the owners' violation of the law. To permit the continued collection of royalties would be to perpetuate, for the lives of the patents, the illegal consequences of the violations. That the court is bound, in equity and by the statute, not to do".

[517] *Idem*, pp. 452 e 453.

[518] Numa outra decisão, no caso *United States vs. National Lead Co.*, Supreme Court, 23 de junho de 1947, 332 U.S. 319, o tribunal decidiu atribuir uma licença compulsória remunerada, contudo, referiu que a questão sobre a concessão de uma *royalty-free licensing* poderia ser algo a discutir no futuro, quando o remédio para a punição de violações ao *Sherman Act* fosse insuficiente.

Fora do foro judicial, no âmbito administrativo tem também sido concedidas algumas *royalty-free licensing* sem direito a qualquer remuneração, mais concretamente pelo FTC, de forma a punir práticas anticoncorrenciais (cf. Holmes, «Compulsory Patent and Trademark Licensing: A Framework for Analysis», ob. cit., pp. 50).

de parte motivada por uma aversão intrínseca, maioritária, contra esta medida. Não obstante, esta aversão à licença compulsória tem razões mais profundas.

No caso que opôs a *Dawson Chemical Co.* à *Rohm & Haas Co.*, o tribunal referiu que o pedido de concessão de uma licença compulsória por parte do *defendant* estava contra uma antiga visão da essência da patente, em que esta permitiria um direito negativo de exclusão a quem quisesse explorar[519]. De facto, a rejeição da licença compulsória deve-se, em grande parte, à forma como a patente é vista nos EUA. Esta é considerada um direito de propriedade sem qualquer exceção[520]. É por demais sabida a escola liberal que faz sucesso no direito e na política norte-americana, em que o direito de propriedade é olhado como um direito quase absoluto, sujeito a limitadíssimas restrições, ao contrário das ordens jurídicas integradas na família de direito romano-germânica, em que o direito de propriedade é normalmente visto como tendo uma função social, integrada em objetivos constitucionais.

Na doutrina norte-americana, podemos dar o exemplo de PRAVEL, que rejeita inequivocamente um regime geral de licenciamento compulsório, referindo que este tipo de licença será apenas admissível na mesma base que a expropriação (*eminent domain*), duvidando da constitucionalidade das licenças que são concedidas no âmbito de práticas anticoncorrenciais e por *non-use*. Este raciocínio segue a lógica *supra* descrita da patente como um direito de propriedade. Se o direito de propriedade só poderá ser restringido em caso de expropriação por interesse público, a mesma lógica terá de vingar nas patentes[521].

II. O mesmo raciocínio se aplica à concessão de licenças compulsórias *royalty-free*. A discussão tem sido centrada, essencialmente, na visão

---

[519] Caso *Dawson Chemical Co. vs Rohm & Haas Co.*, cit.
[520] No longínquo caso *James vs. Campbell*, Supreme Court, 1888, 104 U.S. 356 e ss., o Tribunal veio equiparar, categoricamente, o direito de propriedade de patente com qualquer outro direito de propriedade, beneficiando ambos da mesma tutela constitucional.
O mesmo é afirmado na doutrina. Por exemplo, PRAVEL, «Say "No" to More Compulsory Licensing Statutes», ob. cit., pp. 190, afirma o seguinte: "the nature of the property *right* is the same and should be governed under the law by the same considerations, and particularly the constitutional limitations with respect to the taking of property".
[521] *Idem*, pp. 201 e 202.

de que, no caso de patentes fraudulentas, será preferível optar pela concessão de uma licença compulsória sem a atribuição de qualquer remuneração, do que pela revogação da patente. Desta forma, facilmente se observa que o âmago da questão não está tanto no caráter sancionatório ou do reduzido valor da patente para a não atribuição de *royalties*, mas sim na tentativa de não melindrar o direito de patente em si, pois, desta forma, "all property rights are forever lost"[522].

III. Em suma, apesar das críticas generalizadas à licença compulsória e a sua aparente contradição para com o direito de patente nos EUA, não podemos estar de acordo com a afirmação de Bennett, quando refere que "the real purpose of American advocates of compulsory licensing laws is to strike a death blow at patent suppression and industrial concentration effected through patent consolidations"[523].

Embora exista quem olhe para as licenças compulsórias apenas como um mecanismo instrumental, vislumbrando a prática, teremos de concluir que esta é bastante relevante na ordem jurídica norte-americana. Não nos custa seguir a unanimidade que existe à volta de um ponto contra a licença compulsória: a não admissibilidade de um regime geral. Este não se vislumbra necessário nos EUA. A preferência sempre foi pela estatuição de regimes especiais, pois, quando foi necessário, a jurisprudência norte-americana não se fez rogada na sua admissibilidade. A licença compulsória sempre esteve presente na ordem jurídica norte-americana e vai continuar a estar.

Como referiu Corbune, após a sentença do caso *Hartford-Empire Co. vs. United States*:

"The courts will [...] have ample power to fashion the remedy suitable to each particular state of facts, and where appropriate, may require compulsory licensing. It is thus not necessary for Congress to attempt to set up a system of general compulsory licensing under administrative control in order to curb such abuses of the patent monopoly as may exist [...] Properly applied on a case by case basis with due consideration of the particular facts involved

---

[522] Schlam, «Compulsory Royalty-Free Licensing as an Antitrust Remedy for Patent Fraud: Law, Policy and The Patent-Antitrust Interface Revisited», ob. cit., pp. 470 e 471.
[523] Bennett, *The American Patent System – An Economic Interpretation*, Louisiana, Louisiana State University Press, 1943, pp. 239.

in each case, it can go far toward eliminating some of the abuses which have marred the patent system without endangering the basic strength of that system"[524].

A necessidade da licença compulsória surge-nos para além dos Tribunais. Em 2001, o Governo norte-americano, quando confrontado com problemas graves que necessitariam de ser resolvidos através da concessão de licenças compulsórias, não hesitou em tomar medidas. Pouco tempo depois do ataque terrorista de 11 de Setembro, várias cartas que continham *Antrax* foram enviadas a cidadãos norte-americanos. A *Bayer* era a única companhia autorizada a produzir o medicamento *Cipro*, fármaco utilizado para o tratamento das mazelas advindas daquele produto químico. Devido à crescente ameaça, rapidamente se esgotou o medicamento, sendo que o Departamento de Saúde norte-americano pediu à *Bayer* para produzir mais dez milhões de doses do mesmo. Dado o preço do fármaco, o *Secretary of Health and Human Services* ameaçou a *Bayer* da concessão de uma licença compulsória, se esta não baixasse o preço do medicamento. Levando em conta esta ameaça, a empresa *Bayer* decidiu fornecer o medicamento ao Governo norte-americano a um preço muito inferior ao praticado, evitando a licença compulsória[525].

Este caso demonstra-nos que, na ordem jurídica norte-americana, a licença compulsória é olhada como um mecanismo relevante, não obstante o desdém com que a mesma é tratada por muitos autores na doutrina. Esta conclusão leva-nos a pensar que a posição hostil em relação à licença compulsória em fóruns internacionais possui mais objetivos políticos do que jurídicos, no sentido de proteger a sua indústria no estrangeiro, nomeadamente a indústria farmacêutica.

§ 25. França

25.1. Introdução

I. A evolução do regime jurídico da licença compulsória no direito francês foi similar à de muitos outros países europeus. As disposições

---

[524] COBURN, «Compulsory Licensing by the Courts», ob. cit., pp. 192.
[525] Cf. HESTERMEYER, *Human Rights and the WTO*, ob. cit., pp. 16 e 17; FAIR, «Does Climate Change Justify Compulsory Licensing of Green Technology?», *Int'l L. & Mgmt. Rev.*, vol, 6, 2009, pp. 21 e ss., pp. 27.

relacionadas com o instituto em causa decorreram da obrigação de implementar as mudanças ocorridas nas sucessivas revisões da CUP.

Em território francês, já vinham sendo criticadas duas decisões da *Cour de cassation*, que, sucessivamente, nos anos de 1946 e 1947, decretaram a caducidade da patente como sanção para a falta de exploração[526]. O principal argumento contra estas decisões jurisprudenciais era o facto de o estado francês estar a violar as obrigações internacionais para com a CUP, da qual era Estado-membro. Havia mesmo defensores da aplicabilidade direta das normas estipuladas na Convenção[527]. Na realidade, a CUP, na versão dada pela conferência de Londres, que veio colocar a caducidade como subsidiária em relação à licença compulsória, já tinha sido promulgada pelo Estado francês a 26 de julho de 1939, mas as mudanças ainda não se faziam sentir no direito de propriedade industrial. Desta forma, surgiu o Decreto nº 53-970, de 30 de setembro de 1953, que veio substituir o art. 32º da lei de 5 de julho de 1844[528], relegando-se a caducidade apenas para os casos de falta de pagamento das taxas anuais pelo titular da patente e consagrando-se um sistema de licenças compulsórias para a falta ou insuficiente exploração. Na mesma data, aprovou-se ainda um segundo Decreto, o nº 53-971, que veio estabelecer uma licença compulsória de ofício para os produtos ou processos farmacêuticos patenteados, quando estes não estivessem disponíveis para o público em quantidades ou qualidade suficientes, ou não fossem comercializados a preços acessíveis[529].

---

[526] SALAMOLARD, *La licence obligatoire en matière de brevets d'invention...*, ob. cit., pp. 95; CASALONGA, «The Compulsory License System in France», *Journal of the Patent Office Society*, vol. I, 1954, pp. 19 e ss., disponível em «www.heioonline.org» (visitado em 15.03.2012), pp. 19.

[527] SALAMOLARD, *La licence obligatoire en matière de brevets d'invention...*, ob. cit., pp. 95; CASTEL, «Recent Trends in Compulsory Licensing in Case of Non-use of Patents: A Comparative Analysis», ob. cit., pp. 332 e 333. Contudo, BODENHAUSEN, *Guide d'application de la Convention de Paris pour la protection de la propriété industrielle...*ob. cit., pp. 70, já veio esclarecer que o art. 5ºA, nº 2, da CUP, que é aquele que estabelece a licença compulsória como remédio para a falta de exploração, apenas dá aos Estados-membros um simples direito de legislar sobre a matéria em questão, não tendo carácter *self-executing*.

[528] Sobre esta disposição e como a mesma opera, *vide* FREDERICO, «Compulsory Licensing in Other Countries», ob. cit., pp. 304.

[529] Cf. SABATIER, *L'Explotation des Brevets d'Invention et l'Intérêt Général d'Ordre Économique*, ob. cit., pp. 124; PLAISANT, «Les Licences Obligatoires», *Rivista di diritto industriale*, I, 1956, pp. 101 e ss., pp. 103; CASALONGA, «The Compulsory License System in France», ob. cit., pp. 19, 21 e 27.

II. Poucos anos mais tarde, em 1968, foi promulgada uma nova lei, a *Loi nº 68-1 du 2 janvier*[530]. Nos seus arts. 32º a 40º, veio estipular um regime de licenças compulsórias mais completo, tendo muitas semelhanças ao que nos surge hoje no CPI francês. Consagraram-se duas licenças concedidas judicialmente e três administrativas. Nas primeiras, cabiam as licenças compulsórias por falta de exploração[531] e por dependência entre patentes. Nas segundas, as licenças compulsórias poderiam ter como fundamentos a saúde pública, o desenvolvimento económico e a defesa nacional. Este regime, com algumas alterações, é o que ainda se mantém em vigor nos dias de hoje, nos arts. L. 613-11 a 613-19-1 do *Code de la Propriété Intellectuelle*.

Quando se olha para o regime jurídico francês de licenças compulsórias, distinguem-se, desde logo, as licenças administrativas (*licences à caractère administratif*) e as licenças judiciárias (*licences à caractere judiciaire*)[532]. Não é difícil entender qual é a diferença. O caráter administrativo ou judiciário destas tem que ver com a entidade que as concede. Na ordem jurídica francesa, dependendo dos fundamentos, a competência será atribuída ao ministro que tutela a propriedade industrial, ou ao *tribunal de grande instance*. Contudo, as diferenças não ficam por aqui. Com iremos ver, as primeiras, que até já foram denominadas de *licences de droit commun*[533], têm regras diferentes de concessão, na medida em que as licenças administrativas são todas licenças de ofício. De referir ainda que, nas licenças judiciais, ao contrário das licenças de ofício, o procedimento de concessão é previsto em conjunto, *inter alia* nos arts. R. 613-4 a R. 613-9 do Código de Propriedade Intelectual.

---

[530] SALAMOLARD, *La licence obligatoire en matière de brevets d'invention...*, ob. cit., pp. 96. Sobre as principais alterações desta lei, *vide* CHAVANNE/AZÉMA, *Le Nouveau Régime des Brevets d'Invention: Commentaire de la Loi du 13 Juillet*, 1978, Sirey, Paris, 1979, pp. 6 e ss.; URBAIN, «Compulsory Licenses in French Patent Law», *IIC*, vol. 5, no. 3, Munich/Oxford, 1974, pp. 273 e ss. Sobre um resumido apontamento histórico do direito de patentes francês até esta data, *vide* VIANÈS, «The New French Patent Law», *IIC*, vol.. 11, no. 2, Munich/Oxford, 1980, pp. 131 e ss., pp. 131 a 136.

[531] Embora, neste fundamento, se tenha suprimido o requisito da prática anticompetitiva (cf. URBAIN, «Compulsory Licenses in French Patent Law», ob. cit., pp. 275).

[532] Por todos, cf. SCHMIDT-SZALEWSKI/PIERRE, *Droit de la Propriété Industrielle*, ob. cit., pp. 118.

[533] SABATIER, *L'Exploitation des Brevets d'Invention et l'Intérêt Général d'Ordre Économique*, ob. cit., pp. 7.

Destarte, deste segmentado regime, podemos retirar cinco fundamentos de licenças compulsórias:
a) Falta ou insuficiente exploração;
b) Dependência entre patentes;
c) Necessidades relacionadas com saúde pública;
d) Necessidades relacionadas com a economia nacional;
e) Necessidades relacionadas com a defesa nacional.

25.2. As licenças compulsórias judiciais

I. Dentro deste tipo de licenças compulsórias, encontramos, desde logo, a falta ou insuficiente exploração. Este desdobra-se em dois subfundamentos. No art. L. 613-11, a), está prevista a "clássica" falta ou insuficiente exploração em termos materiais. Segundo a disposição, a licença compulsória não poderá ser concedida se, à data do requerimento desta, o titular do direito estiver a realizar preparativos sérios e efetivos para explorar a patente. O segundo subfundamento está presente na alínea b) do art. L. 613-11, onde se prevê, não obstante a exploração estar a ser efetuada, que poderá ser concedida uma licença compulsória, se os produtos patenteados não forem comercializados em quantidades suficientes, de modo a satisfazer as necessidades do mercado francês.

Nestes casos, em que a competência é do tribunal de grande instância, o requerente (*public* ou *privé*) terá que ter tentado obter uma licença contratual[534]. O regime jurídico francês não densifica como terá de ser esta tentativa de obtenção de uma licença voluntária.

SCHMIDT-SZALEWSKI e PIERRE referem que as alíneas a) e b) do art. L. 613-11 são cumulativas[535]. Este raciocínio não nos parece o mais correto. Na realidade, são dois fundamentos distintos. Tal como no direito português, no art. 108º, nº 1, a licença compulsória por falta de exploração poderá ser concedida, se houver falta ou insuficiente exploração ou esta exploração não ocorrer às necessidades do mercado português[536].

---

[534] ABELLO, *La Licence, Instrument de Régulation des Droits de Propriété Intellectuelle*, ob. cit., pp. 227.
[535] SCHMIDT-SZALEWSKI/PIERRE, *Droit de la Propriété Industrielle*, ob. cit., pp. 119.
[536] E ainda, se o direito de propriedade industrial não for explorado ou comercializado de acordo com as necessidades do mercado francês, durante três anos consecutivos (cf. art. L. 613-11, § 4).

Seguindo os prazos estipulados na CUP, uma licença compulsória com fundamento na falta de exploração da patente só poderá ser concedida depois de ultrapassado o prazo de três anos a partir da data de concessão da patente, ou quatro anos a partir da data do pedido. Curiosamente, como nota URBAIN, o direito francês não especifica qual o prazo que se deverá aplicar na concorrência dos dois[537]. Contudo, por bom senso, deverá aplicar-se o prazo mais longo, como refere a CUP.

O titular da patente pode, como é natural, opor *excuses legitimes*[538]. O direito francês não densifica o que entende por razões legítimas, o que não tem impedido a doutrina e a jurisprudência de interpretarem este requisito de forma similar à densificação normalmente encontrada em várias ordens jurídicas no direito comparado. Desta forma, as razões para não se explorar a invenção terão de se consubstanciar em *obstáculos suficientemente graves*[539], como casos de força maior[540] ou falta de autorização administrativa para comercializar os produtos objeto do direito de propriedade industrial[541].

II. O segundo fundamento em que a competência para a concessão da licença compulsória pertence ao tribunal de grande instância diz respeito à dependência entre patentes. Existem dois tipos de regime de dependência entre direitos de propriedade industrial: um entre patentes[542] e outro entre invenções em matéria biotecnológica, que adveio da diretiva comunitária nº 98/44, de 6 de julho de 1998, nomeadamente, entre patentes e direitos do obtentor vegetal[543], regime introduzido pelo art. 7º da Lei nº 2004-1338, de 8 dezembro[544].

GALLOUX refere que, para que uma licença compulsória com este fundamento seja concedida, tal como na licença compulsória por falta de exploração, terá de ter sido ultrapassado o prazo legal[545]. Se olharmos para

---

[537] URBAIN, «Compulsory Licenses in French Patent Law», ob. cit., pp. 284, nota 16.
[538] Cf. art. L. 613-11.
[539] VIVANT/BILON, *Code de la Properiété Intellectuelle 2005*, 8e ed., Litec, Paris, 2005, pp. 300; SCHMIDT-SZALEWSKI/PIERRE, *Droit de la Propriété Industrielle*, ob. cit., pp. 119.
[540] GALLOUX, *Droit de la Propriété Industrielle*, 2e ed., Paris, Dalloz, 2003, pp. 222.
[541] *Idem*.
[542] Cf. art. L. 613-15.
[543] Cf. art. L. 613-15-1.
[544] GALLOUX, *Droit de la Propriété Industrielle*, ob. cit., pp. 223 a 225.
[545] *Idem*, pp. 223.

a lei, esta manda, de facto, aplicar as condições requeridas para a licença por falta ou insuficiente exploração, mas não todas. Apenas as que estão presentes no arts. L. 613-12 a 613-14[546]. Assim, será necessária, por exemplo, uma tentativa de obtenção de licença contratual por parte do titular da patente dependente, mas não o prazo requerido no art. L. 613.11.

Por fim, requer-se ainda, para todos os tipos de dependência entre direitos de propriedade industrial, que o direito dependente constitua um progresso técnico importante (*progrès technique important*), com um interesse económico considerável (*intérêt économique considérable*).

25.3. As licenças compulsórias de ofício

I. Dentro das licenças de ofício, sendo que todas elas, como o próprio nome indica, são administrativas, estão as licenças compulsórias com fundamento na saúde pública (*santé publique*).

Esta licença compulsória de ofício encontra-se prevista nos arts. L. 613-16 e 613-17, tendo o seu procedimento definido nos arts. R. 613-10 a 613-25. Assim, por razões de saúde pública, o ministro competente em matéria de direitos de propriedade industrial, a pedido do Ministro da Saúde Pública, poderá submeter, ao regime de uma licença de ofício, todas as patentes que tenham subjacentes:

a) medicamentos, produtos sanitários, produtos sanitários de diagnóstico *in vitro* e produtos terapêuticos anexos;

b) procedimentos de obtenção dos produtos descritos na alínea anterior e ainda os produtos necessários para a sua obtenção ou o procedimento de fabricação desses mesmos produtos;

c) métodos de diagnóstico *ex vivo*.

Dado que o conceito de razões de *saúde pública* é vago, a lei vem preencher o seu significado, mencionando quatro situações que afetam os produtos, processos ou métodos de diagnósticos patenteados e que poderão dar lugar à concessão desta licença. Desta forma, poderão conceder-se licenças compulsórias por razões de saúde pública quando:

a) Haja produção em quantidade ou qualidade insuficientes relativamente ao que o público necessita;

b) Os preços praticados sejam *anormalement* élevés;

---

[546] Cf. art. L. 613-15, último parágrafo.

c) A exploração das patentes seja contrária à saúde pública;
d) A exploração constitua uma prática anticompetitiva, que contrarie uma decisão judicial ou administrativa.

De acordo com o art. L. 613-17, após a patente ser submetida ao regime das licenças *ex officio*, qualquer interessado poderá requerer ao ministro da tutela da propriedade industrial uma licença compulsória sobre essa patente.

Neste regime, não podemos deixar de notar a relevância da inclusão expressa dos métodos de diagnóstico *ex vivo* como integrando os produtos farmacêuticos, que poderão ser licenciados compulsoriamente, evitando, desta forma, batalhas judiciais para determinar o que deve ou não ser licenciado. A doutrina acredita que, apesar de não existirem até à data aplicações deste regime, o mesmo promove a celebração de licenças contratuais[547], dando como exemplo o caso da *Myriad Genetics Inc.*, uma companhia farmacêutica que, antes da entrada em vigor desta ressalva (que só surgiu com a modificação operada pela Lei nº 2004-800, de 6 de julho), recusou conceder uma licença contratual de uma patente de métodos de diagnósticos *ex vivo*, que cobria, nomeadamente, testes para cancro da mama e do ovário. Na verdade, este foi um dos casos que impulsionou a mudança de 2004, na medida em que, como acrescenta a doutrina, com a ameaça da licença compulsória, provavelmente as partes teriam chegado a acordo para a celebração de uma licença contratual[548].

No âmbito destas licenças, temos ainda de aplaudir o facto de se prever a dispensa do requisito da tentativa de obtenção de licença contratual, nos casos de práticas anticompetitivas ou, mais importante, em casos de urgência, o que, em questões de saúde pública, poderá ser determinante. Importante é ainda a estipulação contida no art. L. 5141-13 (antigo art. L. 617-9 modificado pela *Ordonnance* n°2010-18 du 7 *janvier* 2010), que estende a licença de ofício aos medicamentos veterinários, a pedido do Ministro da Agricultura, e sempre que a pecuária o exija.

II. Encontramos igualmente a licença compulsória de ofício com fundamento em necessidades relacionadas com a economia nacional.

---

[547] ABELLO, *La Licence, Instrument de Régulation des Droits de Propriété Intellectuelle*, ob. cit., pp. 211.
[548] *Idem*.

Está prevista no art. L. 613-18, sendo que o seu procedimento nos surge nos arts. R. 613-26 a R. 613-33. Esta licença compulsória tem a particularidade de não poder ser concedida de imediato. Desta feita, quando os titulares do direito de propriedade industrial não estiverem a explorar a invenção de maneira a satisfazer as necessidades da economia francesa, o ministro competente em matéria de direito da propriedade industrial, depois de consultar o Ministro de Economia e Finanças e o Ministro competente em matéria de Investigação Científica e Assuntos Atómicos e Espaciais[549], poderá emitir uma ordem para que este inicie ou adeque a sua exploração de acordo com as necessidades da economia francesa. Após esta ordem, e ultrapassado o prazo de um ano, se os titulares explorarem o seu direito de forma insuficiente, em quantidade ou qualidade, e isso causar grave prejuízo ao desenvolvimento económico ou ao interesse público, tal como o regime das licenças compulsórias por necessidades de saúde pública, estas ficarão sujeitas ao regime das licenças de ofício, podendo ser objeto de licenças compulsórias. Não obstante, o prazo de um ano poderá ser alargado por mais um ano, se o titular do direito de propriedade industrial justificar a sua deficiente exploração com razões legítimas e compatíveis com as necessidades do mercado francês.

III. Quanto ao último fundamento, as licenças compulsórias de ofício por necessidades de defesa nacional, estas funcionam de uma maneira similar às duas últimas precedentes. Estão previstas no art. L. 613-19 e arts. R. 613-34 a 613-42, e só diferem das outras no objeto, pois aqui estão em causa *besoins de la defense nationale*. Contudo, existe, neste caso, uma característica especial, que é o facto de esta licença só aproveitar ao Estado ou a alguma entidade escolhida por si, sendo que, neste último caso, poderemos estar perante uma entidade concessionária. Além do mais, não existe qualquer prazo para requerer esta licença de ofício, podendo ser requerida a qualquer momento, por solicitação do Ministro da Defesa, sendo que a concessão caberá ao ministro com a tutela da propriedade industrial[550].

---

[549] Cf. art. R. 613-26.
[550] As licenças de ofício estão ainda previstas para os direitos do obtentor vegetal (art. 13º da Lei nº 70-489, de 11 de junho de 1970).

25.4. *Redevances* da licença compulsória: entre a falta de critérios legais e a primazia do acordo entre as partes

A última grande diferença deste regime de licenças compulsórias bipartido está na quantificação da remuneração. Enquanto nas licenças compulsórias judiciais é o tribunal que procede à quantificação da remuneração, nas licenças compulsórias de ofício, ao contrário das outras condições, esta é deixada a cargo das partes, promovendo-se assim o acordo amigável entre as mesmas. Se as partes não chegarem a acordo, a remuneração irá ser fixada pelo tribunal de grande instância. Não está aqui em causa, como refere SALAMOLARD, uma fase judicial facultativa[551], pois esta não é fruto da escolha das partes envolvidas. Esta é, sim, uma *fase eventual*, na medida em que poderá surgir, unicamente, se as partes não chegarem a acordo na questão dos *royalties*.

À semelhança do que acontece com as licenças compulsórias judiciais, nas *licence d'office*, caso o estabelecimento da remuneração chegue a tribunal, este irá deparar-se com um vazio legal sobre os critérios a adotar na quantificação. Este vazio legal tem levado os tribunais a pedir a intervenção de peritos no sentido de se determinar[552].

§ 26. Índia

26.1. Introdução

I. De forma a analisarmos a ordem jurídica da União Indiana, temos de nos situar em dois momentos, mais concretamente antes e depois do nascimento do Acordo *Trips*. Antes da criação da OMC e, consequentemente, do Acordo *Trips*, os países eram livres de modelar o seu próprio regime jurídico de patentes. A Índia foi um dos países que mais aproveitou essa circunstância, substituindo o direito de propriedade industrial colonial (*British Patents and Designs Act* de 1911)[553], promulgando a *Patents*

---

[551] SALAMOLARD, *La licence obligatoire en matière de brevets d'invention...*, ob. cit., pp. 182.

[552] Na decisão do Tribunal de Grande Instance de Paris ("Tetracycline Derivatives"), 6 de junho de 1973, IIC, 1974, pp. 314 e ss., o tribunal, ao conceder uma licença compulsória sobre o tempo remanescente de uma patente, nomeou um perito para estipular a sua remuneração. Contudo, como medida provisória e até decisão deste, o tribunal fixou os *royalties* em 1% sobre os montantes auferidos como resultado do uso da patente.

[553] Sobre as origens do direito de propriedade industrial indiano, *vide* UNNI, «Indian Patent Law and TRIPS: Redrawing the Flexibility Framework in the Context of Public Policy and

Act de 1970[554]. A nova legislação não reconhecia a proteção pelo direito de patentes de produtos relacionados com medicamentos e alimentos, situação que trouxe grandes vantagens ao mercado indiano e permitiu o crescimento da sua indústria farmacêutica, tornando a Índia na maior produtora de medicamentos, ao menor custo, de todo o planeta[555].

II. As licenças compulsórias também surgiram em grande escala com este regime. Apesar de terem sido abolidas as patentes de produto nas invenções farmacêuticas[556], a patenteabilidade das invenções farmacêuticas de processo continuou a ser possível, salvaguardando-se, nesta matéria, a existência de licenças compulsórias[557].

Relevante era a disposição contida na sec. 86, que foi introduzida pela revisão de 1952, sendo muito similar à sec. 41 da lei de patentes inglesa de 1949, onde eram as estipuladas *licenses of right*, prevendo-se que, após três anos a contar da concessão da patente de processo sobre invenções farmacêuticas, qualquer interessado poderia requerer a concessão de uma licença[558]. Estas vieram complementar a liberdade que já

Health», ob. cit., pp. 324 e ss.; Para um curto relato histórico, antes e depois do Acordo Trips, *vide* MUKHERJEE, «The Journey of Indian Patent Law Towards Trips Compliance», *IIC*, vol. 35, no. 2, Munich/Oxford, 2004, pp. 125 e ss.

[554] CHAUDHURI, *Trips and Changes in Pharmaceutical Patent Regime in India*, ob. cit., pp. 2.

[555] *Idem*.

[556] De notar que a decisão de não proteger as invenções de produtos farmacêuticos se deveu, em grande parte, a um relatório elaborado em 1959, denominado *Ayyangar Commitee Report* (AYYANGAR, *Report on the Revision of the Patent Law*, New Delhi, Government of India Press, 1959, disponível em «http://www.spicyip.com/ip-resources.html»). Este veio chamar a atenção para o facto de cerca de 80 ou 90% das patentes na Índia serem detidas por empresas estrangeiras, sendo que a sua maioria não era explorada em território indiano. Desta forma, o Comité concluiu que o sistema estava a ser explorado por multinacionais, que controlavam o mercado através de grandes monopólios, não permitindo a indústria local de se desenvolver. Como grande parte deste controlo era efetuado no campo da indústria farmacêutica, alimentar e de químicos, o Comité sugeriu que a proteção das mesmas fosse somente ao nível das invenções de processo (cf. UNNI, «Indian Patent Law and TRIPS: Redrawing the Flexibility Framework in the Context of Public Policy and Health», ob. cit., pp. 327; BASHEER, «India's Tryst with TRIPS: The Patents (Amendment) Act, 2005», *Indian Journal of Law and Technology*, vol. I, 2005, pp. 15 e ss., disponível em «papers.ssrn.com» (visitado em 22.08.2012), pp. 18).

[557] Cf. sec. 82 e ss.

[558] Sobre este tipo de licença na Índia, *vide* BASHEER/MRINALINI, *The "Compulsory Licence" Regime in India: Past, Present and Future*, ob. cit., pp. 17 e ss. Esta foi revogada com a emenda

existia nesta matéria, facilitando o crescimento da indústria farmacêutica de genéricos[559].

III. Com o Acordo *Trips*, tudo se modificou. Como é demais sabido, este obrigou todos os Estados-membros a estabelecerem um mínimo de proteção para os direitos de propriedade intelectual. Apesar de o Acordo *Trips* ter entrado em vigor a 1 de janeiro de 1996, aos países em vias de desenvolvimento foi permitido um período transitório com dois prazos distintos, um de cinco anos para a implementação das novas disposições[560] e outro de dez anos nas áreas em que não existisse qualquer proteção[561/562].

A Índia beneficiou destes dois prazos, sendo que o segundo se aplicaria à classe de produtos que não eram, até então, protegidos, i.e., os produtos farmacêuticos e os produtos químicos agrícolas[563]. Apesar do forte *lobby* no sentido de a União Indiana transpor para a sua ordem jurídica o *standard* de proteção inaugurado com o Acordo *Trips*, esta transição não foi expedita. Na sequência desta demora, os EUA e a União Europeia iniciaram um processo na OMC contra a União Indiana, acusando-a de não cumprir com o disposto no art. 70, nº 8 e 9, do Acordo *Trips*[564]. O júri constituído para a resolução do litígio (*Dispute Settlement Body*) acabou por dar razão aos primeiros, defendendo que a União Indiana não estaria a cumprir com as obrigações estipuladas no Acordo.

Apesar de a Índia ter recorrido da decisão, tal recurso foi rejeitado, levando-a a submeter um projeto lei à câmara baixa do Parlamento (*Lok Sabha*) e, consequentemente, à câmara alta (*Rajya Sabha*), tendo este sido aprovado em março de 1999[565]. Esta emenda à *Patent Act* de 1970

---

de 2002 (MUKHERJEE, «The Journey of Indian Patent Law Towards Trips Compliance», ob. cit., pp. 137).

[559] No mesmo sentido, CHAUDHURI, *Trips and Changes in Pharmaceutical Patent Regime in India*, ob. cit., pp. 26.

[560] Cf. 65º, nº 2, do Acordo *Trips*.

[561] Cf. 65º, nº 4, do Acordo *Trips*.

[562] UNNI, «Indian Patent Law and TRIPS: Redrawing the Flexibility Framework in the Context of Public Policy and Health», ob. cit., pp. 331.

[563] CHAUDHURI, *Trips and Changes in Pharmaceutical Patent Regime in India*, ob. cit., pp. 3.

[564] *Idem*, pp. 5.

[565] CHAUDHURI, *Trips and Changes in Pharmaceutical Patent Regime in India*, ob. cit., pp. 5. UNNI, «Indian Patent Law and TRIPS: Redrawing the Flexibility Framework in the Context of Public Policy and Health», ob. cit., pp. 331.

veio introduzir, na ordem jurídica indiana, a chamada *Mailbox application*, que foi criada pelo Acordo *Trips*, sendo destinada aos países que não protegiam as patentes farmacêuticas e químicas, de modo a arquivar todos os pedidos de patente a partir do dia 1 de janeiro de 1995. Sem embargo, a emenda que mais releva no nosso estudo foi promulgada em 2002. Esta revisão à lei de patentes, que procedeu a sessenta e quatro alterações, veio, entre outras coisas, alterar o regime jurídico das licenças compulsórias[566].

Por fim, surge-nos a última revisão à lei de patentes: *Amendment Act* 2005. Esta, apesar de ter passado por vários problemas até à sua aprovação final[567], foi de extrema importância, uma vez que veio proteger as invenções farmacêuticas de produto[568].

26.2. Os princípios gerais aplicados à exploração de patentes. A influência no regime jurídico de licenças compulsórias

Com a emenda de 2002 à *Patent Act* de 1970, surgiu o atual regime das licenças compulsórias, muito mais desenvolvido do que o anterior[569]. Este surge-nos nas secções 82º a 94º. A lei indiana, depois de nos dar algumas definições úteis em matéria de patentes, estabelece uma série de princípios aplicáveis à exploração destas[570]. Estes princípios vêm colocar o *interesse público* no centro do regime de direito de patentes, convencionando-se que estas deverão servir para encorajar a inventividade (alínea a)), de forma a promover a inovação e a disseminação da tecnologia, tendo como fim último conduzir ao bem-estar social e económico (alínea c)). A lei vem depois chamar a atenção para o facto de existirem

---

[566] CHAUDHURI, *Trips and Changes in Pharmaceutical Patent Regime in India*, ob. cit., pp. 6. Uma das mudanças mais relevantes realizada por esta revisão foi precisamente a extensão da duração das patentes para 20 anos, tal como vinha estabelecido no art. 33º do Acordo *Trips*. Antes desta mudança, a duração não era uniforme, sendo de 14 anos para as patentes em geral.

[567] Sobre alguns destes problemas, *vide* BASHEER, «India's Tryst with TRIPS: The Patents (Amendment) Act, 2005», ob. cit., pp. 15 e ss., disponível em «papers.ssrn.com» (visitado em 22.08.2012), pp. 16 e 17.

[568] UNNI, «Indian Patent Law and TRIPS: Redrawing the Flexibility Framework in the Context of Public Policy and Health», ob. cit., pp. 335.

[569] BASHEER/MRINALINI, Kochupillai, *The "Compulsory Licence" Regime in India: Past, Present and Future*, ob. cit., pp. 1 e ss.;

[570] Cf. sec. 83 e ss.

vários "interesses públicos" que se poderão sobrepor ao exclusivo, tais como os interesses socioeconómicos e tecnológicos da União Indiana (alínea d), *in fine*), a transferência internacional de tecnologia (alínea f)) e a saúde pública (alíneas d) e e)).

Como já notou a doutrina[571], quase todos estes princípios são retirados do Acordo *Trips*, nomeadamente dos arts. 7º e 8º, tendo ainda sido incorporado o parágrafo 4 da Declaração de Doha, que afirma que os Governos poderão tomar medidas no que diz respeito à proteção da saúde pública. Todos estes princípios constituem uma base sólida para o regime jurídico da licença compulsória na União Indiana. Como iremos ver, além do regime das licenças compulsórias se desenvolver a partir destes princípios, estes já foram invocados em tribunal para sustentar a legitimidade desta licença.

26.3. A liberdade de fundamentos presente na ordem jurídica indiana. A densificação do regime no caso *Nacto Pharma Limited vs. Bayer Corporation*

I. É comum a doutrina enumerar três fundamentos para a concessão de licenças compulsórias na União Indiana[572] sendo que a competência para a sua concessão é atribuída, exclusivamente, a uma entidade administrativa, o *Controller General of Patents, Designs and Trademarks*[573].

---

[571] CHAUDHURI, *Trips and Changes in Pharmaceutical Patent Regime in India*, ob. cit., pp. 27.

[572] A doutrina costuma referenciar a licença a favor que recai sobre patentes adquiridas através da *Mailbox Applications* (cf. sec. 11ºA, nº 7, § 4) (cf. BASHEER/MRINALINI, Kochupillai, *The "Compulsory Licence" Regime in India: Past, Present and Future*, ob. cit., pp. 17). Contudo, dada a automaticidade da sua concessão e os objetivos que são prosseguidos, parece-nos que estaremos perante uma licença legal e não uma licença compulsória. Esta foi criada, precisamente, para cobrir eventuais danos provocados pela aprovação do Acordo *Trips*. Como já foi mencionado, na revisão de 1999, em consequência do Acordo *Trips*, foi introduzida a denominada *mailbox*. Esta emenda teve como objetivo preservar a novidade nas invenções farmacêuticas nos países que, até 1995, não concediam patentes de produto sobre este tipo de invenções. Assim, devido a este mecanismo, a novidade da invenção não teria como referência 2005, data em que as invenções de produtos farmacêuticos foram pela primeira vez incorporadas na lei. Dado o facto de esta pesquisa poder determinar a concessão de uma patente, uma licença automática deveria ser concedida às empresas de genéricos que, antes de 2005, fizeram um significativo investimento e iniciaram a produção e a comercialização das invenções abrangidas.

[573] Um eventual recurso, a interpor dentro de três meses a contar da data da decisão, é da competência da chamada *Intellectual Property Appellate Board* (cf. sec. 117ºA, nº 2).

Os fundamentos são agrupados da seguinte forma:
a) Abusos dos direitos de patentes;
b) Interesse público;
c) Dependência entre patentes.

II. A "arrumação" dogmática das licenças compulsórias na ordem jurídica indiana não se afigura fácil. A doutrina[574] principia por encaixar os subfundamentos presentes na sec. 84, nº 1, dentro de um fundamento com conteúdo mais amplo, que será o *abuso de direitos de patentes*, na medida em que todos eles consistirão em abusos relacionados com o exclusivo. Desta forma, dentro deste, poderemos encontrar os seguintes subfundamentos:
- A não satisfação das necessidades do público em relação aos produtos advindos da patente[575];
- O facto de a patente não estar disponível para o público a preços acessíveis[576];
- A falta de exploração local da patente em território indiano[577].

Quando analisados estes subfundamentos, verificamos que existem algumas incongruências, dificultando a vida ao intérprete. A título de exemplo, dentro da categoria de abuso de direitos de patentes, englobamos os casos em que as patentes não estão a satisfazer o "público", presente na sec. 84, nº 1, a). Este subfundamento parece querer indicar-nos que estamos perante o interesse público, o que carece de algum rigor dogmático. Ao verificarmos a sua densificação no nº 7 do mesmo artigo, constatamos que, além de duplicar um dos fundamentos já previstos no nº 1 – a falta de exploração local da patente –, toda a sua densificação se reconduz ao abuso de patente, como é exemplo a falta de procura do produto patenteado não estar a ser realizada em termos razoáveis, estipulada na sec. 84, nº 7, ii), o estabelecimento ou desenvolvimento de atividades comerciais em território indiano estar a ser prejudicado, regulado na sec. 84, nº 7, iv), ou ainda, a existência de práticas anticompetitivas, prevista

---

[574] *Idem*, pp. 20, pp. 6 e 7. Cf. ainda WIPO, Exclusions from Patentable Subject Matter and Exceptions and Limitations to the Rights, ob. cit., pp. 39 e ss.
[575] Cf. sec. 84, nº 1, a).
[576] Cf. sec. 84, nº 1, b).
[577] Cf. sec. 84, nº 1, c).

na sec. 84, nº 7, c). Assim, o interesse público estará, como iremos ver, destinado a outras situações[578].

As dificuldades encontradas na redação da lei de patentes indiana já se fizeram sentir no caso concreto que opôs a *Nacto Pharma Limited* à *Bayer Corporation*[579], em que estava em causa a concessão de uma licença compulsória. Um dos argumentos apresentados pela requerente, a *Nacto Pharma Limited*, prendeu-se com o facto de o titular da patente não estar a explorar localmente a invenção no território indiano. O titular da patente, a farmacêutica *Bayer Corporation*, veio alegar que exploração da invenção significaria apenas explorá-la à escala comercial, desde que o objetivo fosse cumprido, sendo indiferente a exploração ser através de importação[580]. O titular da patente formulou este raciocínio com base na sec. 84, nº 7, e), que densifica, precisamente, a alínea a) da sec. 84, nº 1, a)[581]. Como já adiantámos, o nº 7 da sec. 84 vem misturar fundamentos relacionados com a falta de exploração local com o fundamento da sec. 84, nº 1, a), que se encontra densificado no nº 7. O *Controller General of Patents, Designs and Trademarks* veio elucidar esta questão, referindo que

---

[578] É verdade que podemos dizer que certas situações enunciadas no nº 7 da sec. 84 poderão ser, da mesma forma, reconduzidas ao interesse público, dado existir, em variadas legislações, o *interesse público por necessidades de mercado*. Contudo, as disposições da lei e os fundamentos ali estipulados parecem-nos mais ter em conta o comportamento *incorreto* do titular da patente. Assim, somos da opinião de que, dogmaticamente, se encaixam diretamente no fundamento do *abuso dos direitos de patentes*. Não obstante, como afirmam Basheer/Mrinalini, The "Compulsory Licence" Regime in India: Past, Present and Future, ob. cit., pp. 6, nota 29, "the prevention of a patent abuse would most certainly benefit the public and could be said to be in «public interest»".
[579] Decisão do Controller General of Patents, Designs and Trademarks of India, Mumbai, de 9 de março de 2012, IIC, vol. 5, 2012, pp. 587 e ss. Este caso, em termos lacónicos, opôs a empresa indiana de genéricos *Nacto Pharma Limited* à multinacional *Bayer Corporation*. Esta última empresa, dententora de patente sobre a invenção farmacêutica *Sorafenib tosylate*, comercializada com a denominação "Nexavar", usada para o tratamento do cancro do fígado e do rim em estado avançado, viu ser concedida uma licença compulsória sobre a sua patente a favor da empresa de genéricos *Nacto Pharma Limited*. Esta foi concedida a 9 de março de 2012, tendo como base três fundamentos, nomeadamente as necessidades razoáveis do público não estarem a ser preenchidas, o facto de o medicamento não estar a ser comercializado a um preço razoável e a patente não estar a ser explorada localmente no território da União Indiana. Sobre este caso, cf. Ahmed, *Legal Implications of Compulsory Licensing in India – In Light of Nacto vs. Bayer on Pharmaceutical Sector*, Saarbrücken, Lambert, 2013, pp. 26 e ss.
[580] *Idem*, pp. 601.
[581] *Idem*.

VI. ANÁLISE COMPARATIVA DE DIVERSOS REGIMES JURÍDICOS SOBRE LICENÇAS ...

a alínea e) do nº 7 da sec. 84, que se refere à falta de exploração à escala comercial pela importação dos produtos patenteados, estará relacionada com a alínea c) do nº 1 da sec. 84 e não com a alínea a) desse mesmo artigo[582].

A propósito da exploração local das patentes, já nos debruçarmos neste estudo sobre a (des)conformidade destas disposições com o art. 27º, nº 1, do Acordo *Trips*, sendo premente uma alteração legislativa. No caso *Nacto Pharma Limited vs. Bayer Corporation*, um dos fundamentos para a concessão da licença compulsória foi o facto de a *Bayer* não estar a explorar a sua patente na Índia, sendo que a decisão demonstrou que não existe espaço para qualquer outra interpretação, afirmando categoricamente que "the term «worked in the territory India» cannot be restricted to mean as «worked in India on a commercial scale» only as submitted by the patentee"[583]. Esta interpretação é especialmente sensível. Para além da já mencionada desconformidade com o Acordo *Trips*, como afirma a doutrina, uma vez que mais de 90% das patentes farmacêuticas depositadas na Índia são exploradas através de importação, "all of these drugs are now susceptible to compulsory licenses in India"[584].

O caso *Nacto Pharma Limited vs. Bayer Corporation* veio ainda elucidar-nos nos restantes subfundamentos. Na verdade, o *Controller General of Patents, Designs and Trademarks of India* concluiu que o titular da patente farmacêutica, além de não estar a explorar a sua patente em território indiano, estaria também a não disponibilizar os produtos patenteados a preços razoáveis[585], fazendo com as necessidades da sociedade indiana não estivessem a ser satisfeitas.

---

[582] Como vem afirmar, sabiamente, o *Controller General of Patents, Designs and Trademarks of India*: "Accordingly, it does not appear logical to accept the patentee's contention that working means working on a commercial scale only as there is no limitation in Sec. 84(1)(c). If such was the case, then there was no need to incorporate Sec. 84(1)(c) as a separate ground for grant of a compulsory license, as it would be an absurdity. (cf. Decisão do Controller General of Patents, Designs and Trademarks of India, Mumbai, de 9 de março de 2012, cit., pp. 601).
[583] Decisão do Controller General of Patents, Designs and Trademarks of India, Mumbai, de 9 de março de 2012, cit., pp. 601.
[584] AHMED, *Legal Implications of Compulsory Licensing in India...*, ob. cit., pp. 30.
[585] Decisão do Controller General of Patents, Designs and Trademarks of India, Mumbai, de 9 de março de 2012, IIC, vol. 5, 2012, pp. 587 e ss., pp. 599 e ss.

O titular do direito de propriedade industrial veio afirmar que o critério para determinarmos o preço razoável de comercialização deveria ter como base não só as necessidades do público, mas também a situação do titular da patente[586], defendendo ainda que o critério seria algo subjetivo, tendo oscilações conforme a classe social da pessoa que adquirisse o produto[587].

O *Controller General of Patents, Designs and Trademarks* veio rejeitar os argumentos apresentados pelo titular da patente, defendendo que o critério a ser seguido deveria ser, predominantemente, o das necessidades do público[588], concluindo que, se durante quatro anos apenas uma pequena parte dos fármacos patenteados foram vendidos, era porque as necessidades do público não estariam a ser satisfeitas, sendo a única razão lógica o facto de o preço não ser acessível[589/590].

Estamos em crer que as bases assentes neste processo estão, na sua maioria, corretas. Sem embargo, não se poderá tomar unicamente em conta as necessidades do público. Como referiu o *Controller*, este será o critério predominante, contudo, em nossa opinião, terá que existir um juízo *ex ante*, de forma a calcular quais os gastos que o titular da patente teve com a invenção, nomeadamente no seu desenvolvimento científico e comercial, na medida em que se poderá chegar à conclusão que não será possível praticar um preço mais baixo do que aquele que está a ser praticado. Não obstante, a determinação do preço acessível não poderá ter em conta classes sociais, nem o preço médio que é praticado em todos os países onde o produto patenteado é vendido. Terá, sim, que ter em conta

---

[586] *Idem*, pp. 599.
[587] *Idem*.
[588] *Idem*.
[589] *Idem*.
[590] Num caso mais antigo, defendeu-se que o preço acessível ao público deveria ser alcançado quando as necessidades são prementes, não se aceitando uma eventual redução do preço em termos progressivos, tendo em conta as condições de mercado. Foi o que sucedeu no caso caso *Raptakos, Brett & Co (P) vs. Benger Laboratories Ltd.*, onde o titular de uma patente farmacêutica veio afirmar que, mesmo sem a concessão da licença compulsória, já teria existido uma redução do preço ao longo de vários anos, sendo ainda expectável uma maior redução. O *Controller*, na sua decisão, veio defender que uma redução do preço já obtido não era argumento suficiente para se contrariar a concessão de uma licença compulsória (cf. Decisão do Controller General of Patents, Designs and Trademarks of India, 28 de julho de 1959, BASHEER/MRINALINI, *The "Compulsory Licence" Regime in India: Past, Present and Future*, ob. cit., pp. 40 e 41).

aquele país concreto onde a questão é suscitada e o universo de pessoas que poderão ser beneficiadas por aquele produto.

IV. Quanto ao interesse público, podemos dizer que este está presente no art. 92º[591]. Mesmo não se usando o termo *interesse público*, todas as situações aqui descritas cabem nesse conceito, na medida em que se aplica a casos de *national emergency, circumstances of extreme urgency* e a certas situações relacionadas com a saúde pública. Desta forma, estabelece-se que o Governo deverá emitir uma declaração de utilidade pública para o efeito, podendo ainda não seguir todo o procedimento complexo que existe para os restantes fundamentos de licenças compulsórias[592]. Seguindo de perto o art. 31º, b), do Acordo *Trips*, é previsto ainda que o requisito da tentativa de obtenção de licença voluntária poderá ser dispensado nestes casos[593].

No que se refere especificamente à licença compulsória tendo como fundamento a saúde pública, a lei vem ainda elencar várias doenças que poderão ser abrangidas por este regime, não se vinculando contudo a um círculo fechado de enfermidades, deixando a porta aberta a "other epidemics".

V. Por fim, as licenças compulsórias por dependência entre patentes encontram-se na sec. 91, que tem como epígrafe "related patents". A lei de patentes estipula que um titular de uma patente dependente poderá requerer uma licença compulsória, se a exploração da sua patente for impedida ou dificultada por uma patente dominante, ou ainda se o inventor dependente não conseguir explorar a invenção de modo mais eficiente ou da melhor forma possível. Aqui, não se exige a ultrapassagem do prazo de três anos após a concessão da patente, requerendo-se apenas que a invenção dependente constitua um avanço substancial para o estabelecimento ou desenvolvimento de atividades industriais ou comerciais em território indiano.

---

[591] BASHEER/MRINALINI, *The "Compulsory Licence" Regime in India: Past, Present and Future*, ob. cit., pp. 13.
[592] Cf. sec. 92, nº 3
[593] Cf. sec. 84, nº 6, iv).

26.4. A garantia de exploração a cargo do potencial licenciado. A total impossibilidade de transmissão da licença compulsória. Os critérios para a quantificação da remuneração

A lei indiana estabelece muitas das condições já existentes nos diversos ordenamentos jurídicos. Sem embargo, não deixa de estipular algumas que nos chamam a atenção. A questão das garantias a serem oferecidas pelo Requerente da licença é um dos casos paradigmáticos.

Na lei de patentes indiana, para além da preocupação com a exploração da patente "to the fullest extent", o legislador procurou ainda garantir que o licenciado, mesmo tendo o ónus de exploração, conseguisse obter uma razoável margem de lucro para si[594], e que os produtos advindos dessa licença fossem acessíveis ao público a preços razoáveis[595].

Outra questão estranha à maioria das legislações é a inflexibilidade da transmissão da licença compulsória. Ao contrário do Acordo *Trips* que, no seu art. 31º, alínea e), permite aos Estados-membros a circulação da licença compulsória quando associada à transmissão do estabelecimento, a sec. 90, nº 1, v), da lei de patentes indiana estabelece a total impossibilidade de transmissão da licença compulsória.

No que diz respeito à remuneração, a lei de patentes indiana parece desviar-se do estipulado no Acordo *Trips*. Estabelece-se, primeiramente, um conceito indeterminado, referindo-se apenas que a remuneração deverá ser "reasonable", estipulando-se, no seguimento, algumas bitolas que deverão ser tomadas em linha de conta na quantificação dos *royalties*, tal como a natureza da invenção e as despesas de investimento realizadas pelo titular da patente no desenvolvimento e manutenção da mesma[596].

Por último, é prevista ainda a possibilidade de o licenciado rever os termos em que foi estabelecida a licença compulsória, tendo como fundamento o facto de as condições estipuladas se terem tornado demasiado onerosas e, em consequência disso, o licenciado não conseguir explorar a patente ou a exploração desta se tornar ineficiente. O licenciado poderá apenas recorrer a este mecanismo se já tiverem sido ultrapassados, pelo menos, doze meses contados a partir da data de concessão da licença compulsória[597].

---

[594] Cf. sec. 90, nº 1, ii).
[595] Cf. sec. 90, nº 1, iii).
[596] Cf. sec. 90, nº 1, i).
[597] Cf. sec. 88º, nº 4.

§ 27. Itália

27.1. Introdução

Apesar de ser uma matéria que já vinha sendo discutida pela doutrina, se compararmos com os pares europeus, a licença compulsória (*licenza obbligatoria*) surgiu de forma tardia na ordem jurídica italiana, tendo apenas sido consagrada com o Decreto del Presidente della Repubblica (*D.P.R.*), 26 *febbraio* 1968, nº 849[598]. A introdução de um regime sobre licenças compulsórias adveio das sucessivas revisões a que a CUP foi sendo sujeita, revisões, essas, que vieram a ser incorporadas na ordem jurídica italiana com lei de 4 de julho de 1967, nº 676, que veio modificar o art. 54º, do Decreto de 29 de julho de 1954, nº 1127[599]. Antes da promulgação de um regime sobre licenças compulsórias, discutia-se, na doutrina e jurisprudência italiana, se seria necessário criar um regime para a mesma, na medida em que a norma do art. 5ºA da CUP poderia ser aplicada diretamente[600], passando a caducidade a ser subsidiária[601]. Anos antes, já tinha existido uma tentativa de consagração da licença compulsória no direito italiano. Esta surgiu na sequência da revisão da CUP de Londres, em 1934, promulgando-se o Decreto de 13 de setembro de 1934, nº 1602. Contudo, este nunca chegou a entrar em vigor devido à falta de um regulamento de execução[602].

---

[598] Para consultar o texto integral deste Decreto Presidencial, *vide Rivista di Diritto Industriale*, 1968, I, Notizie e Novità Legislative, pp. 417 e ss.

[599] Entre outros, GRECO, «Aspetti Pubblicistici e Privatistici della C.D. Licenza Obbligatoria di Brevetto», ob. cit., pp. 5. ANNA ASSANTI, *Le Licenze Obbligatorie*, ob. cit., pp. 1 e 2; AAVV, *Trattato di Diritto Privato*, Vol. XVIII – Impresa e Lavoro, Tomo IV, Dir. Pietro Rescigno, UTET, 1983, pp.248.

[600] GRECO/VERCELLONE, *Le Invenzioni e i Modelli Industriale* (Trattato di Diritto Civile Italiano), vol. XI, Tomo II, Torino, Editrice Torinese, 1968, pp. 323 a 325; SENA, «L'art.5 della Convenzione di Unione e la Decadenza del Brevetto per Difetto di Attuazione», ob. cit., pp. 5 e ss.; FABIANI, «Onere di Attuazione dell'Invenzione e Abuso del Brevetto», ob. cit., pp. 547 e ss. *Vide* ainda a decisão do Tribunal de Modena sobre a não retroatividade da aplicação da lei d.p.r. de 26 de fevereiro de 1968, no que diz respeito à licença compulsória (Tribunale di Modena, 6 de novembro de 1969, *Rivista di Diritto Industriale*, II, 1969, pp. 381 e ss.).

[601] GRECO, «Aspetti Pubblicistici e Privatistici della C.D. Licenza Obbligatoria di Brevetto», ob. cit., pp. 5.

[602] ANNA ASSANTI, *Le Licenze Obbligatorie*, ob. cit., pp. 7 e 8. ZUDDAS, «Le Licenze Obbligatorie (Spunti Critici sulla Mancata Attuazione del Brevetto)», ob. cit., pp. 139 e 140. Vale a pena lembrar também que, com a Lei de 31 de dezembro de 1962, nº 1860 (cf. art. 27º),

AS LICENÇAS COMPULSÓRIAS DE DIREITOS DE PROPRIEDADE INDUSTRIAL

Desta forma, foi com a Lei nº 849, de 26 fevereiro de 1968, que passou a ser prevista a licença compulsória, tendo como fundamentos a falta ou insuficiente exploração[603], a dependência entre patentes[604] e o interesse público.

Os fundamentos descritos até à data não foram modificados. As alterações que existiram diziam respeito às condições da licença compulsória e ao seu processo de concessão. Uma das alterações foi em 1979; a outra, com maior relevância, deu-se com o Decreto legislativo nº 198/1996, de 19 de março, que veio transpor para o direito italiano as normas previstas no Acordo *Trips*[605].

27.2. Os fundamentos presentes no *Codice della Proprietà Industriale*

I. No *Codice della Proprietà Industriale*, nos arts. 70º e ss. e art. 141º, nº 2, estão previstos três fundamentos para a concessão de licenças compulsórias sobre patentes[606/607]:

a) Falta ou insuficiente exploração (*mancata attuzione*);
b) Dependência entre patentes (*brevetto dependente*);
c) Utilidade pública (*pubblica utilità*).

A competência para a concessão de licenças compulsórias é sempre administrativa, embora não pertencendo aos mesmos órgãos. Nos primeiros dois fundamentos, a competência pertence ao *Ministro dello sviluppo economico*, enquanto no caso da licença compulsória por utilidade pública, a competência pertence ao Presidente da República, conce-

---

foi introduzida uma específica modalidade de licença compulsória para patentes e modelos industriais no setor da energia atómica. Esta, poucos anos mais tarde, foi revogada tacitamente pelo regime da licença compulsória criado pela *Legge* 26 *febbraio* 1968, nº 849 (cf. GRECO, «Aspetti Pubblicistici e Privatistici della C.D. Licenza Obbligatoria di Brevetto», ob. cit., pp. 56, nota 5).

[603] Cf. 54º, 1ª parte e nº 1, a).
[604] Cf. 54º, nº 2, b).
[605] CATALDO, *Il Codice Civile Commentario...*, ob. cit., pp. 172.
[606] As mesmas regras se aplicam, *mutatis mutantis*, aos modelos de utilidade (cf. art. 86º, nº 2, do CPI italiano).
[607] De referir que as disposições sobre licenças compulsórias, tendo como fundamento a falta ou insuficiente exploração ou a dependência entre patentes, não se aplicam às invenções que digam respeito à administração militar ou àquelas que estejam sobre segredo militar (cf. art. 74º, nº 1).

dendo a licença compulsória por Decreto. Sem embargo, a competência para dar início ao processo, pertence sempre ao Instituto Italiano de Patentes e Marcas[608] (*Ufficio Italiano Brevetti e Marchi*).

II. No que diz respeito à *mancata attuzione*, esta vem prevista no art. 70º. A falta ou insuficiente exploração, como nos regimes jurídico português ou francês, divide-se em subfundamentos: a falta ou insuficiente exploração *strictu sensu* e a exploração do direito industrial de forma deficiente, que resulte em graves desequilíbrios nas necessidades do país (*grave sproporzione con i bisogni del paese*). A falta de exploração poderá ser *originaria* ou *sopravvenuta*.

Neste caso, será necessário o requisito pré-procedimental da passagem de três ou quatro anos, a partir da data de concessão ou da data do pedido, aplicando-se o mais longo[609]. Quando a falta ou insuficiente exploração é superveniente, só poderá ser concedida uma licença compulsória quando o titular do direito de propriedade industrial ou o licenciado deixarem de explorar a patente consecutivamente durante, pelo menos, três anos[610].

Suscita-se a questão de saber como interpretar o conceito *grave sproporzione con i bisogni del paese*. Esta redação não se mostra exatamente similar àquelas que estão presentes no direito comparado. Se olharmos para os vários regimes jurídicos, como o português, o francês ou o brasileiro, verificamos que os mesmos apresentam esta exigência pelo lado positivo. Com pequenas diferenças pontuais, todos eles permitem a concessão de licenças compulsórias, se a exploração não satisfazer as necessidades dos mercados nacionais[611]. No regime jurídico italiano, o critério surge-nos pelo lado negativo, determinando a concessão de uma licença compulsória, se existirem *graves desequilíbrios nas necessidades da República italiana*. Este conceito surgiu desde a introdução, pela primeira vez, do regime das licenças compulsórias em Itália, com o *D.P.R. 26 febbraio* 1968, nº 849.

---

[608] Cf. art. 199º.
[609] Cf. art. 70º, nº 1.
[610] Cf. art. 71º, nº 2.
[611] O direito português, como iremos ver, refere a exploração que não "ocorrer às necessidades nacionais"; o direito francês estipula a comercialização do objeto produto advindo da patente em quantidade suficiente para "satisfaire aux besoins du marche français"; o direito brasileiro refere a comercialização que não "[satisfizer] às necessidades de mercado".

III. Debruçando-nos, agora, sobre a licença compulsória por dependência entre patentes[612], esta está regulamentada no art. 71º. Se compararmos com o regime português, o CPI italiano é bastante mais simples.

A lei não distingue os tipos de patentes ou se estas deverão ter os mesmos fins. Na primeira aparição deste fundamento, com o decreto presidencial, nº 849, de 1968, para que fosse possível conceder uma licença deste tipo, apenas se requeria que existisse um "notevole progresso tecnico". A redação atual surge mais exigente. Com a passagem desta matéria para o Código da Propriedade Industrial, e por influência do Acordo *Trips*, a lei passou a exigir que a patente dependente constitua um "importante progresso tecnico di considerevole rilevanza economica".

Dadas as desvantagens que poderão advir para o titular da patente dominante, tal como o direito português, o art. 71º, nº 1, estabelece que esta licença estará sujeita ao princípio da proporcionalidade, ao estipular que a licença compulsória concedida ao titular é na "misura necesssaria a sfruttare l'invenzione"[613].

A lei italiana vem ainda estipular que a licença compulsória obtida com este fundamento enferma de uma *intransmissibilidade tendencial* ainda mais forte do que a estipulada em geral, na medida em que a mesma só poderá ser transmitida em conjunto com a patente dependente[614].

Uma discussão que tem feito correr alguma tinta na doutrina transalpina tem sido a questão de se saber qual a extensão da dependência entre patentes. Isto porque parecem estar somente em causa invenções de aperfeiçoamento (*invenzione di perfezionamento*), dado que a lei requer que a licença dependente seja, em relação à patente dominante, um importante progresso técnico. À luz do antigo regime, a doutrina defendia que, implicitamente, este artigo poderia ser aplicado a outras situações de dependência entre patentes para fins industriais diferentes, na medida

---

[612] Existe ainda um regime para a dependência entre invenções biotecnológicas e variedades vegetais, presente no art. 81º *octies* do CPI italiano.
É importante mencionar ainda que, para que esta licença seja concedida, tal como no regime geral, é necessária uma tentativa de obtenção de uma licença contratual (cf. art. 81º *octies*, nº 4, a)) e que a variedade vegetal ou a invenção constituam um progresso técnico com notável interesse económico, em relação ao direito de propriedade industrial dependente.

[613] O art. 71º, nº 2, *in fine*, estipula, como é habitual, que o titular da patente dominante terá direito a uma licença cruzada, em condições razoáveis (*condizioni ragionevoli*).

[614] Cf. art. 71º, nº 2, 1ª parte.

em que seria possível conjeturar casos em que as invenções não servem os mesmos fins, não sejam um aperfeiçoamento e, ainda assim, a licença dependente constitua um *notevole progresso tecnico*[615].

Outro problema diz respeito à questão de saber se será necessária a ultrapassagem de algum prazo para se requerer uma licença compulsória com este fundamento. Esta discussão deveu-se ao facto de a antiga redação sobre licenças compulsórias ser ambígua. No art. 54º, primeira parte, estipulava-se esse prazo para a licença compulsória por falta de exploração, sendo que os n.ºˢ 1 e 2 estipulavam a licença compulsória por falta ou insuficiente exploração posterior, e, de seguida, a licença compulsória por dependência entre patentes. Desta forma, a licença compulsória só poderia ser concedida depois de ultrapassados os prazos prescritos na lei. Contudo, muitos dos autores discordavam da aplicação deste prazo para as licenças compulsórias com fundamento na dependência entre patentes, na medida em que não faria qualquer sentido existir um prazo para se requerer a licença com este pré-requisito, pois o objetivo não era tutelar a falta de exploração do titular do direito de propriedade industrial, mas sim a posição do titular do direito de propriedade industrial dependente, que iria ver a sua posição ainda mais fragilizada se fosse necessária a verificação da ultrapassagem de um prazo.

No CPI italiano atual, esta discussão já não se coloca, pois os fundamentos para a concessão de licenças compulsórias estão claramente separados, sendo que estes prazos apenas se aplicam à licença compulsória com fundamento em falta ou insuficiente exploração[616/617].

IV. Por fim, poderá ainda ser concedida uma licença compulsória por interesse público. Esta não surge a par das outras licenças. O CPI italiano optou por relacionar este fundamento com a expropriação, colocando estes dois institutos lado a lado, prevendo no art. 141º, nº 2, uma autorização forçada a favor da administração ("l'espropriazione può essere limitata al diritto di uso per i bisogni dello Stato"). Nesta licença compulsória, deverá aplicar-se não o regime geral do art. 72º, mas o

---

[615] SENA, *Trattato di Diritto Civile e Commerciale – I Diritti Suelle Invenzioni e Sui Modelli Industriali*, ob. cit., pp. 423 e 424; ANNA ASSANTI, *Le Licenze Obbligatorie*, ob. cit., pp. 48.
[616] Cf. art. 72º.
[617] Neste sentido, FRASSI, Innovazione Derivata, Brevetto Dependente e Licenza Obbligatoria», *Rivista di Diritto Industriale*, I, Milano, Giuffrè, 2006, pp. 212 e ss., pp. 218, nota 14.

da expropriação[618], sendo que esta poderá ter ainda como fundamento interesses militares.

27.3. Condições e procedimento administrativo

I. O regime jurídico italiano sobre licenças compulsórias é bastante sistematizado. Após atribuir uma disposição a cada fundamento, estabelece em seguida as "disposizioni comuni", no art. 72º.

No nº 1, está presente o pré-requisito geral, habitual em quase todos os regimes: a tentativa de obtenção de uma licença contratual (*licenza contrattuale*). A ordem jurídica italiana preferiu não seguir o Acordo *Trips* nesta matéria, optando por uma densificação muito pouco clara. Não mencionando quaisquer critérios temporais, o CPI italiano limita-se a estipular que as condições propostas para a obtenção da licença deverão ser equitativas (*eque condizioni*).

II. O art. 72º, n º 2, prevê mais duas condições gerais: a outorga de uma remuneração e a obrigatoriedade de apresentação de garantias de exploração por parte do requerente da licença.

Quanto à remuneração, o legislador italiano recorre à mesma fórmula que estipula para a tentativa de obtenção de uma licença contratual, referindo que a remuneração deverá ser justa/equitativa (*equo compenso*). Desde a formação do regime de licença compulsória que o direito italiano nunca deu ao aplicador da lei qualquer critério para determinar o montante[619]. CATALDO defende que a remuneração deverá manifestar o valor da licença à data do pedido de licença compulsória, na medida em que não será possível determinar, com certeza, por quanto tempo a invenção será economicamente viável. Ainda assim, defende que deve ser tomada em conta, de forma hipotética (*quantificazioni ipotetiche*), a duração económica da invenção e a sua importância. Por fim, acrescenta o autor, um princípio deve imperativamente regular esta matéria: não poderá ser criada uma fidúcia a favor de nenhuma das partes[620].

Em caso de haver oposição ao montante da remuneração, o art. 72º, nº 7, *in fine*, manda aplicar o regime da licença de direito, presente no

---

[618] Cf. arts. 141º a 143º.
[619] CATALDO, *Il Codice Civile Commentario*, ob. cit., pp. 174.
[620] Idem.

art. 80º. Segundo este, a remuneração será determinada por um colégio arbitral, composto por três membros, dois escolhidos por cada uma das partes e outro, por acordo entre as mesmas. Se houver desacordo quanto ao último árbitro, este será escolhido pelo Presidente da Comissão de recurso. Se a remuneração for manifestamente injusta ou contiver erro, qualquer uma das partes poderá recorrer ao tribunal judicial[621].

Este mesmo procedimento, segundo o art. 72º, nº 9, deverá aplicar-se à modificação da remuneração após a concessão da licença compulsória.

III. A licença compulsória, segundo o art. 72º, nº 3, não poderá ser concedida ao contrafator de má-fé dos produtos subjacentes à patente. Esta é uma das condições mais discutidas no direito italiano. Alguma doutrina refere que a *ratio* desta norma é sancionatória, na medida em que deverá sempre prevalecer o interesse do titular do direito, mesmo que este, por exemplo, não explore a sua patente[622].

Esta regra sofreu uma mudança bastante relevante com o novo código de propriedade industrial de 2005, ao estabelecer-se que a licença compulsória poderá ser concedida ao sujeito que pratica contrafação, se este último demonstrar boa-fé. Como assinala a doutrina italiana, esta modificação foi bastante conveniente. Na verdade, a redação antiga era bastante limitativa, especialmente para o requerente da licença compulsória por dependência. Muitas vezes, até devido à própria dinâmica da invenção dependente, o inovador sucessivo poderia desconhecer a patente depositada e estar a assim de boa-fé. Ora, nos termos literais da antiga disposição, a boa-fé do requerente de nada serviria, precludindo a possibilidade de este obter uma licença compulsória. Na eventualidade de o titular da patente dominante não querer negociar uma licença contratual, esta circunstância impossibilitaria a exploração da invenção dependente, o que não deixaria de ser, da mesma forma, prejudicial ao interesse coletivo[623].

IV. As restantes condições coincidem, em grande parte, com as estabelecidas no direito comparado. A licença compulsória, como é da natu-

---

[621] Cf. art. 80º, nº 3.
[622] ANNA ASSANTI, *Le Licenze Obbligatorie*, ob. cit., pp. 50.
[623] FRASSI, «Innovazione Derivata, Brevetto Dependente e Licenza Obbligatoria», ob. cit., pp. 221.

reza das coisas, não poderá ser superior à duração da patente[624] e só poderá ser concedida *prevalentemente* para satisfazer o mercado interno[625].

O requerente da licença compulsória terá de dar garantias de exploração da invenção. Como estabelece o nº 2, *in fine*, do art. 72º, a garantia relaciona-se com as condições fixadas para a licença compulsória. Deste modo, assegura-se que a garantia de exploração se relacione com o caso concreto.

Quanto à transferibilidade da licença, a lei italiana estabelece algo que vai para além do Acordo *Trips*, não sendo habitual no direito comparado. Ao contrário do direito português, que só autoriza a transferência da licença com a parte da empresa ou estabelecimento, o regime jurídico italiano é mais permissivo, na medida em que, para a licença compulsória ser transferida, basta o titular da patente dar a sua anuência[626].

V. Quanto às regras procedimentais, estas estão presentes nos arts. 199º e ss., do CPI italiano[627]. Tendo a licença compulsória como fundamento a falta de exploração ou dependência entre direitos de propriedade industrial[628], o potencial licenciado terá de requerer a licença ao *Ufficio Italiano Brevetti e Marchi*, indicando, desde logo, o *quantum* e a modalidade de pagamento dos *royalties*[629/630]. Caso os interessados contestem dentro de sessenta dias a contar da data de notificação do pedido de licença, segundo o art. 199º, nº 3, a entidade administrativa italiana convocará uma tentativa de conciliação entre as partes (*tentativo di conciliazione l'istante*). Passados quarenta e cinco dias após a reunião para a

---

[624] Cf. art. 72º, nº 5, 1ª parte.
[625] Cf. art. 72º, n º 4.
[626] Cf. art. 72º, nº 5, 2ª parte.
[627] Sobre a revisão realizada em 1994, que deu origem a grande parte do regime administrativo de concessão da licença compulsória atual, *vide* SARTI, «Nuove Norme sul Procedimento di Concessione di Licenza Obbligatoria di Brevetto», *Le Nuove Leggi Civili Commentate*, nº 1, anno XIX, CEDAM, 1996, pp. 87 e ss., pp. 88 e ss.
[628] Como já referimos, a licença compulsória por interesse público segue o regime atribuído para a expropriação.
[629] Cf. art. 199º, nº 1.
[630] Segundo o nº 7, do art. 199º, o prazo máximo para a conclusão do procedimento administrativo de concessão da licença compulsória será de cento e oitenta dias, a contar do requerimento do potencial licenciado.

conciliação, mesmo que ainda estejam em negociações, o ministério da economia decidirá pela concessão ou recusa da licença[631/632].

Se as partes chegarem a acordo, este é visto como uma licença contratual, não parecendo possível ao Ministro da Economia intervir com *jus imperii*, rejeitando o montante da remuneração acordada na conciliação[633]. Sem embargo, segundo a doutrina, o poder administrativo poderá rejeitar a licença advinda do acordo das partes na conciliação, invocando interesse público, quando, por exemplo, a concessão da licença permita ao requerente reforçar uma posição dominante, restringindo ilegalmente a concorrência.

27.4. Revogação da licença compulsória

I. A revogação da licença compulsória tem, no direito italiano[634], um regime bastante detalhado. Está presente no art. 73º, sendo a legitimidade atribuída ao titular da patente, que poderá requerer a revogação com base em três motivos:
– Razões relacionadas com o licenciado;
– Razões relacionadas com a própria licença compulsória;
– Por acordo entre as partes.

No primeiro caso, a revogação será motivada pelo comportamento do licenciado, que não cumpre o estabelecido nas condições da licença compulsória, como, por exemplo, faltando ao pagamento da remu-

---

[631] Cf. art. 199º, nº 6.
[632] Discute-se se a fase instrutória será da competência do *Ufficio Italiano Brevetti e Marchi*, se do Ministro do Desenvolvimento Económico, pois a lei apenas refere que a entidade administrativa receberá o requerimento e ao Ministro deverá caber a decisão final. Fica por saber a quem cabe a fase instrutória, incluindo o estabelecimento das condições. ZUDDAS, ainda na lei antiga, discutiu esta questão, referindo que, ao *Ufficio Italiano Brevetti e Marchi*, apenas caberia a função de dar início ao processo, incluindo receber uma eventual contestação do titular do direito, sendo que a fase instrutória e a decisão pertenceriam ao Ministro competente (ZUDDAS, «Le Licenze Obbligatorie (Spunti Critici sulla Mancata Attuazione del Brevetto)», ob. cit., pp. 142).
[633] Cf. SARTI, «Nuove Norme sul Procedimento di Concessione di Licenza Obbligatoria di Brevetto», ob. cit., pp. 91.
[634] Cf. ANNA ASSANTI, *Le Licenze Obbligatorie*, ob. cit., pp. 58. A autora refere que não estamos perante uma verdadeira revogação, mas sim de um caso de caducidade, na medida em que esta tem natureza de sanção.

neração, explorando-a de forma diferenciada do estabelecido ou não cumprindo com as condições estabelecidas para a implementação da invenção[635].

No segundo caso, trata-se de questões que têm que ver com a própria licença compulsória, dado o facto de as circunstâncias que a tornaram possível deixarem de existir e serem improváveis de voltarem a verificar-se[636].

Finalmente, o último caso, previsto no art. 73º, nº 2, *in fine*, dá-se, como a lei expressamente refere, quando as partes cheguem a acordo para a sua revogação. Desta forma, ao invés de serem simples manifestações de vontade das partes, exige-se que este acordo tome a forma de revogação e, consequentemente, fique sujeito às formalidades desta.

A revogação da licença compulsória será requerida ao *Ufficio Italiano Brevetti e Marchi*[637], não obstante o diferimento pertencer ao Ministro da Economia[638].

27.5. Concessão de licenças compulsórias por práticas anticoncorrenciais no direito italiano

Apesar de não fazer parte do rol de fundamentos previstos para a concessão de licenças compulsórias no CPI, em Itália, tal como já aconteceu, por exemplo, no seio da das decisões jurisprudenciais da União Europeia ou dos EUA, têm-se concedido licenças compulsórias tendo como objetivo ultrapassar práticas que violem as leis da concorrência.

Não obstante parecer, à primeira vista, que foram concedidas licenças compulsórias tendo como fundamento a recusa de licenciar voluntariamente produtos patenteados, somente a associação desta recusa em conceder licenças voluntárias com a ligação a práticas anticoncorrenciais deu lugar à concessão de licenças compulsórias, mantendo-se assim o respeito pelos direitos atribuídos aos titulares de direitos de propriedade industrial[639].

Neste âmbito, surgiram dois casos paradigmáticos.

O primeiro relacionou-se com uma substância ativa, denominada *cilastina*. Neste caso, a Autoridade da Concorrência italiana (*Autoritá Garante*

---

[635] Cf. art. 73º, nº 1.
[636] Cf. art. 73º, nº 2.
[637] Cf. art. 73º, nº 3.
[638] Cf. art. 73º, nº 1 e 2.
[639] Cf. art. 66º, nº 2, CPI italiano.

della Concorrenza e del Mercato) sustentou que as empresas *GlaxosmithKline* e *Merck & Co Inc.* estariam a abusar da sua posição dominante ao não concederem licenças contratuais sobre o produto patenteado. Dado este facto, a 21 de junho de 2005, a entidade administrativa decidiu-se mesmo pela concessão da licença compulsória[640].

Outro caso mais recente deveu-se, novamente, a uma recusa em outorgar uma licença voluntária, consubstanciando-se esse comportamento num abuso de posição dominante. Mais uma vez, a *Merck & Co Inc.* foi a empresa visada, sendo que, a 21 de março de 2007, a *Autoritá Garante della Concorrenza e del Mercato* decidiu conceder uma licença compulsória sem direito a qualquer remuneração, sobre uma substância ativa, denominada *Finasterida*[641].

---

[640] «http://www.osservatoriosocialemedicina.net/sito/compulsory_licence_in_Italia.html»; Casos *Glaxo-Principi ativvi* (A363), Autoritá garante della Concorrenza e del mercato, 23 de fevereiro de 2005, e *Merck-Principi ativvi* (A364), Autoritá garante della Concorrenza e del mercato, 23 de fevereiro de 2005, disponíveis em «http://www.agcm.it/concorrenza/concorrenza-delibere.html».

[641] «http://www.osservatoriosocialemedicina.net/sito/compulsory_licence_in_Italia.html»; *Merck-Principi ativvi* (A364), Autoritá garante della Concorrenza e del mercato, 21 de março de 2007, disponível em «http://www.agcm.it/concorrenza/concorrenza-delibere.html»;

Capítulo VII
O regime das licenças compulsórias na ordem jurídica de fonte interna

Secção I
Generalidades

§ 28. Tipos de licenças compulsórias

I. Demos conta de um tipo específico de licenças compulsórias. No § 8, abordámos o denominado *government use, crown use* ou o equivalente alemão do *amtliche Benutzungsanordnung*, que o Acordo Trips apelidou de *public non-commercial use*.

Este tipo de licença compulsória não existe no direito português, tendo o nosso direito transposto este termo, caracterizando-se apenas como modalidade de licença compulsória e não como um tipo diferenciado. Apesar de se afastar do tipo clássico de licença compulsória, a sua concessão não é automática, sendo que os objetivos a tutelar são de interesse público.

II. No direito comparado, Salarmolard elaborou uma pequena tipologia de licenças compulsórias. Referiu o autor, que, de acordo com o modo de atribuição, estas poderiam ser divididas em *licences légales, licences obligatoires d'office* e *licences obligatoires proprement dites*[642].

Estas diferentes *sortes* de licenças compulsórias não deixam de ter as suas virtudes, embora necessitem de ser revistas. Passemos a analisá-las.

– *Les licences légales*, tal como SALARMOLARD as apresenta, não são mais do que "resctritions que la loi impose"[643]. Na realidade, o autor não as inclui no leque de licenças compulsórias, abrindo uma realidade mais ampla, que denomina de *licences conditionnelles*, onde estarão incluídas estas "licenças"[644].

Em bom rigor, estas não constituem qualquer tipo de licença compulsória, nem as podemos considerar como licenças, correspondendo a limitações impostas por lei aos direitos de propriedade industrial, tais como aquelas que nos surgem no art. 52º do nosso CPI.

– As *licences of right*[645] são licenças que se constituem automaticamente. Se certos requisitos se preencherem, ao requerente será concedida, de forma automática, uma licença. Este tipo de licença foi adotada, v.g., na *UK Patent Act* de 1949, *inter alia*, na sec. 41, numa revisão levada a cabo em 1977[646]. Apesar de se estabelecer que a duração temporal da patente se deveria estender de onze para vinte anos, estipulou-se que, nos últimos quatro anos da patente, uma licença não exclusiva poderia ser concedida a um terceiro que tivesse interesse[647].

---

[642] SALARMOLARD, *La licence obligatoire en matière de brevets d'invention*, ob. cit., pp. 30 e 31.
[643] *Idem*, pp. 30.
[644] *Idem*, pp. 29 e 30.
[645] CARLOS CORREA, *Intellectual Property Rights and the Use of Compulsory Licenses...*, ob. cit., pp. 20.
[646] *Idem*. Cf. Caso *Generics e Harris Pharmaceuticals vs. Smith Kline e French Laboratories*, TJUE, 27 de outubro de 1992, disponível em «http://eur-lex.europa.eu», onde, apesar de estar em causa a liberdade de circulação de mercadorias entre os países recém-entrados na União Europeia (Portugal e Espanha) e o Reino Unido, o acórdão versa sobre este tipo de licenças presentes na lei de patentes deste último país, referindo que "resulta da legislação nacional aplicável às patentes com tal menção e, mais especialmente, da section 46 do Patents Act que qualquer pessoa pode, automaticamente, obter uma licença sobre uma patente em condições que podem ser fixadas quer por um acordo com o titular da patente, ou, na falta de acordo, pelo Comptroller General of Patents".
[647] *Idem*, pp. 20 e 21.

VII. O REGIME DAS LICENÇAS COMPULSÓRIAS NA ORDEM JURÍDICA DE FONTE INTERNA

Dado a sua constituição sem anuência do titular do direito, a doutrina no direito comparado apelidou-as de *licenze obbligatorie generalizzate*[648], ou, apresentando a terminologia anglo-saxónica, *general compulsory license*[649], em contraposição com o resto das licenças compulsórias, que seriam as *restricted compulsory licensing*[650]. Fazendo uma transposição para a língua portuguesa, estaremos assim perante *licenças compulsórias gerais*.

Na verdade, é duvidoso que estas constituam verdadeiras licenças compulsórias. Se olharmos para os direitos de autor e conexos, este tipo de licenças é bastante comum (*statutory licenses*). Neste ramo, dada a dificuldade que existe para o titular explorar o seu direito, o autor estará interessado em receber uma determinada quantia pela sua criação original. Destarte, parece-nos, sim, que estas constituem *licenças legais* que se diferenciam das licenças voluntárias, pois não estamos perante um contrato, mas também não terão natureza de licenças compulsórias, porque não estão presentes alguns dos seus elementos, como é o caso da decisão administrativa motivada para a concessão deste tipo de licenças. Da mesma forma, não se poderá cair no erro de as considerar *licenças de pleno direito*, na medida em que, nestas, o elemento voluntário ainda está presente[651].

Nas licenças compulsórias gerais, ao contrário das que existem hoje em dia na maior parte das legislações mundiais, incluindo a portuguesa, não seria necessário algum tipo de tutela para que se justificasse a sua concessão[652]. Bastava que se tivesse ultrapassado o período temporal estipulado legalmente e existisse interesse por parte de um terceiro.

– As *licences obligatories d'office* são descritas como aquelas em que uma autoridade pública, dada a necessidade de prosseguir interesses da sociedade, decreta que determinadas invenções poderão ser sujeitas a licenciamento compulsório, fazendo com que, a partir dessa decisão, toda a pessoa interessada tenha o direito de obter a licença[653].

---

[648] ANNA ASSANTI, *Le Licenze Obbligatorie*, ob. cit., pp. 35. UBERTAZZI, *Invenzione e Innovazione*, Milano, Giuffrè Editore, 1978, pp. 10 (nota 20).
[649] FREDERICO, «Compulsory Licensing in Other Countries», ob. cit., pp. 307.
[650] *Idem*.
[651] Neste sentido, DEMARET, «Compulsory Licences and the Free Movement of Goods under Community Law», ob. cit., pp. 165.
[652] UBERTAZZI, *Invenzione e Innovazione*, ob. cit., pp. 10 (nota 20).
[653] SALAMOLARD, *La licence obligatoire en matière de brevets d'invention*, ob. cit., pp. 31.

Já aqui analisámos este tipo de licenças no regime jurídico francês. As licenças de ofício são um tipo diferenciado de licença compulsória, na medida em que se caracterizam pelo facto de se dispensar o requerimento da entidade competente, dando poderes ao Governo de, tendo como fundamento o interesse público, sujeitar uma determinada invenção ao *régime de la licence d'office*, podendo qualquer pessoa qualificada para tal, a partir do despacho do ministro competente, pedir ao Governo a concessão da licença compulsória.

Este tipo de licença compulsória, que não está previsto no direito português, não viola do Acordo *Trips*, visto que o instrumento internacional nada menciona acerca da forma de concessão da licença, obrigando apenas a que haja possibilidade de recurso por parte de uma autoridade independente distinta daquela que concedeu a licença compulsória[654].

– As *licences obligatoires proprement dites*, que podemos denominar de *licenças compulsórias em sentido restrito*, correspondem ao tipo "clássico" de licença compulsória, em que um terceiro, satisfazendo as condições exigidas por lei e preenchendo um determinado fundamento, tem a iniciativa de requerer uma licença, podendo esta ser decretada pelo tribunal ou por uma autoridade administrativa. Estamos perante o tipo de licença compulsória *standard*, que esteve desde, sempre, na génese da criação deste instituto, sendo o único tipo de licença compulsória presente no direito português.

§ 29. Modalidades de licenças compulsórias

I. Na doutrina, não são muitos os que se aventuram na tentativa de estabelecer modalidades de licenças compulsórias. Entende-se o porquê. Na realidade, dentro deste instituto e olhando especificamente para o direito português, não será deveras determinante realizar uma separação dogmática do mesmo, na medida em que as classificações que possam ser elaboradas não se repercutem de forma determinante no regime a ser aplicável. Contudo, dada a discricionariedade no estabelecimento das condições destas licenças e de acordo com o interesse em causa, podemos ainda ensaiar algumas modalidades de licenças compulsórias.

---

[654] Cf. art. 31º, j).

II. De acordo com o objetivo de lucro das licenças compulsórias, podemos apresentá-las como *licenças compulsórias para uso comercial* e *licenças compulsórias para uso não comercial*.

Este *uso público não comercial* (como modalidade), nos termos do CPI, terá de ser estabelecido como condição obrigatória nas licenças compulsórias sobre produtos semicondutores[655]. Nos restantes casos, apesar de não ser uma condição obrigatória, dada a discricionariedade atribuída aos peritos e na medida em que estas deverão ser proporcionais aos objetivos que são prosseguidos, poderá ser estabelecida esta condição.

III. A doutrina brasileira ensaia ainda uma outra distinção. De acordo com o interesse em causa, na medida em que este seja público ou individual, as licenças compulsórias poderão ser apresentadas como *licenças de interesse privado* e *licenças de interesse público*[656].

Na verdade, esta diferenciação tem relevância para o regime jurídico brasileiro de licenciamento compulsório, porque o procedimento de concessão terá diferenças, consoante o interesse em causa[657].

No caso português, a única diferença será na entidade que concede a licença, que, no caso de licença de interesse público, será o Governo, de acordo com o art. 110º, nº 3. Desta feita, a *licença de interesse individual* dirá respeito àquela que é concedida tendo em conta, em primeiro grau, os interesses individuais, como será, por exemplo, a licença compulsória com fundamento na *falta ou insuficiente exploração* ou na *dependência entre patentes*. A *licença por interesse público* será aquela que tenha que ver, em primeiro grau, com interesses relativos à sociedade e ao bem-estar da mesma, como a saúde pública, o desenvolvimento tecnológico ou a defesa nacional.

E afirmamos em primeiro grau, pois não queremos com isto dizer que o interesse público não está presente nos outros fundamentos. Este verifica-se efetivamente, embora de uma forma implícita. Os interesses privados são tutelados em primeiro lugar, ao passo que, na licença compulsória com fundamento em interesse público, este interesse é imediato.

---

[655] Cf. art. 107º, nº 5.
[656] BORGES BARBOSA, *Uma Introdução à Propriedade Intelectual*, ob. cit., pp. 437.
[657] *Idem*, pp. 437 e 438.

Desta forma, tendo em conta este critério, somos da opinião de que, dogmaticamente, será preferível adotarmos a distinção entre *licenças de interesse público indireto* e *licenças de interesse público direto (ou mediato)*.

§ 30. Entidades com competência para a concessão de licenças compulsórias

I. Na abordagem que realizámos ao regime jurídico das licenças compulsórias em algumas ordens jurídicas do direito comparado, fomos adiantando as entidades competentes para a respetiva concessão. Estas diferem consoante a ordem jurídica em causa, sendo que podemos estar perante um *sistema unitário de concessão*, onde a licença compulsória será atribuída unicamente por entidades administrativas ou judiciais, ou por um *sistema misto*, em que a competência de concessão é repartida entre o poder judicial e o administrativo, consoante o fundamento de licença compulsória em causa, como acontece no direito francês.

Em termos históricos, no direito português, nem sempre a competência para a concessão de licenças compulsórias foi administrativa. No CPI de 1940, de acordo com o seu art. 30º, § 3 a 5, a competência para a concessão deste tipo de licenças era exclusivamente judicial. Desta forma, o requerente teria que propor em juízo uma ação para ver concedida a sua licença. Com o CPI de 1995, a situação modificou-se. A competência passou a ser administrativa, cabendo assim ao INPI[658] ou ao Governo, conceder licenças compulsórias.

Atualmente, na nossa ordem jurídica (em primeira instância), apenas encontramos *licenças compulsórias administrativas*. A entidade por excelência para a concessão deste tipo de licenças é o Instituto Nacional de Propriedade Industrial. É, desde logo, o responsável pela concessão de licenças compulsórias no caso das patentes, de acordo com o art. 112º, nº 2. Contudo há uma exceção. No caso de licenças compulsórias com fundamento em interesse público, a competência para a concessão pertence ao Governo, nomeadamente, por intermédio do Ministro da Tutela respetiva, de acordo com o art. 110º, nº 4.

Dentro do CPI, esta competência administrativa para a concessão é da mesma forma aplicada a outros direitos de propriedade industrial por

---

[658] Cf. art. 115º, nº 1, do CPI de 1995.

VII. O REGIME DAS LICENÇAS COMPULSÓRIAS NA ORDEM JURÍDICA DE FONTE INTERNA

extensão de regime, como é o caso dos modelos de utilidade[659], da topografia de produtos semicondutores[660], ou dos certificados complementares de proteção[661].

Já no que diz respeito às licenças compulsórias relativas a patentes respeitantes ao fabrico de produtos farmacêuticos destinados à exportação para países com problemas de saúde pública, previstas no Regulamento (CE) nº 816/2006, do Parlamento Europeu e do Conselho, de 17 de maio de 2006, a competência pertence em exclusivo ao INPI (cf. art. 3º, nº 1 do mencionado Regulamento).

Nas variedades vegetais, tanto comunitárias quanto nacionais, a competência continua a ser administrativa, embora a entidade não seja coincidente. A nível nacional, está previsto, na portaria 940/90 de 4 de outubro, no seu art. 26º, nº 1, que a competência para a concessão de licenças compulsórias pertence ao Centro Nacional de Registo de Variedades Vegetais. Por seu turno, a nível comunitário, está previsto, no art. 29º do Regulamento (CEE) nº 2100/94 do Conselho, de 27 de julho, que a competência pertencerá ao Instituto Comunitário de Variedades Vegetais.

Gorjão-Henriques e Paulo Pinheiro, invocando os arts. 92º e 93º do Estatuto do Medicamento, defendem que, quando estamos perante licenças compulsórias por interesse público que incidam sobre patentes de medicamentos, a competência para a emissão da mesma será do INFARMED[662]. Com todo o respeito, pensamos que esta posição não condiz com a realidade legislativa. A competência para a concessão da licença compulsória será sempre do Governo, a única competência atribuída ao INFARMED será a de autorizar a comercialização desses medicamentos em Portugal, por razões de saúde pública.

---

[659] Cf. art. 150º.
[660] Cf. art. 169º.
[661] Cf. art. 5º do Regulamento (CE) nº 1768/92, do Conselho, de 18 de junho de 1992, para os medicamentos, e o art. 5º do Regulamento (CEE) nº 1610/96 do Parlamento Europeu e do Conselho, de 23 de julho.
[662] Gorjão-Henriques/Pinheiro, *Direito do Medicamento*, Coimbra, Coimbra Editora, 2009, pp. 155.

§ 31. Direitos de propriedade industrial que podem ser sujeitos a licenças compulsórias

I. Apesar da relevância, indiscutível, que as licenças compulsórias têm em matéria de patentes, existem outros direitos de propriedade industrial que podem ser sujeitos a este tipo de licenças.

Na realidade, na gênese da licença compulsória, eram as patentes e os modelos de utilidade os únicos direitos de propriedade industrial que podiam ser sujeitos a este tipo de licenças. Na CUP, no seu art. 5ºA, nº 2, como vimos, a partir da conferência de Haia de 1925, passou a prever-se que as patentes podiam ser objeto de licença compulsória, se da utilização das mesmas resultasse abuso por parte do titular, referindo como exemplo meramente indicativo a sua falta de exploração. Por fim, surgiu o nº 5 desse mesmo artigo, estipulando que as disposições dos números antecedentes – referentes às licenças compulsórias sobre patentes – se aplicariam aos modelos de utilidade.

II. As licenças compulsórias deixaram, faz tempo, de ser domínio exclusivo das patentes. Não obstante, no presente estudo, vamos abordar, primordialmente, as licenças compulsórias neste ramo do direito de propriedade industrial. Esta circunstância deve-se a duas razões. *Primo*, como a prática demonstra, este tipo de licenças continua a ter uma aplicação bastante mais relevante no direito de patentes. *Secondo*, o regime de licenças compulsórias sobre patentes é, na maior parte dos casos, o regime aplicável por extensão a outros direitos de propriedade industrial, funcionando assim como o *direito comum* sobre licenças compulsórias.

Não obstante o que foi referido, nada obsta a que se façam menções, pontuais ou mais desenvolvidas, ao regime de licenças compulsórias que não tenham como objeto patentes.

31.1. Invenções protegidas

31.1.1. Patentes

I. As patentes são o "parente rico" das invenções; são a proteção por excelência destas. Todos os outros direitos de propriedade industrial que protegem invenções nasceram posteriormente, sendo que, em consequência desse facto, a maior parte do regime destes direitos se encontra nas regras aplicadas às patentes.

VII. O REGIME DAS LICENÇAS COMPULSÓRIAS NA ORDEM JURÍDICA DE FONTE INTERNA

Poderão ser objeto de patente as invenções novas, ou seja, dotadas de *novidade*[663], que preencham o requisito da *atividade inventiva*[664] e que tenham *aplicabilidade industrial*[665].

II. Desde a génese do instituto das licenças compulsórias que estas se aplicam às patentes. A evolução para outros direitos de propriedade industrial deu-se a partir daqui.

Seguindo a codificação anterior, o CPI de 2003 consagra um regime geral de licenciamento compulsório sobre patentes. Está previsto nos arts. 107º a 112º, estipulando-se três fundamentos: *falta ou insuficiente exploração, dependência entre patentes* e *interesse público*.

Este regime, além de conter os fundamentos, estipula ainda o procedimento do pedido de concessão e as condições a que a licença compulsória ficará sujeita.

Não podemos dizer que é um procedimento exaustivo. Em termos mais concretos, no que diz respeito ao procedimento de concessão, este é bastante incompleto, gerando algumas dúvidas. Ainda assim, é o procedimento de fonte nacional mais completo, aplicando-se, por remissão, a

---

[663] Cf. art. 51º, nº 1, *principium*, e art. 55º. O requisito da novidade vem descrito no art. 55º, nº 1. Estipula este artigo que "uma invenção é considerada nova quando não está compreendida no estado da técnica". O *estado da técnica* "é constituído por tudo o que, dentro ou fora do País, foi tornado acessível ao público antes da data do pedido de patente, por descrição, utilização ou qualquer outro meio" (cf. art. 56º, nº 1). O nº 2 do art. 56º vem ainda estender este requisito, referindo que "é igualmente considerado como compreendido no estado da técnica o conteúdo dos pedidos de patentes e de modelos de utilidade requeridos em data anterior à do pedido de patente, para produzir efeitos em Portugal e ainda não publicados". Quanto ao requisito da novidade, a doutrina adianta que o mesmo irá ter caráter absoluto, sendo que a sua apreciação deverá ser realizada objetivamente (cf. Couto Gonçalves, *Manual de Direito Industrial*, ob. cit., pp. 63). A apreciação deverá ser feita à escala global, sendo que esta não será afetada pelo facto de a novidade ser, porventura, bastante antiga em termos temporais (cf. Couto Gonçalves, *Manual de Direito Industrial*, ob. cit., pp. 64).

[664] Cf. art. 51º, nº 1. A *atividade inventiva* está densificada no nº 2 do art. 55º. Este requisito estará preenchido "«...» se, para um perito na especialidade, não resultar de uma maneira evidente do estado da técnica". Desta forma, requer-se que um perito na área, no momento em que proteção é requerida e de "maneira evidente", não consiga alcançar o mesmo resultado. Digamos que o que está aqui em causa será a tentativa de descortinar se o resultado daquela invenção não era óbvio para o perito da especialidade.

[665] Cf. art. 55º, nº 1. Este requisito está explicitado no art. 56º, nº 3, sendo a invenção suscetível de aplicação industrial quando "o seu objeto puder ser fabricado ou utilizado em qualquer género de indústria ou na agricultura".

todos os outros direitos de propriedade industrial que protegem invenções e porventura a outros direitos de propriedade industrial fora do código, preenchendo lacunas, como poderá ser o caso das licenças compulsórias sobre variedades vegetais nacionais.

31.1.2. Modelos de utilidade

I. Os modelos de utilidade diferem pouco das patentes, tendo a mesma natureza jurídica destas. As diferenças que existiam esbateram-se ainda mais com a revisão do CPI de 2003, que aproximou estes dois direitos. Esta mudança inspirou-se claramente na proposta de Diretiva Comunitária, que tinha como objetivo a harmonização das legislações dos Estados-membros da União Europeia, mas que nunca foi levada avante, devido ao facto de alguns países não conterem, no seu regime, a figura dos modelos de utilidade, nem acharem necessária a sua inclusão. Juntou-se ainda a circunstância de existirem muitas diferenças entre a legislação dos Estados-membros que previam esta figura[666].

Esta mesma natureza jurídica é assumida pelo CPI, estipulando que uma invenção poderá ser simultânea e, sucessivamente, objeto de um pedido de patente e de modelo de utilidade[667].

Tão pouco a função jurídica será diferente. Como acrescenta PEDRO SILVA, a concessão do exclusivo subjacente ao modelo de utilidade terá como objetivo premiar o esforço do criador, obtendo uma remuneração através do mercado pela inovação conseguida[668].

Não obstante a igual natureza jurídica, existem algumas diferenças que são dignas de serem assinaladas. Desde logo, se compararmos com as patentes, o objeto de proteção dos modelos de utilidade não é tão extenso[669]. Fora do alcance dos modelos de utilidade, ficam as invenções que versem sobre matéria biológica e as invenções que incidam sobre

---

[666] PEDRO SILVA, «Os Novos Modelos de Utilidade», AAVV, *Direito Industrial*, vol. IV, Coimbra, Almedina, 2005, pp. 301 e ss., pp. 331 e 332; AAVV, *Código da Propriedade Industrial Anotado*, ob. cit., pp. 316.
[667] Assim, PEDRO SILVA, «Os Novos Modelos de Utilidade», ob. cit., pp. 335 e *Direito Industrial – Noções Fundamentais*, Coimbra, Coimbra Editora, 2011, pp. 87.
[668] Idem, *Direito Industrial – Noções Fundamentais*, pp. 85.
[669] Idem, «Os Novos Modelos de Utilidade», ob. cit., pp. 336; AAVV, *Código da Propriedade Industrial Anotado*, ob. cit., pp. 317 e 318.

processos ou substâncias químicas e farmacêuticas[670]. Outra assinalável diferença consiste no facto de o requisito de *atividade inventiva* ser menos exigente nos modelos de utilidade[671], para além do regime administrativo ser menos denso, mais leve e simplificado[672]. Basta observarmos, por exemplo, que o pedido de modelo de utilidade é publicado até seis meses a contar da data do pedido[673]. Por último, a duração dos modelos de utilidade é menor, tendo uma duração inicial de seis anos, podendo ser prorrogada duas vezes por dois anos[674].

II. Quanto às licenças compulsórias, na medida em que a natureza jurídica dos modelos de utilidade coincide com a das patentes, aqui não existe qualquer especialidade. Desde o CPI de 1995 que o regime das licenças compulsórias sobre patentes se aplica aos modelos de utilidade. Como já vimos anteriormente, ao nível internacional, foi com a Revisão da CUP de 1958 que o regime das licenças compulsórias sobre patentes passou a ser aplicável aos modelos de utilidade, nos termos do art. 5º A, nº 5, da CUP.

Quanto ao nosso CPI atual, todo o regime que diz respeito às licenças compulsórias sobre patentes é aplicado em bloco aos modelos de utilidade, através da remissão feita pelo art. 150º. Contudo, existe ainda uma menção aos modelos de utilidade no regime das licenças compulsórias com fundamento na dependência entre direitos de propriedade industrial, que não nos pode passar despercebida, mais concretamente no art. 109º, nº 9, referindo que todas as disposições anteriores se aplicam "sempre que uma das invenções esteja protegida por patente e a outra por modelos de utilidade". Esta ressalva afigura-se importante, na medida em que, na sua ausência, a remissão do art. 150º apenas abarcaria a dependência entre dois modelos de utilidade ou a dependência entre um modelo de utilidade e um direito de obtenção vegetal.

Desta forma, as únicas diferenças no regime de licenças compulsórias sobre modelos de utilidade resultarão da própria natureza destes

---

[670] Cf. art. 119º, b) e c).
[671] Cf. 120º, nº 2. AAVV, *Código da Propriedade Industrial Anotado*, ob. cit., pp. 318.
[672] *Idem*, pp. 318.
[673] Cf. art. 128º. Por contraposição, nas patentes, o pedido será publicado decorridos 18 meses a contar da data do pedido de patente ou da prioridade reivindicada (cf. 66º, nº 2).
[674] Cf. art. 142º.

últimos, significando, por exemplo, uma menor remuneração a favor do titular do direito ou garantias de exploração menos exigentes. Contudo, mesmo no estabelecimento das condições há que ter em conta o facto de algumas delas serem obrigatórias, não havendo discricionariedade por parte dos peritos.

31.1.3. *Topografias de produtos semicondutores*

I. As topografias de produtos semicondutores, normalmente denominados *microships*[675], consistem num conjunto de certas imagens, representando tridimensionalmente a disposição que compõe um produto.

Esta indústria terá nascido nos EUA, em 1947, no desenvolvimento do primeiro *transitor ponto contacto*[676]. A partir dessa data, este mercado não mais parou de crescer, adquirindo uma importância económica cada vez maior [677].

Os produtos têm um *aspeto funcional* e um *aspeto físico*[678]. No primeiro caso, estamos a falar das operações que as topografias de produtos semicondutores desempenham. No segundo, referimo-nos, como o nome

---

[675] HOEREN, «The Protection of Semiconductor Chip Products in Trips», *Research Handbook on The Protection of Intellectual Property under WTO Rules Intellectual Property in the WTO*, vol. I, Coord. Carlos Correa, Edward Elgar Publishing Ltd, Northampton, pp. 698 e ss., pp. 698.

[676] ALEXANDRE PEREIRA, «Circuitos Integrados: Protecção Jurídica das Topografias de Produtos Semi-Condutores», *Direito Industrial*, vol. II, Coimbra, Almedina, 2002, pp. 309 e ss., pp. 310.

[677] HOEREN, «The Protection of Semiconductor Chip Products in Trips», ob. cit., pp. 698. Como refere este autor, "microships are a symbol of modern industrial society". De facto, esta indústria levou demasiado tempo a ser protegida juridicamente. Muitos defendiam a proteção através das marcas ou das patentes, contudo, devido à rigidez dos requisitos destes direitos, chegou-se à conclusão de que estas invenções ficariam sem proteção na maior parte das vezes. Felizmente, ainda que de forma tardia, decidiu-se proteger esta tecnologia, promovendo assim o crescimento desta indústria, que implica altos custos de desenvolvimento, mas que tem o obstáculo de ser facilmente copiada. O primeiro país a dar proteção jurídica aos circuitos integrados foi os EUA, através *Semiconductor Chip Protection Act 1984*, devido ao facto de a sua indústria estar a ser ameaçada por empresas localizadas no Japão e na Coreia do Sul que fabricavam estes componentes. Este pioneirismo por parte dos EUA, serviu como alavanca para a adoção de proteção por parte de outros Estados.
Sobre o desenvolvimento da primeira legislação sobre este tipo de direito de propriedade industrial, *vide* DREIER, «Development of the Protection of Semiconductor Integrated Circuits», *IIC*, vol. 19, no. 4, Munich/Oxford, 1988, pp. 427 e ss., pp. 433 e ss.

[678] ALEXANDRE PEREIRA, «Circuitos Integrados: Protecção Jurídica das Topografias de Produtos Semi-Condutores», ob. cit., pp. 310.

indica, à configuração da topografia de produto semicondutor que tem a seu cargo determinadas funções.

II. As topografias de produtos semicondutores, também apelidadas de circuitos integrados, surgem-nos nos arts. 153º a 172º, sendo que, conforme a remissão do art. 159º, grande parte do seu regime advém das disposições relativas a patentes[679]. Este direito de propriedade industrial foi pela primeira previsto no nosso ordenamento jurídico com a Lei nº 16/89, de 30 de junho, que nasceu da transposição da Diretiva Comunitária nº 87/54/CEE do Conselho, de 16 de dezembro de 1986[680].

A sua duração fixou-se em dez anos, contados a partir da data do pedido ou da data em que a topografia de produtos semicondutores foi pela primeira vez explorada[681]. Esta foi, aliás, a duração fixada no Acordo *Trips*[682], que veio alargar o prazo de proteção em relação ao Tratado de Washington, que tinha estabelecido a duração em oito anos. Este prazo de duração mais curto foi uma das razões para que os EUA nunca tenham ratificado este tratado, sendo que algumas das suas normas só entrariam em vigor com o Acordo *Trips*[683/684].

III. De acordo com o CPI, as topografias de produtos semicondutores também poderão ser alvo de licenças compulsórias. Contudo, o âmbito destas é limitado, na medida em que, segundo o art. 107º, nº 5, apenas poderão ser concedidas licenças compulsórias para *uso público não comercial*[685].

A limitação referida é generalizada no direito comparado, não se limitando a Portugal. Esta característica deve-se ao facto de o Acordo *Trips* ter restringido o âmbito de concessão de licenças compulsórias sobre

---

[679] Ao nível internacional surgem-nos, também, no Acordo *Trips*, nos arts. 35º a 38º.
[680] Sobre esta diretiva *vide*, DREIER, «Development of the Protection of Semiconductor Integrated Circuits», ob. cit., pp. 442 e ss.
[681] Cf. art. 162º.
[682] Cf. art. 38º, nº 1 e 2.
[683] HOEREN, «Das Washingtoner Abkommen zum Schutz des geistigen Eigentums an integrierten Schaltkreisen», *NJW*, vol. 41, Frankfurt am Main, Verlag C. H. Beck, 1989, pp. 2605 e ss., pp. 2606 e 2606.
[684] Cf. art. 35º do Acordo *Trips*. HOEREN, «The Protection of Semiconductor Chip Products in Trips», ob. cit., pp. 702.
[685] Cf. *supra* § 8.

tipo de invenção. Antes do Acordo *Trips*, o Tratado de Washington regulava esta matéria e permitia a concessão de licenças compulsórias quando o interesse nacional fosse considerado vital, desde que tivesse existido uma tentativa de adquirir uma licença contratual e as circunstâncias fossem excecionais, prevendo-se ainda algumas condições que têm paralelo com as reguladas no Acordo *Trips*, tal como a remuneração, a não exclusividade, entre outras. Além disso, o art. 6º, nº 3, do mesmo tratado, referia que os estados poderiam conceder licenças compulsórias para assegurar a livre concorrência e prevenir abusos dos titulares deste tipo de direito.

Contudo, por pressão do Japão e principalmente dos EUA[686], o Acordo *Trips* veio a declarar expressamente como não aplicável o citado art. 6º, nº 3, do Tratado de Washington. Desta forma, as licenças compulsórias sobre topografias de produtos semicondutores passaram apenas a ser possíveis na modalidade de *uso público não comercial*[687].

31.1.4. Certificado complementar de proteção para medicamentos e produtos fitofarmacêuticos

I. Os certificados complementares de proteção de medicamentos e produtos fitofarmacêuticos não são mais do que um "prolongamento" do direito de patente[688]. Não obstante, estamos perante uma figura jurídica autónoma, dado que a patente, *per si*, tem somente a duração de vinte anos. Através deste instituto, a proteção da patente é estendida para lá

---

[686] HOEREN, «The Protection of Semiconductor Chip Products in Trips», ob. cit., pp. 701. Já antes da entrada em vigor do Tratado de Washington, desde 1985, existiram várias reuniões no âmbito OMPI, tendo a previsão do regime jurídico sobre licenças compulsórias sobre este direito de propriedade industrial sido alvo de controvérsia entre os EUA e alguns países da União Europeia (cf. DREIER, «Development of the Protection of Semiconductor Integrated Circuits», ob. cit., pp. 439).

[687] Cf. WATAL, Jayashree, *Intellectual Property Rights in the WTO and Developing Countries*, The Hague, Kluwer Law International, 2001, pp. 313; CARLOS CORREA, «Layout Designs of Integrated Circuits», *Intellectual Property and International Trade: The TRIPS Agreement*, ed. Carlos M. Correa, Abdulqawi A. Yusuf, 2nd ed., Alphen aan den Rijn, Kluwer Law International, 2008, pp. 259 e ss., pp. 263 e 264.

[688] Cf. BENTLY/SHERMAN, *Intellectual Property Law*, ob. cit., pp. 602 que refere, e bem, que a natureza dos direitos é a mesma; REMÉDIO MARQUES, «O Direito de Patentes, o Sistema Regulatório de Aprovação, o Direito de Concorrência e o Acesso aos Medicamentos Genéricos», ob. cit., pp. 308, fala-nos em "direitos de patentes de segunda geração ou extensões de patentes", tratando-se, segundo o autor, de uma figura *híbrida*.

VII. O REGIME DAS LICENÇAS COMPULSÓRIAS NA ORDEM JURÍDICA DE FONTE INTERNA

da limitação temporal máxima, sendo que esta extensão poderá atingir o máximo de cinco anos[689].

O objeto deste direito é bastante limitado, incidindo apenas sobre patentes relacionadas com medicamentos e produtos fitofarmacêuticos, cobertas pela autorização de colocação no mercado[690]. Esta figura foi criada, precisamente, com o objetivo de proteger os interesses da indústria farmacêutica[691], na medida em que todos produtos farmacêuticos, incluindo medicamentos, terão que obter uma autorização de introdução no mercado por parte de determinadas entidades públicas[692]. Este processo é longo e complexo, tendo como objetivo testar valores qualitativos, de segurança e de eficácia, no que diz respeito aos fármacos. Na medida em que este processo poderá levar bastante tempo, quando o produto associado à patente iniciar a comercialização, já a duração temporal do exclusivo será reduzida, impedindo, desta forma, a rentabilização do investimento efetuado na investigação[693].

---

[689] Cf. art. 13º do Regulamento (CE) nº 1768/92, do Conselho, de 18 de junho de 1992 e art. 13º do Regulamento (CEE) nº 1610/96 do Parlamento Europeu e do Conselho, de 23 de julho.

[690] Cf. art. 4º do Regulamento (CEE) nº 1768/92.

[691] Em termos históricos, a génese desta figura está precisamente na pressão realizada na década de oitenta pela indústria farmacêutica aos Estados-membros da Comunidade Económica Europeia, no sentido de se alcançar uma solução para o facto de as patentes sobre medicamentos terem uma duração muito menor, devido ao processo de autorização para a sua comercialização. A indústria farmacêutica afirmava que a investigação farmacêutica poderia vir a deteriorar-se na Comunidade Económica Europeia, na medida em que o restante tempo de duração da patente não seria suficiente para amortizar os elevados custos de investigação levados a cabo.

Devido a estas ameaças, em 1989 iniciaram-se os trabalhos na Comunidade Económica Europeia com vista a se criar um instrumento capaz de ultrapassar estas dificuldades. Estes trabalhos, numa primeira fase, deram origem à Diretiva sobre a restauração da duração efetiva das patentes farmacêuticas e, mais tarde, ao Regulamento (CEE) nº 1768/92 do Conselho, de 18 de junho (cf. FERNÁNDEZ-NÓVOA/LASTRES/AGRA, *Manual de la Propriedad Industrial*, ob. cit., pp. 308).

[692] AAVV, *Código da Propriedade Industrial Anotado*, ob. cit., pp. 311.

[693] Cf. BENTLY/SHERMAN, *Intellectual Property Law*, ob. cit., pp. 602; REMÉDIO MARQUES, «O Direito de Patentes, o Sistema Regulatório de Aprovação, o Direito de Concorrência e o Acesso aos Medicamentos Genéricos», ob. cit., pp. 309; FERNÁNDEZ-NÓVOA/LASTRES//AGRA, *Manual de la Propriedad Industrial*, ob. cit., pp. 307 e 308. Como refere o preâmbulo do Regulamento (CEE) nº 1768/92, do Conselho, de 18 de junho: "(...) atualmente, o período que decorre entre o depósito de um pedido de patente para um novo medicamento e a autorização de colocação no mercado do referido medicamento reduz a proteção efetiva

O regime jurídico desta figura foi regulado ao nível nacional, através do Decreto-lei nº 106/99, de 31 de Março, e a nível europeu, através de dois regulamentos, o Regulamento (CE) nº 469/2009, do Parlamento Europeu e do Conselho, de 6 de maio de 2009, e o Regulamento (CEE) nº 1610/96 do Parlamento Europeu e do Conselho, de 23 de julho. A União Europeia considerou que seria importante para a comunidade, na prossecução do mercado interno, criar legislação uniforme nesta matéria para todos os Estados-membros.

Esta figura está ainda prevista, em termos breves, no nosso CPI, nomeadamente nos arts. 115º a 116º. Estes artigos dispõem, resumidamente, acerca das formalidades que o requerimento de pedido do certificado complementar junto do INPI deve conter[694], sobre o pedido de prorrogação da validade de um certificado complementar de proteção para uso pediátrico[695] e ainda sobre o exame e a respetiva publicação do certificado complementar de proteção[696].

II. Quanto às licenças compulsórias, estas também estão previstas para os certificados complementares de proteção para os medicamentos e produtos fitofarmacêuticos. Encontram-se no art. 5º do Regulamento (CE) nº 469/2009, do Parlamento Europeu e do Conselho, de 6 de maio de 2009, e do Regulamento (CEE) nº 1610/96 do Parlamento Europeu e do Conselho, de 23 de julho. Estes artigos limitam-se a aplicar as normas da patente aos certificados complementares de proteção. Referem que "o certificado confere os mesmos direitos que os conferidos pela patente de base e está sujeito às mesmas *limitações* e obrigações" (*itálico* nosso). Esta opção não é estranha, na medida em que, como já referimos, a natureza dos certificados complementares de proteção coincide com a das patentes.

---

conferida pela patente a um período insuficiente para amortizar os investimentos efetuados na investigação.
[694] Cf. art. 115º.
[695] Cf. art. 115º-A. Este artigo foi introduzido pelo Decreto-Lei nº 143/2008, de 25 de julho, estando ainda regulamentado ao nível comunitário, no Regulamento (CE) 1901/2006, de 12 de dezembro.
[696] Cf. art. 116º.

31.2. Outros Direitos de Propriedade Industrial

31.2.1. *Desenhos ou modelos*

I. O desenho ou modelo diz respeito à proteção pelo direito de algo estético com valor patrimonial. Não estamos a falar aqui da arte propriamente dita, mas sim de algo que provoca uma sensação estética ao consumidor, influenciando-o nas suas decisões[697/698]. Os desenhos ou modelos podem ter ou não valor artístico, isso não é relevante. Só será importante para uma eventual proteção cumulativa pelos Direito de Autor[699].

II. A noção de desenhos ou modelos surge-nos no art. 173º[700]. Apesar de a lei e a doutrina continuarem a referir "desenho" ou "modelo", na realidade, trata-se de um único direito[701]. Esta nomenclatura constitui um resquício histórico, que via o desenho como referindo-se a formas dimensionais e os modelos a formas tridimensionais[702]. Hoje em dia, essa visão foi abandonada e, em termos substanciais, temos um único direito, embora com nomes distintos, não tendo qualquer relevância jurídica, na medida em que o regime é o mesmo[703].

Para um desenho ou modelo ser protegido, de acordo com o art. 173º, nº 1, terão de ser preenchidos dois requisitos: a novidade e o caráter singular[704]. Serão ainda protegidos os desenhos ou modelos que, mesmo não

---

[697] Como refere CARLOS OLAVO, «Desenhos e Modelos: Evolução Legislativa», *Direito Industrial*, vol. III, Coimbra, Almedina, 2003, pp. 45 e ss., pp. 45, "os motivos ornamentais que definem ou caracterizam os produtos, quer pelas respetivas qualidades estéticas, quer pela sua originalidade, constituem elementos de atração de clientela, cuja proteção se impõe numa economia de mercado".

[698] Cf. COUTO GONÇALVES, *Manual de Direito Industrial*, ob. cit., pp. 130.

[699] Cf. art. 2º, nº 1, i) e art. 200º do Código de Autor e dos Direitos Conexos

[700] Historicamente, os desenhos ou modelos foram pela primeira vez protegidos na ordem jurídica portuguesa com na Lei de 24 de maio de 1896, nomeadamente, no seu Título VII, arts. 157º e ss. Sobre a evolução histórico-legislativa portuguesa dos desenhos ou modelos, *vide* CARLOS OLAVO, «Desenhos e Modelos: Evolução Legislativa», ob. cit., pp. 48 e ss.

[701] Cf. COUTO GONÇALVES, *Manual de Direito Industrial*, ob. cit., pp. 130; CARLOS OLAVO, «Desenhos e Modelos: Evolução Legislativa», ob. cit., pp. 46.

[702] Melhor seria adoptar-se o termo *design* que, apesar de estrangeiro, é referido abundantemente na prática jurídica.

[703] Segundo PEDRO SILVA, *Direito Industrial*..., ob. cit., pp. 98, um desenho ou modelo "consiste no aspeto estético de um objeto utilitário, destinado a reprodução industrial".

[704] A noção de caráter singular surge-nos no art. 178º.

tendo um caráter novo em absoluto, "realizem combinações novas de elementos conhecidos ou disposições diferentes de elementos já usados"[705]. Nesta última hipótese, agiliza-se o conceito de novidade, permitindo-se que outros desenhos ou modelos, não inteiramente novos, possam ser protegidos.

É de notar ainda o facto de existir um regime jurídico comunitário para os desenhos ou modelos, encontrando-se este no Regulamento (CE), nº 6/2002, do Conselho, de 12 de dezembro de 2001, permitindo-se a obtenção de um desenho ou modelo que produz os mesmos efeitos em todo o território da União Europeia.

III. Desde que os desenhos ou modelos iniciaram a sua proteção na ordem jurídica portuguesa, a partir da Lei de 24 de maio de 1896, não foi feita qualquer referência legal à admissibilidade de licenças compulsórias.

A necessidade de licenças compulsórias sobre desenhos ou modelos foi discutida ao nível comunitário. O Parlamento Europeu propôs a introdução de licenças compulsórias na Diretiva 98/71/CE, do Conselho, de 13 de outubro de 1998, relativa à proteção legal de desenhos e modelos, de forma a permitir o uso deste direito para a reparação do produto inerente a esse exclusivo, desde que o público fosse informado da origem desse mesmo produto e consequentemente fosse oferecida uma remuneração justa e razoável ao titular do direito, tendo esta como primeiro critério o investimento realizado na conceção do bem imaterial[706]. Devido às

---

[705] Cf. 173º, nº 2.
[706] O texto era o seguinte:
"1. Não obstante o disposto no artigo 12º, os direitos conferidos por um desenho ou modelo não são oponíveis a terceiros que utilizem o desenho ou modelo, desde que:
a) O produto em que o desenho ou modelo foi incorporado, ou a que foi aplicado, seja um componente de um produto complexo, a cuja aparência o desenho ou modelo protegido esteja subordinado;
b) Essa utilização tenha por finalidade permitir a reparação do produto complexo de modo a restituir-lhe a sua aparência original;
c) O público seja informado quanto à origem do produto utilizado para a reparação por meio da aposição de uma marcação indelével, por exemplo uma marca ou um nome comercial, ou por qualquer outra forma adequada;
d) O terceiro em causa tenha:
i) informado o titular da utilização prevista do desenho ou modelo;
ii) proposto ao titular uma remuneração justa e razoável por essa utilização;

tensões existentes entre o Parlamento Europeu e o Conselho, esta proposta acabou por cair[707], não existindo ainda hoje uma solução definitiva para este problema.

Ao nível do Direito Internacional, a hipótese de os Estados-membros preverem licenças compulsórias sobre desenhos ou modelos não é totalmente pacífica. Dada a redação do art. 5ºB da CUP, tem-se discutido a admissibilidade ou não de licenças compulsórias em relação aos desenhos ou modelos. A CUP, embora na sua versão inicial já incorporasse a proteção de desenhos ou modelos, não concretizava essa mesma proteção. Com a revisão de Londres de 1934, foi finalmente aditado o art.5º--*quinques*, que veio estipular que, em todos Estados-membros da CUP, os desenhos e modelos deveriam ser protegidos[708]. Esta disposição teria que ser articulada com o art. 5ºB, que ainda hoje afirma que a "proteção dos desenhos e modelos industriais não caducará por falta de exploração nem por introdução de objetos semelhantes àqueles que se encontram protegidos".

Este último artigo gerou muita controvérsia. Segundo a doutrina, a consagração deste art. 5ºB deveu-se ao desejo manifestado nas instâncias internacionais de remover a obrigação de explorar sobre o desenho ou modelo, sendo que, à data, esta *obrigação de explorar* era vista como sendo *exploração local*[709]. De forma a sustentar esta posição, defendia-se que a diferente natureza dos desenhos ou modelos em relação às patentes

---

iii) proposto prestar ao titular, com caráter regular e de forma credível, informações sobre o alcance da utilização feita do desenho ou modelo ao abrigo da presente disposição.
2. Salvo acordo em contrário, as obrigações referidas na alínea d) do nº 1 incumbem ao fabricante ou, no caso de importação de um componente não fabricado no Estado-Membro em que a proteção é conferida, ao importador do componente em que o desenho ou modelo se destina a ser incorporado ou a que se destina a ser aplicado.
3. Para o cálculo da remuneração, a base essencial a tomar em consideração será o investimento realizado para o desenvolvimento do desenho ou modelo em causa.
4. O disposto no nº 1 não é aplicável se o titular fornecer elementos de prova em apoio da alegação de que a parte a quem incumbem as obrigações nos termos da alínea d) do nº 1 não pode ou não está disposta a cumpri-las ou a pagar a remuneração proposta.".
[707] SUTHERSANEN, *Design Law in Europe*, London, Sweet & Maxwell, 2000, pp. 99.
[708] CARLOS OLAVO, «Desenhos e Modelos: Evolução Legislativa», ob. cit., pp. 46; BEIER, «Exclusive Rights, Statutory and Compulsory Licenses in Patent and Utility Model Law», ob. cit., pp. 268.
[709] BEIER, «Exclusive Rights, Statutory and Compulsory Licenses in Patent and Utility Model Law», ob. cit., pp. 269; KUR, «Trips and Design Protection», *ICC Studies – from GATT*

inviabilizava uma solução idêntica, na medida em que os desenhos ou modelos seriam muito mais sensíveis economicamente, uma vez que os produtos protegidos por estes, principalmente os produtos de moda, teriam uma procura temporalmente limitada[710].

Se tivermos em conta o art. 5ºB, verificamos que esta disposição tem como única *ratio* proibir a caducidade quando haja falta de exploração e não a proibição de licenças compulsórias sobre este direito de propriedade industrial[711]. Além do mais, não se poderá referir que o legislador, ao mencionar a caducidade, estaria também a abranger a licença compulsória. Estas duas limitações não se equivalem. Como demonstra o art. 5ºA, nº 3, da CUP, e até pelas suas próprias consequências, estas duas limitações são diferentes, sendo que a caducidade será em qualquer circunstância mais gravosa para o titular do direito de propriedade industrial, pelo que um argumento, v.g., baseado na analogia das situações ou na afirmação de que quem proíbe o menos, proíbe o mais, cai naturalmente por terra. Por último, há ainda um argumento histórico importante. Antes de ser aprovado este artigo, na Revisão da CUP de 1934, a agenda internacional, apoiada em grande parte por uma proposta do Governo Britânico, defendia que se proibisse expressamente, além da caducidade, a concessão de licenças compulsórias por falta de exploração. Apesar de a proibição da caducidade ter sido aprovada, a proibição de licenças compulsórias para os desenhos e modelos foi rejeitada pela Checoslováquia e Jugoslávia, que queriam manter incólume a possibilidade de preverem, nas suas legislações, a concessão de licenças compulsórias por falta de exploração sobre estes direitos[712]. Finalmente, o primeiro diretor da Organização Mundial de Propriedade Industrial, BODENHAUSEN, ao analisar a CUP, chegou à mesma conclusão, ao referir "les Etats membres sont toutefois libres de prévoir, dans leur législations, la concession de licences obligatoires en cas de défaut d'exploitation"[713].

to Trips, vol. 18, Beier e Gerhard Schricker, Muniche, Max Planck Institute for foreign and International Patent, Copyright and Competition Law, pp. 141 e ss., pp. 145.
[710] BEIER, «Exclusive Rights, Statutory and Compulsory Licenses in Patent and Utility Model Law», ob. cit., pp. 269
[711] No mesmo sentido, KUR, «Trips und der Designschutz», *Grur Int.*, vol. 3, 1995, pp. 185 e ss, pp. 186 e 187.
[712] *Idem*, pp. 269 e 270.
[713] BODENHAUSEN, *Guide d'application de la Convention de Paris pour la protection de la propriété industrielle...*, ob. cit., pp. 76.

VII. O REGIME DAS LICENÇAS COMPULSÓRIAS NA ORDEM JURÍDICA DE FONTE INTERNA

Da mesma forma, no âmbito das negociações para o Acordo *Trips*, foi discutida a possibilidade de se preverem licenças compulsórias sobre desenhos ou modelos. Numa proposta endereçada por um grupo de países em desenvolvimento, foi sugerido submeter-se os desenhos ou modelos às mesmas obrigações e limitações que as patentes, onde se deveriam incluir as licenças compulsórias[714]. Noutro sentido, vários países desenvolvidos, como a Áustria, pretendiam erguer como princípio a não concessão de licenças compulsórias sobre este direito de propriedade industrial. No meio-termo entre estas duas propostas antagónicas, estavam Estados-membros como os EUA[715], que admitiam licenças compulsórias sobre desenhos ou modelos unicamente quando estivessem em causa práticas anticoncorrenciais, ou Hong Kong[716] e Suíça[717], que defendiam que a licença compulsória deveria aplicar-se às "spare parts" (peças de substituição).

Se olharmos para o atual art. 26º do Acordo *Trips*, que trata da proteção dos desenhos ou modelos, não encontramos qualquer referência às licenças compulsórias. Contudo, como a doutrina[718] vem assinalando, o silêncio do Acordo *Trips* não significa que as licenças compulsórias sobre desenhos ou modelos não possam ser previstas pelos Estados-membros.

IV. Do que analisámos até este instante, fica-nos duas certezas: ao abrigo da legislação portuguesa, as licenças compulsórias sobre desenhos ou modelos não são passíveis de serem concedidas, pois em lugar algum são previstas. Contudo, ao nível do Direito Internacional, as licenças compulsórias sobre este direito de propriedade industrial não são proibidas. Desta feita, nada impede que, numa futura revisão ao CPI português, sejam incorporadas licenças compulsórias sobre desenhos ou modelos,

---

[714] Doc. GATT MTN.GNG/NG11/W/71, de 14 maio de 1990, art. 8º, nº 3.
[715] Doc. GATT MTN.GNG/NG11/W/70, de 11 de maio de 1990, art. 22. Segundo este artigo: "Contracting parties shall not issue compulsory licenses for industrial designs except to remedy adjudicated violations of competition law to which the conditions set out in Article 27 of this Part shall apply, mutatis mutandis".
[716] Doc. GATT MTN.GNG/NG11/17, de 23 de janeiro de 1990.
[717] Doc. GATT MTN.GNG/NG11/21, de 22 de Junho de 1990.
[718] PIRES DE CARVALHO, *The Trips Regime of Trademarks and Designs*, Netherlands, Kluwer Law International, 2006, pp. 421; CARLOS CORREA, *Trade Related Aspects of Intellectual Property Rights: A Commentary on the TRIPS Agreement*, ob. cit., pp. 268.

podendo ter como fundamento não apenas a falta de exploração, mas ainda outras situações, como, por exemplo, práticas anticompetitivas.

Esta liberdade conferida pelo Direito Internacional foi aproveitada pelo legislador comunitário, na medida em que estão previstas licenças compulsórias sobre desenhos ou modelos no art. 23º do Regulamento (CE) nº 6/2002, do Conselho, de 12 de dezembro de 2001. Contudo, deveras influenciado pela experiência britânica, o legislador limitou este instituto, parecendo somente admitir a modalidade de *government use*, referindo "utilização pelo governo ou por conta deste" e apenas tendo como "fins essenciais" – *rectius* fundamentos – a defesa ou a segurança.

V. Chegados a este ponto, teremos de realizar uma análise de mérito: fará sentido existirem licenças compulsórias tendo por base desenhos ou modelos?

De forma a respondermos a esta questão, teremos que verificar qual o âmbito de proteção dos desenhos ou modelos. Em termos teóricos, esta parece ser uma possibilidade de afastar. Na realidade, dado que os desenhou ou modelos não podem ter, unicamente, uma função técnica, sendo esta a característica diferenciadora para com as patentes e modelos de utilidade, não se vislumbra necessário conceder licenças compulsórias, dado que o que está em causa é a sua forma exterior[719]. Na verdade, os traços característicos dos desenhos ou modelos estão na sua originalidade, originalidade essa que tem influência nas decisões dos consumidores. Não se vislumbra assim como estas possam ter importância ao nível do interesse público[720], sendo que nunca poderão ser dependentes. E quanto à sua exploração, tal oneração não se vislumbra necessária, nem prossegue os objetivos deste tipo de direito de propriedade industrial. Poderá admitir-se, porventura, licenças compulsórias em casos de práticas anticompetitivas. Apesar de, tal como acontece no CPI português, a lei evitar situações desse cariz, permitindo-se a interoperabilidade, não se concedendo um "monopólio sobre o produto"[721], existem algumas áreas, como

---

[719] No mesmo sentido, BEIER, «Exclusive Rights, Statutory and Compulsory Licenses in Patent and Utility Model Law», ob. cit., pp. 271.

[720] Na mesma linha de pensamento, ABELLA, *La Licence, Instrument de Régulation des Droits de Propriété Intellectuelle*, ob. cit., pp. 203 e 204;

[721] Expressão empregue por RIBEIRO DE ALMEIDA, «Desenhos ou modelos e peças sobresselentes», *Direito Industrial*, vol. VI, Coimbra, Almedina, 2009, pp. 11 e ss., pp. 17.

nos demonstra o caso das peças de substituição (*must-match*), em que os *lobbies* permitem que, na prática, haja uma dupla proteção, o que poderá originar, no futuro, litígios relacionados com as práticas concorrenciais, onde as licenças compulsórias poderão ser admitidas.

A doutrina que afasta as licenças compulsórias sobre desenhos ou modelos refere ainda uma razão de ordem prática. Esta terá que ver com a curta vida de duração deste direito de propriedade industrial[722], como acontece com os desenhos ou modelos relacionados com o vestuário ou a indústria automóvel[723]. Desta forma, não será de esperar que o titular de um modelo ou desenho explore o direito durante toda a vigência deste e tão pouco se vislumbrará um interesse por parte de um terceiro na concessão de uma licença compulsória[724].

31.2.2. Marcas

I. Advindas das antigas corporações medievais, as marcas fazem parte da categoria de sinais distintivos presentes no direito de propriedade industrial. A sua principal função é, precisamente, a função distintiva. A marca permite identificar, no mercado, a proveniência dos produtos ou serviços que aquela marca sinaliza, distinguindo-os de os de outras empresas.

Mas as funções da marca não se ficam por aqui. Hoje em dia, defende-se que a marca tem ainda uma função de publicidade. Esta função não quer dizer que a marca seja um meio usado na publicidade, nada disso. Esta função, que não é adstrita a todas as marcas, demonstra o poder de venda e de atração (*selling power*) que a marca detém sobre os consumidores, sendo que ultrapassa o princípio da especialidade.

O regime jurídico da marca encontra-se previsto nos arts. 222º e ss., sendo que esta surge através do registo, na medida em que o mesmo tem natureza constitutiva, sendo a marca válida por um período de dez anos, podendo ser renovada, indefinidamente, por períodos iguais.

---

[722] ABELLA, *La Licence, Instrument de Régulation des Droits de Propriété Intellectuelle*, ob. cit., pp. 204; BEIER, «Exclusive Rights, Statutory and Compulsory Licenses in Patent and Utility Model Law», ob. cit., pp. 272.
[723] Como afirma BEIER, «Exclusive Rights, Statutory and Compulsory Licenses in Patent and Utility Model Law», ob. cit., pp. 272, "spare parts for the the bodywork of certain automobile models «...» are only on the market for a few years".
[724] *Idem*, pp. 272.

II. No que diz respeito às licenças compulsórias sobre marcas, o art. 21º do Acordo *Trips* é claro: "não será permitida a concessão de licenças obrigatórias" sobre marcas. Na verdade, não se vislumbra no direito português, nem nos diversos regimes jurídicos no direito comparado, a previsão de quaisquer licenças compulsórias sobre este direito de propriedade industrial.

Apesar de ter sido um tema abordado nos trabalhos preparatórios do Acordo *Trips*[725], primordialmente pelos países desenvolvidos, a proibição de concessão de licenças compulsórias sobre marcas nunca gerou grande discussão nos fóruns internacionais. Das raras vezes que as entidades se pronunciaram sobre esta questão, convergiram na opinião de que a licença compulsória sobre marcas poderia afetar a essência deste direito, prejudicando os consumidores[726].

Contudo, e apesar de o art. 21º não deixar qualquer margem de dúvida em relação à proibição de licenças compulsórias sobre marcas, esta disposição deixa espaço para outras limitações sobre este direito de propriedade industrial. Tal como já foi adiantado pela doutrina[727], o artigo deixa a porta aberta para outras medidas, por vezes até mais severas do que as licenças compulsórias, como será o caso, por exemplo, da caducidade pelo não uso da mesma ou pela forma ilegal dessa utilização.

---

[725] *Vide*, entre outros, a comunicação dos EUA, doc. GATT, MTN.GNG/NG11/W/14/Ver.1, de 17 de outubro de 1986, pp. 6; comunicação do Japão, doc. GATT, MTN.GNG/NG11/W/17/Add.1, de 23 de setembro de 1988, pp. 4; comunicação da Suíça, doc. GATT, MTN.GNG/NG11/W/38, de 11 de julho de 1989, pp. 5.
Pires de Carvalho, *The Trips Regime of Trademarks and Designs*, ob. cit., pp. 353, refere que a comunicação brasileira, de 11 de dezembro de 1989, doc. GATT, MTN.GNG/NG11/W/57, pp. 8, deixou a porta aberta para a concessão de licenças compulsórias sobre marcas. Ao verificarmos o seu conteúdo, esta parece-nos ser bastante vaga, estabelecendo apenas uma cláusula geral: "Participants assume the obligation to control and punish national trademark owners which engage in restrictive business practices adversely affecting the rights of third parties".

[726] Segundo a resolução adotada pela Organização Mundial da Propriedade Industrial, "Compulsory licensing leads to deception of the consumers" (AIPPI, *Economic Significance, Functions and Purpose of the Trademark*, Question 68, Resolution, Executive Committee of Toronto, 23-29 de setembro, 1979, pp. 2). No mesmo sentido, convergiu a delegação canadiana que, na sua comunicação de 25 de outubro de 1989, doc. GATT, MTN.GNG/NG11/W/47, pp. 8, referiu: "There should be no possibility of compulsory licensing. The ability of a trademark owner to control the use of his trademark is essential to protect the value of the trademark and to protect the public from confusion and deception".

[727] Pires de Carvalho, *The Trips Regime of Trademarks and Designs*, ob. cit., pp. 335.

III. Muito antes da entrada em vigor do Acordo *Trips*, gerou-se alguma discussão doutrinal à volta da admissibilidade da licença compulsória sobre marcas. Em duas ocasiões, o *Federal Trade Comission* (FTC), que similarmente à solução muitas vezes aplicada pela jurisprudência às patentes, decidiu licenciar compulsoriamente marcas que teriam dado origem a práticas anticompetitivas[728].

Aproveitando o ensejo da jurisprudência, houve quem defendesse que a licença compulsória sobre marcas teria legitimidade legal na lei norte-americana, nomeadamente na sec. 14 do *Lanham Act*, sendo que a competência para a sua concessão deveria ser atribuída ao FTC, tendo como fundamento, essencialmente, práticas anticoncorrenciais ou quando a utilização da marca impedisse que produtos de elevada qualidade apresentassem preços competitivos[729].

---

[728] Cf. caso FTC vs. Cereal Manufacture e caso FTC vs. Borden Inc., citado, respetivamente por BABIN, «Abuse of Trademarks: A Proposal for Compulsory Licensing», *J.L. Reform*, vol. 7, 3, 1973-1974, pp. 644 e ss., disponível em http://www.heinonline.org/ (consultado em 22.06.11), pp. 644 e 645, e KEATING, «FTC Authority to Order Compulsory. Trademark Licensing: Is "Realemon" Really Real Lemon?», *The Dickinson Law Review*, vol. 85, 1980-1981, pp. 191 e ss., disponível www.heionline.org (visitado em 15.03.2012), pp. 191 a 197 e PALLADINO, «Compulsory Licensing of a Trademark», *Buffalo Law Review*, vol. 68, 457, 1978, pp. 522 e ss. disponível em «www.heinonline.org» (consultado em 22.06.11), pp. 522 e 523; HOLMES, «Compulsory Patent and Trademark Licensing: A Framework for Analysis», *Loy. U. Chi. L.J.*, «disponível www.heionline.org» (visitado em 18.10.2012), pp. 63.

[729] BABIN, «Abuse of Trademarks: A Proposal for Compulsory Licensing» ob. cit., pp. 664. A autora propõe mesmo uma alteração à lei, sugerindo um detalhado regime geral de licenciamento compulsório sobre marcas, tendo como fonte a sec. 14 do *Lanham Act*. Na perspetiva da autora, a *compulsory trademark licensing*, entre outras condições, estaria sujeita a uma remuneração, sendo a estrutura da licença acordada pelas partes, mas com a supervisão do FTC. Quanto ao controlo de qualidade, este deveria ser estabelecido no próprio ato administrativo de concessão, tendo como padrão o *standard* dos consumidores (pp. 662 e ss.).
HOLMES, «Compulsory Patent and Trademark Licensing: A Framework for Analysis», ob. cit., pp. 67 e ss., em especial 76 e 77, parece também concordar com a aplicação da licença compulsória sobre marcas, quando estejamos perante práticas anticompetitivas, não deixando, contudo, de referir que, quando a licença compulsória de marca coloque em causa a qualidade dos produtos subjacentes a esta, deve-se procurar meios alternativos para se alcançar o objetivo pretendido, na medida em que a licença compulsória não pode colocar em causa as funções deste direito de propriedade industrial. Segundo o autor: "The relative importance and difficulty of controlling the production quality of the product also should be assessed. As these quality control and confusion problems increase, the wisdom of compulsory trademark licensing diminishes, making alternative forms of trademark relief more desirable" (pp. 76).

Na reação a estes casos, PALLADINO foi um dos seus principais opositores, afirmando que a lei norte-americana não contemplava a concessão destas licenças sobre marcas[730], tentando ainda demonstrar a sua incompatibilidade para com este direito de propriedade industrial. Segundo o autor:
- No direito sobre patentes, há a concessão de um monopólio sobre um produto ou processo, enquanto na marca apenas existe um direito de usar um termo;
- A patente promove a transmissão das ideias para o público, ou seja, evita que as invenções sejam secretas, permitindo o progresso tecnológico. No caso da marca, esta só visa evitar a confusão por parte dos consumidores.
- Existe incompatibilidade entre a licença compulsória e a natureza da marca, na medida em que aquela compromete as várias funções deste direito de propriedade industrial, que aponta como sendo a função de sinalização, a função de qualidade, a função publicitária e a função de concorrência[731].

IV. Mesmo após a consagração do art. 21º do Acordo *Trips*, alguns autores têm-se insurgido contra a disposição, não fazendo uma interpretação *contra-legem* ou restritiva da mesma, mas abrindo o debate, tentando de alguma forma demonstrar a compatibilidade deste instituto no direito das marcas.

PIRES DE CARVALHO refere que proibir a concessão de licenças compulsórias sobre marca é um erro. Na opinião do autor, existe uma visão errada da função da marca, pois esta não tem como objetivo indicar a fonte dos produtos ou serviços, mas tão-somente fazer a distinção destes. Assim, finaliza, desde que seja proporcional à ação ilícita e na medida em que não haja outro remédio menos limitativo, a licença compulsória poderá ser útil quando o titular de uma marca atue de forma anticoncorrencial[732].

---

[730] PALLADINO, «Compulsory Licensing of a Trademark», ob. cit., pp. 529 e ss. O autor afirma que a lei nem sequer é clara no que diz respeito à caducidade da marca por práticas anticompetitivas e, mesmo que se entenda que a caducidade é permitida, tal consiste em algo muito diferente da licença compulsória.
[731] *Idem*, pp. 528 e ss.
[732] PIRES DE CARVALHO, *The Trips Regime of Trademarks and Designs*, ob. cit., pp. 354.

Mais recentemente, Liu criticou esta disposição, defendendo que a sujeição das marcas ao regime das licenças compulsórias deveria ser um imperativo, mais concretamente para os casos em que sinalização fornecida pela marca contivesse um grande significado para o público consumidor. Foi mesmo dado o exemplo de um caso ocorrido em Taiwan, a 31 de outubro de 2005, em que o instituto do Departamento de Saúde do respetivo país requereu uma licença compulsória do medicamento patenteado "tamiflu", para o caso de existir uma epidemia no país, devido ao surto de gripe das aves. A TIPO concedeu a licença compulsória, condicionalmente, até ao prazo de 31 de dezembro de 2007. Dado que a epidemia nunca ocorreu, a licença compulsória não chegou a ser posta em prática. Contudo, dada a ansiedade existente à volta da possível propagação da doença, o medicamento "tamiflu" atingiu elevadas proporções de reconhecimento, tornando-se um nome bastante conhecido entre a população. Não obstante a licença compulsória não ter sido implementada, segundo o autor, este caso demonstraria a enorme relevância que teria tido a concessão da licença compulsória sobre aquela marca se a epidemia se tivesse tornado realidade. Esta mais valia advinha do facto de que, quando se iniciasse a propagação da doença, o público teria de tomar conhecimento do nome do medicamento num curto espaço de tempo, sendo que adotar outra referência poderia ser prejudicial. Desta forma, nada melhor seria do que licenciar compulsoriamente a marca *Tamiflu*, marca esta que detinha grande notoriedade no país. Além do mais, não haveria o perigo de confusão ou decréscimo do critério de qualidade, na medida em que, na concessão da licença compulsória, as condições poderiam garantir a qualidade do produto subjacente à marca[733].

V. Apesar da proibição do art. 21º do Acordo *Trips*, e de a discussão se basear apenas no plano científico, somos da opinião que a licença compulsória não se adequa ao direito das marcas. Não obstante as patentes e as marcas fazerem parte do direito de propriedade industrial, a natureza é bastante distinta.

Cremos que o argumento não será, tal como defendido por Palladino, pelo facto de, com a licença compulsória, deixar de existir o controlo

---

[733] Liu, «The Need and Justification for a General Competition Oriented Compulsory Licensing Regime», *IIC*, vol. 43, no. 6, Munich/Oxford, 2012, pp. 679 e ss., pp. 698 e 699.

necessário pelo licenciante, podendo redundar-se num uso não sério[734]. Na verdade, o ato administrativo de concessão da licença compulsória sobre a marca, a ser possível, poderia perfeitamente conter normas sobre o controlo de uso da mesma, obrigando desta forma o licenciado às condições estipuladas. Em sentido contrário, a licença compulsória já poderia prejudicar a função distintiva e de publicidade das marcas, na medida em que esta, ainda para mais não sendo exclusiva, iria fazer com quem o sinal distintivo estivesse na mão de mais do que um titular[735].

Contudo, a principal razão para se rejeitar a licença compulsória sobre marcas prende-se com a própria natureza intrínseca a cada um dos direitos. Ao contrário do que acontece nos direitos de patente, a licença compulsória sobre marcas não contribuiria para o melhoramento deste instituto. Ao concedermos uma licença compulsória, por exemplo, com fundamento na dependência entre patentes, estamos a contribuir para um dos seus objetivos: incentivo ao desenvolvimento de novas inovações. Na verdade, como aponta a doutrina francesa, uma medida é, em princípio, escolhida em função da importância do direito que se quer proteger[736]. Destarte, estando as patentes relacionadas diretamente com o interesse público e as marcas preferencialmente direcionadas para a tutela do interesse do titular das mesmas, o remédio deverá ser mais enérgico para com as primeiras[737]. Mas, a medida mais enérgica não significa a mais severa, mas sim a mais adequada ao interesse público em jogo. Na realidade, dados os investimentos avultados realizados pelo seu titular e na medida em que se pretende incentivar a inovação, é do interesse público que a patente se mantenha a ser explorada, sendo que a

---

[734] PALLADINO, «Compulsory Licensing of a Trademark», ob. cit., pp. 538. O autor refere que não podemos comparar a concessão de uma licença voluntária com a concessão de uma licença compulsória. No caso da licença contratual, o titular da marca e o licenciado poderão acordar o padrão de qualidade que deverão ter os produtos, ao passo que, na licença compulsória, isto poderá não acontecer. Segundo o autor, na licença compulsória, o autor não escolhe o licenciado, pelo que poderão faltar os conhecimentos necessários para desenvolver os produtos/serviços com a qualidade que a marca sinaliza. Além do mais, aponta o facto de, mesmo fixando-se os critérios de qualidade na concessão da licença compulsória, estes serão rígidos e não estarão sujeitos às progressivas mudanças que surgem naturalmente.
[735] Idem, pp. 535, 536 e 541.
[736] ABELLO, La Licence, Instrument de Régulation des Droits de Propriété Intellectuelle, ob. cit., pp. 227.
[737] Idem, pp. 203 e 227.

medida mais adequada para o caso será a licença compulsória[738]. No caso da marca, a solução passa por uma medida mais drástica, prevendo-se a caducidade, sendo este um remédio mais apropriado ao direito em causa, eliminando-se marcas inúteis e evitando-se ainda a especulação de sinais distintivos.

Finalmente, não se vislumbra como a marca, *per si*, poderá consubstanciar uma violação anticoncorrencial. O monopólio de mercado adquirido pela marca advém sempre do que esta representa para os consumidores. O monopólio *de jure* que nasce através do direito nada mais serve do que para impedir a confusão por parte dos consumidores e, no caso das marcas de prestígio, preservar o seu *selling power*. A marca em si mesma não constituirá uma barreira de entrada ao mercado. Se os consumidores apenas escolhem os produtos de determinada marca, é porque esta atingiu um elevado nível de reputação, muito provavelmente através de um grande esforço de investimento em publicidade. Como já foi afirmado[739], a marca, mesmo sendo um monopólio privado, tem uma natureza diferente das invenções ou dos desenhos e modelos, pois não permite o controlo exclusivo sobre um produto particular, apenas proporciona a utilização exclusiva de um sinal em conexão com certos produtos ou serviços. A licença compulsória sobre uma marca, neste caso, teria um alcance punitivo, o que não condiz com a *ratio* deste instituto.

Esta questão já foi até defendida na jurisprudência norte-americana, que criou a doutrina da *irrelevant trademark*. Nestes casos, a marca era usada como justificação para práticas anticompetitivas pelo próprio titular, pois, tratando-se de um monopólio, justificaria aquelas ações anticompetitivas. Em diversos casos julgados, o tribunal defendeu que a ação deveria ser punida sim, mas que se iria condenar o titular da marca, não se limitando o direito de propriedade industrial, pois o sinal distintivo não teria qualquer relevância para a prática anticompetitiva que estaria a ser julgada[740].

---

[738] *Idem*, pp. 228. A autora chega mesmo a mencionar que existe aqui uma *fonction sociale* da invenção.
[739] BENTLY/SHERMAN, *Intellectual Property Law*, ob. cit., pp. 715.
[740] Cf. MCCARTHY, «Compulsory Licensing of a Trademark: Remedy or Penalty?», *TMR*, vol. 67, I, 1977, pp. 197 e ss., disponível em «www.heioonline.org» (visitado em 20.04.2012), pp. 201.

31.2.3. Variedades Vegetais

I. Numa definição simples, a *variedade vegetal* é um tipo de direito de propriedade industrial que advém do desenvolvimento da biotecnologia[741], que se encarrega da proteção de descobertas aplicadas ao meio vegetal. Para uma definição mais técnica, podemos recorrer à Convenção Internacional para a Proteção das Obtenções Vegetais (doravante Conv. UPOV[742]), que nos dá uma definição bastante longa, em que, em termos lacónicos, refere que a variedade é um conjunto vegetal relativo a um mesmo táxon[743] botânico que pertence à ordem mais baixa, sendo que, mesmo que as condições não se encontrem preenchidas na sua totalidade, este poderá ser definido da seguinte forma:

- Pelas características que resultam de um determinado genótipo[744] ou numa combinação destes;
- Distinguindo-se de outros conjuntos de vegetais pela expressão de, pelo menos, uma característica;
- Considerado como uma unidade em relação à sua aptidão para ser reproduzido sem alteração, ou seja, tal e qual[745].

---

[741] Sobre a biotecnologia e sua utilização nos dias de hoje, *vide* REMÉDIO MARQUES, «Patentes Biotecnológicas e Direitos de Obtentor de Variedades Vegetais – Diferenças de Regime e Pistas para a Respectiva Articulação», in AAVV, *Direito Industrial*, vol. II, Coimbra, Almedina, 2002, pp. 163 e ss., pp. 165 e ss.

[742] Sigla inglesa que advém do termo *Convention for the Protection of New Varieties of Plants*, que criou, precisamente, a União Internacional para a Proteção das Novas Variedades Vegetais (*International Union for the Protection of New Varieties of Plants*).

[743] O *táxon* é uma unidade utilizada para classificação científica. Através da verificação da génese da palavra, que advém de "ordenamento", poderemos entender melhor o seu significado. A disciplina que define o táxon denomina-se *taxonomia*. Desta forma, de modo a classificar todas as plantas, utiliza-se este sistema, ordenando-as, tendo em conta certas categorias de objetos biológicos.

[744] Os genótipos são informação histórica hereditária, não sendo mais do que o conjunto dos cromossomos que se situam no núcleo das células.

[745] Podemos ainda mencionar a definição que nos é dada pelo direito espanhol, no seu art. 2º, da *Ley* 3/2000, de 7 de janeiro, que segue de perto a definição dada pela Conv. UPOV:
"1. Se entiende por variedad, a los efectos de esta Ley: un conjunto de plantas de un solo taxón botánico del rango más bajo conocido que, con independencia de si, responde o no plenamente a las condiciones para la concesión de un derecho de obtentor, pueda:
a. Definirse por la expresión de los caracteres resultantes de un cierto genotipo o de una cierta combinación de genotipos.
b. Distinguirse de cualquier otro conjunto de plantas por la expresión de uno de dichos caracteres por lo menos, y

VII. O REGIME DAS LICENÇAS COMPULSÓRIAS NA ORDEM JURÍDICA DE FONTE INTERNA

II. O regime jurídico que se aplica às variedades vegetais é composto, essencialmente, pela Conv. UPOV, na versão de 1978[746] (Portugal ainda não aderiu à versão de 1991), pelo Decreto-lei nº 213/90, de 28 de junho, que estabelece apenas os princípios gerais, sendo regulamentado, tal como comanda o art. 1º, nº 2, e o art. 9º do Decreto-lei, pela Portaria nº 940/90, de 4 de outubro. Existe ainda um regime europeu de variedades vegetais, presente no Regulamento (CE) Nº 2100/94, do Conselho, de 27 de julho de 1994, tendo sido criado devido à desarmonização dos vários regimes jurídicos europeus nesta matéria. Desta forma, à semelhança do que acontece com as marcas e os desenhos ou modelos, coexiste um regime nacional e um regime europeu de variedades vegetais.

A proteção de variedades vegetais justifica-se nos dias de hoje, devido aos elevados investimentos que os obtentores têm de suportar. Assim, numa lógica similar ao regime de patentes, procura-se premiar o obtentor, incentivando futuras descobertas nesta área[747].

De forma a que uma variedade vegetal seja protegida, esta terá que preencher os seguintes requisitos: distintividade[748]; homogeneidade[749]; estabilidade[750] e novidade[751]/[752].

---

c. Considerarse como una unidad, habida cuenta de su aptitud a propagarse sin alteración."
[746] Portugal aderiu através do Decreto nº 20/95, de 8 de julho.
[747] Cf. BENTLY/SHERMAN, *Intellectual Property Law*, ob. cit., pp. 592.
Elucidativo é o preâmbulo do Decreto-Lei nº 213/90, que postula o seguinte:
"(...) Os obtentores destas novas variedades têm de suportar elevados investimentos em tempo de pesquisa, em equipamento, em ensaios e exames de melhoramento, até conseguirem obter e fixar tais variedades.
É, pois, de inteira justiça que se reconheça o direito de obtentor, mediante a concessão de um título de proteção para tais variedades que, salvaguardando uma justa retribuição para os conhecimentos e trabalhos desenvolvidos, constitua também uma forte motivação para o incremento dos trabalhos de melhoramento vegetal, em ordem à defesa e enriquecimento do património genético nacional".
[748] Segundo a alínea a), nº 1, do art. 5º, da Portaria nº 940/90, a variedade vegetal é distinta quando "independentemente da forma como foi obtida, se distingue de qualquer outra variedade reconhecida existente, por um ou mais caráteres suscetíveis de serem identificados e descritos com precisão". Esta capacidade distintiva é apurada através das comparações das várias características inerentes à variedade ou variedades vegetais com as características presentes num catálogo, ordenados por *classes*. A distintividade terá de surgir, pelo menos, numa das características (cf. REMÉDIO MARQUES, «Patentes Biotecnológicas e Direitos de Obtentor de Variedades Vegetais...», ob. cit., pp. 197 e 198).

III. As licenças compulsórias não deixam de estar previstas para este tipo de direito de propriedade industrial. A previsão existe ao nível nacional e comunitário. Segundo as respetivas legislações, as licenças compulsórias sobre variedades vegetais poderão ter como base dois fundamentos: o interesse público e a dependência entre variedades vegetais e/ou entre variedades vegetais e invenções biotecnológicas[753].

Ao nível nacional, a licença compulsória sobre variedades vegetais tendo como fundamento o interesse público está prevista na Portaria 940/90 de 4 de outubro, pertencendo a competência de concessão ao Centro Nacional de Registo de Variedades Vegetais (doravante CENARVE)[754]. Quanto à licença compulsória com fundamento na dependência entre variedades vegetais e invenções biotecnológicas, a

---

[749] A variedade é homogénea, quando, segundo a alínea b), nº 1, do art. 5º, da Portaria nº 940/90 "«...» todas as plantas que constituem a nova obtenção sejam semelhantes, tendo em conta as particularidades da sua reprodução sexuada ou da sua multiplicação vegetativa". Como refere REMÉDIO MARQUES, «Patentes Biotecnológicas e Direitos de Obtentor de Variedades Vegetais...», ob. cit., pp. 197 e 198, este requisito indica-nos que "as variações apresentadas «...» devem ser de escassa importância, de tal maneira que, apesar disso, ainda seja possível descrevê-las e distingui-las «...» de outras variedades".

[750] Este requisito está previsto na alínea c) do art. 5º, da Portaria nº 940/90, referindo que a *estabilidade* se dá quando "após multiplicações ou reproduções sucessivas, revele os mesmos caráteres essenciais, de acordo com a descrição apresentada pelo seu obtentor". De acordo com o art. 9º do Regulamento (CE) nº 2100/94, de 27 de julho, "uma variedade é considerada estável se a expressão das características incluídas na análise do seu caráter distinto, bem como de todas as outras utilizadas para a descrição da variedade, permanecerem sem alterações depois de sucessivas multiplicações ou, no caso de um determinado ciclo de multiplicação, no fim de cada ciclo" (cf. REMÉDIO MARQUES, «Patentes Biotecnológicas e Direitos de Obtentor de Variedades Vegetais...», ob. cit., pp. 197).

[751] De acordo com o art. 5º, nº 1, d), a variedade vegetal é nova "quando à data do respetivo pedido de atribuição de direito de obtentor não tenha sido posta à venda ou comercializada no País há mais de um ano, com o consentimento do seu obtentor, ou no estrangeiro há mais de seis ou quatro anos, consoante se trate de plantas lenhosas ou de plantas herbáceas, respetivamente" (cf. REMÉDIO MARQUES, «Patentes Biotecnológicas e Direitos de Obtentor de Variedades Vegetais...», ob. cit., pp. 198 e 199).

[752] Cf. art. 2º do Decreto-lei nº 213/90; art. 5º da Portaria nº 940/90; art. 6º e ss. do Regulamento (CE) Nº 2100/94; art. 5º e ss. da Conv. UPOV.

[753] É ainda previsto um regime jurídico de licenças compulsórias na Conv. UPOV, nomeadamente no art. 17º, tendo com fundamento o interesse público, devendo-se atribuir uma *equitable remuneration* ao titular do direito sobre a variedade vegetal.

[754] Cf. art. 26º, nº 1.

previsão surge-nos no CPI, nomeadamente no art. 109º, nº 6 a 8, sendo que a competência para a concessão da licença pertence ao INPI.

Por último, no regime jurídico comunitário, está prevista, no art. 29º, nº 1, do Regulamento (CE) nº 2100/94 do Conselho, de 27 de julho, a concessão de licenças compulsórias sobre variedades vegetais comunitárias com fundamento em interesse público. Por seu turno, ao nível comunitário, está ainda prevista no nº 5a do artigo mencionado, a licença compulsória com fundamento na dependência entre as variedades vegetais e invenções biotecnológicas.

Este último fundamento não adveio da versão originária do Regulamento (CE) 2100/1994, que apenas permitia a concessão de licenças compulsórias por interesse público[755]. Esta omissão levou a admitir-se que existiria uma lacuna, na medida em que, de acordo com o regime do CPI e das restantes ordens jurídicas europeias, as entidades nacionais apenas poderiam conceder licenças compulsórias sobre variedades vegetais protegidas pelos respetivos direitos nacionais. Ficariam, desta forma, de fora as licenças compulsórias por dependência entre invenções biotecnológicas e variedades vegetais, quando as variedades vegetais fossem protegidas pelo direito comunitário. Face a isto, o Regulamento 873/2004, de 29 de abril, veio alterar o Regulamento 2100/1994, que acrescentou a disposição 5a, onde se passou a permitir a concessão de licenças compulsórias sobre variedades vegetais protegidas pelo direito comunitário ao titular de patentes dependentes relativas a invenções biotecnológicas[756].

Refira-se ainda que esta disposição comunitária deverá ser conjugada e complementada pelas regras constantes dos arts. 37º e ss., presentes no Regulamento (CE) nº 874/2009 da Comissão, de 17 de setembro, que estabelece as normas de execução do Regulamento (CE) nº 2100/94 do Conselho.

No caso de estarmos perante licenças compulsórias sobre variedades vegetais europeias, a concessão será atribuída ao Instituto Comunitário de Variedades Vegetais[757].

---

[755] O nº 5 do art. 29º deste mesmo regulamento, apesar de prever o fundamento da licença compulsória por dependência entre variedades vegetais, exige que haja interesse público para esta concessão, remetendo para o nº 1.
[756] Cf. WÜRTENBERGER/KOOIJ/KIEWIET/EKVAD, *European Community Plant Variety Protection*, New York, Oxford University Press, 2006, pp. 159 (6.138).
[757] Cf. art. 29º, nº 1, Regulamento (CE) nº 2100/94, do Conselho, de 27 de julho 1994.

IV. Interessante será notar que, no regime de licenças compulsórias sobre variedades vegetais, a nível tanto nacional quanto comunitário, talvez devido à complexidade inerente às variedades vegetais, o legislador veio intermediar a sua concessão com pareceres de outros órgãos.

No caso do regime nacional, o art. 26º, nº 2, veio apenas depender de parecer do conselho técnico do CENARVE a atribuição da remuneração ("justa contrapartida").

No caso do regime jurídico comunitário, o legislador foi mais longe, chamando a intervenção o Conselho de Administração do Instituto Comunitário de Variedades Vegetais num momento mais relevante, o da atribuição da licença, obrigando o Instituto Comunitário de Variedades Vegetais a consultá-lo[758] aquando da atribuição da licença compulsória com base no interesse público[759].

31.2.4. Know-How

I. Por último, temos o *know-how*. O *know-how* ou o "saber-fazer" é, segundo OLIVEIRA ASCENSÃO, "o conjunto de conhecimentos técnicos que são necessários para dar vida a uma ideia empresarial"[760]. No mesmo sentido está a doutrina italiana, que, nas palavras de SENA, considera que o *know-how* "è costituito da conoscenze tecniche che, per non essere di dominio comune, hanno, oltre un loro interesse industriale, anche un indubbio valore economico"[761]. Retira-se destas definições que o *know-how* diz respeito tanto à indústria quanto à comercialização, sendo que estes conhecimentos terão um valor económico.

O *know-how* não consiste em nenhum direito de propriedade industrial. Para além da tipicidade inerente a estes, no direito português, o *know-how* é protegido através das regras da concorrência desleal, tendo contacto com o direito de patentes, na medida em que poderá incluir conhecimentos técnicos que fazem parte de uma invenção protegida por patente ou simplesmente de uma invenção explorada em regime de segredo industrial[762].

---

[758] Cf. art. 29º, nº 1, *idem*.
[759] Cf. art. 29º, nº 2, *idem*.
[760] OLIVEIRA ASCENSÃO, *Direito Comercial – Direito Industrial*, ob. cit., pp. 292.
[761] SENA, *Trattato di Diritto Civile e Commerciale – I Diritti Suelle Invenzioni*, ob. cit., pp. 568.
[762] Hoje em dia, já é pacífica a ideia de que o *know-how* não abrange apenas as invenções patenteáveis não patenteadas ou as invenções não patenteáveis (sobre este ponto, cf. MARIA

VII. O REGIME DAS LICENÇAS COMPULSÓRIAS NA ORDEM JURÍDICA DE FONTE INTERNA

II. Já foram documentados casos em que, supostamente, foram concedidas licenças compulsórias sobre o *know-how*[763]. Para além de não termos encontrado qualquer caso em que licenças compulsórias sobre este "direito" tivessem sido concedidas, o que sucede é que, na concessão da licença compulsória sobre, por exemplo, uma patente ou um modelo de utilidade, é obrigatória a transmissão do *know-how*[764]. Não nos podemos esquecer que, *per si*, deter um direito de propriedade industrial poderá servir de pouco se não se tivermos os conhecimentos técnicos por detrás do mesmo. O mesmo se pode aplicar ao segredo comercial, que poderá, da mesma forma, ser transmitido aquando da concessão da licença compulsória.

Contudo, dado o facto de a licença compulsória estar sujeita ao princípio da proporcionalidade, poderá chegar-se à conclusão de que a transmissão de um determinado *know-how* não se vislumbra necessária para a prossecução do objetivo inerente à licença.

§ 32. As licenças compulsórias e o crivo constitucional

I. Antes de entrarmos a fundo no regime jurídico presente no CPI, será útil enveredarmos pelo regime da Lei Fundamental e verificar se o instituto em estudo se adequa à mesma.

Em termos de enquadramento, parece-nos que os direitos advindos da propriedade industrial se inserem no art. 42º da Constituição da República Portuguesa (doravante CRP), ou, de forma a sermos mais rigorosos, este artigo parece englobar quase toda a propriedade intelectual.

De uma primeira leitura, podemos ser levados a crer que estão somente previstos os direitos de autor e conexos, pois a CRP nunca menciona qualquer direito de propriedade industrial. Em sentido inverso, menciona "livre criação intelectual", "artística", "científica", "produção e divulgação da obra científica, literária ou artística", e, ainda, "proteção legal dos direitos de autor", tudo conceitos relacionados, em maior ou menor medida, com os direitos de autor e conexos. Contudo, o nº 2 do

---

Figueiredo Dias, *A Assistência Técnica nos Contratos de Know-How*, Stvdia Ivridica 10, Coimbra, Coimbra Editora, 1995, pp. 32 e 33)
[763] Carlos Correa, *Intellectual Property Rights and the Use of Compulsory Licenses...*, ob. cit., pp. 6.
[764] Esta hipótese é igualmente admitida por Remédio Marques, *Licenças (Voluntárias e Obrigatórias) de Direitos de Propriedade Industrial*, ob. cit., pp. 253.

art. 42º refere-nos que a liberdade de criação cultural "compreende o direito à invenção". Podemos interpretar esta disposição como incluindo os direitos de propriedade industrial, mais concretamente o direito sobre invenções. Desta construção, salta desde logo à vista que ficam de fora os direitos de propriedade industrial que não impliquem inventividade, como é o caso da marca. Estes restantes direitos serão protegidos, em termos gerais, pelo art. 62º da CRP, dado que se poderá entender que esta disposição se aplica igualmente a bens imateriais[765]. De resto, os direitos que mencionámos como sendo protegidos pelo art. 42º não deixam de beneficiar da proteção deste art. 62º, na medida em que englobam também o leque de bens imateriais[766].

II. Se olharmos para a licença compulsória, verificamos que esta choca com várias disposições constitucionais, *inter alia*, com o direito de não ser *desapossado* do bem incorpóreo presente no art. 62º, da livre iniciativa económica privada prevista no art. 61º[767], ou mesmo com o art. 42º, nº 2, referente ao direito à invenção, onde, dentro do mesmo, se poderá defender a proteção de eventuais direitos de índole positiva, como a liberdade de uso da invenção sem quaisquer restrições, e ainda de índole negativa, como o direito de proibir terceiros de utilizar a invenção sem o consentimento do titular.

Dado que a licença compulsória "costituisce espressione di una penetrante ingerenza pubblicistica nella sfera giuridica privati"[768], entrando em conflito com diversas disposições fundamentais, questiona-se se esta será admissível à luz da CRP. Salvo melhor opinião, e no sentido já trilhado pela doutrina alemã[769], cremos que não haverá qualquer dificuldade

---

[765] Segundo GOMES CANOTILHO/VITAL MOREIRA, *Constituição da República Portuguesa Anotada*, vol. I, 4ª ed., Coimbra, Coimbra Editora, 2007, pp. 800, a proteção da propriedade, nesta disposição, não se dirige somente aos bens corpóreos, mas também aos incorpóreos.
[766] Do que é apreendido do texto, GOMES CANOTILHO, «Liberdade e Exclusivo na Constituição», Direito Industrial, vol. IV, Coimbra, Almedina, 2005, pp. 57 e ss., pp. 60 e ss. e pp. 69, parece incluir as marcas sendo também protegidas por estes artigos, embora não explicitando o porquê.
[767] Como é assinalado pela doutrina italiana, cf. GRECO, «Aspetti Pubblicistici e Privatistici Della C.D. Licenza Obbligatoria di Brevetto», ob. cit., pp. 16.
[768] *Idem*.
[769] Cf. WOLFF, *Zwangslizenzen im Immaterialgüterrecht*, ob. cit., pp. 28. A licença compulsória será admissível, mais concretamente à luz do art. 14º, nº 1 (2ª parte) e nº 2, da *Grundgesetz für die Bundesrepublik Deutschland*.

VII. O REGIME DAS LICENÇAS COMPULSÓRIAS NA ORDEM JURÍDICA DE FONTE INTERNA

em referir que as licenças compulsórias serão totalmente admissíveis à luz da Lei Fundamental, tendo como ponto de partida o art. 62º. Apesar de estas não estarem previstas, de facto, esta previsão não se torna necessária. As licenças compulsórias são um *minus* em relação à requisição ou expropriação, estas, sim, previstas na Constituição, no já mencionado art. 62º. Destarte, procedendo-se a um raciocínio de interpretação, chegamos à conclusão de que, sendo a licença compulsória proporcionalmente menos gravosa do que estas duas últimas consequências, será totalmente admissível.

A licença compulsória permite ainda prosseguir outros objetivos previstos constitucionalmente, como, por exemplo, o direito à saúde[770], ou mesmo constituir um instrumento útil no desenvolvimento do próprio *direito à invenção*, na medida em que permite a que um titular de um direito de propriedade industrial dependente o possa explorar.

III. Para concluir, resta-nos referir que a admissibilidade constitucional da licença compulsória não se compadece de poderes em branco[771], o que não acontece no CPI, na medida em que são previstos vários fundamentos e garantias de defesa definidas a favor do titular do direito de propriedade industrial.

A licença compulsória, como restrição a direitos fundamentais que é, deverá ser sempre orientada pelo princípio da proporcionalidade. Este terá de ser um princípio norteador aquando da concessão de uma licença deste tipo. Se olharmos para o CPI e demais diplomas avulsos que estabelecem a licença compulsória, observamos que este princípio fundamental foi positivado, sendo, desta forma, um princípio legal orientador, relevante na hora de estabelecer o escopo da licença. Deveras confiando no bom senso do aplicador da lei, que terá necessariamente de fazer uso deste princípio constitucional, infelizmente o nosso CPI não incorporou o espírito presente no Acordo *Trips*, onde se refere claramente e em termos gerais que "o âmbito e a duração [da licença compulsória] serão limitados à finalidade para a qual foi autorizada"[772]. Não obstante, o legislador

---

[770] Cf. art. 64º da CRP.
[771] Cf. GRECO, «Aspetti Pubblicistici e Privatistici Della C.D. Licenza Obbligatoria di Brevetto», ob. cit., pp. 17.
[772] Cf. art. 31º, c).

português não deixa passar este princípio em claro, mencionando que, por exemplo, na licença compulsória por dependência entre patentes, o âmbito desta terá em conta a "parte necessária à realização desta [da patente dependente]". Este princípio é ainda tomado em linha de conta no momento em que a licença já foi concedida, podendo-se pôr cobro à licença, quando esta já não faça sentido (revogação), ou como mecanismo de modificação da licença (revisão), na medida em que a licença compulsória deverá ser sempre adequada à situação em concreto, não restringindo o direito de patente para além do necessário.

Secção II
Os Fundamentos das licenças compulsórias no direito português. A tentativa de obtenção de licença voluntária como requisito geral

§ 33. Os fundamentos estipulados no direito português

I. Se olharmos para o regime jurídico português, notamos que as licenças compulsórias poderão ser concedidas de acordo com três fundamentos:
- *Falta ou insuficiente exploração;*
- *Razões de interesse público;*
- *Dependência entre direitos de propriedade industrial.*

II. O regime jurídico português de licenças compulsórias, ao contrário do que acontece, como vimos, no direito indiano, tem um catálogo típico de fundamentos. Neste, não existe qualquer menção às práticas anticoncorrenciais. Como o Acordo *Trips* e a CUP não são aplicados diretamente, o regime jurídico ficou órfão nesta matéria, sendo que o direito da concorrência apenas prevê coimas como medida contra estas práticas[773].

De referir ainda que o regime português de licenças compulsórias se aplica a todos os titulares de direitos de propriedade industrial, tenham sede ou nacionalidade com origem em país pertencente ou não à Organi-

---

[773] Cf. art. 36º e ss. da Lei 19/2012, de 8 de maio (Regime jurídico da concorrência).

zação Mundial de Comércio, não existindo um regime bipartido como é previsto, por exemplo, no direito britânico[774].

III. Apesar de os fundamentos das licenças compulsórias poderem ser diferenciados, há um requisito geral presente em todos eles: a tentativa de obtenção de uma licença voluntária.

Iremos principiar por analisar primeiro cada fundamento, mencionando, desde logo, os seus requisitos específicos, sendo que, num segundo ponto, faremos a análise do requisito geral mencionado.

IV. Uma chamada de atenção para o facto de as licenças compulsórias apenas incidirem sobre direitos de propriedade industrial definitivamente concedidos. Poderá suscitar dúvidas a questão de saber se poderá existir uma licença compulsória sobre um pedido de patente. Como se sabe, segundo o art. 5º, a partir da publicação do respetivo pedido de patente no BPI, estabelece-se uma proteção provisória, proteção, essa, que será equivalente "à que seria atribuída pela concessão do direito", sendo que, se tal direito for violado, essa conduta poderá dar lugar a uma indemnização.

Pode pensar-se num caso em que, com fundamento em interesse público, se explore uma determinada invenção que esteja protegida por este regime. Nesta circunstância, não se poderá dizer que estaremos perante uma licença compulsória, na medida em que nenhum direito foi ainda concedido, sendo motivo de rejeição pelo INPI um requerimento deste tipo. Assim, o titular deste pedido provisório, em coerência com a lei, poderá pedir uma indemnização por este uso efetuado por um terceiro, sendo que, uma eventual sentença do tribunal com este conteúdo só poderá ser proferida após a concessão definitiva do direito de propriedade industrial[775].

---

[774] Cf. art. 48º, (1), nº 4 e 5, da *UK Patent Act*.
[775] Cf. art. 5º, nº 3.

33.1. Falta ou insuficiente exploração

33.1.1. Introdução

I. Este fundamento está previsto no art. 107º, nº 1, a), e art. 108º do CPI português[776]. A falta ou insuficiente exploração poderá dar-se em duas circunstâncias:
– Falta ou insuficiente exploração *stricto sensu*;
– Exploração que não atenda às *necessidades nacionais*.

Está aqui subjacente o facto de o titular do direito de propriedade industrial, apesar de ter um direito exclusivo, não o explorar de todo ou de modo satisfatório.

Na realidade, o titular tem o direito de explorar a invenção. Contudo, a par de outras ordens jurídicas no direito comparado[777], o CPI português estabelece, no art. 106º, a *obrigatoriedade* de explorar a patente. O artigo, no seu nº 1, refere que o titular da invenção, direta ou indiretamente, deverá explorar o exclusivo que lhe foi atribuído, sob pena de ficar sujeito a uma licença compulsória.

De acordo com o momento em que ocorre a falta de exploração, esta poderá ainda ser classificada como:
– Falta de exploração genética;
– Falta de exploração *a posteriori*.

II. *Quid juris* se, mesmo após a concessão da licença compulsória, o licenciado não a explorar? Aqui, segundo o art. 108º, nº 4[778], não haverá a concessão de outra *licença compulsória sucessiva*, mas sim, de acordo com o art. 108º, nº 5, o cancelamento da licença compulsória em vigor.

Apesar de a lei falar em licença compulsória "cancelada", o que está aqui em causa é uma verdadeira revogação da licença; uma revogação especial de licença compulsória com fundamento em falta de exploração,

---

[776] E art. 5ºA, nº 2 e 4, da CUP.
[777] Cf., v.g., art. 69º do *Codice della Proprietá* italiano ou art. 83º da *Ley de patentes* espanhola.
[778] Esta regra do art. 108º, nº 4, aplica-se, somente, às licenças compulsórias com fundamento em falta de exploração, mantendo-se, deste modo, a possibilidade de se conceder licenças compulsórias com outros fundamentos. Pense-se, por exemplo, mesmo estando uma licença compulsória por falta de exploração em vigor, na necessidade de se conceder uma licença compulsória por dependência entre patentes.

ao lado da previsão geral de revogação de licenças compulsórias, prevista no nº 4 do art. 107º[779].

Para que opere a revogação da licença compulsória de acordo com o art. 108º, nº 5, terá de existir um *pedido fundamentado*, não sendo esta revogação automática.

33.1.2. Fundamentos jurídico-filosóficos para a "obrigação" de explorar a patente

I. A obrigação de explorar a patente, independentemente do seu escopo, sempre foi algo admitido por quase toda a doutrina. Apesar desta unanimidade, nos fundamentos jurídico-filosóficos que justificam esta obrigatoriedade de exploração, sempre existiram disparidades no seu entendimento. A doutrina, desde o dealbar do direito sobre patentes, esforçou-se na apresentação de diversas correntes que justificassem a obrigação de explorar. O conjunto destas correntes, com mais ou menos homogeneidade, poderá ser agrupado em cinco grandes teorias:

a) Teoria do privilégio;
b) Teoria do contrato;
c) Teoria do dever social;
e) Teorias económicas;
f) Teoria da teleologia das patentes.

II. A *teoria do privilégio* é uma das doutrinas mas antigas, fundada, como o nome indica, nos privilégios, que foram os antecessores das patentes. Destarte, dado que um sujeito teria a sorte – e honra – de receber um privilégio real, a obrigação de o explorar apresentava-se como um requisito para a concessão e manutenção do privilégio (tal era indicado nos atos de concessão)[780].

Quanto à *teoria do contrato*, esta refere que a proteção conferida ao titular da patente advém de um *contrato* concluído entre a sociedade – representada pelo Estado – e o patenteado. Desta forma, a obrigação de

---

[779] De resto, apesar de a lei somente mencionar a não exploração de forma a ocorrer às necessidades nacionais, está contida a falta ou insuficiente exploração *stricto sensu*, o que se subentende, pois, como já referimos, a falta de exploração *srictu sensu* nunca satisfaz as necessidades do mercado nacional.

[780] AKERMAN, *L'Obligation d'exploiter et la licence obligatoire en matière de brevets d'invention...*, ob. cit., pp. 330.

explorar seria uma das cláusulas desse mesmo contrato, contrato, esse, que permitiria obter benefícios para todas as partes, na medida em que o acesso à invenção pela sociedade propiciava a divulgação de novos meios técnicos, vitais para o desenvolvimento e, dessa forma, o inventor poderia recuperar o investimento despendido[781].

A *teoria do dever social* criada, essencialmente, por Kohler, referia que a obrigação de explorar a invenção seria um dever rumo a um Estado com unidade social. Este fundamento advinha da ideia subjacente desde a fundação da ordem jurídica, de que a utilização de um direito deveria ser realizada de forma razoável, de acordo com uma consciência social, sendo que nenhum abuso deveria ser cometido sob a sua égide. Desta forma, o titular da patente não deveria privar a comunidade de um importante benefício cultural, recusando a exploração do invento[782].

As *teorias económicas* basearam-se nos mais diversos argumentos. Referiam que a obrigação de explorar poderia, por exemplo, contribuir para o progresso industrial dentro do país onde a invenção fosse explorada, para a melhor qualificação técnica dos trabalhadores, para a estimulação da atividade económica no país (de modo a evitar o atraso da indústria nacional em relação a outras mais desenvolvidas)[783].

Por último, quanto à *teoria da teleologia das patentes*, esta engloba todos aqueles que olham para os próprios objetivos do direito das invenções e descobrem a obrigação de explorar como um dos meios para prosseguir esses mesmos objetivos. Tal parece ser defendido por LADAS, que afirma que não há nenhuma teoria satisfatória, mesmo baseando-se num alegado contrato entre a sociedade e o inventor. O autor assenta a sua ideia num pragmatismo linear, referindo que quando o legislador impõe esta obrigação, estará a considerar o interesse público subjacente ao direito das invenções[784].

Na doutrina italiana, FABIANI parece ir no mesmo sentido, ao referir que uma das finalidades do direito das invenções será, precisamente, promover o progresso técnico e o desenvolvimento económico, permitindo que este se possa realizar através do estímulo e encorajamento da atividade inventiva. Para o autor, existem aqui três tipos de efeitos a ter em

---

[781] *Idem*, pp. 329 e 330.
[782] *Idem*, pp. 331 e ss.
[783] *Idem*, pp. 331 e ss.
[784] LADAS, *Patents, Trademarks, and Related Rights*, ob. cit., pp. 521.

conta: um efeito psicológico, que será o de estimular o desenvolvimento de mais invenções; um efeito técnico, que se consubstancia no incentivo para a procura material de outros inventos e um elemento teleológico, que será o de permitir que a invenção não se torne segredo e possa ser conhecida universalmente, permitindo, consequentemente, um maior avanço tecnológico devido ao cruzamento de novas informações[785].

Na doutrina francesa, SABATIER envereda pelo mesmo sentido, afirmando que "le fondement économique et social de l'obligation d'exploiter n'en est pas moins évidente: l'exclusivité n'est justifiée que dans la mesure où elle contribue à réaliser les fins économiques et sociales auxquelles le statut des brevets"[786].

III. Existiram ainda algumas correntes antigas, que criticavam a obrigação de explorar, referindo esta seria desnecessária, na medida em que se a exploração permitisse retirar algum tipo de benefício, os inventores cuidariam do seu próprio negócio, explorando a invenção, não pagando as taxas por mero altruísmo. Desta feita, se os inventores quisessem mesmo subtrair à sociedade qualquer benefício, tentariam manter a invenção em segredo, sendo que, desta forma, o sistema de pagamento de taxas anuais seria suficiente para livrar a indústria de inúmeras invenções supérfluas[787].

IV. Como é bom de ver, quase todas as teorias estão relacionadas com a explicação da própria natureza da invenção e muitas delas, em especial as teorias económicas, parecem basear-se, unicamente, na obrigação de exploração local.

---

[785] Cf. FABIANI, «Onere di Attuazione dell'Invenzione e Abuso del Brevetto», ob. cit., pp. 527 e nota 1. No mesmo sentido, parece ir a doutrina francesa atual, SCHMIDT-SZALEWSKI/ /PIERRE, Droit de la Propriété Industrielle, ob. cit., 2003, pp. 118. Cf., ainda, CARLOS CORREA/ /SALVADOR BERGEL, Patentes y Competencia, ob. cit., pp. 74 e ss., que referem: "El derecho de exclusiva importa por ende una carga inseparable. Obtener una patente sin encarar una actividad productiva constituye un abuso de derecho".
[786] SABATIER, L'explotation des Brevets d'Invention et l'Intérêt Général d'Ordre Économique, ob. cit., pp. 126.
[787] AKERMAN, L'Obligation d'exploiter et la licence obligatoire en matière de brevets d'invention... ob. cit., pp. 337.

Estamos de acordo com a teoria que olha para a obrigação de explorar como estando inerente à *ratio* do direito das patentes. Esta imposição de explorar serve o desenvolvimento do progresso tecnológico, estando relacionada com o interesse público subjacente a esta matéria[788]. Na verdade, permite-se que outros agentes com condições económicas e técnicas explorem a patente, sendo que o titular ficará apenas desprovido da sua exclusividade, recebendo ainda uma remuneração. Este sistema vem ainda indicar a outros agentes económicos que o desenvolvimento de novas invenções será sempre recompensado, mesmo que os titulares não tenham capacidade de explorar os seus direitos.

Quanto às teorias contra a obrigação de explorar, estas são frágeis. Na realidade, o pagamento das taxas pode não ser suficiente para a efetiva exploração do invento. Desde logo, temos de tomar em conta de que não será apenas a falta de exploração, em termos quantitativos, que poderá dar lugar a uma licença compulsória, na medida em que a exploração que não satisfaça as *necessidades do mercado nacional* poderá, da mesma forma, consubstanciar a concessão de uma licença compulsória. Por fim, como já aconteceu nos EUA, as patentes poderão ser instrumentalizadas, nomeadamente para assegurar uma posição no mercado, prejudicando a concorrência e promovendo o litígio entre empresas, que procurarão obter compensações financeiras de outras entidades pelo uso das suas invenções, mesmo que estas não estejam a ser exploradas.

V. Apesar de existir o hábito de a doutrina se referir a *dever de exploração*, será que podemos afirmar que existe um dever jurídico de explorar o direito de propriedade industrial?

Salvo melhor opinião, estamos em crer que não. Em última análise, o titular do direito de propriedade industrial não poderá ser condenado pelo tribunal a explorar a sua invenção. De uma perspetiva mais rigorosa, cremos que não estamos perante um dever jurídico, na medida em que não existe, aqui, uma ordem ou um comando dirigido à vontade do titular. Esta obrigação de exploração foi trazida pelo direito francês, que tem associada esta exploração às necessidades da sociedade, em termos de progresso tecnológico e económico[789]. Não será, assim, de admirar que,

---

[788] No mesmo sentido, Scuffi/Franzosi, *Diritto Industriale Italiano*, ob. cit., pp. 1036 e 1037.
[789] Cf. Sabatier, *L'explotation des Brevets d'Invention et l'Intérêt Général d'Ordre Économique*, ob. cit., pp. 125 e ss.

por detrás deste "dever", alguma doutrina associe a licença compulsória a uma sanção pela não observância do mesmo[790].

Em sentido contrário, a ordem jurídica inglesa tem, desde sempre, rejeitado este pensamento, afirmando que sobre o titular da patente, não existe qualquer dever de exploração, sendo que as licenças compulsórias existem para que terceiros explorem as patentes que os seus titulares não tiveram vontade ou condições para o fazer[791].

Na realidade, na linha COHEN[792], não cremos que exista um dever jurídico de exploração que recaia sobre o titular da patente, nem tão-pouco a licença compulsória poderá ser definida como uma sanção. A licença compulsória não tem um intuito punitivo, sendo, sim, uma medida corretiva do sistema[793]. Estamos em crer que falar em *dever* de exploração, fazendo corresponder à licença compulsória uma *sanção*, é um erro dogmático, na medida em que o efeito prático da falta de exploração será sempre a sujeição do direito de propriedade industrial a uma licença. Por tais erros, têm sido influenciados os legisladores, tal como o português, que refere, no art. 106º, "obrigatoriedade de exploração".

A lei italiana refere-se a *onere di attuazione* no art. 69º do *codice della proprietà industriale*. Parece-nos mais rigorosa esta nomenclatura. Na verdade, o que recai sobre o titular da patente é precisamente um ónus, i.e., estamos perante um ónus de exploração, na medida em que o titular do direito terá necessidade de observar um determinado comportamento, sendo que a sua não observância não dará lugar a uma sanção nem irá constituir um abuso[794]. A falta de exploração da patente apenas irá expor o direito de propriedade industrial a uma licença compulsória.

33.1.3. Conceito de exploração

I. Cabe-nos agora verificar em que consiste a "exploração". Este conceito indeterminado não surge em momento algum densificado no CPI, sendo

---

[790] OLIVEIRA ASCENSÃO, «O Projecto de Código da Propriedade Industrial: Patentes, Modelos de Utilidade e Modelos e Desenhos Industriais», ob. cit., pp. 160.
[791] BENTLY/SHERMAN, *Intellectual Property Law*, ob. cit., pp. 578.
[792] COHEN, Compulsory Licensing of Patents – The Paris Convention Model», ob. cit., pp. 163.
[793] *Idem*.
[794] SCHMIDT-SZALEWSKI/PIERRE, *Droit de la Propriété Industrielle*, ob. cit., pp. 118.

bastante vago[795]. Entendermos no que este consiste é essencial de forma a darmos o próximo passo, que será o de verificar em que circunstâncias a licença compulsória com fundamento na falta de exploração deverá concedida.

Podemos ser tentados a recorrer ao direito internacional, contudo, esta tentativa será improfícua. O Acordo *Trips* nada menciona nesta matéria, sendo que a CUP, apesar de, no seu art. 5º, nº 2, utilizar o termo *exploração*, deixa a tarefa da sua densificação a cada Estado-membro[796].

Olhando para a doutrina, existem algumas tentativas para estabelecer o seu significado. BODENHAUSEN refere que o termo indica que a *exploração* deverá ser industrial, ou seja, produzir a patente de produto ou aplicar industrialmente o processo patenteado[797]. Para URBAIN, na doutrina francesa, a exploração terá de ser séria e efetiva, ou seja, terá de revelar uma real intenção de explorar, não podendo constituir uma exploração formal, tendo como único objetivo escapar à licença compulsória[798]. Na doutrina italiana, FABIANI distingue entre exercício da patente (que inclui a questão da importação ou obrigação de exploração local) e atuação da patente (que deve ser industrial e não comercial). Desta forma, no direito italiano, a lei impõe ao titular da patente de produto a comercialização desse mesmo produto e ao titular da patente de processo, a utilização desse mesmo processo[799].

II. Cremos que existe uma grande mistura de critérios que são diferenciados entre si, pelo que se julga necessário proceder a uma arrumação dogmática deste conceito de forma a encontrarmos o seu significado.

---

[795] Como aponta PFANNER, «Die Zwangslizenzierung von Patenten: Überblick und neuere Entwicklungen», ob. cit., pp. 359,"der Begriff der ungenügenden Ausübung ziemlich vage ist".

[796] Neste sentido, BODENHAUSEN, *Guide d'application de la Convention de Paris pour la protection de la propriété industrielle*...ob. cit., pp. 73, que afirma que os Estados-membros são livres de definir o que é *exploração*. LADAS, *Patents, Trademarks, and Related Rights*, ob. cit., pp. 524 e 525, crítica esta opção do legislador da CUP, na medida em que esta, apesar de reconhecer a obrigação de explorar, não a define, deixando essa tarefa a cada Estado-membro, trazendo um elemento de insegurança jurídica.

[797] BODENHAUSEN, *Guide d'application de la Convention de Paris pour la protection de la propriété industrielle*...ob. cit., pp. 73.

[798] URBAIN, «Compulsory Licenses in French Patent Law», ob. cit., pp. 276.

[799] FABIANI, «Onere di Attuazione dell'Invenzione e Abuso del Brevetto», ob. cit., pp. 529.

Neste processo, devemos separar o que denominamos de *conceito objetivo* e *subjetivo* de exploração. Esta separação dogmática irá permitir identificar qual o alcance preciso da exploração, que, no direito de propriedade industrial, vai para além da exploração no sentido corrente da palavra, como usar ou utilizar algo em termos materiais.

De qualquer forma, adiantamos que, no direito português, em consonância com o art. 27º, nº 1, do Acordo *Trips*, o titular do direito de propriedade industrial não é onerado com a exploração local, podendo esta realizar-se através de importação, desde que seja de qualquer país membro da União Europeia ou da OMC.

III. No que diz respeito ao *conceito objetivo de exploração*, teremos de fazer uma distinção consoante estejamos perante uma patente de processo ou de produto[800], pois o processo de exploração não será realizado da mesma forma[801].

As *patentes de processo* consistem, em termos lacónicos, numa atividade que tem em vista a obtenção de um determinado fim, seja através de um processo em si, de um método ou de um uso[802]. Haverá exploração na medida em que a patente se aplique à fabricação de produtos que necessitam do processo patenteado para existirem.

Nas *patentes de produtos,* que dizem respeito "*a uma entidade física que pode ser um aparelho, máquina, substância ou composição*"[803], a exploração estará preenchida se o titular fabricar, divulgar e colocar à venda o produto, comercializando-o[804/805]. Contudo, se a patente tiver subjacente uma máquina industrial, o titular do direito de propriedade industrial poderá, em alternativa à venda do produto, optar por reservar a utilização

---

[800] Ambas referidas no art. 51º, nº 2, do CPI.
[801] CARLOS CORREA/SALVADOR BERGEL, *Patentes y Competencia*, ob. cit., pp. 59.
[802] COUTO GONÇALVES, *Manual de Propriedade industrial*, ob. cit., pp. 43.
[803] *Idem.*
[804] Bem esteve HESTERMEYER, *Human Rights and the WTO*, ob. cit., pp. 236, quando, de uma forma concisa e geral, mencionou que a "exploração se refere à atividade comercial do titular da patente de forma a extrair valor económico da patente (tradução livre)".
[805] Como refere SABATIER, *L'explotation des Brevets d'Invention et l'Iintérêt Général d'Ordre Économique*, ob. cit., pp. 133, as necessidades de mercado não estarão a ser satisfeitas se o titular da invenção apenas fabricar os produtos mas não os comercializar. Este princípio é válido para as invenções tanto de produto quanto de processo.

da máquina em exclusivo, comercializando os produtos resultantes da exploração individual da máquina[806].

Desta forma, verificamos que não basta estarmos apenas perante uma exploração formal, experimental[807] ou preparatória[808] da invenção, terá de existir uma exploração efetiva. Nestas duas situações, necessário será que o direito de propriedade industrial esteja a ser explorada de acordo com o seu conceito inventivo, presente nas reivindicações, não deixando de abranger as atividades elencadas no art. 101º, nº 1.

IV. Quanto ao *conceito subjetivo de exploração*, nesta sede já não procuramos saber qual o âmbito de exploração material, mas sim verificar qual a sua elasticidade legal.

A exploração será qualificada, i.e., terá que *satisfazer as necessidades do mercado nacional*. Naturalmente que a falta de exploração total da invenção, ou a sua insuficiência, nunca satisfará as necessidades do mercado português. Sem embargo, é verificável situações em que a exploração *objetivamente* esteja a ser conseguida, mas, ainda assim, não satisfaça as necessidades exigidas para o mercado.

No regime jurídico italiano sobre licenças compulsórias, surge um conceito em tudo semelhante ao que encontramos no direito português, mas definido pelo lado negativo, referindo que a patente deverá ser explorada de forma a que não resulte em graves desequilíbrios nas necessidades do país (*grave sproporzione con i bisogni del paese*).

Apesar de algumas diferenças, em termos gerais, a doutrina italiana tem seguido o mesmo raciocínio na interpretação deste conceito, ligando-o, em maior ou menor medida, à oferta que deverá ser proporcionada ao mercado:

CATALDO entende que o conceito vai no sentido de que o titular da patente ou o seu licenciado terão o ónus de oferecer ao mercado uma determinada quantidade de bens ou serviços que não se afastem, significativamente, da quantidade da procura, em comparação com aquela que seria oferecida num regime de livre concorrência[809].

---

[806] SCUFFI/FRANZOSI, *Diritto Industriale Italiano*, ob. cit., pp. 1039.
[807] *Idem*, pp. 1044.
[808] *Idem*.
[809] CATALDO, *Il Codice Civile Commentario...*, ob. cit., pp. 175.

Anna Assanti refere que, de acordo com este conceito indeterminado, a procura não deverá ser gravemente desproporcional à oferta. Desta forma, acrescenta a autora, estaremos perante uma grave prejuízo para o mercado italiano, quando a procura dos consumidores estiver largamente insatisfeita[810].

Ubertazzi defende que este conceito faz referência a duas quantidades variáveis: uma representando a inteira capacidade de absorção do produto patenteado por parte do mercado nacional, outra que terá que ver com a quantidade de bens disponíveis não ser em *grave sproporzione* para o mercado, tendo em conta a primeira variável[811].

Existem ainda algumas variações destas doutrinas, defendendo-se que, além deste critério, o conceito deverá ser completado por considerações sobre toda a política económica, passando pela utilidade social atribuída à exploração da patente e interpretando sistematicamente este conceito com as normas anticoncorrenciais[812], ou ainda que oferta de bens patenteados no mercado deverá ser realizada tendo como base um preço *tendencialmente equitativo*[813].

A ligação da exploração da patente à satisfação da procura no mercado interno é expressamente regulamentada no direito britânico, onde é prevista a possibilidade de concessão de uma licença compulsória "where the patented invention is a product, that a demand in the United Kingdom for that product is not being met on reasonable terms"[814].

Pensamos que esta abordagem estará correta. Na verdade, fruto do interesse público no progresso tecnológico[815], e expurgando este conceito de objetivos políticos protecionistas, as *necessidades do mercado* exigirão que a procura seja razoavelmente satisfeita e a *preços não desproporcionados*. Estes critérios terão sempre de ser analisados com alguma cautela, na medida em que não nos podemos olvidar que o titular do direito de propriedade industrial se encontra numa situação de monopólio, situação,

---

[810] Anna Assanti, *Le Licenze Obbligatorie*, ob. cit., pp. 40.
[811] Ubertazzi, – «Un'Ipotesi di Conflitto tra Diritto Nazionale dei Brevetti e Diritto Comunitario: l'Onere di Attuare l'Invenzione», *Rivista di diritto industriale*, 1976, I, pp. 67 e ss., pp. 75.
[812] Scuffi/Franzosi, *Diritto Industriale Italiano*, ob. cit., pp. 1040 e 1041.
[813] Greco/Vercellone, *Le Invenzioni e i Modelli Industriale...*, ob. cit., pp. 194.
[814] Cf. Art. 48ºA, (1), a). Sobre o mesmo Bently/Sherman, *Intellectual Property Law*, ob. cit., pp. 579.
[815] Scuffi/Franzosi, *Diritto Industriale Italiano*, ob. cit., pp. 1039.

essa, que lhe permitirá não agir como uma empresa em regime de livre concorrência. No fundo, ao exigir-se a exploração de acordo com as *necessidades do mercado nacional*, tem-se como objetivo permitir que aquele espaço de liberdade que foi reduzido pelo direito exclusivo seja compensado através de uma exploração que beneficie a economia nacional, dando-se lugar a agentes económicos capazes de explorar a invenção na sua plenitude e evitando-se comportamentos anticoncorrenciais por parte do titular do direito de propriedade industrial[816].

Seguindo este raciocínio, e entendendo que a oneração de exploração não consiste num mecanismo protecionista ao serviço do Estado, mas sim num instrumento que permite dar efetividade ao direito de patentes, somos da opinião de que, no caso particular de a exploração de uma patente nacional se realizar através de exportação, esta estará, naturalmente, a satisfazer as necessidades do mercado nacional[817].

33.1.4. *Sujeito que efetua a exploração*

O titular da patente é normalmente quem a explora. Contudo, a lei possibilita a outros sujeitos esta prerrogativa. A oneração de exploração estará a ser cumprida se a exploração for efetuada diretamente pelo seu titular, original ou derivado (v.g. transmissário), pelo comproprietário[818], pelo usufrutuário e ainda por intermédio de outros sujeitos, desde que sejam autorizados pelo titular[819]. Ficam de fora os contrafatores que possam estar a explorar, *efetivamente*, a invenção, dado que não se poderá dar efeitos jurídicos a uma conduta ilícita[820]. Contudo, no caso de existir

---

[816] Suscita-se a questão de saber se as *necessidades do mercado nacionais* são, efectivamente, nacionais, ou irão abranger o mercado comum europeu. Na verdade, neste âmbito, estamos perante um direito de propriedade industrial com eficácia territorial. Desta feita, se o titular do mesmo não tiver a safisfazer as necessidades do mercado português, o INPI poderá, naturalmente, conceder uma licença compulsória ao requerente que a peticionar com fundamento em falta de exploração.

[817] Em sentido contrário, SCUFFI/FRANZOSI, *Diritto Industriale Italiano*, ob. cit., pp. 1043, para quem o titular da patente apenas poderá destinar o excedente da produção para exportação.

[818] Neste sentido, AAVV, *Commentario del Codice Civile – Del Lavoro (art. 2555- 2642)*, Libro V, Coord. Antonio Scialoja e Giuseppe Branca, Zanichelli Editore, 1958, pp. 315; SCUFFI/FRANZOSI, *Diritto Industriale Italiano*, ob. cit., pp. 1039.

[819] Cf. art. 106º, nº 1.

[820] No mesmo sentido, entre outros, ASCARELLI, *Teoria della Concorrenza e dei Beni Immateriali – Lezione di Diritto Industriale*, Milano, Giuffré, 1956, pp. 618; GRECO/VERCELLONE, *Le Inven-*

uma licença contratual nula, parece que, ainda assim, se a exploração estiver efetivamente a realizar-se pelo *formal* licenciado, não poderá ser concedida uma licença compulsória com fundamento na falta de exploração. A lei parece aceitar esta situação, na medida em que apenas menciona "pessoa por ele autorizada" e não um licenciado contratual, termo que nunca utilizou nos anteriores códigos de propriedade industrial[821].

Suscita-se a questão de saber se a atuação por parte do titular de uma licença compulsória também será considerada exploração. Esta tem sido uma das maiores controvérsias no direito italiano. O atual art. 70º, nº 4, do CPI italiano[822] refere que a concessão de uma licença compulsória não exonera o titular da patente ou o seu licenciado contratual de a explorar. Ato contínuo, na 2ª parte deste artigo, está estipulado que a patente caduca se, passados dois anos a partir do momento da concessão da licença compulsória, esta continuar a não ser explorada ou a sua exploração causar grave prejuízo às necessidades do país.

Esta previsão da lei italiana, que tem a sua génese no *d.p.r*, nº 849, de 26 de fevereiro de 1968[823], tem-se prestando a várias interpretações[824], tal a ambiguidade[825] do seu texto. Levando à letra o texto legislativo, alguma doutrina[826] defende que a atuação levada a cabo pelo licenciado compulsoriamente não poderá ser considerada como exploração indireta, pois falta o consentimento por parte do titular da patente. Deste modo, não obstante uma adequada exploração da licença compulsória, e de acordo com as necessidades do país, se o titular do direito de propriedade indus-

---

zioni e i Modelli Industriale..., ob. cit., pp. 194; SCUFFI/FRANZOSI, *Diritto Industriale Italiano*, ob. cit., pp. 1040.

[821] No CPI de 1940, no art. 30º, a lei usava a nomenclatura "ou seu representante legal", no CPI de 1995, o legislador modificou esta passagem, contendo uma ligeira diferença para o estipulado no código atual, referindo, no art. 103º, nº 1, "ou por pessoa por ele autorizada".

[822] Refere o seguinte: "La concessione della licenza obbligatoria non esonera il titolare del brevetto o il suo avente causa dall'onere di attuare l'invenzione. Il brevetto decade, qualora l'invenzione non sia stata attuata entro due anni dalla data di concessione della prima licenza obbligatoria o lo sia stata in misura tale da risultare in grave sproporzione con i bisogni del Paese".

[823] AAVV, *Trattato di Diritto Privato*, ob. cit., pp. 248.

[824] ANNA ASSANTI, *Le Licenze Obbligatorie*, ob. cit., pp. 63.

[825] NOBILI, «La Nouvelle Loi Italienne sur les Licences Obligatoires», *La Propriété industrielle*, 1969, pp. 229 e ss., pp. 16 (nota 40).

[826] *Vide* ANNA ASSANTI, *Le Licenze Obbligatorie*, ob. cit., pp. 63.

trial ou o seu licenciado *contratual* não o explorarem, decorridos dois anos, o direito de propriedade industrial caducará.

Uma das críticas apontadas a esta interpretação é a sua desconformidade para com a CUP. Na verdade, esta interpretação irá fazer com que a licença compulsória deixe de ser um remédio preliminar em relação à caducidade, transformando-se num mero mecanismo temporário, que adia a solução final e categórica, que será a *decadenza*[827].

Contudo, ANNA ASSANTI[828] e NOBILI[829] vêm defender outra interpretação, advogando que, de acordo com a *ratio* do sistema, se a exploração do titular da licença compulsória satisfizer os critérios legais, será suficiente para evitar a declaração de caducidade. Desta forma, conclui ANNA ASSANTI, apesar de continuar a existir um ónus de exploração que recai sobre o titular da patente, o direito só irá caducar se a licença compulsória não for *rimedio suficiente* (pode dar-se o caso de, v.g., após dois anos a contar da concessão da licença, o licenciado compulsoriamente e o titular não explorarem a invenção)[830].

A solução adotada no CPI italiano já teve correspondente em Portugal. O CPI de 1995, no seu art. 121º, a), referia que a patente caducava "por falta ou insuficiência de exploração num prazo de dois anos, após a concessão da primeira licença obrigatória, em consequência de não exploração". Desta forma, parece que o legislador português copiou a solução italiana, mas aprimorou-a, não exigindo o ónus de explorar a patente por parte do titular da mesma, mesmo após a concessão de uma licença compulsória. Não obstante, esta última solução foi abolida do nosso direito, colocando um ponto final na previsão da caducidade como remédio para a falta de exploração.

Em nossa opinião, não faria qualquer sentido que se desconsiderasse a exploração por parte do licenciado compulsoriamente. A falta de consentimento para a exploração do direito de propriedade industrial é ficcionada através do ato administrativo de concessão da licença compulsória. Destarte, seria um paradoxo licenciar compulsoriamente o direito de propriedade industrial e desconsiderar a atuação por parte do titular

---

[827] *Idem*, pp. 64.
[828] *Idem*, pp. 64 e 66.
[829] NOBILI, «La Nouvelle Loi Italienne sur les Licences Obligatoires», ob. cit., pp. 229 e ss., pp. 232.
[830] ANNA ASSANTI, *Le Licenze Obbligatorie*, ob. cit., pp. 67.

da licença, para além de que estaríamos a afastar potenciais licenciados, na medida em que colocaríamos um elemento de insegurança jurídica muito elevado.

33.1.5. Período de imunidade

I. O período de imunidade consiste num pré-requisito para a admissibilidade do requerimento para a concessão da licença[831].

O art. 108º, nº 1, menciona que uma licença compulsória com base neste fundamento só poderá ser obtida depois de *"expirados os prazos"*. Os prazos são aqueles que vêm mencionados no art. 106º, nº 2 (ou de três anos, no caso de falta de exploração à *posteriori*[832]). Esta disposição contempla que a exploração deverá ter início *"no prazo de quatro anos a contar do pedido de patente, ou no prazo de três anos a contar da data da concessão"* (*itálico* nosso). A lei refere que se aplica o prazo mais longo, se estes dois concorrerem entre si. A razão de ser desta estipulação prende-se com razões de natureza prática de comercialização da patente. Por diversos fatores, como a autorização legal para colocar a patente no mercado[833], quer por razões de divulgação da mesma, a patente não fica, desde logo, à disposição para ser comercializada. Desta forma, a lei presume que aquele período será suficiente para o *patent owner* colocar a sua invenção no mercado, beneficiando de todos os direitos inerentes[834]. Como mencionou LADAS, estudando este requisito ao nível da CUP, a obrigação de

---

[831] URBAIN, «Compulsory Licenses in French Patent Law», ob. cit., pp. 276.

[832] Na circunstância de estarmos perante falta de exploração *a posteriori*, a única diferença para com a falta de exploração genética será o prazo que terá de decorrer. Segundo o art. 108º, nº 2, um sujeito que inicie a exploração, mas depois a interrompa por um período de três anos *consecutivos*, poderá ser sujeito à concessão de uma licença compulsória. Não obstante, o titular poderá alegar, da mesma forma, *justos motivos* para a falta de exploração.

[833] AAVV, *Código da Propriedade Industrial Anotado*, ob. cit., pp. 301. Como refere SABATIER, *L'explotation des Brevets d'Invention et l'Intérêt Général d'Ordre Économique*, ob. cit., pp. 134, "Rassembler toutes les conditions necessaires pour mettre en exploitation une invention n'est pas exempt de difficultés, et en pareil cas, exige du temps".

[834] No regime jurídico português, este prazo não está somente previsto para as licenças compulsórias por *falta ou insuficiente exploração*. Este requisito surge-nos, igualmente, no regime jurídico nacional das licenças compulsórias sobre variedades vegetais, mais concretamente para as licenças compulsórias com fundamento em interesse público, na medida em que só se poderá conceder uma licença com este fundamento depois de ultrapassados três anos a contar da data de "atribuição do direito de obtentor em causa" (cf. art. 26º, nº 3, d), da portaria 940/90 de 4 de outubro).

explorar a patente sem este hiato temporal poderia desencorajar a *inventividade*, na medida em que a exploração da maior parte das invenções requer avultados recursos, como maquinaria, novos produtos, mudanças no processo de manufatura, entre outros[835].

II. Poderá, de alguma forma, requerer-se uma licença compulsória antes de ultrapassado este prazo, provando-se que o titular da patente não necessitaria de todo este tempo para iniciar a exploração?

Na nossa opinião, a resposta a esta questão será negativa. Pensamos que estamos perante uma presunção legal absoluta ou *jure et de jure*[836]. A nosso favor, temos, desde logo, o argumento legal do art. 106º, nº 2, e, ainda, do art. 108º, nº 1, este último referente à concessão de licenças compulsórias por falta de exploração, referindo imperativamente que a licença compulsória só poderá ser requerida depois daquele prazo.

O prazo de três ou quatro anos estipulado para o direito português foi trazido pela CUP, sendo aplicado em quase todas as ordens jurídicas. Poderá discutir-se se um prazo uniforme para todas as patentes salvaguardará os interesses por detrás da concessão destes exclusivos, na medida em que nem todas as patentes necessitam das mesmas condições de exploração. SABATIER discute esta questão, perguntando-se se, no caso de uma invenção que esteja apta a ser explorada antes do termo do prazo mas tal não suceda, se um prazo uniforme como este não será uma forma de paralisar a economia. O autor conclui que, para além do facto de, na maior parte das vezes, o prazo necessário para o início da exploração ser até superior, este prazo não constitui mais do que um termo artificial razoável, que poderá ser avaliado após a ultrapassagem do mesmo[837]. Na verdade, quando o prazo prescrito na lei não for suficiente para iniciar a exploração do direito, não havendo inércia imputável ao titular, esta circunstância poderá ser invocada como um *justo motivo* para a não exploração do direito de propriedade industrial[838].

---

[835] LADAS, *Patents, Trademarks, and Related Rights*, ob. cit., pp. 521.
[836] Art. 350º, nº 2, do Código Civil português.
[837] SABATIER, *L'explotation des Brevets d'Invention et l'Intérêt Général d'Ordre Économique*, ob. cit., pp. 135.
[838] No mesmo sentido parece ir CATALDO, *Il Codice Civile Commentario*...ob. cit., pp. 177, que, apesar de a lei italiana prever estes prazos, afirma que, entre as causas legítimas, está, também, "i tempi necessari per la realizzazione industriale del trovato".

III. Mota Maia alerta para uma problemática que nos parece importante. Poderá dar-se o caso de, embora o titular da patente ainda não tenha iniciado a exploração da mesma no prazo estipulado na lei, tenha havido *preparativos sérios e efetivos* para se iniciar a exploração. Nestas situações, defende o autor, os esforços referidos deverão ser considerados como juridicamente relevantes e equivalentes à exploração[839].

Salvo melhor opinião, estamos em crer que poderá ter relevância na decisão de atribuição ou não da licença compulsória, nomeadamente na avaliação dos *justos motivos* (para a seriedade dos mesmos, por exemplo), mas não cremos que irá equivaler à efetiva exploração. Esse critério parece ter sido abandonado pelo legislador no CPI de 2003, na medida em que, no CPI de 1995, no art. 110º, nº 1, a lei fazia equivaler à exploração a realização de "preparativos efetivos e sérios para essa exploração", tal como atualmente ainda faz fé, por exemplo, no direito francês ou no direito brasileiro.

IV. Por fim, *quid juris* se a exploração se iniciar depois do período de imunidade, e o requerimento para a concessão de uma licença compulsória vier a ser interposto depois, com fundamento em falta de exploração? Neste caso, parece-nos que o requerimento não será procedente, na medida em que a falta de exploração foi sanada, perdendo o potencial licenciado a sua oportunidade[840]. Na realidade, como já referimos neste estudo, a licença compulsória não é automática, sendo o prazo apenas um pré-requisito específico para a peticionar a licença compulsória. Se, à data, o titular do direito estiver a explorar a invenção, não haverá motivo para se conceder uma licença compulsória.

Contudo, numa solução semelhante à prevista para o direito das marcas[841], será importante verificar se este início ou reatar de exploração consiste numa exploração efetiva e não apenas numa forma fraudulenta de evitar a concessão da licença compulsória, circunstância que poderá ocorrer, por exemplo, durante ou após a negociação de uma licença contratual com o potencial licenciado.

---

[839] Mota Maia, *Propriedade Industrial*, vol. II, ob. cit., pp. 262.
[840] Urbain, «Compulsory Licenses in French Patent Law», ob. cit., pp. 276.
[841] Cf. art. 269º, nº 4.

33.1.6. Justos motivos

I. Após a ultrapassagem do prazo prescrito, se o titular do direito de propriedade industrial não o estiver a explorar, irá estar sujeito à concessão de uma licença compulsória. Contudo, poderá sempre apresentar argumentos válidos que inviabilizem a concessão da mesma ("justos motivos")[842].

Os justos motivos não vinham densificados na primeira aparição das licenças compulsórias no direito português com o CPI de 1940[843]. A densificação surgiu com o CPI de 1995, não tendo a mesma sido alterada com o CPI de 2003.

Como princípio geral, os motivos terão de ser objetivos[844]. Não poderia ser de outra forma. A serem subjetivos, quaisquer circunstâncias relativas ao titular do direito de propriedade industrial poderiam justificar a não exploração.

As circunstâncias poderão ser de duas ordens: de base técnica ou de base jurídica, "«...» independentes da vontade e da situação do titular da patente, que tornem impossível ou insuficiente a exploração da invenção, mas não as dificuldades económicas ou financeiras"[845]. A lei, ao excluir as dificuldades de tesouraria e as dificuldades económicas, demonstra o interesse público subjacente a esta matéria, na medida em que, de outra forma, estaríamos a bloquear o acesso de agentes económicos com capacidade para explorar o direito de propriedade industrial, prejudicando a sociedade em geral, que não teria acesso ao produto que advém do mesmo. Na lei italiana, no art. 54º da lei nº 1127 de 1939, mesmo antes de se preverem as licenças compulsórias para estes tipos de casos, sendo a caducidade a solução escolhida, já se previa que esta poderia ser evitada, se fossem invocados motivos independentes da vontade do titular. Dado ser uma redação um pouco ambígua, a doutrina, apoiada pela jurispru-

---

[842] Cf. art. 108º, nº 1.
[843] Cf. art. 30º do CPI 1940.
[844] Tal já era afirmado pela doutrina italiana, no regime anterior ao novo *Codice della proprietà industriale* de 2005. Cf. AAVV, *Trattato di Diritto Privato*, ob. cit., pp. 249.
[845] Cf. 108º, nº 3. Não será fácil separar as dificuldades financeiras das dificuldades económicas, até porque estas estão interligadas. Contudo, na aceção comum vinda da economia, pensamos que as dificuldades financeiras estarão relacionadas com a própria saúde financeira da empresa para arcar com os seus compromissos, enquanto as dificuldades económicas dirão respeito à falta de estrutura para competir num determinado mercado.

dência, logo veio esclarecer que não estariam incluídas as dificuldades financeiras, equiparando, assim, as razões legítimas de não exploração à impossibilidade absoluta[846].

II. Destarte, quanto aos justos motivos em si, quando a lei se refere a "dificuldades jurídicas", pensamos que a tarefa não será de difícil interpretação. Estarão em causa impedimentos legais, alheios ao titular do direito de propriedade industrial, que impedem a exploração, devendo existir uma intervenção legislativa ou regulamentar de modo a pôr fim a este entrave. Um exemplo clássico será a não obtenção da necessária autorização administrativa para comercializar a invenção[847].

Os *justos motivos* técnicos apresentam uma dificuldade acrescida de interpretação. Estarão relacionados com situações em que a insuficiente ou não exploração do direito se devem a obstáculos estruturais, que impedem a comercialização do direito de propriedade industrial por aquele titular ou por qualquer outro que o detivesse nas mesmas condições. As doutrinas italiana e francesa têm tentado enquadrar as *dificuldades técnicas*, referindo os seguintes exemplos:

– O impedimento de fabricar derivado da proibição de importação de certa matéria-prima ou falta de trabalhadores qualificados[848].
– Uma contrafação praticada de tal forma que impeça o titular de conseguir uma atuação economicamente proveitosa[849]. Não obstante, acrescentamos, contrafação, por si só, não será um *justo motivo*. Terá se existir uma causa efeito para a falta de exploração.

---

[846] Cf. FABIANI, «Onere di Attuazione dell'Invenzione e Abuso del Brevetto», ob. cit., pp. 536 e ss. e nota 16.
[847] URBAIN, «Compulsory Licenses in French Patent Law», ob. cit., pp. 277.
[848] *Idem*.
[849] UBERTAZZI, *Invenzione e Innovazione*, ob. cit., pp. 149 e 150; SENA, *Trattato di Diritto Civile e Commerciale – I Diritti Suelle Invenzioni e Sui Modelli Industriali*, ob. cit., pp. 416; CATALDO, *Il Codice Civile Commentario...*, ob. cit., pp. 177. Uma contrafação em grande escala poderá tornar impossível a exploração do direito de propriedade industrial. Imagine-se a situação da presença de uma grande quantidade de produtos contrafeitos no mercado, onde se vendem os produtos a um preço muito mais barato em comparação com o preço praticado pelo titular. A juntar a esta circunstância, agravar-se-á a situação se estiver a correr uma ação judicial sobre a validade do direito exclusivo.

- Necessidade de obter uma licença contatual e ainda não a ter obtido[850]. Esta impossibilidade vislumbra-se facilmente. Basta pensarmos nos casos em que o titular de uma *patente dependente*, que não a pode explorar sem infringir a *patente dominante*. Contudo, se existir inércia por parte do titular do direito dependente, ou seja, se este não procurar obter uma licença voluntária e/ou uma licença compulsória para poder explorar o seu direito[851], haverá falta de exploração.
- Causas de força maior, como catástrofes naturais ou outras situações provocadas pela ação do ser humano[852] (v.g., guerra), que constituam um obstáculo à exploração.

33.1.7. *A supressão da caducidade com fundamento na falta de exploração da patente no direito português*

I. Estabelecer a fronteira entre a caducidade e a licença compulsória é simples: a primeira não se limita a retirar a exclusividade do direito ao seu titular, vai mais além, extinguindo-o, fazendo com o que o direito de propriedade industrial caia no domínio público. Ao abordamos a caducidade no estudo da licença compulsória, não nos interessa toda a extensão da mesma. A caducidade tem um âmbito muito mais alargado, abrangendo outras situações, como a caducidade por falta de pagamento das taxas[853]. Interessa-nos, sim, aquela em que estes dois institutos se tocam, ou seja, surgem como um meio de tutelar a mesma situação.

Antes do nascimento da CUP, quase todas as ordens jurídicas estipulavam como remédio para a falta de exploração de patentes a sua caducidade. Tal aconteceu, da mesma forma, com o direito português, que, no art. 39º da Lei de 21 de maio de 1896, determinava que a patente caducaria passados dois anos sobre a data da concessão da patente, se o titular não a executasse por si ou por um terceiro. O mesmo se passaria quando existisse falta de exploração *a posteriori*.

---

[850] SENA, *Trattato di Diritto Civile e Commerciale – I Diritti Suelle Invenzioni e Sui Modelli Industriali*, ob. cit., pp. 414.
[851] URBAIN, «Compulsory Licenses in French Patent Law», ob. cit., pp. 277.
[852] Cf. ROUBIER, *Le Droit de la Propriété Industrielle*, vol. II, ob. cit., pp. 312. Este autor apresenta alguns exemplos que resultam da jurisprudência francesa, tal como a insuficiência de capital provocada pela crise comercial que afetou França, no período de 1848-1849.
[853] Cf. art. 36º, nº 1, b).

Nos trabalhos preparatórios para a CUP, foi realizada uma conferência em Roma para discutir o que viria a ser o atual art. 5ºA da Convenção. Neste âmbito, discutiu-se a questão relacionada com a caducidade da patente. França insistia que o art. 5ºA deveria permitir a caducidade da patente quando esta fosse explorada através de importação, num país onde existisse proteção de patentes[854]. Por outro lado, a Bélgica, com uma posição mais radical, insistia que não deveria haver caducidade, mesmo que a patente não fosse explorada no próprio país[855]. Não foi fácil chegar a um consenso. As correntes liberais proliferavam, na medida em que os países desenvolvidos descobriam cada vez mais invenções. A título de exemplo, podemos dar o caso da Áustria e da Alemanha, que, ainda antes de serem membros da CUP, fizeram saber que só entrariam na Convenção se existissem certas modificações e uma delas prender-se-ia com a limitação da caducidade das patentes[856].

Não obstante estas discussões, com o dealbar da CUP, a caducidade foi estipulada como único remédio para os "abusos" relacionados com o exercício dos direitos de propriedade industrial. A partir da revisão de 1925, a licença compulsória foi introduzida, sendo que a caducidade passou a ser uma alternativa subsidiária até aos dias de hoje. Desta forma, a CUP no art. 5ºA, nº 3 da CUP, passou a limitar a caducidade, sendo que esta:

a) "só poderá ser prevista para o caso de a concessão de licenças obrigatórias não ter sido suficiente para prevenir tais abusos"[857];

b) não se poderá interpor ação de declaração de caducidade – *rectius* ou ação de anulabilidade –, se ainda não tiver sido ultrapassado o prazo de dois anos "a contar da concessão da primeira licença obrigatória"[858].

---

[854] DINWOODIE/HENNESSEY/PERLMUTTER, *International Intellectual Property Law and Policy*, ob. cit., pp. 400 e 401.
[855] *Idem*, pp. 401.
[856] *Idem*, pp. 403.
[857] Cf. o art. 1709º, nº 8, b), do Tratado Norte-Americano de Livre Comércio, mais conhecido por NAFTA, onde se estipula esta mesma solução.
[858] O Estado-membro poderá prever que uma outra licença compulsória adicional, e não a caducidade, consistirá na medida necessária para prevenir o *abuso* em si. Esta possibilidade está dentro das prerrogativas permitidas aos Estados-membros (cf. BODENHAUSEN, *Guide d'application de la Convention de Paris pour la protection de la propriété industrielle...*, ob. cit., pp. 74).

O artigo é claro: terá de existir prova de que foi previamente concedida uma licença compulsória, não se justificando a dúvida ainda existente por parte de alguns autores, que referem que os Estados-membros terão total liberdade para escolherem entre a licença compulsória ou a caducidade[859].

III. Nos dias de hoje, a maioria dos países, como é o caso de Portugal, já não preveem a caducidade como alternativa à licença compulsória.

No caso de Portugal, esta foi suprimida com o atual CPI de 2003. No CPI de 1995, a caducidade verificava-se em dois casos: se existisse défice ou falta de exploração dois anos após a concessão da primeira licença compulsória ou, pelos mesmos motivos, sem limitação de prazo e independentemente de ter sido concedida ou não licença compulsória, se o titular da patente não beneficiasse do regime da CUP. Esta última hipótese descrita no artigo visava os titulares de patentes que fossem originários de países não-membros da CUP e que, por consequência, não beneficiavam do estipulado na Convenção, não sendo necessário limitar a caducidade de acordo com o nº 3 do art. 5ºA[860].

Apesar da caducidade com fundamento na falta de exploração da patente ter sido abandonada por bastantes ordenamentos, se olharmos para o Direito Comparado, verificamos que algumas ordens jurídicas continuam a prever esta solução. É o caso do *Codice della proprietà industriale* italiano, que, no seu art. 70º, nº 4, segue fielmente a CUP, referindo que, passados dois anos após a concessão de uma licença compulsória, se a patente continuar a não ser explorada, poderá ser declarada a caducidade da mesma.

IV. Apesar da crescente perda de importância da caducidade como medida para a falta de exploração, esta continua a ser possível, pois a CUP permanece inalterada, podendo estabelecer-se uma mudança legislativa nesse sentido. Existem alguns autores que ainda defendem esta alternativa. No projeto do CPI de 1995, não obstante a solução não ter passado para a lei, OLIVEIRA ASCENSÃO defendeu um alcance maior para

---

[859] DINWOODIE/HENNESSEY/PERLMUTTER, *International Intellectual Property Law and Policy*, ob. cit., pp. 406 e ss.
[860] Cf. art. 121º, do CPI de 1995.

a caducidade, propondo que em caso de falta de exploração posterior, a consequência passasse pela caducidade e não pela licença compulsória[861].

Somos da opinião de que será preferível a solução *talis qualis* nos surge no CPI atual. A falta ou insuficiente exploração *per si* não deverá ser motivo para se declarar a caducidade. Como refere LADAS, a caducidade significa a perda de uma indústria em qualquer país e, consequentemente, para a sociedade[862]. Ao concedermos uma licença compulsória, estaremos a contribuir para o desenvolvimento tecnológico do país, salvaguardando os interesses da indústria nacional.

Grosso modo, em nenhum momento a caducidade beneficiará a sociedade e o direito de patentes[863]. Se a patente deixar de ter interesse económico, naturalmente que o titular irá deixar de pagar as taxas correspondentes, caducando por essa via, segundo o art. 37º, nº 1, b).

33.2. Dependência entre direitos de propriedade industrial

33.2.1. *Objeto do problema e considerações gerais sobre as inovações derivadas*

I. De modo a termos uma noção do problema em causa, importante será referir que este fundamento de licença compulsória visa tutelar o titular de um direito de propriedade industrial que não consegue explorá-lo, pois necessita de utilizar um outro direito de propriedade industrial anterior protegido[864]. Estamos perante uma colisão de direitos: de um lado, a liberdade de explorar um direito legitimamente atribuído, de

---

[861] OLIVEIRA ASCENSÃO, «O Projecto de Código da Propriedade Industrial: Patentes, Modelos de Utilidade e Modelos e Desenhos Industriais», *Revista da Faculdade de Direito da Universidade de Lisboa*, vol. XXXVIII, nº 1, 1997, pp. 133 e ss., pp. 161.
[862] LADAS, *Patents, Trademarks, and Related Rights*, ob. cit., pp. 523.
[863] *Idem*. pp. 339.
[864] Cf., por exemplo, ZIMMEREN/OVERWALLE, «A Paper Triger? Compulsory License Regimes for Public Health in Europe, *IIC*, vol. 42, no. 4, Munich/Oxford, 2011, pp. 4 e ss., pp. 19; GIANNA ARNOLD, «International Compulsory Licensing: The Rationales and the Reality», ob. cit., pp. 349; HANS WALTER, «Compulsory Licenses in Respect of Dependent Patents Under the Law of Switzerland and Other European States», *IIC*, vol. 21, no. 4, Munich//Oxford, 1990, pp. 532 e ss., pp. 532; AIPPI, Annaire 1989/I, *XXXIV Congrés – Amsterdam 1989 (4-10 juin 1989)*, Zurich, Verlag, 1989, PP. 33; PERLINGIERI, *Codice Civile Annotato con la Dottrina e la Giurisprudenza*, Libro quinto, Torino, UTET, 1980; ANNA ASSANTI, *Le Licenze Obbligatorie*, ob. cit., pp. 47. No mesmo sentido, *vide* ULLRICH, «Mandatory Licensing Under Patent Law and Competition Law. Different Concerns, Complementary Roles», *Practical*

outro, o direito de *jus prohibendi* na posse do titular do direito de propriedade industrial dominante. Mediante determinadas circunstâncias, opta-se por sacrificar o direito do titular da patente dominante, na medida em que, de outra forma, colocar-se-ia em causa o desenvolvimento tecnológico[865] e o incentivo à inovação num ambiente pró-concorrencial[866].

II. Apesar de o regime de licenças compulsórias por dependência entre direitos de propriedade industrial ser o único regime que aborda diretamente a problemática dos direitos de propriedade industrial dependentes, esta questão é muito mais abrangente[867/868].
A invenção derivada não é sinónimo de invenção dependente. São duas classificações distintas, que têm em conta momentos diferentes de análise. A invenção derivada poderá ser *dependente*, contudo, isso nem sempre ocorre. Assim, a primeira tarefa será diferenciar a invenção original da invenção derivada: uma classificação fácil em termos teóricos, mas que, por vezes, poderá tornar-se difícil na prática. A invenção original será aquela que prescinda de qualquer outra invenção precedente, sendo a invenção derivada aquela que usou algo de uma invenção precedente[869].

Experiences and Ways Forward, MPI Studies on Intellectual Property and Competition Law, 22, ed. Reto M. Hilty, Kung-Chung Liu, Heidelberg, Springer, pp. 333 e ss., pp. 340.

[865] Como refere GIANNA ARNOLD, «International Compulsory Licensing: The Rationales and the Reality», ob. cit., pp. 350, "through implementation of a statute of his nature, a State creates a more favorable environment for post «pioneer invention» development and improvement, thereby providing an incentive for the furtherance of technical and economic development".

[866] FRASSI, «Innovazione Derivata, Brevetto Dependente e Licenza Obbligatoria», ob. cit., pp. 213.

[867] SALVADOR JOVANÍ, *El Ámbito de Protección de la Patente*, Valencia, Tirant lo Blanch, 2002, pp. 434.

[868] FRASSI, «Innovazione Derivata, Brevetto Dependente e Licenza Obbligatoria», ob. cit., pp. 213.

[869] PERLINGIERI, *Codice Civile Annotato con la Dottrina e la Giurisprudenza*, ob. cit., pp. 703. A invenção derivada, qualquer que seja a sua modalidade, não se confunde com a invenção principal. O processo e todos os requisitos foram preenchidos de maneira autónoma, sendo que as invenções são conceptualmente diferentes (GRECO, *I Diritti sui Beni Immateriali*, Torino, Giappichelli, 1948, pp. 385 e ss.).
SENA, *Trattato di Diritto Civile e Commerciale – I Diritti Suelle Invenzioni e Sui Modelli Industriali*, ob. cit., pp. 147, contesta o entendimento de que a diferença entre estes dois tipos de inven-

III. A chave para descortinarmos se uma invenção (derivada) é dependente está no art. 109º, nº 1. Segundo a disposição, existe dependência "quando não seja possível a exploração de uma invenção, protegida por uma patente anterior" (dominante).

Vislumbram-se várias invenções que poderão ser derivadas mas não dependentes. A título de exemplo, podemos nomear as seguintes situações:

- Uma das invenções não ser *protegida*. Se a invenção dominante não for protegida, a invenção posterior não será dependente (apesar de ser derivada). Podemos pensar nas invenções não patenteadas, que, apesar de poderem ter relevância jurídica[870], não preenchem os requisitos da patenteabilidade.
- As invenções que pertençam ao mesmo inventor.
- As invenções que caíram no domínio público.

Desta forma, podemos distinguir entre invenções dependentes e aquelas que, sendo derivadas, não são dependentes, que poderemos denominar de *invenções derivadas strictu sensu*.

IV. A doutrina costuma apresentar-nos três modalidades de invenções dependentes:
- Invenções de aperfeiçoamento;
- Invenções de transferência ou aplicação;
- Invenções de combinação.

ções assente na ideia de que as mesmas sejam conceptualmente distintas. Segundo o Professor, esta conceção deverá ser rejeitada, na medida em que todas as invenções advêm sempre do conhecimento de outras, ou seja, todas serão derivadas em termos gerais. A diferença, acrescenta, deverá estabelecer-se no facto de umas terem ou não os mesmos requisitos.

Este pormenor não deixa de constituir uma verdade. Todas as invenções, em termos gerais, são derivadas, ainda para mais na sociedade atual de *conhecimento massificado*. Sem embargo, a diferença teórica mantém-se intacta, sendo apenas necessário chamar a atenção de que a diferença incidirá não nos requisitos, pois estes terão de se preencher de forma diferente, mas nas reivindicações, na medida em que, a partir das mesmas, poderá observar-se se estamos ou não perante uma invenção derivada.

[870] Por isso, como afirma SENA, *Trattato di Diritto Civile e Commerciale – I Diritti Suelle Invenzioni e Sui Modelli Industriali*, ob. cit., pp. 107, não se poderá afirmar que uma invenção, só por não poder ser patenteada, não consiste numa invenção.

VII. O REGIME DAS LICENÇAS COMPULSÓRIAS NA ORDEM JURÍDICA DE FONTE INTERNA

Na invenção de aperfeiçoamento (*invenzioni di perfezionamento*), entende-se que esta vem modificar a invenção já existente, acrescentando elementos adicionais, de modo a obter uma resultado parcialmente diferente. Na invenção de transferência (*invenzione di traslazione*), a ideia original consiste numa nova utilização de uma ideia da invenção precedente, mediante a sua aplicação a um campo diverso, não coincidente com a invenção dominante. Por fim, na invenção de combinação (*invenzione di combinazione*), há uma coordenação original de elementos ou meios já conhecidos, num todo ou em parte, da qual deriva um resultado industrial novo[871].

V. A ordem jurídica portuguesa não contém nenhum dispositivo como *ley de patentes española*, onde, no seu art. 56º, refere que uma invenção dominante não irá afetar a validade da patente mais recente, nem *vice-versa*[872]. Não obstante, não há nada no CPI português que indique que estas invenções não possam ser protegidas. A dependência entre direitos

---

[871] Cf. Corte di Appello di Genova, 4 de agosto de 1978, *Rivista di Diritto Industriale*, II, 1981, pp. 133 e ss., que, numa ação em que o titular de uma invenção peticionava a nulidade de uma outra, o tribunal veio a decidir que não haveria qualquer nulidade por insuficiente descrição da invenção, nem a sua falta de novidade, pois estariamos perante uma *invenção de combinação*, deixando claro que "il trovato non voleva rivendicare nuove tecniche costruttive e neppure nuovi sistemi di trasmissione di comando, ma unicamente la *coordinazione nuova ed originale* di tecniche meccaniche note, per la realizzazione del risultato nuovo «...»".

[872] FERNÁNDEZ-NÓVOA/OTERO LASTRES/BOTANA AGRA, *Manual de la Propriedad Industrial*, ob. cit., pp. 174. O art. 56º da *ley de patentes española* refere o seguinte: "El hecho de que el invento objeto de una patente no pueda ser explotado sin utilizar la invención protegida por una patente anterior perteneciente a distinto titular no será obstáculo para la validez de aquélla. En este caso ni el titular de la patente anterior podrá explotar la patente posterior durante la vigencia de ésta sin consentimiento de su titular, ni el titular de la patente posterior podrá explotar ninguna de las dos patentes durante la vigencia de la patente anterior, a no ser que cuente con el consentimiento del titular de la misma o haya tenido una licencia obligatoria".

Vide ainda o art. 2587º do *Codice Civile* italiano que, preocupado em tutelar a posição do inventor dominante, referiu que o direito do titular da patente mais antiga não poderá ficar prejudicado nos seus direitos, se for protegida uma invenção dependente, nem este último poderá explorá-lo sem o consentimento do primeiro – salvo lei especial, que diz respeito, precisamente, à licença compulsória. O art. 2587º do Código Civil italiano estipula o seguinte: "il brevetto per invenzione industriale, la cui attuazione implica quella d'invenzioni protette da precedenti brevetti per invenzioni industriali ancora in vigore, non pregiudica i diritti dei titolari di questi ultimi, e non può essere attuato né utilizzato senza il consenso di essi. Sono salve le disposizioni delle leggi speciali".

de propriedade industrial não fundamenta a invalidade do direito de propriedade industrial dependente, sendo que o problema do seu conflito ficará guardado para a fase de exploração do exclusivo dependente[873]. Desta forma, o titular do direito de propriedade industrial dependente obtém o seu direito de monopólio, embora tenha a sua faculdade de exploração limitada, na medida em que o titular do direito de propriedade industrial dominante poderá proibir qualquer terceiro de explorar o seu direito sem o seu consentimento[874]. Destarte, se o titular do direito de propriedade industrial dependente explorar o direito de propriedade industrial dominante, sem autorização do seu titular, estará a cometer contrafação. Contudo, como já afirmámos, dados os claros benefícios que a exploração dos direitos de propriedade industrial dependentes podem ter para a sociedade (incentivo ao melhoramento das invenções, possibilidade de os consumidores terem acesso a um novo produto, premiar o inventor sucessivo pelo esforço inventivo), surge a necessidade de se proceder a um equilíbrio entre a proteção do titular do direito dominante e o titular do direito posterior[875].

Em suma, no que diz respeito ao titular do direito de propriedade industrial dominante, a lei mantém os seus direitos de *jus prohibendi*. Por se turno, ao titular do direito dependente é dada a possibilidade de solicitar uma licença compulsória mediante certos requisitos apertados, como iremos ver no ponto seguinte[876].

---

[873] Neste sentido, GHIDINI, *Profili Evolutivi del Diritto Industriale*, 2º ed., Milano, Guiffrè Editore, 2008, pp. 112.

[874] SALVADOR JOVANÍ, *El Ámbito de Protección de la Patente*, ob. cit., pp. 435 e 436.

[875] GHIDINI, *Profili Evolutivi del Diritto Industriale*, ob. cit., pp. 112 e 113.

[876] Hipótese interessante será a de o titular do direito de propriedade industrial dependente se confrontar com um caso em que o seu direito está em situação de dependência com vários outros direitos dominantes, embora, este só necessite de um deles para explorar. Qual a solução a adoptar nesta situação? Em primeiro lugar, o titular do exclusivo dependente terá que escolher aquele direito de propriedade industrial dominante que for menos afetado com esta licença compulsória, numa lógica de proporcionalidade. Se, por hipótese, embora remota, a oneração ao direito dominante em questão for igual em todos os casos, conclui-se asssim que o titular do direito dependente terá o direito de escolher sobre qual dos direitos pretende incidir o seu pedido de licença compulsória. Neste sentido, HANS WALTER, «Compulsory Licenses in Respect of Dependent Patents Under the Law of Switzerland and Other European States», ob. cit., pp. 536.

VI. Dada a morosidade que poderá levar a concessão de uma licença compulsória, melhor seria pensar num esquema que permitisse peticionar a licença antes mesmo da concessão do direito de propriedade industrial. Uma vez que esta hipótese se encontra vedada no nosso regime e nos diversos regimes europeus, sempre se adianta que a tentativa de obtenção de licença contratual à condição de o direito de propriedade industrial ser concedido, preencherá o requisito presente no nº 3, do art. 107º, visto que, salvo melhor opinião, uma solução diferente estará em contradição com o espírito das normas em estudo.

33.2.2. *O regime jurídico das licenças compulsórias por dependência entre invenções protegidas*

I. Tal como nos indica o art. 109º, nº 9, poderá existir dependência entre invenções protegidas, sejam patentes ou modelos de utilidade[877]. Este regime surge-nos no art. 109º, sendo necessário distinguir se estamos perante invenções que servem para *fins industriais diferentes*, invenções para os *mesmos fins industriais* e invenções que tenham por objeto um *processo de preparação de um produto químico, farmacêutico ou alimentar*.

II. No que diz respeito à dependência entre patentes que têm *fins industriais distintos* (a provar pelo requerente da licença), requer-se que a invenção dominante tenha um *caráter indispensável* para a exploração da patente dependente[878].

A lei, ao não mencionar apenas *fins distintos*, mas sim fins *industriais distintos*, colocou de parte uma dúvida por vezes existente na doutrina. No art. 36º da lei de patentes suíça de 1954, onde se omitia que os fins fossem industriais ou de outra ordem, a doutrina afirmava que o critério deveria ser económico[879]. Estipulando, expressamente, *fins industriais distintos*, o legislador português veio assim concordar que a avaliação entre as duas patentes dependentes deverá ter uma base económica.

---

[877] Aplica-se ainda a produtos de semicondutores, de acordo com o art. 169º.
[878] Cf. o nº 1 do art. 109º.
[879] HANS WALTER, «Compulsory Licenses in Respect of Dependent Patents Under the Law of Switzerland and Other European States», ob. cit., pp. 534.

III. Nas patentes dependentes que sirvam para os *mesmos fins industriais*, comparando com outras situações de dependência, o legislador foi mais brando nos requisitos necessários. Neste caso, bastará existir a mera dependência entre invenções, permitindo-se ainda a possibilidade de o titular da patente dominante poder exigir uma licença compulsória cruzada, o que se justifica, dada a utilidade que esta poderá representar devido aos fins industriais serem os mesmos[880]. Esta diferenciação poderá justificar-se, na medida em que, nas invenções com fins industriais distintos (uma vez que não estão em concorrência), a invenção dominante terá de constituir para a invenção dependente mais um meio útil ou conveniente[881].

IV. Por último, quando as invenções tiverem por objeto um *processo de preparação de um produto químico, farmacêutico ou alimentar*, a patente dependente terá de preencher requisitos adicionais. Requer-se que a patente de processo represente um *progresso técnico notável* em relação à patente de produto[882].

V. De facto, ao contrário do Acordo *Trips*, o regime português de licença compulsória por dependência entre patentes é bastante complexo, diferenciando diversas situações.

A exigência de requisitos mais pesados quando estamos perante invenções de processo de *preparação de um produto químico, farmacêutico ou alimentar* só se compreende se pensarmos que, nestas, o esforço de investimento é, em regra, mais elevado. Assim, o legislador procura não desincentivar o investimento neste tipo de invenções, somente admitindo o seu licenciamento se a invenção dependente constituir um *progresso técnico notável* em relação à invenção dominante.

---

[880] REMÉDIO MARQUES, *Biotecnologia(s) e Propriedade Intelectual*, vol. II, ob. cit., pp. 127. Em boa verdade, ao atentarmos no texto legal, suscitam-se-nos dúvidas relativamente a saber se os requisitos do nº 1 estão inclusos no nº 2, pois este também poderá ser interpretado como partindo da redação prévia. De qualquer forma, mantemos a nossa posição.

[881] Com esta interpretação de *indispensabilidade*, cf. REMÉDIO MARQUES, *Biotecnologia(s) e Propriedade Intelectual*, vol. II, ob. cit., pp. 127.

[882] Cf. art. 109º, nº 3.

33.2.3. O regime jurídico das licenças compulsórias por dependência, tendo como objeto a interseção entre direitos de propriedade industrial de diferente espécie

I. A regulação da licença compulsória por dependência entre variedades vegetais e patentes e patentes relativas a invenções biotecnológicas e variedades vegetais está regulada nos n°s 4 a 8 do art. 109º.

Este regime é uma novidade trazida pelo CPI de 2003, que advém da transposição da diretiva nº 98/44/CE, do Parlamento Europeu e do Conselho, de 6 de junho de 1998, que estipulava a concessão de licenças compulsórias no seu art. 12º.

No que diz respeito à dependência entre variedades vegetais e patentes ou patentes relativas a invenções biotecnológicas e variedades vegetais, o CPI vem permitir que o titular do direito de propriedade industrial dominante possa sempre requerer uma *licença cruzada*[883], sendo que, ao contrário do que acontece com a dependência entre direitos de propriedade industrial da mesma espécie, a regulação é unitária, não diferenciando determinadas situações.

Não obstante, o legislador decidiu adotar uma versão mais exigente, ao regulamentar requisitos mais pesados, na medida em que o direito de propriedade industrial dependente terá sempre que representar um *progresso técnico importante* e de *interesse económico considerável*.

33.2.4. O progresso técnico importante de interesse económico considerável

I. Estes dois conceitos indeterminados são hoje comuns nas várias ordens jurídicas. Na verdade, estes foram transpostos do Acordo *Trips*, que os prevê em geral para as licenças compulsórias com fundamento na dependência entre patentes[884]. São dois conceitos indeterminados que, tanto no Acordo *Trips* quanto no CPI, em momento algum são densificados. Estes transportam uma ideia bem clara que deverá ser inerente aos direitos de propriedade industrial dependentes, que é o facto de que estes deverão constituir uma melhoria efetiva, um *upgrade* ou *leap*

---

[883] Cf. art. 109º, nº 5 e 7.
[884] Cf. art. 31º, l), i), do Acordo *Trips*.

forward[885] em relação à invenção anterior[886]. Desta forma, os titulares de direitos de propriedade industrial que não satisfaçam estes requisitos terão como única alternativa negociar uma licença contratual ou esperar pela caducidade do exclusivo dominante.

Pretende-se, na verdade, que um direito de propriedade industrial, que seja um progresso menor ou inútil em relação ao direito de propriedade industrial dominante, não consiga retirar, do titular deste último direito de propriedade industrial, os direitos de exclusividade que lhe foram atribuídos. Está em causa, mais uma vez, o difícil equilíbrio entre o direito de propriedade industrial e o interesse público, sendo que esta solução não choca, na medida em que o titular do direito de propriedade industrial "inútil" ou quase supérfluo, pouco ou nada contribuiu para o desenvolvimento da tecnologia.

Contudo, estes conceitos não têm sido poupados a críticas. A crítica principal está precisamente na subjetividade dos mesmos[887]. Desta feita, há que encontrar alguns critérios seguros, de forma a que o subjetivismo não leve a decisões injustas ou contraditórias no caso concreto.

No que diz respeito ao *progresso técnico importante*, o conceito já nos revela duas variáveis a ter em conta: este progresso terá de ser avaliado em termos técnicos[888], "interdite de prendre en considération les avantajes économiques propes à la seconde invention"[889], e não poderá ser um progresso *ovvio*[890]. Na verdade, não podemos negar que, tal como a doutrina francesa refere, esta apreciação tem similitudes com aquela que é realizada para a atividade inventiva[891], requisito essencial para a proteção de uma patente. Se, na atividade inventiva, se requer que um perito

---

[885] Expressão utilizada por ULLRICH, «Mandatory Licensing Under Patent Law and Competition Law. Different Concerns, Complementary Roles», ob. cit., pp. 341.
[886] GHIDINI, *Profili Evolutivi del Diritto Industriale*, ob. cit., pp. 111.
[887] SABATIER, *L'Explotation des Brevets d'Invention et l'Iintérêt Général d'Ordre Économique*, ob. cit., pp. 202; REMÉDIO MARQUES, *Biotecnologia(s) e Propriedade Intelectual*, vol. II ob. cit., pp. 128 e 129.
[888] Neste sentido, entre outros, CALDAS BARROS, *Aperfeiçoamento e Dependência em Patentes*, Rio de Janeiro, Lumen Juris, 2004, pp. 171.
[889] SABATIER, *L'Explotation des Brevets d'Invention et l'Iintérêt Général d'Ordre Économique*, ob. cit., pp. 205.
[890] GHIDINI, *Profili Evolutivi del Diritto Industriale*, ob. cit., pp. 115.
[891] SABATIER, *L'Explotation des Brevets d'Invention et l'Iintérêt Général d'Ordre Économique*, ob. cit., pp. 203.

da especialidade não chegue à conclusão de que uma determinada invenção é óbvia, chegando de maneira evidente ao resultado apresentado, aqui parece exigir-se o mesmo exercício, mas tomando em consideração duas invenções protegidas, i.e., que um perito da especialidade não chegue de maneira evidente àquele melhoramento. Desta feita, a doutrina exige dois critérios para as invenções dependentes beneficiarem de uma licença compulsória. Num primeiro nível, a existência de atividade inventiva (requisito de concessão do exclusivo) e, num segundo, que o aperfeiçoamento da invenção constitua um progresso técnico importante (requisito para a concessão de uma licença compulsória por dependência entre patentes). Este segundo grau irá constituir assim um *nível superior de atividade inventiva*[892]. Em suma, o avanço inventivo não poderá ser apenas óbvio, mas sim substancial, constituindo uma apreciável evolução do estado da arte[893]. No delinear deste critério, teremos de ter em conta diversos fatores, tais como as características científico-tecnológicas do setor em que se projeta a aplicação do direito de propriedade industrial e o grau de desenvolvimento do mesmo[894].

Ultrapassada a primeira bitola, o intérprete da lei irá ao encontro de outro: o direito de propriedade industrial dependente terá de ter um *interesse económico considerável*. Passamos do domínio técnico para a dimensão económica do direito de propriedade industrial.

Este conceito também não está livre de críticas, dado que será difícil avaliar a *relevância económica* de um direito de propriedade industrial que provavelmente ainda não foi explorado[895]. Desta feita, este conceito estará sujeito ainda a outro elemento subjetivo, o juízo de prognose sobre a sua dimensão económica futura. Este conceito adicional vem colocar a tónica na dimensão empresarial destes direitos. Agora já não basta haver uma melhoria do estado da arte, é preciso que esta melhoria assuma um interesse económico relevante, de forma a restringir os direitos do

---

[892] *Idem.*
[893] HANS WALTER, «Compulsory Licenses in Respect of Dependent Patents Under the Law of Switzerland and Other European States», ob. cit., pp. 534.
[894] REMÉDIO MARQUES, *Biotecnologia(s) e Propriedade Intelectual*, vol. I ob. cit., pp. 689. Numa perspetiva de Direito Internacional, CARLOS CORREA, «Patent Rights», ob. cit., pp. 248, afirma que este critério deve ser preenchido conforme as condições do país onde a patente está registada, incluindo o tamanho e as capacidades dos titulares das patentes.
[895] Neste sentido, SCUFFI/FRANZOSI, *Diritto Industriale Italiano*, ob. cit., pp. 1058.

titular do direito de propriedade industrial dominante. A inclusão desta exigência não deixa de ser criticável, na medida em que coloca lado a lado a dimensão de desenvolvimento tecnológico e a perspetiva economicista associada a estes direitos exclusivos. Valha-nos o facto de habitualmente estas duas variáveis caminharem lado a lado.

II. Como já observámos, a única circunstância em que o CPI exige esta dupla exigência dá-se quando estamos perante uma dependência entre variedades vegetais e patentes ou patentes relativas a invenções biotecnológicas e variedades vegetais.

Esta solução não faz sentido. Se, nas invenções, estas condições são compreensíveis, dado que estamos perante o mesmo tipo de direito de propriedade industrial, quando confrontamos invenções e variedades vegetais, estes pesados requisitos irão tornar este regime quase inexequível, na medida em que muito raramente será verificável[896] uma situação em "em que a variedade vegetal representa um progresso técnico importante, pois este subsistema de propriedade industrial não visa «...» proteger a *criação de novas e inventivas soluções técnicas*"[897].

Neste caso, exigem-se requisitos mais pesados para concessão de licenças compulsórias, quando existe dependência entre variedades vegetais e patentes ou vice-versa, do que sempre que estamos perante dependência entre patentes com os mesmos fins industriais, para além do facto de sabermos que, quando estamos diante deste tipo de direitos de propriedade industrial, o direito dependente terá que sobreviver, provavelmente, a um processo de invalidação do mesmo, levado a cabo pelo titular do direito de propriedade industrial dominante[898].

Talvez ciente destas dificuldades, o Regulamento (CE) nº 874/2009, da Comissão, de 17 de setembro, que estabelece normas de execução do Regulamento (CE) nº 2100/94 do Conselho, que prevê, como já vimos, no seu art. 5ºa, ii), as licenças compulsórias por dependência entre variedades vegetais comunitárias e invenções biotecnológicas, vem auxiliar o intérprete no que diz respeito às patentes. Desconsiderando quaisquer

---

[896] Neste sentido, WÜRTENBERGER/KOOIJ/KIEWIET/EKVAD, *European Community Plant Variety Protection*, ob. cit., pp. 161.
[897] REMÉDIO MARQUES, *Biotecnologia(s) e Propriedade Intelectual*, vol. II ob. cit, pp. 131.
[898] Cf. GIANNA ARNOLD, «International Compulsory Licensing: The Rationales and the Reality», ob. cit., pp. 350.

aspetos económicos relacionados com as patentes dependentes, o art. 41, nº 3, vem estipular que o *progresso técnico importante de interesse económico considerável* estará preenchido, se a invenção constituir uma melhoria nas técnicas produção; melhoria para o ambiente; melhorias de "técnicas que visem facilitar a utilização de biodiversidade genética"; melhoria da "adaptação a condições climáticas e/ou ambientais específicas" e, ainda, uma melhoria na produtividade, resistência ou qualidade.

33.2.5. *Quais as condições a que ficam sujeitas as licenças cruzadas?*

Como vimos, quando concedida uma licença compulsória com fundamento em dependência entre direitos de propriedade industrial, o titular do direito dominante tem a *faculdade* (não é obrigatório, nem tão pouco automático) de requerer uma licença cruzada (*cross-licensing*), que não deixa de constituir, também ela, uma licença compulsória, embora de tipo especial.

Interessa saber a que condições ficam sujeitas estas licenças. O nosso código é omisso. A única referência às condições da *cross-licensing* verifica-se quando é estipulado o regime das licenças compulsórias por dependência entre direitos de propriedade industrial distintos, mencionando que estas devem ser sujeitas a *condições razoáveis*[899].

Nesta sede, podemos auxiliar-nos no regime das licenças compulsórias sobre variedades vegetais presente no Regulamento (CE), nº 874/2009 da Comissão, de 17 de setembro, que estabelece quais as regras relativas ao pedido de concessão de licença recíproca, referindo, no seu art. 37º, nº 3, entre outras coisas, que o requerente da licença cruzada deverá apresentar um documento oficial que demonstre que foi concedida uma licença compulsória com fundamento na dependência sobre o seu direito de propriedade industrial.

Pensamos que, dado o facto de não deixarem de constituir licenças compulsórias, as licenças cruzadas estarão sujeitas às mesmas condições estipuladas para as licenças compulsórias em geral, mais concretamente as presentes nos arts. 107º, n°s 2 a 7[900]. Contudo, esta aplicação deverá

---

[899] Cf. art. 109º, nº 5 e 7.
[900] No mesmo sentido, cf. REMÉDIO MARQUES, *Biotecnologia(s) e Propriedade Intelectual*, vol. II, ob. cit., pp. 133; CATALDO, *Il Codice Civile Commentario...*, ob. cit., pp. 178; SENA, *Trattato di Diritto Civile e Commerciale...*, ob. cit., pp. 422.

realizar-se com as necessárias adaptações, pois não será necessária a tentativa de obtenção de licença contratual, sendo que a duração terá de seguir, naturalmente, a estipulada para a licença compulsória dependente originária deste processo[901]. Não serão ainda naturalmente necessários os pesados requisitos exigidos para a licença compulsória precedente, como a prova do *progresso técnico importante* com *interesse económico considerável*[902].

33.2.6. O âmbito de aplicação da licença compulsória por dependência: dependência parcial vs. dependência total

Discute-se se a concessão de licenças compulsórias por dependência entre direitos de propriedade industrial poderá dar-se quando esta dependência seja somente parcial, isto é, quando a afetação do direito de propriedade industrial dominante se restrinja a uma parte do direito de propriedade industrial dependente. A doutrina, tanto a nacional[903] quanto a estrangeira[904], conclui que a licença compulsória só é permitida se estivermos perante dependência total.

Na realidade, é somente nesta situação que o titular do segundo direito de propriedade industrial ficará totalmente impossibilitado de o explorar, só o podendo fazer quando se der a caducidade do direito dominante. Esta circunstância deixa um direito de propriedade industrial que preencheu todos os requisitos de concessão "sin valor"[905] e produz um paradoxo no regime, que é o facto de o titular do direito dependente estar adstrito à oneração de exploração, mas não poder prosseguir este desidrato.

Contudo, olhando para a *ratio* do regime de licenças compulsórias entre direitos de propriedade industrial e interpretando o único conceito que se dirige a esta situação, mais concretamente o *caráter indispensável* presente no art. 109º, nº 1, salvo melhor opinião, esta *indispensabilidade* parece indicar-nos que o titular do direito de propriedade industrial dependente poderá obter uma licença compulsória não só quando não consega explorar na totalidade o seu direito (*dependência total*), mas ainda

---

[901] Neste sentido, CATALDO, *Il Codice Civile Commentario...*, ob. cit., pp. 178.
[902] REMÉDIO MARQUES, *Biotecnologia(s) e Propriedade Intelectual*, vol. II, ob. cit., pp. 133.
[903] REMÉDIO MARQUES, *Biotecnologia(s) e Propriedade Intelectual*, vol. II, ob. cit., pp. 126.
[904] SALVADOR JOVANÍ, *El Ámbito de Protección de la Patente*, ob. cit., pp. 437 e 438.
[905] *Idem*, pp. 437.

nos casos em que, mesmo conseguindo, seja demasiado oneroso para o mesmo, não premiando o seu esforço inventivo[906].

Em suma, apesar de este regime ser dirigido, primordialmente, aos casos de *dependência total*, poderão existir casos *agravados* de *dependência parcial* que justifiquem a concessão de licenças compulsórias.

33.2.7. O regime da licença compulsória por dependência entre patentes e a conformidade com o Acordo Trips

Como já mencionámos, o Acordo *Trips* não tem efeito direto, necessitando de ser transposto para as ordens jurídicas dos Estados-membros[907]. Este estabelece mínimos que terão que ser respeitados. O mesmo acontece com o art. 31º, relativo às licenças compulsórias, que estipula as condições mínimas em que deverão ser concedidas estas licenças. Como supramencionado, um dos requisitos que o Acordo *Trips* estabelece no art. 31º, l), i), para a concessão de licenças compulsórias por dependência entre patentes, é que a segunda invenção constitua um *importante progresso técnico* de *significado económico considerável*. Na análise ao nosso regime, verificamos que nem todas as modalidades de licença compulsória por dependência exigem este requisito – aliás, esta exigência *talis qualis* só é mesmo requerida quando estamos perante dependência entre variedades vegetais e patentes ou patentes relativas a invenções biotecnológicas e variedades vegetais.

Esta circunstância, que parece ter sido opção do legislador, pretendendo, talvez, estimular um anémico mercado de patentes português, levanta dúvidas de conformidade com o Acordo *Trips*. Estará o nosso CPI a violar este Acordo? Pensamos que não. Em primeiro lugar, este problema só se coloca para as patentes, na medida em que o Acordo *Trips* nada

---

[906] REMÉDIO MARQUES, *Biotecnologia(s) e Propriedade Intelectual*, vol. II, ob. cit., pp. 127, refere-nos que não basta a segunda patente ser útil para a exploração, terá que ser indispensável.
[907] MOTA MAIA, *Propriedade Industrial*, vol. II, ob. cit., pp. 264, parece não concordar com esta ideia. Referindo-se diretamente às licenças compulsórias por patentes dependentes, afirma que o estipulado no Acordo *Trips* (cf. art. 31º, l)) preconiza que as mesmas, "integram o normativo nacional, pelo que devem ser consideradas como complemento ao disposto nos n.ᵒˢ 1 e 2 «...» do art. 109º". Esta solução, na prática, iria fazer com que os requisitos presentes no Acordo *Trips* para licenças compulsórias de patentes dependentes se aplicassem a todas as modalidades dependência de patentes presentes no direito português, o que, na nossa opinião, não acontece.

regula sobre as variedades vegetais. Além do mais, seguindo a linha de WATAL[908] e REMÉDIO MARQUES[909], somos da opinião de que o legislador não está a desrespeitar o Acordo, pois a alínea a) do art. 31º do Acordo *Trips* concede base legal a esta possibilidade. Esta disposição estabelece que a *autorização* [licença compulsória] *deve ser analisada em função das suas características próprias,* deixando assim margem de manobra aos diversos ordenamentos dos Estados-membros para discriminarem certas situações na concessão de licenças compulsórias.

Não constitui um problema o facto de este requisito não se encontrar expressamente previsto no nosso CPI. Quando o Acordo *Trips* refere que a análise das licenças compulsórias deverá ser realizada de acordo com as características que lhes subjazem, isto só quererá chamar a atenção, como referem alguns autores[910], de que estas não deverão ser estabelecidas de modo automático nas legislações nacionais, nem tão-pouco serem vazias de condições, levando-se sempre em conta as características de cada fundamento de licença compulsória.

33.2.7. *A violação do direito de propriedade industrial pelo titular do direito dependente: uma hipótese autónoma de contrafação?*

Já aqui referimos qual a consequência legal da exploração de um direito de propriedade industrial dominante pelo titular do direito dependente, sem o consentimento deste ou sem a obtenção de uma licença compulsória. Dado o *jus prohibendi* contido no direito de propriedade industrial, a exploração do titular do direito de propriedade industrial dependente, nas condições referidas, irá constituir contrafação, nos termos do art. 321º.

Dada a situação em causa, já foi levantada a hipótese de estarmos perante um tipo autónomo de contrafação, para além da contrafação por equivalência ou literal[911]. Na realidade, não se pode negar que o desvalor jurídico desta situação é substancialmente diferente do desvalor presente na contrafação levada a cabo por contrafatores sem qualquer registo

---

[908] WATAL, *Intellectual Property Rights in the WTO and Developing Countries,* ob. cit., pp. 327.
[909] REMÉDIO MARQUES, *Biotecnologia(s) e Propriedade Intelectual,* vol. II, ob. cit., pp. 128.
[910] Cf. PIRES DE CARVALHO, *The Trips Regime of Patent Rights,* ob. cit., 233; WATAL, *Intellectual Property Rights in the WTO and Developing Countries,* ob. cit., pp. 322; GERVAIS, *The TRIPS Agreement: Drafting History and Analysis,* ob. cit., pp. 250.
[911] SCUFFI/FRANZOSI, *Diritto Industriale Italiano,* ob. cit., pp. 700.

ou com desprezo pelos direitos outorgados pelo exclusivo, na medida em que não nos podemos esquecer que estamos perante dois direitos registados, estando estes em colisão, circunstância que não ocorre quando pensamos numa contrafação servil ou por equivalência.

Não obstante, dados os tipos legais de contrafação estipulados, somos da opinião de que não existe aqui um tipo específico de contrafação[912], só relevando esta circunstância para a eventual pena a aplicar ao contrafator.

33.2.8. *Uma hipótese de jure constituendo: a licença compulsória solicitada em pedido reconvencional*

No direito português, as licenças compulsórias são concedidas por entidades administrativas. De facto, esta escolha não deixa de ter virtudes, nomeadamente em termos de celeridade e em virtude de o INPI, dada a especialização, ser o instituto ideal para lidar com estas matérias. Contudo, nas licenças compulsórias com fundamento em dependência entre direitos de propriedade industrial, numa eventual ação de contrafação, seria importante permitir ao titular do direito dependente poder deduzir um pedido reconvencional, propugnando concessão de uma licença compulsória com fundamento na dependência entre direitos de propriedade industrial, na medida em que os fundamentos se irão basear na respetiva causa de pedir.

Esta medida, baseada no princípio da oportunidade, só poderá ser pensada em termos de *jure constituendo*, pois esta possibilidade não está prevista nas normas legais.

33.3. Motivos de interesse público

I. O último fundamento previsto no direito português para as licenças compulsórias é o interesse público.

Ao olharmos para o direito comparado, o interesse público tem habitualmente subjacente motivos relacionados com a defesa nacional[913], a emergência nacional[914], o desenvolvimento tecnológico[915], a saúde

---

[912] *Idem.*
[913] Cf., v.g., art. 90º, nº 2, da *Ley de patentes* espanhola.
[914] Cf., v.g., art. 71º da lei brasileira que regula a propriedade industrial.
[915] Cf., v.g., art. 71º da lei brasileira que regula a propriedade industrial, conjugado com o art. 2º, § 2, do Decreto nº 3.201, de 6 de outubro de 1999.

pública[916], as necessidades de exportação[917], desenvolvimento económico[918] e a defesa do meio ambiente[919].

Este fundamento tem em vista não o interesse privado do potencial licenciado, mas sim os interesses da sociedade em geral[920]. Poderá até parecer, como alguns autores referem[921], uma redundância, na medida em que todas as licenças compulsórias serão concedidas, em maior ou menor medida, com base no interesse público. Contudo, na licença compulsória por interesse público, está em causa *diretamente* o interesse da sociedade. Pelo contrário, na licença compulsória com fundamento na falta de exploração ou dependência entre direitos de propriedade industrial, o interesse público manifesta-se de uma forma reflexa ou indireta.

II. Se olharmos para os regimes presentes no direito comparado, o interesse público como fundamento para a concessão de uma licença compulsória vem normalmente previsto de três formas:

a) Mediante uma cláusula universal, assente somente num conceito indeterminado;

b) Através da estipulação de uma cláusula geral densificada, juntamente com outros motivos que se relacionam com o interesse público;

c) Estipulando-se somente uma cláusula geral com conceitos indeterminados, embora densificados legalmente.

No primeiro caso, podemos dar como exemplo paradigmático a lei de patentes alemã[922]. Como já tivemos de ocasião de ver, até há pouco tempo, o regime jurídico alemão apenas previa este fundamento, deixando a tarefa da interpretação à doutrina e jurisprudência.

No segundo caso, poderá ser inserido o sistema jurídico espanhol. Este, no seu art. 90º da lei de patentes, estipula uma cláusula geral

---

[916] Cf., v.g., art. L. 613-16, do Código de Propriedade Intelectual francês.
[917] Cf., v.g., art. 88º, nº 2, da *Ley de patentes* espanhola.
[918] Cf., v.g., art. L. 613-18, do Código de Propriedade Intelectual francês.
[919] Como é o caso do Brasil, no art. 2º, § 2, que estipula no art. 71 da lei 9.279 de 14 de maio de 1996 que o interesse público estará relacionado com a *defesa do meio ambiente*.
[920] DENIS BARBOSA, *Patentes de invenção, licenças compulsórias*, ob. cit., pp. 12,
[921] CARLOS CORREA/SALVADOR BERGEL, *Patentes y Competencia*, ob. cit., pp. 113.
[922] Art. § 24, (1), nº 1, da § PatG.

densificada. Não obstante, a lei vem estipular ainda outros fundamentos, que se relacionam necessariamente com o interesse público, como é o caso da previsão de licenças compulsórias por necessidades de exportação.

Finalmente, no último caso, podemos inserir o sistema jurídico português, que estabelece unicamente uma cláusula geral de interesse público densificada, que, como iremos ver, concentra múltiplos "interesses públicos".

Não obstante, a solução no campo do *direito comum* das licenças compulsórias, presente em matéria de invenções, não é o trilhado para as variedades vegetais nacionais[923], em que o legislador preferiu estabelecer este fundamento sem o densificar, deixando ao intérprete da lei essa tarefa. Já no caso das licenças compulsórias sobre variedades vegetais comunitárias com fundamento em interesse público, presente no art. 29º, nºs 1 a 5 do Regulamento (CE), nº 2100/94, de 27 de julho, o legislador veio densificar o que se deve entender por *interesse público* no art. 41º, do Regulamento (CE), 874/2009 da Comissão, de 17 de setembro, elencando, a título exemplificativo, alguns motivos, como a "proteção da vida ou da saúde de pessoas, animais e plantas", a "necessidade de abastecer o mercado de material com características específicas" e a "necessidade de manter um incentivo à obtenção de variedades melhoradas".

III. Nesta matéria, teremos que nos centrar no art. 107, nº 1, c), e no art. 110º[924].

No nº 1 do art. 110º, a lei limita-se a dizer que "o titular de uma patente pode ser obrigado a conceder licença «...» por motivo interesse público". Contudo, nos nºs 2 e 3, o legislador vem densificar que interesse público poderá estar subjacente à concessão da licença compulsória. Da leitura

---

[923] Cf. art. 26º, nº 1, da Portaria nº 940/90, de 4 de outubro. Aqui o legislador vem referir que as licenças compulsórias poderão ser concedidas para a "salvaguarda do interesse público, no que diz respeito à *difusão rápida e generalizada da variedade*" (*itálico* nosso). Desta forma o legislador parece vir indicar-nos que o interesse público deverá estar relacionado com situações de *urgência*, de necessidade premente.

[924] Esta licença é atribuída pelo Instituto Comunitário de Variedades Vegetais, mas só depois de ouvido o Conselho de Administração desse mesmo Instituto. Nota ainda para o facto de os Estados-membros estarem expressamente proibidos de emitirem licenças compulsórias sobre variedades vegetais comunitárias (art. 29º, nº 7, *idem*). Estas só poderão ser concedidas pelo Instituto mencionado.

do texto legal, o interesse público surge-nos indicado para a tutela de diversos bens jurídicos:
a) Saúde Pública;
b) Defesa Nacional;
c) Desenvolvimento económico e tecnológico do país.

IV. Destarte, o nº 2, em termos simples, considera que, para que exista interesse público, o *início*, o *aumento*, a *generalização* ou a *melhoria* da exploração do direito de propriedade industrial, terão de ser de *primordial importância* para a *saúde pública* e/ou para a *defesa nacional*. Estamos em crer que, quando o legislador menciona "primordial importância", quererá significar que, sem a exploração do direito de propriedade industrial, o interesse público não será prosseguido de todo ou não o será de forma satisfatória, de acordo com as necessidades do país, num dado momento em concreto.

No que diz respeito à saúde pública, a doutrina têm-se dividido na questão de saber se os elevados preços dos medicamentos poderão constituir motivo bastante para a concessão de uma licença compulsória[925].

Se olharmos para o nosso direito, existem algumas disposições no Estatuto do Medicamento que tratam desta matéria, contudo, nunca mencionam o preço dos medicamentos. O art. 92º, nº 1, a) e b), do Decreto-lei 176/2006, de 30 de agosto (Estatuto do Medicamento), vem referir que haverá interesse público em medicamentos que, "mediante justificação

---

[925] OVERWALLE, «Differential Pricing: Piercing or Fostering the IP Incentive...», ob. cit., pp. 119, refere que, apesar de parecer que o direito internacional não permite que se concedam licenças compulsórias pelo preço dos medicamentos ser demasiado alto, defende que, dada a abertura de interpretação do art. 5ºA, nº 2, da CUP e do art. 31º do acordo *Trips*, que não define em que consiste "other use without autorization of right holder", poderá afirmar-se que esta consitui uma base adequada para se concederem licenças compulsórias quando estamos perante preços de medicamentos anormalmente elevados (cf. *idem*, «Differential Pricing: Piercing or Fostering the IP Incentive...», ob. cit., pp. 119). Por seu turno, ULLRICH parece defender que este fundamento não constitui motivo para a concessão de licenças compulsórias, pois o titular da patente não deve subsidiar as atividades do Estado na prossecução do interesse público (cf. ULLRICH, «European Competition Law, Community-wide and Compulsory Licenses – Disintegrating the Internal Market in the Public Interest», *Differential Pricing of Patent-Protected Pharmaceuticals inside Europe – Exploring Compulsory Licenses and Exhaustion for Access to Patented Essential Medicines*, Ed. Christine Godt, ZERP,Germany, Nomos, 2010, pp. 89e ss., pp. 109 (nota 108).

clínica, sejam considerados imprescindíveis à prevenção, diagnóstico ou tratamento de determinadas patologias" (alínea a)) e " necessários para dar resposta à propagação, atual ou potencial, de agentes patogénicos, toxinas, agentes químicos, ou de radiação nuclear suscetíveis de causar efeitos nocivos" (alínea b)). Nos termos do art. 93º, nº 4, o diploma vem considerar que, nas alíneas descritas, se encontrarão preenchidos os arts. 107º, nº 1, c), e 110º do CPI.

Dada esta redação, existe até quem já tenha defendido que, no caso dos medicamentos, os casos tutelados serão, unicamente, os previstos nestas disposições e quando "o medicamento não disponha de autorização de introdução no mercado em Portugal"[926].

Não concordamos com esta posição. Na verdade, o Estatuto do Medicamento apenas restringe o alcance do interesse público para os medicamentos sem autorização de comercialização em Portugal. É exatamente essa a leitura que se faz do art. 93º, nº 4, que deixa claro o escopo do artigo (medicamentos sem autorização, incluindo aqueles em que a autorização foi revogada). Desta forma, para os medicamentos regularmente autorizados a serem introduzidos no mercado, a elasticidade legal presente no CPI permite-nos afirmar que, sempre que a exploração da patente seja de *primordial importância* para a saúde pública" (*itálico* nosso), poderão ser concedidas licenças compulsórias. Logo, neste âmbito, poderão naturalmente encaixar-se os casos em que o elevado preço dos medicamentos prejudique a saúde pública nacional.

V. No nº 3, prevê-se ainda que existem "motivos de interesse público quando a falta de exploração ou a insuficiência em qualidade ou em quantidade da exploração realizada implicar grave prejuízo para o desenvolvimento económico ou tecnológico do país"[927/928].

---

[926] AQUILINO ANTUNES, «O Acordo ADPIC/TRIPS no Direito Português: A Perspectiva do Acesso a Medicamentos e da Saúde Pública», in AAVV, *Direito Industrial*, vol. VIII, Coimbra, Almedina, 2012, pp. 149 e ss., pp. 160.

[927] Este artigo parece ter sido inspirado no já mencionado art. 90º da *ley de patentes* espanhola que tem uma redação muito próxima. Sobre as licenças compulsórias por interesse público no direito espanhol, cf. FERNÁNDEZ-NÓVOA/OTERO LASTRES/BOTANA AGRA, *Manual de la propriedad industrial*, ob. cit., pp. 197 e 198.

[928] Refira-se, a título de curiosidade, que a densificação do conceito de *interesse público* não mudou em nada do CPI de 1995 (cf. art. 108º, nºs 2 e 3) para o CPI de 2003.

Este artigo vem ampliar a previsão do art. 108º e mesmo do art. 109º. Na verdade, poderia dar-se o caso de estarmos perante uma falta ou insuficiente exploração que, ainda assim, não completasse todos os requisitos do art. 108º. Da mesma forma, se uma patente de processo de preparação de um produto químico, farmacêutico ou alimentar não constituir um "progresso técnico notável", mas mesmo assim a sua não exploração "implicar grave prejuízo para o desenvolvimento económico ou tecnológico do país", poderá ser concedida uma licença compulsória com fundamento no interesse público.

VI. Infelizmente, o nosso CPI não estende o interesse público a situações de danos ambientais, como estabelece, por exemplo, a lei de patentes brasileira, no seu art. 71º da lei que regula a propriedade e art. 2º, § 2 do Decreto nº 3.201, de 6 de outubro de 1999[929], e mesmo os EUA, na já estudada sec. 7608, do subcapítulo III, capítulo 85 do título 42 *US Code*.

Desta forma, de acordo com o direito português, a licença compulsória, tendo como fundamento a proteção do meio ambiente, só poderá ser concedida reflexamente, i.e., se, porventura, estiver ligada a situações de saúde pública ou grave desenvolvimento económico do país, o que consiste numa visão demasiado antropocêntrica do interesse público e, consequentemente, da visão de *dano ambiental*[930].

E não se venha advogar que a omissão do CPI se deve ao Acordo *Trips*, que não prevê esta possibilidade[931]. Tal como afirmámos, o Acordo não limita os Estados-membros aos fundamentos indicados no art. 31º, estabelecendo apenas condições mínimas que devem ser observadas na concessão de licenças compulsórias. A possibilidade de o Acordo *Trips* dar guarida à licença compulsória com fundamento na proteção ambiental

---

[929] Este último artigo do Regulamento refere: "consideram-se de interesse público os factos relacionados «...» à defesa do meio ambiente «...»".

[930] Tal como refere CARLOS CORREA, *Trade Related Aspects of Intellectual Property Rights: A Commentary on the TRIPS Agreement*, Oxford, Oxford University Press, 2007, pp. 319, as licenças compulsórias poderão contribuir para a utilização de tecnologias ambientalmente sadias e/ou tecnologias utilizadas na proteção do ambiente.

[931] Curiosamente, esta não é uma questão esquecida pelos Estados, dado que, no plano de desenvolvimento sustentável das Nações Unidas, denominado *Agenda 21*, que foi aprovado na Conferência do Rio de Janeiro de 1992 (art. 34.18, em especial e), iv)), foi recomendada a adoção de uma licença compulsória deste tipo.

tem sido discutida pela doutrina internacional[932], debatendo-se se a poluição ambiental poderá ser considerada como uma doença com incidência a longo prazo, na medida em que leva à morte prematura de milhões de pessoas, todos os anos. Assim, este fundamento caberia, inclusive, no art. 31º, b), onde se refere situações de "emergência".

VI. O caso *Prolyferon* já estudado, que ocorreu na Alemanha, erigiu alguns princípios que, pensamos, terão de ser aplicados no direito português aquando da concessão de licenças compulsórias com fundamento no interesse público. Feitas as devidas distâncias, dado que o interesse público, na lei de patentes alemã, não é densificado legalmente, sempre se adiantará que nunca se poderá encarar o interesse público como estático, sendo que serão as circunstâncias do caso concreto que o irão determinar, além de que o princípio da proibição do excesso terá sempre que estar presente. Além do mais, este será mutável ao longo do tempo e de acordo com as suas próprias circunstâncias. No caso, por exemplo, de interesse público por razões de saúde pública, um medicamento será ou não importante de acordo com os acontecimentos que estiverem a ocorrer, o estado de conhecimento da medicina no momento e, ainda, tendo em conta as condições económicas de cada país.

Por último, na medida em que o direito atribuído ao inventor constitui um direito subjetivo, as restrições ao mesmo deverão ser fundamentadas e, como refere a doutrina alemã, o âmbito da licença compulsória não poderá mais extenso que o necessário[933].

§ 34. Tentativa de obtenção de licença voluntária. Densificação dos conceitos indeterminados: *condições comerciais aceitáveis* e *prazo razoável*

I. Como referimos *supra*[934], as licenças compulsórias têm também como finalidade estimular a concessão de licenças contratuais. A tentativa de obtenção de licença contratual é, como refere a doutrina italiana, um requisito prévio à fase introdutória do procedimento administrativo

---

[932] Fair, «Does Climate Change Justify Compulsory Licensing of Green Technology?», ob. cit., pp. 24 e 29 e ss.
[933] Beier, «Exclusive Rights, Statutory and Compulsory Licenses in Patent and Utility Model Law», ob. cit., pp. 260.
[934] *Supra* § 9.

de concessão de uma licença compulsória. Apesar de ser um requisito que está "al di fuori"[935] ao procedimento administrativo, está umbilicalmente ligado a este, consistindo num requisito *ex ante* para o procedimento administrativo. Sem o mesmo estar preenchido, o procedimento administrativo não poderá desenrolar-se. O requerente terá assim o ónus probatório[936], aquando da propositura do requerimento para a concessão da licença, de demonstrar que tentou obter uma licença voluntária, de acordo com os critérios exigidos. Desta forma, podemos afirmar que, apesar de as licenças compulsórias nascerem de forma coativa, elas não deixam de ter uma "remota origem negocial"[937].

II. A tentativa de obtenção de uma licença compulsória está prevista no art. 107º, nº 3[938/939]. Esta não se contenta com uma tentativa sem significado ou apenas formal. Exige-se, sim, que esta se materialize ("desenvolvidos esforços") e a proposta tenha sido realizada *em condições comerciais aceitáveis* e *dentro de um prazo razoável*.

A materialização deste pré-requisito compreende-se perfeitamente, sendo mesmo inevitável. Na verdade, tenta-se evitar a fraude por parte do potencial licenciado, na medida em que, de outra forma, qualquer proposta, mesmo que miserável, poderia permitir a obtenção de uma licença compulsória. Tutela-se ainda a posição mais frágil nas negociações por

---

[935] GRECO, «Aspetti Pubblicistici e Privatistici della C.D. Licenza Obbligatoria di Brevetto», ob. cit., pp. 8.
[936] *Idem*.
937 REMÉDIO MARQUES, «Direito de Autor e Licença Compulsória – Um Olhar Luso-Brasileiro», ob. cit., pp. 69.
[938] Correspondente ao art. 31º, b), do Acordo *Trips*. E, naturalmente, existente nas ordens jurídicas de outros países, como, vg., no art. 48º, nº 3, d) da *Patent Law* do Reino Unido.
[939] No direito português, esta exigibilidade surge-nos ainda noutras disposições. No art. 109º, nº 8, a), quando estabelece as condições para a licença compulsória por dependência entre invenções e variedades vegetais. No art. 26º, nº 3, b), da Portaria 940/90, de 4 de outubro, para a licença compulsória com fundamento em interesse público, tendo como objeto variedades vegetais. No art. 29º, nº 5ª, i), do Regulamento (CE) nº 2100/1994, do Conselho, de 27 de julho de 1994, para a licença compulsória com fundamento em dependência entre invenções e variedades vegetais, mas, desta vez, variedades vegetais protegidas comunitariamente e, da mesma forma, com fundamento em interesse público, previsto, desta feita, no art. 37º, nº 4, do Regulamento (CE), nº 874/2009, de 17 de setembro. E, ainda, no art. 9º, do Regulamento (CE) nº 816/2006, do Parlamento Europeu e do Conselho, de 17 de maio de 2006, para as licenças compulsórias para exportação.

VII. O REGIME DAS LICENÇAS COMPULSÓRIAS NA ORDEM JURÍDICA DE FONTE INTERNA

parte do titular do direito de propriedade industrial, por forma a evitar a tal "alteração prejudicial" mencionada pela doutrina norte-americana[940], na posição do titular do direito nas negociações das licenças. Contudo, o problema é que o CPI – *rectius* e o Acordo *Trips* – não dão uma resposta para estes dois conceitos indeterminados, sendo que é o intérprete que deve procurar o significado dos mesmos.

Ponto desde logo aceite pela doutrina é que as circunstâncias do caso concreto deverão ser tidas sempre em conta[941], sendo que o potencial licenciado não será obrigado a revelar a intenção de requerer uma licença compulsória caso as negociações falhem[942].

III. Quanto às *condições comerciais aceitáveis*, deve-se excluir um critério que se baseie nas condições económicas do potencial licenciado ou de outros atores no circuito comercial, tal como o Estado, consumidores, pacientes, fornecedores[943], mas levar em conta o mercado onde se está inserido[944] e a vontade das partes[945/946].

Na doutrina italiana, têm sido relacionadas as *eque condizioni* para a tentativa de obtenção de licença compulsória, como estando ligadas a condições de natureza económica, como o montante e a modalidade pagamento dos *royalties* e, ainda, com todas as condições que terão que ver com a proposta, como eventuais garantias ou duração[947].

REMÉDIO MARQUES dá-nos dezanove critérios em que se devem basear as *condições comerciais aceitáveis*[948]. Todos eles são úteis, mas, em termos dogmáticos, podemos agrupá-los em quatro critérios principais, sendo que os restantes se desenvolvem a partir destes. A saber:
– A remuneração oferecida pelo potencial licenciado;
– A duração e o âmbito da licença proposta;

---

[940] Cf. § 24.2.
[941] HESTERMEYER, *Human Rights and the WTO*, ob. cit., pp. 246.
[942] URBAIN, «Compulsory Licenses in French Patent Law», ob. cit., pp. 277.
[943] Neste sentido, REMÉDIO MARQUES, *Licenças (voluntárias e obrigatórias) de direitos de Propriedade Industrial*, ob. cit., pp. 246.
[944] PIRES DE CARVALHO, *The Trips Regime of Patent Rights* ob. cit, pp. 234.
[945] PIRES DE CARVALHO, *The Trips Regime of Patent Rights*, ob. cit, pp. 234.
[946] URBAIN, «Compulsory Licenses in French Patent Law», ob. cit., pp. 277.
[947] ANNA ASSANTI, *Le Licenze Obbligatorie*, ob. cit., pp. 52, nota 52.
[948] REMÉDIO MARQUES, *Licenças (voluntárias e obrigatórias) de direitos de Propriedade Industrial*, ob. cit., pp. 248 a 250.

- As características do direito de propriedade industrial em causa;
- A eventual situação de concorrência entre os dois sujeitos.

Estes critérios irão constituir o núcleo principal da proposta de licença contratual, sendo que será a partir destes que se poderão desdobrar os restantes, nomeadamente, o facto de se imporem restrições à exportação, a exclusividade ou não da licença, os deveres de comunicação que irão fazer parte da proposta, entre outros.

IV. No que diz respeito ao *prazo razoável*, temos de ter em conta que é deveras impossível estabelecer uma quantificação precisa do mesmo. Apesar de alguns Estados-membros da OMC referirem que este prazo deveria ser estabelecido entre três a seis meses[949], tal critério não é seguro nem serve de bitola, na medida em que o prazo razoável depende do caso concreto. Como afirma Remédio Marques, o prazo razoável irá depender "do seu concreto fim ou das circunstâncias que lhe deram origem"[950]. Obviamente, na apreciação deste requisito, teremos que verificar qual é a intenção real das partes. Desta forma, devemos constatar se o titular do direito de propriedade industrial não estará a prolongar dolosamente o prazo das negociações[951]. Se tal circunstância se verificar, o potencial licenciado poderá, unilateralmente, interromper as negociações, mesmo que, aparentemente, o titular do direito de propriedade industrial queira prosseguir com as mesmas.

Na eventualidade de o titular do direito exclusivo não estar a prolongar dolosamente as negociações, mas estas se estenderem por demasiado tempo, o potencial licenciado poderá da mesma forma interromper unilateralmente as negociações. Esta solução é aliás referida no art. 37º, nº 5, a), do Regulamento (CE) nº 874/2009 da Comissão, de 17 de setembro, que diz respeito às licenças compulsórias sobre variedades vegetais comunitárias, estipulando que o requisito da tentativa de obtenção

---

[949] Pires de Carvalho, *The Trips Regime of Patent Rights*, ob. cit, pp. 234.
[950] Remédio Marques, *Licenças (voluntárias e obrigatórias) de direitos de Propriedade Industrial*, ob. cit., pp. 251.
[951] Anna Assanti, *Le Licenze Obbligatorie*, ob. cit., pp. 52. Como refere a autora, no procedimento administrativo de concessão, o requerente poderá ter também a possibilidade de provar que "il silenzio del titolare del breveto si è prolungato per un período di tempo non ragionevole".

contratual estará preenchido, se o "titular não tiver dado uma resposta definitiva ao requerente num prazo razoável".

O Regulamento estabelece ainda, no art. 37º, nº 5, c), outra circunstância em que devemos considerar este requisito como preenchido, mesmo havendo uma disponibilidade por parte do titular do direito de licenciá-lo. O Regulamento refere que a tentativa de obtenção de licença contratual estará preenchida, quando o titular do direito proponha ao requerente condições "manifestamente" abusivas[952], *inter alia* "no que se refere às *royalties* a pagar, ou [a] condições, no seu conjunto, manifestamente inaceitáveis".

V. O pré-requisito da tentativa de obtenção de licença contratual está previsto para todos os fundamentos de licenças compulsórias. Ao contrário do Acordo *Trips*, em nenhum momento este requisito é dispensado, o que não deixa de constituir um entrave à prossecução do interesse público, adiando a rápida resolução de casos merecedores de uma tutela urgente. REMÉDIO MARQUES opera uma redução teleológica do art. 107º, nº 3, de modo a abarcar o estipulado no art. 31º, b), referindo que este artigo é *self--executing*, não necessitando de regulação pelo legislador português[953].

Cremos que esta operação de redução teleológica não poderá ser realizada, na medida em que, mesmo admitindo-se a existência de preceitos *self-executing*, tal não será o caso da alínea b) do art. 31º do Acordo *Trips*. Se observarmos a disposição em questão, constatamos que esta redução teleológica não poderá ser admitida, na medida em que o preceito refere que "um membro *pode* derrogar esta exigência em caso de situação de extrema urgência"(*itálico* nosso). Desta forma, o Acordo demonstra claramente que deixou ao critério dos Estados-membros a sua inclusão no texto legal.

Tendo em conta este cenário e constatando o mérito de uma disposição deste tipo, defendemos uma alteração legislativa no sentido de transpor para a ordem jurídica portuguesa as exceções previstas no Acordo *Trips*, não aplicando este requisito em casos de *extrema urgência*[954].

---

[952] No mesmo sentido, ANNA ASSANTI, *Le Licenze Obbligatorie*, ob. cit., pp. 52.

[953] REMÉDIO MARQUES, *Licenças (Voluntárias e Obrigatórias) de Direitos de Propriedade Industrial*, ob. cit., pp. 251.

[954] Esta exceção só está prevista na ordem jurídica portuguesa no Regulamento (CE) nº 816/2006, do Parlamento Europeu e do Conselho, de 17 de maio de 2006 (cf. art. 9º, nº 2).

VI. Antes de terminarmos este ponto, convém fazer um alerta importante para o facto de este requisito por si só, não constituir qualquer fundamento de licença compulsória.

Alguns autores[955] tendem a considerar que a recusa em conceder uma licença voluntária fundamenta, *per si*, a concessão de uma licença compulsória. Tal não está correto. Se olharmos para o nosso CPI, este permite, no seu art. 101º, n°s 2 e 3, que o titular possa impedir terceiros, sem o seu consentimento, de utilizar a sua patente. O mesmo é estabelecido, *ipsis verbis*, no Acordo *Trips*, no seu art. 28º. A tentativa de obtenção de uma licença voluntária só dará lugar a uma licença compulsória estando inserida num dos fundamentos já referidos. Desta forma, disposições legais permitindo a concessão de uma licença compulsória com fundamento na rejeição de uma licença contratual[956] estarão a violar o Acordo *Trips*. O máximo que poderá suceder será esta recusa consubstanciar uma prática anticompetitiva e dessa forma poder dar lugar a uma licença compulsória[957].

---

[955] CARLOS CORREA, *Intellectual Property Rigths, the WTO and Developing Countries*, ob. cit., pp. 89; MUSUNGU/CECILE OH, *The use of Flexibilities in Trips by Developing Countries...*, ob. cit., pp. 28.

[956] O art. 42º da *Ley de Patentes de Invención y Modelos de Utilidad* argentina (Ley 24.481, já diversas vezes alterada) estipula que, se o interessado tiver tentado obter uma licença contratual, apresentando condições aceitáveis, e tais tentativas não surtirem efeito durante cento e cinquenta dias, poderá requerer uma licença compulsória.
Este entendimento não é consensual e tem dado azo a muita discussão doutrinal (para verificar esta discussão, *vide* SALIS, «Patentes. Materia Patentable. Régimen de Licencias Obligatorias. El Daño Indemnizable en la Infracción de Derechos de Patente», *UAIPIT*, secção de publicaciones, 2001, disponível em http://www.uaipit.com (visitado em 13/09/20012), pp. 8 e ss. e cf., ainda, WIPO, *Exclusions from Patentable Subject Matter and Exc Sarti eptions and Limitations to the Rights*, ob. cit., pp. 42). Somos da opinião de que a mesma, na realidade, não estipula este requisito como fundamento para a concessão de uma licença compulsória. As disposições sobre licenças compulsórias (arts. 42º a 47º) devem ser vistas em conjunto com o Decreto regulamentar 260/96, subjacente à lei. Apesar da fraca técnica legislativa, estamos em crer que a tentativa de obtenção de uma licença contratual consiste apenas num requisito para a concessão de uma qualquer outra licença e não num fundamento autónomo.

[957] Como menciona sabiamente PIRES DE CARVALHO, *The Trips Regime of Patent Rights*, ob. cit, pp. 235, "Refusals to license patents violate tha law only when they are accompanied by an otherwise unlawful conduct".

Secção III
Procedimento administrativo e condições para a concessão de licenças compulsórias. Discricionariedade dos peritos

§ 35. Procedimento administrativo

I. Com o CPI de 2003, o procedimento administrativo de concessão das licenças compulsórias alterou-se. O regime tornou-se mais simplificado[958], sendo que, apesar de a concessão ser atribuída pela entidade competente, as condições da licença compulsória são acordadas por peritos.

O regime português não estipula licenças compulsórias *ex officio*, ou seja, terá de existir sempre um pedido perante a entidade competente, através do requerimento de um interessado, dessa mesma licença.

---

[958] O regime do Código de 1995 era mais complexo. Não existindo o requisito da obrigatoriedade da prévia tentativa de obtenção de uma licença voluntária, ainda assim, o interessado poderia pedir a mediação do INPI (facultativa) para obtenção da mesma, que, mediante aceitação da mediação, convidava o requerente e o titular do direito de propriedade industrial a negociarem uma licença contratual. Contudo, era um poder potestativo (cf. arts. 111º a 114º do CPI de 1995). Se o requerente não optasse pela mediação, esta não fosse aceite ou os interessados não chegassem a acordo, o potencial licenciado poderia peticionar a concessão de uma licença compulsória (cf. art. 115º a 119º do CPI de 1995).

Este sistema de atribuição de licenças compulsórias do CPI de 1995 é quase igual ao que continua a vigorar em território espanhol (cf. arts. 91º e ss. da *Ley de Patentes Española*). Hoje em dia, apenas nas licenças compulsórias sobre variedades vegetais comunitárias é necessária, obrigatoriamente, uma tentativa de acordo amigável a pedido do Instituto Comunitário de Variedades Vegetais, podendo este mesmo instituto apresentar uma proposta de acordo (cf. art. 38º, nº 3, do Regulamento (CE), º 874/2009 da Comissão, de 17 de setembro).

O procedimento administrativo é complexo em termos de efeitos, pois não irá somente repercutir-se numa das partes. Ele contrairá a esfera do titular do direito de propriedade industrial e irá atribuir direitos ao requerente da licença compulsória. Por um lado, com este ato administrativo, irá existir um ato ampliativo a favor do requerente da licença, sendo que, por outro lado, irá existir um ato ablativo que atingirá a esfera jurídica do titular do direito. É devido a estas características que a doutrina italiana apelida este procedimento de "provvedimento ad eficacia doppia"[959], na medida em que o mesmo terá efeitos jurídicos negativos e positivos para cada uma das partes.

II. De forma a iniciar-se o procedimento, o requerente terá apresentar um pedido junto do INPI – *rectius* ou às outras entidades administrativas, consoante o direito de propriedade industrial em causa –, facultando os meios de prova necessários para o efeito[960]. Apesar de não detalhar-se qual deve ser o conteúdo do pedido, podemos orientar-nos pelo que é estipulado no art. 37º, nº 1, do Regulamento (CE) nº 874/2009 da Comissão, de 17 de setembro, que estabelece normas de execução do Regulamento (CE) nº 2100/94 do Conselho, no que respeita ao processo no Instituto Comunitário das Variedades Vegetais. Desta forma, para além de formalidades comuns, tal como a designação das partes ou dos direitos de propriedade industrial envolvidos, o requerente deve, desde logo, apresentar uma proposta relativa ao tipo de atos a abranger pela licença e demais âmbitos (material, temporal e territorial), incluindo (embora pensemos que possa não ser obrigatório para as invenções dado que existe a peritagem) uma proposta de remuneração equitativa e a sua base de cálculo[961].

---

[959] GRECO, «Aspetti Pubblicistici e Privatistici della C.D. Licenza Obbligatoria di Brevetto», ob. cit., pp. 15.

[960] Cf. art. 111º, nº 1. De notar ainda a formalidade que é estabelecida no art. 111º, nº 2, que estabelece que o exame dos pedidos de licenças compulsórias não será ordenado consoante a urgência ou o registo do direito de propriedade industrial em causa, mas unicamente pela data do requerimento.
Apesar de o CPI de 2003 não referir que o momento a ter em conta será o da apresentação do requerimento (cf. art. 110º, nº 1, do CPI de 1995), este critério continuará a ser aquele que deverá ser seguido. Assim, por exemplo, a falta de exploração terá que ser aferida no momento da apresentação do requerimento pelo potencial licenciado.

[961] Cf. art. 37º, nº 1, a) a f), art. 37º, nº 1, do Regulamento (CE) nº 874/2009 da Comissão, de 17 de setembro, em especial as alíneas c) e f).

VII. O REGIME DAS LICENÇAS COMPULSÓRIAS NA ORDEM JURÍDICA DE FONTE INTERNA

Parece não ser possível formular múltiplos pedidos para a concessão de licenças compulsórias, na medida em que o CPI é omisso nesta matéria e o CPA não os admite, ou somente os admitiria quando estes fossem alternativos ou subsidiários[962]. Esta possibilidade poderia ser bastante interessante nos casos em que o requerente necessitasse de ver concedidas várias licenças compulsórias em conjunto, o que se vislumbra provável, nomeadamente quando haja várias patentes sobre um determinado medicamento. Naturalmente que o requerente poderá informar o INPI que a concessão das licenças compulsórias será condicionada ao sucesso de todos os pedidos. Contudo, será necessário requerer, uma a uma, todas licenças compulsórias necessárias, atribuindo-se processos separados.

Quanto à legitimidade do requerente, de referir ainda que, no direito português, ao contrário do que acontece no direito italiano, o contrafator referente aos produtos subjacentes à patente, mesmo o de má-fé, terá sempre legitimidade para requerer uma licença deste tipo. Salvo melhor opinião, pensamos que tal solução legal se afigura correta. A contrafação, embora condenável, é algo diferenciado e que é tutelado de acordo com os seus próprios meios. Na realidade, se o contrafator requerer uma licença compulsória com fundamento em falta de exploração e esta for devido à atuação deste, o titular do direito poderá provar isso mesmo, na medida em que se encaixam nos *justos motivos*. Além do mais, uma solução diferente da defendida colocaria entraves aos requerentes de licenças compulsórias com fundamento na dependência entre direitos de propriedade industrial, dado que, em determinadas circunstâncias, não será fácil para o requerente provar a boa-fé

III. O regime jurídico das licenças compulsórias não estipula qualquer regra sobre a legitimidade, apenas se referindo ao "requerente". Este requisito irá assim ser apurado nos termos gerais, tendo legitimidade a *pessoa interessada* nessa mesma licença. Naturalmente que a legitimidade do requerente nas licenças compulsórias com fundamento na dependência entre direitos terá o seu âmbito mais reduzido, abrangendo apenas o titular do direito de propriedade industrial dependente (ou o seu licenciado).

A legitimidade é ainda alargada no que diz respeito às licenças compulsórias sobre variedades vegetais comunitárias que tenham funda-

---

[962] Cf. art. 74º, nº 2.

mento no interesse público. Nestes casos, os próprios Estados-membros, a Comissão ou "organização estabelecida no plano comunitário e registada pela Comissão" poderão pedir uma licença compulsória com fundamento em interesse público[963].

IV. Recebido o requerimento do pedido de licença compulsória, o INPI irá notificar o titular do direito de propriedade industrial, para que, ao abrigo do princípio do contraditório, este possa responder e apresentar as suas provas[964]. Suscita-se aqui a questão de saber se um terceiro poderá opor-se à licença. Na realidade, o art. 112º, nº 1, não tem uma norma, como, por exemplo, a lei de patentes indiana, que refere que a legitimidade para contestar pertence ao titular ou a "any other person desiring to oppose the application"[965]. A doutrina indiana, inspirada pela jurisprudência, interpreta esta norma no sentido de englobar qualquer pessoa que tenha interesse direto no direito de propriedade industrial[966].

Salvo melhor opinião, poderemos aplicar neste caso o art. 53º, nº 1 do CPA, permitindo a contestação a outros sujeitos com *interesses legalmente protegidos*, como poderá ser exemplo disso o titular de uma licença contratual sobre o direito de propriedade industrial alvo de licença compulsória.

Felizmente, o atual CPI não consagrou a regra do art. 117º, nº 2, do CPI de 1995, que mencionava que, na ausência de contestação, a licença compulsória deveria ser concedida *imediatamente*, não se apreciando o mérito das condições. Esta possibilidade não é possível no CPI atual, nem será desejável. Um dos poderes da administração pública é verificar a legalidade, sendo que, nos casos das licenças compulsórias, seria totalmente inadmissível que se concedessem licenças compulsórias de forma automática. Esta previsão poderia dar lugar a soluções contrárias ao espírito do sistema, permitindo, por exemplo, que o requerente não fornecesse garantias suficientes para a exploração.

---

[963] Cf. art. 29º, nº 2, do Regulamento (CE) nº 2100/94, do Conselho, de 27 de julho.
[964] Cf. art. 111º, nº 3. *Vide* ainda o art. 26º, nº 2, da Portaria nº 940/90, de 4 de outubro, referente às licenças compulsórias sobre variedades vegetais, que estipula que só poderá ser concedida a licença compulsória "após a audição deste [titular]".
[965] Cf. sec. 87, nº 2.
[966] BASHEER/KOCHUPILLAI, *The "Compulsory Licence" Regime in India: Past, Present and Future*, ob. cit., pp. 28.

Nos termos do art. 111º, nº 4, a entidade que está adstrita à concessão da licença irá apreciar as razões apresentadas pelas partes. Se, nesta fase, a entidade não admitir liminarmente que há razões para a concessão da licença, não se seguirá para a segunda fase, que consistirá na análise das garantias que o requerente apresenta para a exploração do exclusivo.

Por último, e ainda no âmbito do mesmo número, o INPI o ou Governo deverão decidir no prazo máximo de dois meses pela concessão ou recusa da licença.

V. Após esta primeira apreciação, se o pedido e as garantias oferecidas pelo requerente forem considerados viáveis, ambas as partes serão notificadas para nomearem um perito que, em conjunto com o perito nomeado pelo INPI, irão acordar as condições da licença compulsória e a sua remuneração[967].

Na falta de acordo entre os peritos sobre as condições da licença compulsória, MOTA MAIA refere que qualquer uma das partes poderá recorrer ao Tribunal[968]. Esta possibilidade não está prevista, sendo que a perícia terá de ser integrada no ato administrativo que dá origem à licença compulsória, tendo os peritos, necessariamente, de se entenderem quanto às condições desta.

Como estamos perante uma peritagem administrativa, poderão aplicar-se, analogicamente, as regras presentes no Código de Procedimento Administrativo (doravante CPA), nomeadamente as presentes no arts. 94º e ss. Os interessados – potencial licenciado e titular do direito de propriedade industrial – irão ser notificados do perito indicado pelo INPI[969]. As partes poderão ainda formular quesitos ou pedir esclarecimentos para que os peritos respondam, segundo o art. 97º, nº 1, do CPA.

VI. Quanto às condições a acordar pelos peritos, estes, em determinadas matérias, não terão poder discricionário. É o caso dos requisitos

---

[967] Apesar de o nº 5 do art. 111º referir *"indemnização"*, tal designação não é conceptualmente correta, isto porque se trata de uma retribuição pela utilização, não visando tutelar quaisquer danos. No mesmo sentido, apontando este erro do legislador, REMÉDIO MARQUES, *Licenças (Voluntárias e Obrigatórias) de Direitos de Propriedade Industrial*, ob. cit., pp. 251 (nota 334).

[968] MOTA MAIA, *Propriedade Industrial*, vol. II, ob. cit., pp. 267.

[969] Cf. art. 95º, nº 1, do CPA.

que iremos mencionar *infra*, como a atribuição de não exclusividade ou a transmissibilidade da licença compulsória. Não obstante, nas restantes matérias, os peritos detêm uma ampla discricionariedade[970], nomeadamente quanto ao âmbito substancial[971], decidindo, por exemplo, se a licença irá apenas aplicar-se a algum setor tecnológico específico[972]. O ato administrativo poderá ainda prever obrigações *di fare*[973], como a transmissão do *know-how*[974], os deveres de informação incluídos[975], a duração da licença compulsória[976], a carteira de clientes abrangida[977], entre outras coisas.

Desta forma, apesar da vinculação em algumas matérias, o ato administrativo de concessão da licença compulsória continua a ser um *ato predominantemente discricionário*.

No que diz respeito especificamente à duração, se nada for estipulado em contrário, a licença compulsória terá a duração que resta ao direito de propriedade industrial subjacente[978]. Suscita-se o problema de saber se a licença compulsória irá abranger uma eventual extensão de duração da patente, através do certificado complementar de proteção. Conforme já estudámos, casos há em que a duração de uma patente é estendida para lá da sua proteção *normal*, devido à autorização de colocação no mercado reduzir a proteção efetiva do direito de propriedade industrial, tendo repercussões no retorno financeiro. Apesar de o certificado complementar de proteção não deixar de ser *uma extensão da patente*, detendo a mesma

---

[970] Como acrescenta Greco, «Aspetti Pubblicistici e Privatistici della C.D. Licenza Obbligatoria di Brevetto», ob. cit., pp. 11, na "fase deliberativa «...», della quale l'Autorita di amministrazione attiva dispone di ampio margine di discrezionalità.
Referindo esta mesma discricionariedade no regime jurídico britânico de licenças compulsórias Bently/Sherman, *Intellectual Property Law*, ob. cit., pp. 580.
[971] Remédio Marques, *Licenças (Voluntárias e Obrigatórias) de Direitos de Propriedade Industrial*, ob. cit., pp. 252.
[972] *Idem*.
[973] Greco, «Aspetti Pubblicistici e Privatistici della C.D. Licenza Obbligatoria di Brevetto», ob. cit., pp. 11.
[974] *Idem*, pp. 253.
[975] *Idem*, pp. 252.
[976] Cf. art. 31º, c), do Acordo *Trips*.
[977] Remédio Marques, *Licenças (Voluntárias e Obrigatórias) de Direitos de Propriedade Industrial*, ob. cit., pp. 252.
[978] Cf. Código da Propriedade Industrial italiano, que, no seu art. 72º, nº 5, refere: "La licenza obbligatoria è concessa per durata non superiore alla rimanente durata del brevetto «...»".

VII. O REGIME DAS LICENÇAS COMPULSÓRIAS NA ORDEM JURÍDICA DE FONTE INTERNA

natureza, estamos em crer que será necessária a concessão de uma nova licença compulsória, na medida em que, apesar de tudo, estamos perante direitos de propriedade industrial diferentes. De resto, esta já é a solução defendida para as licenças voluntárias, quando nada seja estipulado[979].

VII. Segundo o art. 112º, nº 1, a decisão da concessão da licença compulsória e as suas condições irão ser notificadas a ambas as partes pelo INPI, sendo que, de acordo com o art. 356º, nº 1, h), esta decisão terá de ser, obrigatoriamente, publicada no Boletim de Propriedade Industrial.

O CPI não estabelece qual o conteúdo que deve ter a decisão de concessão da licença, contudo, podemos recorrer ao regime de concessão de licenças compulsórias sobre variedades vegetais comunitárias, mais concretamente ao art. 40º, do Regulamento (CE) nº 874/2009 da Comissão, de 17 de setembro, que estabelece qual deverá ser o conteúdo da decisão, sendo que, para além da assinatura do Presidente, a decisão deverá conter, entre outras coisas, a data em que foi tomada, os nomes dos membros que tenham participado no processo, a exposição sumária dos factos, os fundamentos e, por fim, o conteúdo material, temporal e territorial da licença[980].

De notar que nas licenças compulsórias com fundamento na dependência entre direitos de propriedade industrial, quando a lei exija um "progresso técnico significativo com um interesse económico considerável", sob pena de nulidade, a autoridade que concede a licença compul-

---

[979] Cf. REMÉDIO MARQUES, *Licenças (Voluntárias e Obrigatórias) de Direitos de Propriedade Industrial*, ob. cit., pp. 88, nota 92 e pp. 139.
[980] Segundo o art. 40º mencionado, o conteúdo da decisão deve conter o seguinte: "A decisão escrita será assinada pelo presidente do Instituto. A decisão deve incluir:
a) A menção de que a decisão foi proferida pelo Instituto;
b) A data em que a decisão foi tomada;
c) Os nomes dos membros do comité que tenham participado no processo;
d) Os nomes das partes no processo e dos seus representantes para efeitos processuais;
e) A referência ao parecer do conselho de administração;
f) A indicação das questões a decidir;
g) A exposição sumária dos factos;
h) Os fundamentos em que a decisão se baseia;
i) A decisão propriamente dita; consoante o caso, a decisão do Instituto indicará os atos abrangidos pela licença obrigatória, as condições específicas aplicáveis e a categoria de pessoas, incluindo eventualmente os requisitos específicos impostos a essa categoria".

sória deverá especificar qual a fundamentação considerada inerente a estes conceitos[981].

VIII. Coloca-se uma questão importante: a autoridade administrativa terá o poder de decidir sobre a oportunidade da concessão da licença compulsória ou apenas deverá verificar se as condições da mesma estão preenchidas?

É uma questão de extrema importância, na medida em que se seguirmos a primeira hipótese, a autoridade administrativa terá assim um poder soberano que lhe dará a possibilidade, sempre que não achar oportuno e mesmo que todas as condições estejam preenchidas, de não conceder a licença. Se optarmos pela segunda opção, a autoridade administrativa apenas terá a função de guardiã da legalidade, não podendo fazer outra coisa senão conceder a licença quando todas as condições estiverem preenchidas.

O CPI atual, como os anteriores, nada nos auxilia nesta matéria, referindo apenas que a autoridade administrativa deverá decidir[982]. SALAMOLARD, fazendo um estudo de direito comparado sobre a licença compulsória, refere que pouco importa que a lei refira que a autoridade pode ou a autoridade deve, na medida em que a autoridade administrativa deverá apenas verificar se estão preenchidas as condições legais[983].

Estamos de acordo. O INPI deverá apenas avaliar os méritos dos requisitos subjacentes à concessão da licença compulsória, existindo sempre a possibilidade de se recorrer para tribunal, ao abrigo do art. 112º, nº 2.

---

[981] Cf. art. 41º, nº 3, 1ª parte, do Regulamento (CE) nº 874/2009, da Comissão, de 17 de setembro.
[982] No art. 111º, nº 1, *in fine*, "*decidindo*, no prazo de dois meses, se esta deve ou não ser concedida" (*itálico* nosso). No CPI 1940, em que a legitimidade de concessão pertencia ao tribunal, referia-se, no nº 4 do art. 30º, que o juiz "*apreciará* (...) o alegado pelas partes e as garantias da exploração oferecidas pelo requerente da licença" (*itálico* nosso). No CPI de 1995, sendo a competência já administrativa, o art. 117º, nº 1, referia que, depois de recebida a contestação, o INPI "*recusará* ou *concederá* a licença obrigatória" (*itálico* nosso).
[983] SALAMOLARD, *La licence obligatoire en matière de brevets d'invention...*, ob. cit., pp. 80. O autor refere assim que "Que la loi dise «l'autorité peut...» ou «l'autorité doit...» importe peu. Elle ne confere nullement un pouvoir d'appréciation quant à l'opportunité de l'octroi meme, mais uniquement quant à la réalisation des conditions légales".

Em suma, conclui-se desta forma que o INPI deverá apenas verificar as condições a que a licença compulsória está sujeita, nunca podendo julgar a oportunidade (*jus imperii*) da mesma.

§ 36. Condições obrigatórias

36.1. Não exclusividade

I. A não exclusividade, estabelecida no art. 107º, nº 2, 1ª parte[984], terá dois sentidos. O primeiro diz-nos que o *patent holder* continua, ele próprio, a poder explorar o direito de propriedade industrial[985/986]. Desta forma, apesar de os direitos sobre a patente deixarem de ser exclusivos, o titular continua a poder explorá-los[987].

O segundo sentido vem esclarecer-nos que o titular do exclusivo poderá continuar a conceder licenças contratuais. Da mesma forma, sobre aquele direito de propriedade industrial, poderão ser concedidas outras licenças compulsórias, com excepção das licenças compulsórias com fundamento na falta de exploração, de acordo com o art. 108º, nº 4.

A *ratio* subjacente a esta condição está no princípio da proporcionalidade inerente a este instituto, assegurando-se que os direitos do titular não serão restringidos mais do que o necessário[988], evitando-se que a licença se transforme num *confisco*.

Esta condição permite ainda que o titular do direito de propriedade industrial, através da continuação da sua exploração, possa, no futuro, peticionar pela revisão ou revogação da licença compulsória.

II. Esta condição não é imune a críticas. SALAMOLARD afirma que uma das razões para a pouca solicitação de licenças compulsórias será o facto de estas não serem exclusivas, na medida em que o licenciado irá ter que enfrentar a concorrência do titular da patente e de outros potenciais

---

[984] Correspondente ao art. 31º, d) do Acordo *Trips*. Estipula-se igualmente no art. 5ºA, nº 4 da CUP. Em sentido contrário, esta condição não está prevista para as licenças compulsórias sobre variedades vegetais a nível nacional ou europeu.
[985] Cf. art. 106, nº 1.
[986] CARLOS CORREA/SALVADOR BERGEL, *Patentes y Competencia*, ob. cit. pp. 156.
[987] LAW, *Patents and Public Health...*, ob. cit., pp. 124.
[988] LAW, *Patents and Public Health...*, ob. cit., pp. 124.

licenciados[989]. No mesmo sentido, estão Remédio Marques e Law, que apresentam esta condição como um risco empresarial para o requerente da licença compulsória, que poderá sofrer a concorrência do próprio titular ou de um outro licenciado[990]. Por seu turno, Pires de Carvalho vem afirmar que este requisito poderá desencorajar as empresas de procurar este tipo de licenças, especialmente quando a sua exploração exigir investimentos avultados[991].

36.2. Intransmissibilidade tendencial

I. Refere o nº 2 do art. 107º que a licença compulsória só poderá ser transmitida *"com parte da empresa ou estabelecimento que a explore"* (*itálico* nosso)[992].

Esta disposição proíbe assim a cessão contratual e a sublicença[993] por parte do licenciado[994]. Este princípio tem uma exceção, permitindo-se a cessão da licença compulsória, quando se transmita – *trespasse* – parte da empresa ou estabelecimento comercial. Esta solução é coerente, na medida em que, quando ocorre a transmissão de uma empresa, não faria qualquer sentido obrigar o licenciado a quedar-se com a titularidade da licença, pois, em princípio, este não terá qualquer interesse em explorá-la.

II. Pergunta-se qual será a *ratio* desta permissão apenas *tendencial* da transmissão da licença. Remédio Marques refere-nos dois objetivos que são tidos em conta nesta condição:
- Estimulação da sustentabilidade do investimento realizado pelo licenciado ou pelo eventual cessionário, que receberá, além do

---

[989] Salamolard, *La licence obligatoire en matière de brevets d'invention...*, ob. cit., pp. 225.
[990] Law, *Patents and Public Health...*, ob. cit., pp. 125; Remédio Marques, «Direito de Autor e Licença Compulsória...», ob. cit., pp. 86.
[991] Pires de Carvalho, *The Trips Regime of Patent Rights*, ob. cit, pp. 239.
[992] Esta formulação advém da alínea e) do art. 31º do Acordo *Trips*. Está da mesma forma presente na CUP, no seu art. 5ºA, nº 4.
[993] Esta proibição da concessão de uma sublicença está somente prevista no art. 5ª, nº 4, da CUP. Mesmo que não se entendesse que o termo *"transmitidas"* (art. 107º, nº 2) ou *"cessão"* (art. 31º, d)) englobaria a sublicença, sempre se poderia recorrer à CUP como elemento interpretativo.
A proibição expressa de sublicenças é, v.g., estabelecida no direito brasileiro (cf. art. 72º da lei de patentes brasileira).
[994] Pires de Carvalho, *The Trips Regime of Patent Rights*, ob. cit, pp. 240.

direito de propriedade industrial, a parte empresa ou estabelecimento comercial;
- Evitar a formação de mercados autónomos dos produtos sobre os qual o direito propriedade industrial incide[995].

Estamos de acordo. Na verdade, pretende-se afastar o elemento especulativo na concessão de licenças compulsórias[996], i.e., não se pretende a mercantilização destas[997].

Será esta a mesma razão que estará subjacente à proibição de concessão de sublicenças[998]. De facto, podemos afirmar que a licença compulsória é *intuitu personae*, na medida em que será concedida tomando em consideração as características e condições do licenciado.

III. Por fim, surge ainda uma questão pertinente: a transmissão da licença compulsória será automática ou será necessária alguma cláusula nesse sentido?

A lei é omissa. Contudo, estamos em crer que esta se transmite *ex silentio*, ou seja, não havendo nenhuma estipulação contratual em contrário, a licença irá transmitir-se automaticamente quando se der o trespasse da empresa ou estabelecimento comercial, fazendo assim parte do chamado âmbito natural de transmissão[999/1000].

---

[995] Cf. REMÉDIO MARQUES, *Licenças (Voluntárias e Obrigatórias) de Direitos de Propriedade Industrial*, ob. cit., pp. 254 e 255.

[996] Tal como refere LAW, *Patents and Public Health...*, ob. cit., pp. 126, "it could lead to the commercialization of the compulsory license system by enabling the licensee to sell the right to use the patent to highest bidder".

[997] Parece ir neste sentido BODENHAUSEN, *Guide d'application de la Convention de Paris pour la protection de la propriété industrielle...*, ob. cit., pp. 75, que, ao analisar a CUP e este mesmo requisito presente no nº 4, do art. 5ºA, refere que o que se pretende prevenir é que o titular de uma licença compulsória obtenha uma posição mais forte do que aquela que justifica a sua concessão.

[998] OLIVEIRA ASCENSÃO, «O Projecto de Código da Propriedade Industrial: Patentes, Modelos de Utilidade e Modelos e Desenhos Industriais», ob. cit., pp. 161.

[999] Quanto aos vários âmbitos de entrega quando se dá a transmissão de um estabelecimento comercial, *vide* COUTINHO DE ABREU, *Curso de Direito Comercial*, vol. I, 6ª ed., Coimbra, Almedina, 2007, pp. 283 e ss.

[1000] Se olharmos para o CPI, este somente exige cláusula expressa da sua transmissão no caso de figurar o nome individual, a firma ou denominação social do titular ou de quem requereu

Poderia gerar confusão o estipulado no art. 31º, nº 6, que refere que a "transmissão por ato *inter vivos* deve ser provada por documento escrito «...»". Contudo, facilmente verificamos que estamos perante uma formalidade *ad probationem*, não tendo caráter de formalidade *ad substantiam*[1001], sendo que a validade do ato de transmissão não é assim atingida[1002].

Com a transmissão da licença compulsória, juntamente com a empresa ou estabelecimento comercial, a única exigência será o averbamento no INPI, segundo o art. 30º, nº 1, a).

36.3. Deverão servir predominantemente para o fornecimento do mercado interno

I. Este requisito encontra-se autonomizado na alínea f) do art. 31º do Acordo *Trips*.

Esta condição vem proibir que as licenças compulsórias sejam concedidas para o fornecimento de um país estrangeiro ou para atender aos interesses do mesmo[1003]. Sempre que um país conceder uma licença deste tipo, será para fornecer o mercado interno, sendo, desta forma, proibida a exportação – da maior parte dos produtos advindos da mesma – para outro país. Na falta de referência a quantidades ou valores no Acordo *Trips*, o termo *predominantemente* tem sido interpretado pela doutrina como dizendo respeito à maior parte (mais de 50%) da produção advinda da licença compulsória[1004].

---

o registo do logotipo ou marca (art. 31º, nº 5). Existe ainda a disposição referente à transmissão dos logotipos (art. 304º-P).

[1001] Sobre estas *vide*, por exemplo, INOCÊNCIO GALVÃO TELLES, *Manual de Contratos em Geral*, 4ª ed., Coimbra, Coimbra Editora, 2010, pp. 145 e 146; OLIVEIRA ASCENSÃO, *Direito Civil – Teoria Geral*, vol. II, 2ª ed., Coimbra, Coimbra Editora, 2003, pp. 69 e 70.

[1002] Com a estipulação prevista no art. 107º, nº 2, o legislador não adotou a solução presente para as licenças contratuais. Nestas, de acordo com o nº 8 do art. 32º, é necessário consentimento do titular do direito de propriedade industrial para a transmissão, salvo se houver estipulação em contrário.

[1003] PIRES DE CARVALHO, *The Trips Regime of Patent Rights*, ob. cit, pp. 240.

[1004] Cf. LAW, *Patents and Public Health...*, ob. cit., pp. 128; ABBOT, *WTO Trips Agreement and Its Implications for Access to Medicines in Developing Countries*, ob. cit., pp. 17; GERVAIS, *The TRIPS Agreement: Drafting History and Analysis*, ob. cit., pp. 252, REICHMAN, «Lessons to be Learned in Europe from the International Discourse on Patents and Public Health», *Differential Pricing of Patent-Protected Pharmaceuticals inside Europe – Exploring Compulsory Licenses and Exhaustion for Access to Patented Essential Medicines*, Ed. Christine Godt, ZERP, Germany, Nomos, 2010, pp. 133 e ss., pp. 135.

II. Na realidade, o que esta condição pretende evitar é um aproveitamento do regime de concessão de licenças compulsórias, tornando-o fraudulento, sendo a única intenção do licenciado a exportação[1005]. Desta forma, decidiu-se criar a regra do art. 31º, f), que, é preciso tomar nota, não proíbe totalmente a exportação dos produtos advindos da licença compulsória, estando necessariamente relacionada com imperativos de boa-fé.

III. O regime jurídico português, embora não tenha uma regra expressa como a do nº 4 do art. 72º do *Codice della proprietà industriale*[1006], tem algumas indicações que vão no sentido da obrigatoriedade desta condição. Desde logo, nas licenças compulsórias por interesse público, o nº 3 do art. 110º menciona que o grave prejuízo, a ter conta, para o desenvolvimento económico ou tecnológico, deverá ser o do *país* – ou seja, o nacional. No nº 5 do art. 108º, que diz respeito às licenças compulsórias por falta de exploração da invenção, a licença poderá ser cancelada, como já mencionámos, se não ocorrer às *necessidades nacionais*.

Conforme vimos, devido à pressão dos países menos desenvolvidos no sentido de acederem mais facilmente aos medicamentos no combate a problemas relacionados com a saúde pública, este requisito sofreu uma derrogação parcial com o Regulamento (CE) nº 816/2006, do Parlamento Europeu e do Conselho, de 17 de maio de 2006[1007].

[1005] LAW, *Patents and Public Health...*, ob. cit., pp. 127 e 128.
[1006] Como o Acordo *Trips*, o código da propriedade industrial italiano refere expressamente que "La licenza obbligatoria può essere concessa per uno sfruttamento dell'invenzione diretto *prevalentemente all'approvvigionamento del mercato interno*" (itálico nosso). Na lei de patentes brasileira, esta regra também surge de forma expressa (cf. art. 68º, § 2).
[1007] Apesar da derrogação parcial desta condição, alguns autores têm tentado ultrapassar esta proibição propondo a criação de outros mecanismos, diferentes da licença compulsória, como a criação de regimes de patentes integradas regionalmente. Dão o exemplo da União Europeia, podendo esta, nos termos do art. 31º, f), constituir um só mercado. Para mais desenvolvimentos sobre esta e outras propostas apresentadas, *vide* ABBOTT, *WTO Trips Agreement and its Implications for Access to Medicines in Developing Countries*, ob. cit., pp. 18 e ss.

36.4. Remuneração

36.4.1. Critério legislativo

A remuneração está prevista no art. 107º, nº 6[1008]. De acordo com o regime jurídico português, seja qual for a modalidade de licença compulsória em questão, esta é fixada pelos peritos[1009].

A disposição sobre remuneração é similar à redação estabelecida no Acordo *Trips*, sendo que a única diferença se encontra no facto de o Acordo, em vez de mencionar "*valor económico da licença*", estipular "*valor económico da autorização*". Esta diferença pontual em nada altera as soluções a encontrar, na medida em que referir *valor económico da autorização* consiste no mesmo que dizer *valor económico da licença*, pelo simples facto de a autorização ser precisamente a licença compulsória[1010].

A remuneração irá ser da responsabilidade do licenciado. Contudo, nada obsta a que se estabeleçam esquemas em que o pagamento pertencerá a um terceiro. Isso poderá suceder quando o Estado seja o beneficiário da licença compulsória. LAW refere-se ao art. 31º, h), do Acordo *Trips* como permitindo esta interpretação[1011]. Pensamos que o mesmo se passa no direito português, onde o nº 6, do art. 107º, apenas refere que o titular da invenção irá receber uma remuneração.

Dada a importância que a remuneração tem para o instituto da licença compulsória, o art. 107º, nº 7, estipula que a decisão sobre a mesma, além de recurso judicial, é suscetível de recurso arbitral, de acordo com os arts. 48º a 50º. O dispositivo normativo refere a decisão que "denegue" ou "conceda" a remuneração, deixando a dúvida se poderá existir a concessão de uma licença compulsória sem direito a qualquer remuneração. O Acordo *Trips* é mudo em relação a esta questão, parecendo, contudo, prever a sua admissibilidade, quando a licença compulsória se fundamente em práticas anticompetitivas. No que ao regime do CPI diz respeito, acompanhamos a doutrina que se pronuncia afirmativamente

---

[1008] Correspondente ao art. 31º, h), do Acordo *Trips*.
[1009] Cf. art. 111º, nº 5.
[1010] No regime de licenças compulsórias sobre variedades vegetais, a lei refere-nos "justa contrapartida económica", no regime nacional (cf. art. 26º, nº 2), e "justa remuneração", no regime comunitário (cf. art. 29º, nºs 4, 5 e 5a). Dadas estas expressões vagas, nada obsta a que se estabeleça a remuneração com base no art. 107º, nº 6, do CPI.
[1011] LAW, *Patents and Public Health...*, ob. cit., pp. 135.

sobre esta questão, admitindo-se a possibilidade de não se conceder qualquer remuneração em circunstâncias excecionais[1012].

36.4.2. Cálculo da remuneração adequada. Critérios de abordagem

I. Tanto o Acordo *Trips* como o CPI, não nos providenciam qualquer fórmula quantitativa para acharmos a remuneração, deixando apenas dois critérios merecedores de devida densificação: a remuneração é adequada[1013], se tiver em conta o *caso concreto* e se basear no *valor económico da licença*.

Podemos retirar desde logo duas premissas: a licença compulsória não deverá permitir qualquer benefício remuneratório para o titular da patente[1014], que se reflita numa oneração excessiva do licenciado[1015].

II. Quanto aos critérios em si, a remuneração adequada terá que ser vista tendo em em conta o valor económico da licença. O cálculo desta quantia irá ter sempre em conta um *juízo de prognose*, na medida em que será estabelecido *ex ante*, i.e., antes de o licenciado começar a usufruir do seu direito.

Na prática, tem-se tentado achar este valor de duas formas: através do cálculo das perdas que o titular do direito de propriedade industrial sofre e através dos ganhos obtidos do licenciado.

III. No primeiro caso, pretende-se compensar o titular do direito de propriedade industrial pelas perdas. Este critério tem sido muitas vezes utilizado pela jurisprudência norte-americana, onde se tem aplicado o denominado *lost profits test*[1016], sendo que a lei parece apontar nesse sen-

---

[1012] No mesmo sentido, cf. AAVV, *Código da Propriedade Industrial Anotado*, ob. cit., pp. 307.

[1013] Alguma doutrina inclui como requisito para a atribuição da remuneração o facto de esta ter de ser *adequada* (cf. TAUBMAN, «Rethinking Trips: 'Adequate Remuneration' for Non-Voluntary Patent Licensing», *JIEL*, vol. 11, 4, Oxford University Press, 2008, pp. 927 e ss., pp. 951 e ss.). Salvo melhor opinião, o termo *adequado* significa que a remuneração será apropriada se tiver em conta os dois critérios apontados, não tendo autonomização dogmática.

[1014] Com a mesma ordem de ideias, HESTERMEYER, *Human Rights and the WTO*, ob. cit, pp. 248.

[1015] SARA FORD, *Compulsory Licensing Provisions under the Trips Agreement: Balancing Bills and Patents*, ob. cit., pp. 960, comentando a alínea h) do art. 31º do Acordo *Trips*, refere que deverá sempre realizar-se um teste que faça o balanço ("*balancing test*") entre os interesses económicos do titular da patente e a capacidade económica do licenciado.

[1016] WATAL/SCHERER, «Post-Trips Options For Access to Patented Medicines in Developing Nations», ob. cit., pp. 921.

tido. Basta verificar a disposição da sec. 28 § 1498 do *US Code*, onde se refere que o titular da patente terá direito a uma "reasonable and entire compensation", incluindo, expressamente, os custos que o titular teve com a ação judicial.

Neste sentido parece ir PIRES DE CARVALHO, que, ao analisar o critério presente no Acordo *Trips*, conjuga o art. 31º, h), com os arts. 44º, nº 2, e 45º, concluindo que a remuneração deverá basear-se nos danos sofridos pelo titular da patente (*payment of damages*), numa lógica de lucros cessantes[1017].

IV. Quanto à segunda quantificação referida, esta consubstancia-se na ideia de que o valor da licença deverá ser aferido pelo seu benefício. Desta forma, o método de cálculo é o seguinte:

VEL= Rendimento derivado da venda dos produtos licenciados − (Capital investido + Recursos investidos)[1018]

Este critério terá que ser visto na perspetiva do licenciado, i.e., o rendimento, o capital e os recursos investidos, serão aqueles que o licenciado compulsoriamente ganhará ou irá ter que despender. O que está em causa é o valor da licença e não o do direito de propriedade industrial.

V. Estamos em crer que este critério é o mais indicado, até porque é aquele que reflete os termos do Acordo *Trips*, critério, esse, que foi transportado para a nossa lei. Um critério baseado nos lucros cessantes poderia dar origem a níveis elevados de remuneração, sendo que a licença compulsória, além de se tornar pouco atrativa financeiramente, não serviria como solução para questões relacionadas com o interesse público[1019].

De todo o modo, o valor económico do direito de propriedade industrial será levado em conta de forma indireta, na medida em que, por um

---

[1017] PIRES DE CARVALHO, *The Trips Regime of Patent Rights*, ob. cit., pp. 246.
[1018] Cf. LAW, *Patents and Public Health...*, ob. cit., pp. 136: E= I − (C + R).
[1019] Neste sentido, LOVE, *Remuneration Guidelines for Non-voluntary use of Patents on Medicines*, WHO Health Economics and Drugs TCM series no. 18, Washington D.C., UNDP, 2005, pp. 51; WATAL/SCHERER, «Post-Trips Options For Access to Patented Medicines in Developing Nations», ob. cit., pp. 921.

lado, irá refletir-se no rendimento que o licenciado irá auferir com a licença e, por outro, poderá ter relevância no segundo critério dado pela lei: o *caso concreto*.

Este último critério poderá ter conta múltiplos fatores, nomeadamente:
- A finalidade da licença[1020];
- O país e o mercado onde a licença irá operar;
- As políticas governamentais[1021];
- Eventuais subsídios disponíveis ou usados pelo titular da patente na investigação, desenvolvimento e *marketing* do direito de propriedade industrial[1022];
- Os *royalties* normalmente contratualizados naquele setor industrial;
- Custos tidos em todo o processo de desenvolvimento do direito de propriedade industrial.

Após se aferir o valor da licença e de se avaliarem as condições concernentes ao caso *sub judice*, tanto a jurisprudência quanto as decisões administrativas costumam aplicar uma taxa sobre as vendas líquidas que o licenciado fizer. Este tem o sido critério mais utilizado pela jurisprudência em vários países, como Alemanha[1023], Índia[1024], França, entre outros.

VI. Não concordamos com ULLRICH que, dando o exemplo do interesse público, refere que, apesar de existir legitimidade para interferir na exclusividade do direito, isso não poderá justificar a redução da compen-

---

[1020] Como manifestam CARLOS CORREA/SALVADOR BERGEL, *Patentes y Competencia*, ob. cit., pp. 158, quando referem: "*Una licencia otorgada para satisfacer la salud pública u otras necesidades sociales puede estar sujeta a parámetros diferentes de aquellos aplicables cuando se trata de intereses puramente comerciales e industriales*". No mesmo sentido da afirmação destes últimos autores, cf. HESTERMEYER, *Human Rights and the WTO*, ob. cit, pp. 249; ABBOTT, *WTO Trips Agreement and Its Implications for Access to Medicines in Developing Countries*, ob. cit., pp. 35.
[1021] LAW, *Patents and Public Health...*, ob. cit., pp. 137
[1022] *Idem.*
[1023] Pelo BPatG, 7 de junho de 1991, cit., pp. 404, foi estabelecida uma taxa de 8% sobre as vendas líquidas.
[1024] Decisão do Controller General of Patents, Designs and Trademarks of India, Mumbai, de 9 de março de 2012, cit., pp. 604. Aqui estabelecido em 6% das vendas liquidas.

sação a pagar, pois o titular não deve subsidiar o Estado na prossecução do interesse público[1025].

Naturalmente que o particular não poderá subsidiar a atividade do Estado. Contudo, na maior parte dos casos, a remuneração não poderá cobrir todo o valor real da licença. Não nos podemos olvidar que, muitas das vezes, a licença compulsória, como é o caso das patentes de medicamentos, será concedida, precisamente, pelo facto de os preços serem demasiado elevados. Desta forma, tendo em conta o *caso concreto*, o valor da remuneração a pagar poderá não corresponder ao valor total da licença.

VII. A forma da remuneração não foi fixada pelo legislador. Pensamos que esta não deverá ser diferente das modalidades de remuneração que a doutrina tem apontado para as licenças voluntárias.

Desta feita, a remuneração poderá ser *fixa* ou única[1026], em que o pagamento será feito numa única prestação, ou faseada, mas nunca tendo em conta outros fatores. Se tal suceder, poderá ser *variável* ou *proporcional*, sendo calculada, por exemplo, de acordo com o volume de negócios.

Estes dois critérios poderão também surgir mesclados, havendo assim uma retribuição fixa e uma variável, a que se dará o nome de *remuneração mista*.

Problemática relacionada com as modalidades de remuneração será a questão de saber o que sucede se ocorrer a extinção do contrato antes do tempo acordado pelas partes. REMÉDIO MARQUES apresenta uma solução para este problema nas licenças contratuais, que se adequa naturalmente às licenças compulsórias, referindo que dependerá da natureza da remuneração em causa. O Professor refere que, se a retribuição for fixa – *una tanum* –, o licenciante apenas poderá reter as quantias em termos proporcionais ao tempo decorrido no contrato, não se podendo aplicar o art. 289º, nº 1, do CC, tendo o licenciado que restituir as quantias já pagas, correspondentes ao tempo em que o contrato não foi gozado devido à sua cessação[1027].

[1025] ULLRICH, «European Competition Law, Community-wide and Compulsory Licenses – Disintegrating the Internal Market in the Public Interest», ob. cit., pp. 109 (nota 108).
[1026] Cf. REMÉDIO MARQUES, *Licenças (Voluntárias e Obrigatórias) de Direitos de Propriedade Industrial*, ob. cit., pp. 118, que apresenta esta mesma classificação para as licenças contratuais.
[1027] *Idem*, pp. 127.

Se a prestação for periódica, a solução será mais simples de projetar. Aqui, aplicar-se-á o regime da resolução dos contratos de execução continuada (cf. art. 434º, nº 2, do CC), não tendo a extinção qualquer consequência nos efeitos já produzidos no contrato de licença, mas apenas efeitos para o futuro[1028].

IX. Tem sido veiculada para as licenças contratuais a admissibilidade de cláusulas que prevejam o pagamento de *royalties*, mesmo após a extinção do direito de propriedade industrial[1029]. Cremos que esta solução não poderá ser aceite para o instituto em estudo. Na verdade, estas são moldadas de acordo com o direito de propriedade industrial subjacente. Apesar de as licenças compulsórias terem efeitos contratuais, não constituem um contrato, sendo que a sobrevivência destas, no máximo, só será admitida até ao último dia da vigência do direito de propriedade industrial.

36.5. Garantias oferecidas pelo Requerente

I. O Requerente da licença compulsória terá de demonstrar, na sequência do pedido de concessão da mesma, garantias de que irá explorar a invenção. Com a concessão da licença compulsória, pretende-se a sua exploração, na medida em que, se isto não suceder, o objetivo pretendido com a licença compulsória não será alcançado[1030].

Esta condição está prevista, expressamente, no art. 111º, nº 4, quando a lei refere que o INPI deverá analisar "as garantias da exploração da invenção oferecidas pelo requerente da licença obrigatória". Esta não constitui novidade, estando habitualmente presente no instituto da licença compulsória. No CPI 1940, no art. 30º, § 4, a lei referia que o juiz deveria apreciar, para além do alegado pelas partes, as garantias oferecidas pelo requerente para a exploração da invenção. No CPI de 1995, esta questão foi regulada de forma mais extensa, principalmente devido ao pedido de mediação que o interessado pela licença compulsória poderia requerer junto do INPI. Desta forma, o interessado, ao pedir a mediação do INPI para a obtenção de uma licença contratual, teria que fornecer dados que

---

[1028] *Idem*, pp.127 e 128.
[1029] *Idem*, pp. 121 e 122.
[1030] Como afirma Tsur, «Compulsory Licensing in the Israel Patents Law», «Compulsory Licensing in the Israel Patents Law», ob. cit. pp. 547, "for if the applicant for a licence can do no better than the patentee himself, it would be fruitless to grant him the licence".

permitissem "julgar a possibilidade de o requerente levar a cabo uma exploração real e efetiva da invenção patenteada"[1031]. A própria aceitação da mediação pelo INPI, além de outros requisitos, dependia da existência de indícios razoáveis de que o "requerente [dispunha] dos fundos ou meios necessários para levar a cabo uma exploração séria da invenção patenteada". Mesmo sendo alcançado acordo para a concessão de uma licença contratual, em resultado da mediação, o INPI só poderia deferir o requerimento se, para além de outras condições, fosse realizada prova documental de que o futuro licenciado dispunha dos meios necessários para explorar a patente[1032]. Por fim, não havendo mediação ou não tendo existido acordo entre partes, no processo de concessão da licença compulsória, um dos requisitos obrigatórios a demonstrar pelo requerente seriam os meios com que contava levar a cabo a exploração real e efetiva da invenção patenteada[1033].

II. O próximo passo será o de entender que espécie de garantia está aqui em causa e como é que esta condição ficará satisfeita. Desde logo, não estamos perante garantias das obrigações, ou seja, *garantia em sentido estrito*. As garantias que aqui se exigem cabem nas *garantias em sentido amplo*, que não têm que ver com a prestação, por exemplo, de uma fiança, a constituição de uma hipoteca ou penhor, mas sim com a demonstração de que aquele requerente tem os meios financeiros e técnicos necessários para explorar aquele direito de propriedade industrial.

III. A garantia da exploração de invenção deverá ser analisada de acordo com aspetos patrimoniais e técnicos, tendo em conta a presente e a futura exploração da invenção[1034], tendo subjacente o tipo de exploração que irá ser realizado e o fundamento em causa[1035]. Esta não deixa de ser uma tarefa árdua para o INPI, na medida em que, na maior parte dos

---

[1031] Cf. art. 111º, nº 2, e) do CPI de 1995.
[1032] Cf. art. 114º, nº 3, b), do CPI de 1995.
[1033] Cf. art. 115º, nº 1, b), do CPI de 1995.
[1034] Anna Assanti, *Le Licenze Obbligatorie*, ob. cit., pp. 52.
[1035] A garantia de exploração, tomando em conta aspetos técnicos e patrimoniais, é expressamente prevista no regime nacional das licenças compulsórias sobre variedades vegetais (cf. art. 26º, nº 3, a) do Regulamento sobre Proteção das Obtenções Vegetais).

casos, o requerente só irá realizar investimentos para iniciar a exploração da licença compulsória após garantir a concessão desta.

IV. A jurisprudência francesa já veio discutir esta condição, tendo o *Tribunal de Grande Instance* interpretado esta condição de forma algo displicente, ao considerar que o potencial licenciado teria capacidade técnica e financeira para explorar a invenção, pelo simples facto de pertencer a um grupo empresarial com bastante poder de mercado.

Cremos que a verificação deste requisito ficou aquém do esperado. Na verdade, o tribunal apenas verificou uma parte da garantia de exploração, que foi a verificação dos meios financeiros da empresa que requereu a licença compulsória[1036]. Ficou por demonstrar se o potencial licenciado teria capacidade técnica para explorar *aquela* invenção, vista em termos objetivos.

[1036] Tribunal de *Grande Instance* de Paris («Tetracycline Derivatives»), cit., pp. 318.

Secção IV
Construção da licença compulsória como um instituto unitário

§ 37. **As dificuldades hermenêuticas das licenças compulsórias: perfil publicista e privatístico**

I. Se olharmos para o instituto da licença compulsória e estudarmos o seu regime, chegamos à conclusão de que o CPI ou outros diplomas que versam sobre este instituto, tal como nos regimes existentes no direito comparado, regulam a concessão da licença e pouco mais. Estipulam-se os seus fundamentos e requisitos, as condições a que devem estar adstritas *ab initio*, o procedimento administrativo e o eventual recurso. A exceção é a previsão da eventual revogação – ou revisão – da licença compulsória. De fora, fica toda a restante "vida jurídica" da licença compulsória, ficando por responder questões tão variadas como, por exemplo, qual o efeito que recai sobre uma licença compulsória, quando se declara judicialmente que o legítimo titular do direito é outro? Quais os poderes processuais do licenciado?

Pode-se ser tentado a responder: aplique-se o direito privado comum. Mas, desta feita, facilmente se contesta esta resposta com o facto de a licença compulsória não ser um contrato, na medida em que a licença é concedida sem o consentimento do titular do direito de propriedade industrial, mais concretamente através de um ato administrativo, instituto este pertencente ao direito público. Destarte, a questão prévia será a de saber qual a natureza deste instituto. Terá uma natureza pública ou privada?

VII. O REGIME DAS LICENÇAS COMPULSÓRIAS NA ORDEM JURÍDICA DE FONTE INTERNA

A licença compulsória coloca o intérprete numa situação bastante delicada, constituindo um desafio. Na verdade, podemos desde já adiantar que a licença compulsória tem um perfil publicista e privatístico bem vincado, que afeta até a competência jurisdicional. Não se contesta que, nos dias que correm, a interdisciplinaridade dos institutos jurídicos é algo recorrente, contudo, quase todos eles mantêm uma matriz própria, podendo o intérprete "arrumá-los" num ou no outro perfil. Este efeito não pode ser conseguido na licença compulsória. A licença compulsória é, claramente, um instituto jurídico heterogéneo, onde nos surgem fontes administrativas e privadas. Contudo, apesar do reconhecimento da interdisciplinaridade, tal como em tempos afirmado por GRECO, é necessária a configuração unitária deste instituto[1037]. Embora se possa tratar estes dois regimes separadamente, na ótica interpretativa, os dois nunca se deverão perder de vista, sob pena de criarmos um regime jurídico unitário mas contraditório.

II. O perfil publicista é, quase todo ele, ocupado pelo procedimento administrativo. Este, que constitui um processo administrativo especial, está regulado no CPI, sendo que as suas lacunas deverão ser preenchidas pelo Código do Procedimento Administrativo. A mesma situação se passa com o ato administrativo de concessão da licença compulsória que segue as regras gerais, nomeadamente, os arts. 120º e ss. do CPA, v.g., legitimidade, requisitos, forma, vícios.

O perfil publicista da licença compulsória não se esgota no procedimento administrativo nem no seu ato de concessão, dado que, por exemplo, a duração da licença compulsória não poderá ser estipulada contratualmente, sendo fixada com base no objetivo a alcançar pela mesma. Administrativamente está ainda regulada a sua revogação. No art. 107º, n º 4, a revogação da licença compulsória terá de passar pelo crivo da administração, mais concretamente o INPI. O mesmo se passa com a revisão. Tal matéria irá ser abordada a seu tempo[1038].

Na verdade, estas possibilidades advêm do facto de o procedimento administrativo de concessão da licença não lidar apenas com interesses

---

[1037] GRECO, «Aspetti Pubblicistici e Privatistici della C.D. Licenza Obbligatoria di Brevetto», ob. cit., pp. 7.
[1038] Cf. *infra* § 40 e 42.1.

privados, estando o interesse público sempre presente[1039]. Depois de o procedimento terminar e caso seja concedida a licença, a presença do interesse público não se dissipa, podendo a entidade administrativa intervir na relação estabelecida sem o consentimento do titular do direito, através de um novo procedimento administrativo de segundo grau. A doutrina denomina esta prerrogativa de "poteri di vigilanza"[1040]. Preferimos denominar de *poder de controlo* da administração, na medida em que a ideia de vigilância poderá transparecer uma possibilidade de ingerência *ex officio* na revisão ou na revogação da licença, que é admitida pela doutrina italiana, mas não no direito português. Desta forma, o controlo da administração pública não se esgota com a concessão da licença compulsória, podendo interferir durante a vigência desta[1041]. Não se justificam as críticas já apontadas a este controlo pela administração pública, referindo-se que poderá levar a uma incerteza jurídica para o licenciado[1042]. Para além do facto de, insistimos, não existir controlo *ex officio*, a revogação terá de ter um mérito, no caso do CPI, "quando as circunstâncias que lhe deram origem deixarem de existir e não sejam suscetíveis de se repetir"[1043], sendo que o pedido deverá ser "fundamentado" e terá de ter em conta os "legítimos interesses dos licenciados".

III. Quanto à relação entre as partes, esta tem um perfil privatístico[1044]. O CPI não contém uma norma como a *Ley de Patentes de Invención y Modelos de Utilidad*, que, no seu art. 106º, refere que se aplica o regime da licença contratual em tudo o que não se oponha ao regime das licenças compulsórias. Contudo, dada a analogia, a licença compulsória irá naturalmente seguir o regime do contrato nominado atípico da licença contratual, em

---

[1039] GRECO, «Aspetti Pubblicistici e Privatistici della C.D. Licenza Obbligatoria di Brevetto», ob. cit., pp. 8.
[1040] *Idem*, pp. 15.
[1041] REMÉDIO MARQUES, *Licenças (Voluntárias e Obrigatórias) de Direitos de Propriedade Industrial*, ob. cit., pp. 257, vai no mesmo sentido, afirmando que a licença compulsória é sujeita "em certa medida, de uma vigilância e controlo por parte da entidade que a emitiu, na medida em que a licença obrigatória pode ser precipuamente *revogada*".
[1042] GRECO, «Aspetti Pubblicistici e Privatistici della C.D. Licenza Obbligatoria di Brevetto», ob. cit., pp. 22.
[1043] Cf. art. 107º, nº 4.
[1044] Neste sentido, GRECO, «Aspetti Pubblicistici e Privatistici della C.D. Licenza Obbligatoria di Brevetto», ob. cit., pp. 18.

tudo o que não choque com a diversidade existente, que é proveniente da natureza diferenciada do seu ato fonte. Apesar de as relações internas entre as partes serem relações de direito privado, não podemos olvidar que, na licença contratual, o ato fonte que origina a relação jurídica é o contrato, em contraste com a licença compulsória, em que o ato administrativo substitui o consentimento do titular do direito.

Desta forma, serão aplicadas, com as devidas adaptações, as regras do contrato de licença do art. 32º do CPI. Curiosamente, no CPI, esta analogia para com a licença contratual é reconhecida pelo legislador, quando o art. 112º, nº 3, refere que a as taxas serão pagas "como se de uma licença ordinária [voluntária] se tratasse". Ao nível prático, nos termos do art. 32º, nº 4, o titular da licença compulsória irá ter a faculdade de, por exemplo, perseguir os contrafatores, mesmo que o titular do direito de propriedade industrial não o faça, não tendo o dever de efetuar uma notificação prévia a este[1045]. Este poder existe a partir do momento em que a licença compulsória nasce através do ato administrativo, não o podendo fazer, em qualquer circunstância, previamente.

E se o titular do direito de propriedade industrial estiver a violar a licença, poderá o licenciado agir contra este? Seguindo a solução propugnada pela licença contratual, somos da opinião que sim, até devido ao facto de a licença originar, em princípio, direitos absolutos[1046].

IV. Suscita-se a questão de saber que regime aplicar quando o art. 32º não der resposta. Na verdade, esta disposição é limitada, contribuindo apenas com algumas "luzes" para o regime da licença.

Seguindo a lógica da analogia realizada, teremos de aplicar as soluções normalmente encontradas para a licença contratual. Especialmente nas

---

[1045] Neste sentido, REMÉDIO MARQUES, *Licenças (Voluntárias e Obrigatórias) de Direitos de Propriedade Industrial*, ob. cit., pp. 24. O Professor chega mesmo a referir o contrato de licença não exclusivo – que é aquele, obrigatoriamente, ditado para o licenciado compulsoriamente –, afirmando ainda que, no caso de ser estipulada contratualmente a não legitimidade processual, o licenciado terá apesar de tudo o poder de interpor providências cautelares, se, depois de ter notificado o titular do direito, este nada fizer.

[1046] Neste sentido, por todos, REMÉDIO MARQUES, *Licenças (Voluntárias e Obrigatórias) de Direitos de Propriedade Industrial*, ob. cit., pp. 23, nota 9, e pp. 26 e ss.; ALEXANDRA PEREIRA, «Circuitos Integrados: Protecção Jurídica das Topografias de Produtos Semi-Condutores», ob. cit., pp. 328; CATALDO, *Il Codice Civile Commentario...*, ob. cit., pp. 170; GRECO, «Aspetti Pubblicistici e Privatistici della C.D. Licenza Obbligatoria di Brevetto», ob. cit., pp. 24.

ordens jurídicas de origem romano-germânica, a licença é vista como um contrato de locação[1047]. Apesar de termos muitas dúvidas sobre esta analogia, dado que não estamos perante bens corpóreos, podemos admitir a aplicação das regras deste contrato em situações pontuais.

Não obstante a solução acima preconizada, em razão da natureza deste instituto, em determinadas situações será difícil de discernir qual será o regime aplicável. Por exemplo, se o titular da licença compulsória faltar ao pagamento da remuneração, o titular do direito de propriedade industrial terá direito de peticionar a revogação ou deverá propor uma ação por incumprimento? Parece-nos que a primeira hipótese não será viável. O CPI, no nº 4 do art. 107º, é bem explícito ao balizar a possibilidade de revogação perante o INPI, admitindo-se esta hipótese apenas se existirem mudanças nas circunstâncias em relação à licença compulsória, que já não justifiquem mais a sua vigência. Estas razões terão que ver com situações extrínsecas à licença e não com as relações obrigacionais internas. Na realidade, não é por acaso que a lei, em caso de revogação, manda atender aos interesses do licenciado, dado que não há propriamente uma conduta ilícita do mesmo.

Destarte, nas relações internas, tudo se passará numa base privada, sendo que, se tal se justificar, a falta de pagamento dos *royalties* poderá dar lugar à resolução do contrato, cabendo ao titular do direito de propriedade industrial recorrer aos tribunais[1048], solução que, aliás, já tem sido defendida no direito comparado[1049].

Na realidade, o âmbito da revogação presente no CPI português é mais limitado, se compararmos com outros regimes jurídicos no direito com-

---

[1047] Cf., entre outros, REMÉDIO MARQUES, *Licenças (Voluntárias e Obrigatórias) de Direitos de Propriedade Industrial*, ob. cit., pp. 40 e 41; CARLOS OLAVO, *Propriedade Industrial*, vol. I, Coimbra, Almedina, 2005, pp. 145.

[1048] De resto, quanto à responsabilidade do licenciante, aplica-se, quase sempre, o estabelecido para a licença voluntária. Sobre a responsabilidade civil das partes no contrato de licença voluntária, *vide* MENEZES LEITÃO, «Os Efeitos do Incumprimento dos Contratos de Propriedade Intelectual», *Contratos de Direito de Autor e de Direito Industrial*, Org. Carlos Ferreira de Almeida, Luís Couto Gonçalves, Cláudia Trabuco, Coimbra, Almedina, 2011, pp. 113 e ss.; REMÉDIO MARQUES, *Licenças (Voluntárias e Obrigatórias) de Direitos de Propriedade Industrial*, ob. cit., pp. 99 e ss.

[1049] ANNA ASSANTI, *Le Licenze Obbligatorie*, ob. cit., pp. 59.

parado[1050]. Num dos regimes que foi aqui abordado, o italiano, o código de direito da propriedade industrial, no art. 73º, nº 1, estipula um escopo bem mais alargado para a revogação, englobando o acordo das partes, o não cumprimento das condições estabelecidas para a exploração da invenção, a falta de pagamento da remuneração e/ou o seu pagamento não respeitar a modalidade descrita. No regime espanhol, a revogação parece ainda ter um âmbito mais amplo, estipulando-se que poderá existir revogação da licença compulsória, se o "licenciatario incumpliera grave o reiteradamente algunas de las obligaciones que le corresponden en virtud de la licencia obligatoria"[1051].

Na verdade, a revogação – *rectius* – e a revisão, constituem mecanismos que atestam bem a natureza diferenciada das licenças compulsórias para com as licenças voluntárias. Esta possibilidade advém do facto de a licença compulsória ter sido emanada através de um ato administrativo, dando à administração pública o que denominamos de *poder de controlo* sobre a "vida jurídica" desta. Não nos podemos olvidar que o princípio da proporcionalidade deverá estar sempre presente, não se podendo limitar o direito do titular mais do que o necessário. Se tal não sucedesse, a única forma de o titular do direito cessar a licença, ou pelo menos modificar as suas condições, seria através do instituto da alteração das circunstâncias[1052], contendo este requisitos bem mais exigentes.

Em determinadas ocasiões, parece que fica em aberto a possibilidade de se recorrer a meios administrativos ou, em alternativa, aos tribunais. Se, a título de exemplo, for declarada a nulidade parcial do direito de propriedade industrial subjacente à licença compulsória, poderá haver motivos para uma redução dos *royalties*. Nestes casos, o licenciado poderá optar por duas vias alternativas: ou peticionando ao INPI a revisão da licença, ou indo pela solução que se defende para a licença voluntária, aplicando-se o disposto no art. 1040º, nº 1, do CC, referente à redução da renda no contrato de locação[1053].

[1050] O regime jurídico português relacionado com a revogação da licença compulsória encontra paralelo no direito alemão, onde a disposição do § 24, nº 6, da lei de patentes tem uma redação semelhante e parece ter o mesmo escopo.
[1051] Cf. 105º, nº 2 da lei de patentes e modelos de utilidade.
[1052] Cf. art. 437º e ss. do CC.
[1053] A possibilidade de aplicação deste artigo à licença voluntária é defendida por REMÉDIO MARQUES, *Licenças (Voluntárias e Obrigatórias) de Direitos de Propriedade Industrial*, ob. cit., pp. 48.

Por fim, existirão casos em que a solução defendida para a licença voluntária não poderá ser seguida na licença compulsória. Imaginemos que, depois de concedida a licença compulsória, é declarado em ação judicial que o direito de propriedade industrial não pertence ao licenciante. O que sucederá à licença compulsória? Como solução para a licença contratual, REMÉDIO MARQUES e OSÓRIO DE CASTRO parecem concordar que o licenciado não poderá continuar a explorar o direito, a não ser com o consentimento do seu verdadeiro titular, aplicando-se a *teoria da aparência* até à data da declaração judicial, não tendo o licenciado de restituir o que auferiu[1054].

Por razões de interesse público, tal solução não poderá ser adotada para as licenças compulsórias. Não obstante o facto de o verdadeiro titular do direito de propriedade industrial ser o único com legitimidade para consentir a exploração do seu direito por terceiros, não nos podemos esquecer que a licença compulsória é concedida sem o *consentimento* deste, pelo que o licenciado poderá continuar a explorar o direito de propriedade industrial[1055].

V. Em suma, verifica-se que o perfil público da licença compulsória, além de se manifestar no procedimento de concessão, tem ainda relevância *a posteriori*, sendo que, pelo contrário, no que diz respeito às relações internas entre o licenciado e licenciante, aplicar-se-á, analogicamente, as disposições sobre o contrato de licença voluntária.

Sem embargo, duas chamadas de atenção são necessárias: estas regras poderão ser muitas vezes preteridas dada a fonte do ato jurídico não ser a autonomia das partes, para além de que o aplicador da lei terá de ter sempre em conta o interesse público e o princípio da proporcionalidade, norteadores nesta matéria.

[1054] REMÉDIO MARQUES, *Licenças (Voluntárias e Obrigatórias) de Direitos de Propriedade Industrial*, ob. cit., pp. 60; OSÓRIO DE CASTRO, *Os Efeitos da Nulidade da Patente sobre o Contrato de Licença da Invenção Patenteada*, Porto, Universidade Católica Editora, 1994, pp. 152.

[1055] Na verdade, com a transmissão do direito de propriedade industrial, a licença compulsória não será afetada.

§ 38. O problema da modificação do âmbito objetivo (reivindicações) da patente

I. Como foi referido, a licença compulsória está umbilicalmente ligada ao âmbito do direito de propriedade industrial subjacente, sendo que, se nada for estipulado em contrário, a licença terá conteúdo igual ao direito de propriedade industrial licenciado[1056]. Desta feita, pergunta-se o que acontecerá à licença compulsória, quando a patente for limitada nas suas reivindicações. Esta possibilidade é admitida no nosso CPI, através do art. 101º, n.ᵒˢ 5 e 6, contando que não atinja o âmbito essencial da invenção[1057].

Estando a licença compulsória ligada ao direito de propriedade industrial subjacente, é da natureza das coisas que esta reduza automaticamente o seu conteúdo. A limitação do âmbito da patente poderá, naturalmente, implicar a redução do montante da remuneração, sendo que, tal como quando existe a nulidade parcial do direito de propriedade industrial, o licenciado poderá fazer valer o seu direito através de duas vias alternativas: ou peticionando ao INPI a revisão da licença, ou pedindo ao tribunal a redução dos *royalties*, aplicando-se o disposto no art. 1040º, nº 1, do CC.

§ 39. Eventual esgotamento da patente através da licença compulsória

39.1. Os direitos de patente e o esgotamento. O caso *Pharmon* vs. *Hoechst*

I. Não obstante o esgotamento de direitos de propriedade industrial não ser o objeto do nosso estudo, convém analisar uma problemática interessante, que é a de descortinar se a comercialização dos produtos subjacentes à licença compulsória irá ter como efeito o esgotamento do direito.

[1056] Isto é, terá o mesmo âmbito territorial (cf. arts. 4º e 101º, 2ª parte), temporal (cf. art. 99º), objetivo (cf. arts. 97º e 101º, nº 4) e de exploração (cf. art. 101º, nº 1, 1ª parte). Naturalmente, neste último âmbito, o direito de explorar não será exclusivo, na medida em que, como já vimos, as licenças compulsórias são por imposição legal não exclusivas.

[1057] Sobre a descrição, interpretação, espécies e importância das reivindicações, cf. REMÉDIO MARQUES, «O Conteúdo dos Pedidos de Patente: A Descrição do Invento e a Importância das Reivindicações – Algumas Notas», *O Direito*, 139º, IV, Coimbra, Almedina, 2007, pp. 769 e ss., em especial pp. 781 e ss..

II. Como é sabido, em termos breves, dá-se o esgotamento[1058] quando os produtos inerentes ao direito privativo são colocados no mercado. O titular, introduzindo no circuito comercial os produtos protegidos por direitos privativos, irá ver o seu direito *esgotado*, não podendo impedir que haja posteriores comercializações dessas mercadorias[1059]. Em termos mais simples, o titular, ao colocar os produtos protegidos pelo direito de propriedade industrial no mercado, fica sem poder para proibir outros atos de comercialização posteriores, quanto ao lote de produtos que comercializou. Tal como estipula o art. 103º do CPI, haverá esgotamento se a comercialização for realizada pelo próprio titular do direito ou por terceiro, desde que seja com o seu consentimento. Dentro desta última hipótese, estarão desde logo enquadrados os sujeitos que sejam titulares de licenças de exploração voluntária. Aqui não existem quaisquer dúvidas. Pelo contrário, poderão existir dúvidas quanto aos titulares de licenças compulsórias.

III. Nos dias de hoje, no seio da doutrina dominante[1060], influenciada pela jurisprudência comunitária, defende-se que a licença compulsória não implica o esgotamento do direito de propriedade industrial[1061].

[1058] O princípio do esgotamento europeu parece ter sido estabelecido pela primeira vez no caso *Centrafarm vs. Sterling Drug*, TJUE, 31 de outubro de 1974, disponível em «http://eur-lex.europa.eu»;

[1059] Cf., entre outros, Scuffi/Franzosi, *Diritto Industriale Italiano*, ob. cit., pp. 67 e 68; Pedro Silva, «E Depois do Adeus. O "Esgotamento" do Direito Industrial e os Direitos Subsistentes após a Colocação no Mercado», in AAVV, Direito industrial, vol. III, Coimbra, Almedina, 2003, pp. 201 e ss, pp. 202. Embora o termo *esgotamento* não seja o ideal para a compreensão desta matéria, pois o direito exclusivo não desaparece de todo, restringindo-se somente aos produtos que foram colocados no mercado e, além disso, permanecem sempre determinados direitos, embora com menor amplitude.

[1060] Carlos Olavo, «Importações Paralelas e Esgotamento de Direitos de Propriedade Industrial: Questões e Perspectivas», *ROA*, Lisboa, ano 61, nº 3 (dezembro 2001), pp. 1413 e ss.; Pedro Silva, "E Depois do Adeus. O "Esgotamento" do Direito Industrial e os Direitos Subsistentes após a Colocação no Mercado", ob. cit., pp. 206, nota 6. Remédio Marques, *Licenças (Voluntárias e Obrigatórias) de Direitos de Propriedade Industrial*, ob. cit., pp. 210; Na doutrina estrangeira a opinião não difere: Fernández-Nóvoa/Otero Lastres/Botana Agra, *Manual de la propriedad industrial*, ob. cit., pp. 170; Pires de Carvalho, *The Trips Regime of Patent Rights*, ob. cit., pp. 99; Würtenberger/Kooij/Kiewiet/Ekvad, *European Community Plant Variety Protection*, ob. cit., pp. 147.

[1061] Para mais desenvolvimentos sobre esta matéria em termos de doutrina nacional, *vide* Pedro Silva, *Direito Comunitário e Propriedade Industrial*, ob. cit., e "E Depois do Adeus.

VII. O REGIME DAS LICENÇAS COMPULSÓRIAS NA ORDEM JURÍDICA DE FONTE INTERNA

O *case-study* que suporta esta doutrina, nasceu no seio da jurisprudência comunitária, com o caso *Pharmon* vs. *Hoechst*, de 9 de julho de 1985[1062]. Este caso opôs a empresa holandesa *Pharmon* que tinha sido processada pela empresa alemã *Hoechst*, por comercializar em território holandês um determinado lote de medicamentos patenteados que adquiriu de uma empresa do Reino Unido, que era titular de uma licença compulsória. A empresa alemã era a titular da patente na Holanda e no Reino Unido sobre aqueles medicamentos e queria impedir a importação para a Holanda dos produtos comercializados com base naquela licença.

Os argumentos da empresa *Pharmon* foram no sentido de que se teria dado o esgotamento da patente, na medida em que as autoridades inglesas, ao decretarem a concessão da licença compulsória, estariam a substituir-se ao consentimento do titular da patente. Em sentido contrário, a empresa *Hoechst* argumentou que a licença compulsória teria uma natureza diferente da licença voluntária, na medida em que estas não eram concedidas através de negociações entre o titular e o licenciado, não existindo um consentimento direto ou indireto por parte do titular da patente e, por conseguinte, não havendo esgotamento.

O "Esgotamento" do Direito Industrial e os Direitos Subsistentes após a Colocação no Mercado", ob. cit., pp. 201 a 228; COUTO GONÇALVES, *Manual de Propriedade Industrial*, ob. cit., pp. 107e ss., CARLOS OLAVO, "Importações Paralelas e Esgotamento de Direitos de Propriedade Industrial, ob. cit., pp. 1413 a 1453. Na doutrina estrangeira, *vide*, por exemplo, FERNÁNDEZ-NÓVOA/OTERO LASTRES/BOTANA AGRA, *Manual de la propriedad industrial*, ob. cit., pp. 170 e 171; PIRES DE CARVALHO, *The Trips Regime of Patent Rights*, ob. cit., pp. 94 a 108; CONDE GALLEGO, «El Agotamiento de los Derechos de Propiedad Industrial e Intelectual: Un Analisis desde la Perspectiva del Comercio Internacional y del Derecho de la Libre Competencia», *Actas de Derecho Industrial y Derecho de Autor*, Madrid, Universidad Santiago de Compostela, Tomo XXIII, 2002, pp. 43 e ss. Para uma análise sobre o ponto de vista do Direito da União Europeia, *vide* ENCHELMAIER, «The Inexhaustible Question – Free Movement of Goods and Intellectual Property in the European Court of Justice Case Law, 2002-2006», *IIC*, vol. 38, no. 4, Munich/Oxford, 2007, pp. 453 e ss.

[1062] Caso *Pharmon* vs. *Hoechst*, TJUE, 9 de julho de 1985, disponível em «http://eur-lex.europa.eu». Sobre este acórdão, *vide* ainda a seguinte doutrina: DEMARET, «Compulsory Licences and the Free Movement of Goods under Community Law», ob. cit., pp. 169 e ss.; GODT, «Differential Pricing of Patent-Protected Pharmaceuticals for Life-Threatening Infectious-Diseases inside Europe – Can Compulsory Licenses be Employed?», *Differential Pricing of Patent-Protected Pharmaceuticals inside Europe – Exploring Compulsory Licenses and Exhaustion for Access to Patented Essential Medicines*, Ed. Christine Godt, ZERP, Germany, Nomos, 2010, pp. 23 e ss., pp. 44 e ss.

O Tribunal de Justiça das Comunidades Europeias foi chamado a pronunciar-se sobre esta questão pelo Tribunal Regional holandês (*Gerechtshof*), tendo aderido aos argumentos da empresa alemã, referindo ainda não ser possível considerar que, numa licença compulsória, o titular efetivamente consentiu os atos realizados por esse mesmo terceiro, que foi licenciado compulsoriamente. O Tribunal argumentou ainda que haveria que defender a substância da patente. Recorrendo à jurisprudência do Acórdão *Merck* vs. *Stephar*[1063], o Tribunal defendeu que a essência do direito do titular da patente encontrar-se-ia, desde logo, na prerrogativa de colocar em primeiro lugar o produto no mercado, obtendo assim a recompensa pelo seu esforço criativo. Desta forma, deveria ser permitido ao titular do direito de propriedade industrial prevenir a importação[1064].

Por último, e não menos importante, o Tribunal deixou ainda claro que, para o princípio do esgotamento do direito, não seria importante a remuneração devida na licença compulsória[1065].

39.2. As críticas à doutrina do consentimento e os novos critérios sugeridos

I. Não obstante a relativa unanimidade nesta questão, surgem cada vez mais autores a criticar a doutrina do consentimento, propondo a adoção de novos critérios.

DEMARET aponta a discordância entre pontos de vista de vários acórdãos provenientes do TJUE sobre direitos de propriedade intelectual, argumentando que o critério do consentimento poderá ser útil para

---

[1063] Cf. Caso *Merck vs. Stephar*, TJUE, 14 de julho de 1981, disponível em «http://eur-lex.europa.eu».

[1064] Na verdade, esta decisão do Tribunal confirmou o que art. 46º e o art. 76º, nº 3, da Convenção do Luxemburgo sobre Patentes estipulava, cujo propósito seria restringir a aplicação do princípio do esgotamento nestes casos. Em especial, o art. 76º, nº 3, referia, expressamente, que o esgotamento da patente não se aplicaria aos produtos colocados no mercado através de licenças compulsórias.

[1065] Esta doutrina foi confirmada, mais tarde, por outro acórdão, nomeadamente, no Caso *Merck vs. Primecrown*, TJUE, 5 de dezembro de 1996, disponível em «http://eur-lex.europa.eu». Neste, apesar de não estar em causa uma licença compulsória, o TJUE voltou defender a *doutrina do consentimento*, na medida em que o titular de uma patente era privado de decidir livremente as condições de exploração dos seus produtos no Estado de exportação, podendo, desta forma, opor-se à importação e à comercialização desses produtos (cf. § 49 e 50).

resolver casos que tenham que ver com direitos de propriedade intelectual como as marcas, na medida em que estará de acordo com a função destas, que consiste em indicar a origem dos produtos[1066]. Não obstante, acrescenta o autor, este critério já não deverá ser aplicado com o intuito de resolver casos em que estejam em causa patentes e direitos de autor, dado que este critério poderá dar origem a resultados bizarros, "when the substantive content of national laws differ or when national authorities interfere with the market mechanism which underlies the patent and copyright systems"[1067]. Desta forma, segundo o autor, a jurisprudência deveria abandonar o *critério do consentimento* e, em vez disso, aplicar um critério que se baseasse na *substância económica* dos direitos exclusivos, onde se aferiria se o titular do direito de propriedade industrial teria tido a possibilidade de extrair os rendimentos económicos que normalmente surgem da comercialização destes direitos exclusivos[1068]. Para o autor, a resposta a esta questão seria positiva, se:
1) O direito estivesse protegido nesse mesmo país por um direito exclusivo paralelo;
2) Não houvesse restrições relacionadas com o montante de proveitos nesse mesmo país onde se deu a exportação[1069].

GODT, por seu turno, refere que o esgotamento comunitário dos direitos de propriedade industrial, no caso de ter existido a concessão de uma licença compulsória, irá depender do fundamento que lhe subjaz[1070]. Refere a autora que, quando estamos perante licenças compulsórias com fundamento em interesse público, tendo esta, primariamente, um caráter nacional, dando como exemplo a saúde pública, os seus efeitos terão de se limitar ao território onde a licença foi concedida, sendo o princípio do esgotamento comunitário preterido, o que – acrescenta – estará na linha do princípio estipulado no art. 31º, f), do Acordo *Trips*, que refere que a licença compulsória deverá ser autorizada predominantemente para

---

[1066] DEMARET, «Industrial Property Rights, Compulsory Licences and the Free Movement of Goods under Community Law», *IIC*, vol. 18, no. 2, Munich/Oxford, 1987, pp. 161 e ss., pp. 174 a 177.
[1067] *Idem*.
[1068] *Idem*, pp. 177.
[1069] *Idem*.
[1070] GODT, «Differential Pricing of Patent-Protected Pharmaceuticals...», ob. cit., pp. 59.

o fornecimento do mercado interno[1071]. Contudo, alerta a autora, muitas vezes o fundamento do interesse nacional poderá ser instrumentalizado pelo Estado, de modo a que este possa conseguir outros objetivos. Nestes casos, como a dúvida impera, a interpretação deverá ser sempre pró-europeia, decidindo-se pelo princípio do esgotamento comunitário, salvaguardando-se a livre circulação de bens[1072].

SCHROEDER refere que todas as normas europeias sobre o mercado comum, incluindo o art. 30º do TFUE, são passíveis de uma interpretação mais flexível. No que diz respeito ao princípio do esgotamento, o autor afirma que estarão vários interesses em disputa, sendo que todos esses interesses merecerão tutela da União Europeia. Desta feita, conclui o autor, dado facto de ser difícil ao TJUE lidar com todos estes interesses, a doutrina do consentimento, embora frágil, irá constituir uma solução previsível e segura para todas as partes envolvidas[1073].

Na doutrina portuguesa, houve quem já se tivesse pronunciado sobre esta questão. SOFIA PAIS critica a decisão do tribunal no caso *Pharmon* vs. *Hoechst*, na medida em que este presume que a existência de consentimento do titular irá permitir ao direito de propriedade industrial cumprir a sua essência, que é a de fornecer uma recompensa justa ao titular do direito[1074]. No caso da licença compulsória, acrescenta a autora, a essência do direito de propriedade industrial nem sempre será colocada em causa, bastando, para isso, que o titular receba uma recompensa justa[1075]. Destarte, irá sempre justificar-se "uma análise dos efeitos económicos da situação concreta"[1076], sendo que, este passo foi, precisamente, o que faltou ao tribunal no caso *Pharmon* vs. *Hoechst*, que se limitou a presumir, através do critério do consentimento, a inexistência de recompensa. Dado que este silogismo poderá levar a "resultados desadequados e mesmo

---

[1071] *Idem*, pp. 58 e 59.
[1072] *Idem*, pp. 59.
[1073] SCHROEDER, «Community Exhaustion: Does European Law Allow for Flexibility?», *Differential Pricing of Patent-Protected Pharmaceuticals inside Europe – Exploring Compulsory Licenses and Exhaustion for Access to Patented Essential Medicines*, Ed. Christine Godt, ZERP, Germany, Nomos, 2010, pp. 77 e ss., pp. 83 e ss.
[1074] SOFIA PAIS, *Entre Inovação e Concorrência...*, ob. cit., pp. 237.
[1075] *Idem*.
[1076] *Idem*.

paradoxais"[1077], a autora defende que, ao lado da doutrina do consentimento, deverá ser aplicado autonomamente o critério da recompensa[1078].

II. Já são demais sabidas as bases em que se encontra este problema: a regra do esgotamento nasceu no seio da jurisprudência da União Europeia, constituindo um instrumento extremamente útil na prossecução de um dos principais objetivos do mercado comum, que é a livre circulação de bens. Não obstante, o art. 36º do Tratado sobre o funcionamento da União Europeia refere que este objetivo poderá ser sujeito a restrições em algumas matérias. Uma das áreas incluídas será, precisamente, o direito de propriedade intelectual.

Se olharmos para o caso *Pharmon* vs. *Hoechst*, ao contrário de outras decisões, como o Caso *Merck* vs. *Stephar*, o tribunal foi além do critério do consentimento e consagrou adicionalmente o critério da recompensa ou da remuneração pelo esforço criativo[1079]. Talvez ciente das debilidades deste critério, ou porque o mesmo poderia ser facilmente ultrapassado através de uma ficção jurídica, entendendo-se que a entidade administrativa que concedeu a licença compulsória se substituiria ao consentimento do titular da patente, o tribunal referiu que seria necessário salvaguardar a substância do exclusivo, que seria a obtenção da recompensa. Contudo, tal como referido por SOFIA DIAS, o tribunal presumiu esta mesma recompensa, não levando em conta a situação concreta, verificando se, efetivamente, o titular do direito de propriedade industrial teria obtido uma retribuição justa pelo esforço criativo.

De facto, aquando da elaboração da doutrina do esgotamento, o critério do consentimento foi erigido com relativa facilidade, na medida em que resolveria grande parte dos casos, permitindo salvaguardar o mercado comum da União Europeia. Digamos que este critério foi instrumentalizado, por forma a dar resposta às regras do mercado comum. Contudo, o âmago do esgotamento dos direitos de propriedade industrial não assenta na circunstância de ter havido ou não consentimento, mas sim na sua função de remuneração. Desde que essa função seja cumprida com a primeira colocação dos produtos no mercado, o esgotamento justificar-se-á.

[1077] *Idem*, pp. 240.
[1078] *Idem*, pp. 241.
[1079] PEDRO SILVA, *Direito Industrial...*, ob. cit., pp. 360 e 361.

Dada a fragilidade da doutrina do consentimento, os agentes económicos titulares de patentes logo vislumbram uma oportunidade para controlar a circulação de produtos. Contudo, seguir este critério, rejeitando automaticamente o facto de a licença compulsória não dar lugar ao esgotamento, poderá originar situações injustas para os titulares de licenças deste tipo e prejudicar o mercado comum europeu. Se o que aqui se trata é de recompensar o titular da patente pelo seu esforço criativo, é essa circunstância que terá de ser aferida. Não se poderá presumir que, por existir uma licença compulsória, esta não irá constituir uma recompensa justa para o titular da patente. Como é demais sabido, a licença compulsória dá lugar a uma remuneração, remuneração, esta, que está sujeita a critérios seguros de equidade, não constituindo um confisco. Naturalmente que, como refere GODT, o fundamento subjacente à licença compulsória poderá ser importante. Para além do facto de a remuneração não cumprir a função subjacente aos direitos privativos, quando estamos perante uma licença compulsória com fundamento em interesse público, à partida, não se justifica o esgotamento da patente, porque esta tem um propósito específico, sendo territorialmente delimitada tendo em conta o interesse público em jogo. Esta cláusula territorial nunca poderá deixar de ser alvo de uma análise atenta do TJUE, por forma a observar se a mesma não pretende apenas limitar o comércio intra-comunitário. Em sentido contrário e olhando sempre para o caso concreto, pressupondo que a remuneração auferida seja justa, já se justificará o esgotamento nas licenças compulsórias com fundamento em falta de exploração ou dependência entre patentes.

Em suma, sob pena de se criarem resultados injustos e desiguais e dada a especial natureza da licença compulsória, deverá ser adotado um critério baseado na recompensa pelo esforço criativo do titular da patente, admitindo-se o esgotamento quando a função de remuneração inerente aos direitos exclusivos seja cumprida.

Secção V
Revisão, impugnação e extinção das licenças compulsórias

§ 40. Revisão

I. A licença compulsória, sendo atribuída mediante certas condições, não fica sujeita a uma inalterabilidade em toda a sua duração. Devido ao interesse público subjacente, esta poderá ser revista pela mesma entidade que a concedeu. Esta disposição não é expressa, tal como acontece no caso da revogação, contudo, pensamos que, dado o espírito do sistema, nada nos impede de fazer uma interpretação extensiva do art. 107º, nº 4, de forma a abranger a revisão da licença para os casos em que as circunstâncias se alterem (embora ainda assim não haja motivo para peticionar a revogação). De modo a sustentarmos a nossa posição, podemos ainda aplicar analogicamente a disposição contida no art. 29º, nº 4, do Regulamento (CE), nº 2100/94, de 27 de julho, sobre as licenças compulsórias de variedades vegetais comunitárias, onde é admitida, expressamente, a revisão ("alteração da decisão") desta[1080].

REMÉDIO MARQUES dá um exemplo elucidativo, que é o caso de o titular do direito de propriedade industrial celebrar, já depois de concedida a licença compulsória, contratos de licença voluntária, tornando a licença compulsória menos valiosa, sendo justo haver uma revisão da retribuição

---

[1080] Cf. ainda o art. 16º, nº 4, do Regulamento, relativo às licenças compulsórias para exportação para países com problemas de saúde pública, onde é admitida, da mesma forma, a revisão da licença compulsória ("modificar as condições da licença"), estando esta possibilidade apenas ao alcance do licenciado.

devida[1081]. Contudo, esta revisão poderá servir para todas as outras condições, desde que as circunstâncias se alterem. O mesmo mecanismo poderá ser útil ao titular do direito de propriedade industrial, peticionando a revisão das condições da licença compulsória, se estas já não se adequarem às circunstâncias num dado momento.

II. Surge uma questão de extrema importância neste âmbito: será possível uma modificação da licença compulsória de forma oficiosa?

Esta possibilidade parece não estar prevista ao nível do Acordo *Trips*, mencionando apenas que a autoridade competetente estará "habilitada" para proceder ao reexame "mediante pedido fundamentado". Da mesma forma, de acordo com o art. 107º, nº 4 do CPI, o INPI ou o Governo só poderão reexaminar a licença compulsória "mediante pedido fundamentado"[1082]. Em sentido contrário, na doutrina italiana, GRECO, referindo-se à revogação, refere que "l'amministrazione è legittimata a variare in ogni momento le «condizioni» della licenza «...»"[1083].

Em nossa opinião, cremos que a lei não dá margem de manobra para esta possibilidade. O CPI refere que a revisão/revogação se dará "mediante *pedido* fundamentado" (*itálico* nosso). Para além disso, nenhum dos diplomas aplicáveis no direito português, que preveem a possibilidade de revisão da licença, admitem a possibilidade de revisão de forma oficiosa, empregando expressões inequívocas como "na sequência de um pedido do titular da licença"[1084] ou "qualquer das partes no processo pode solicitar"[1085].

GRECO parece basear esta ingerência oficiosa da Administração na modificação da licença devido ao seu caráter de terceiro na relação[1086]. Não estamos de acordo. O poder de controlo exercido deverá manifestar-

---

[1081] REMÉDIO MARQUES, *Licenças (Voluntárias e Obrigatórias) de Direitos de Propriedade Industrial*, ob. cit., pp. 254. No mesmo sentido, também OLIVEIRA ASCENSÃO, «A Segunda Revisão do Projecto do Código da Propriedade Industrial», ob. cit., pp. 65.
[1082] Cf. art. 107º, nº 4, *in fine*.
[1083] GRECO, «Aspetti Pubblicistici e Privatistici della C.D. Licenza Obbligatoria di Brevetto», ob. cit., pp. 12.
[1084] Cf. art. 16º, nº 4, do Regulamento relativo às licenças compulsórias para exportação.
[1085] Cf. art. 29º, nº 4, Regulamento (CE), nº 2100/94, de 27 de julho.
[1086] Greco, «Aspetti Pubblicistici e Privatistici della C.D. Licenza Obbligatoria di Brevetto», ob. cit., pp. 13.

-se na sequência da manifestação das partes, não cabendo ao INPI, ou a qualquer outra entidade administrativa que lide com direitos de propriedade industrial, uma vigilância ativa sobre a licença compulsória.

§ 41. Impugnação

I. O ato administrativo que concede a licença compulsória poderá também ser objeto de impugnação judicial, neste caso, uma impugnação judicial plena[1087], na medida em que se poderá recorrer tanto da decisão de concessão quanto das condições que forem apostas à licença[1088].

Apesar de estarmos perante um ato administrativo, como a matéria é essencialmente relacionada com direitos de propriedade industrial, o tribunal competente será o tribunal judicial, mais propriamente o tribunal de competência especializada, o Tribunal de Propriedade Intelectual, que prevê, expressamente, a sua competência para os recursos de decisões do INPI que estejam relacionados com licenças[1089].

Sem embargo, se o recurso disser respeito a certos vícios do ato de concessão, dado que a discussão se irá centrar no ato administrativo, o tribunal competente já será o tribunal administrativo[1090].

Chamamos a atenção ainda para a legitimidade para se recorrer da decisão do INPI. Naturalmente que tanto o requerente da licença quanto o titular do direito de propriedade industrial terão legitimidade para interpor recurso. Contudo, a legitimidade não será apenas atribuída a estes dois sujeitos. O art. 41º, nº 1, estende a legitimidade aos que sejam afetados *"direta e efetivamente prejudicados pela decisão"* (itálico nosso). Nestes termos, poderá ter legitimidade, por exemplo, um titular de uma licença contratual sobre aquele direito de propriedade industrial sobre o qual irá recair a licença compulsória. O licenciado de forma voluntária, mesmo que não seja prejudicado *efetiva* e *diretamente* pela decisão, poderá

[1087] REMÉDIO MARQUES, *Licenças (Voluntárias e Obrigatórias) de Direitos de Propriedade Industrial*, ob. cit., pp. 255.
[1088] Cf. art. 112º, nº 2. O Acordo Trips, no seu art. 31º, i), concebe tanto a impugnação judicial quanto a administrativa, desde que seja realizada por uma "autoridade superior distinta".
[1089] Cf. art. 40º, nº 1, e art. 89º-A, d) da Lei de Organização e Funcionamento dos Tribunais Judiciais. Este artigo foi adicionado à lei 3/99, de 13 de janeiro, pela Lei 46/2011, de 24 de junho (cf. art. 2º).
[1090] No mesmo sentido, REMÉDIO MARQUES, *Licenças (Voluntárias e Obrigatórias) de Direitos de Propriedade Industrial*, ob. cit., pp. 255.

ainda intervir no processo a nível acessório, se tiver interesse na manutenção de uma decisão do INPI – v.g., a não concessão de uma licença compulsória[1091].

No que concerne aos efeitos da impugnação judicial, ao contrário do CPI de 1995[1092], segundo o art. 112º, nº 3, para se sobre o início da exploração da licença compulsória, atribuindo-se apenas efeitos à licença quando esta transitar em julgado e seja averbada no INPI.

CARLOS CORREA, no âmbito do Acordo *Trips*, refere que a concessão da licença compulsória não deverá ser suspensa em caso de recurso[1093]. Se olharmos para o Acordo, este nada estipula relativamente a essa matéria, deixando aos Estados-membros a decisão de prever a suspensão ou não dos efeitos atribuídos à licença compulsória[1094].

Transportando esta ideia para o nosso direito, defendemos que de *jure constituto*, dados os interesses em jogo, deveria ser prevista a possibilidade da não suspensão dos efeitos da concessão da licença compulsória, quando o fundamento subjacente à licença compulsória consistisse no interesse público.

II. Dado que a sentença só irá ter efeitos depois de transitada em julgado e na medida em que se trata de uma ação constitutiva, o potencial licenciado não poderá recorrer a uma providência cautelar[1095]. No âmbito do CPI de 1940, foram emitidas duas decisões sobre o mesmo caso, no que diz respeito a providências cautelares no regime sobre as licenças compulsórias, sendo que os tribunais da Relação e do Supremo foram perentórios, afirmando que a licença compulsória nasceria do julgamento com força de caso julgado, sendo que, antes da decisão final, o requerente teria apenas uma expectativa[1096].

[1091] Cf. art. 41º, nº 2. Quanto ao prazo, este será de dois meses a contar da publicação da decisão no Boletim de Propriedade Industrial (cf. art. 42º e art. 112º, nº 4).
[1092] Cf. art. 117º, nº 7.
[1093] CARLOS CORREA, *Intellectual Property Rigths, the WTO and Developing Countries*, ob. cit., pp. 246.
[1094] Neste sentido, LAW, *Patents and Public Health...*, ob. cit., pp. 143.
[1095] Estas estão previstas no CPI, no art. 338º-I.
[1096] Cf. Tribunal da Relação de Lisboa, acórdão de 26 de abril de 1972, *BMJ*, nº 216, 1972, pp. 195; Supremo Tribunal de Justiça, acórdão de 2 de Fevereiro de 1973 (Manuel José Fernandes Costa), *BMJ*, nº 224, 1973, pp. 124 e ss.

§ 42. Extinção. Em especial: revogação da licença compulsória

42.1. Revogação

I. A revogação poderá ser uma das causas de extinção da licença compulsória. Esta possibilidade está prevista no art. 31º, g), do Acordo *Trips*, e no art. 107º, nº 4, do CPI. Na medida em que a licença compulsória tem subjacentes determinados objetivos, é justo que o titular do direito de propriedade industrial possa pedir a sua revogação[1097].

Este desidrato é perseguido, como já referimos, através de um *poder de controlo* por parte da administração, mais concretamente por quem concedeu a licença compulsória. A revogação não opera sobre o ato fonte da concessão, mas sim sobre a eficácia da licença compulsória, o que quer dizer que as regras da revogabilidade dos atos administrativos não são postas em causa[1098/1099].

II. Aquando da delimitação do regime interprivatístico da licença compulsória, já referimos o seu âmbito de revogação no direito português. Em comparação com outros regimes, a revogação no ordenamento jurídico português apenas está destinada aos casos em que a licença compulsória perde a sua razão de ser, i.e., os motivos pela qual foi concedida deixam de fazer sentido e não são previsíveis de se repetirem[1100]. Desta forma, ao contrário do que já foi defendido[1101], se existir acordo entre as partes para a celebração de uma licença contratual, a extinção através de acordo não necessita de passar pelo regime da revogação do CPI, necessitando apenas de se dar conta ao INPI, de acordo com o art. 30º, nº 1, b).

A revogação afasta a caducidade por facto não cronológico. Se, por exemplo, o surto de doença que deu origem à licença compulsória deixar de existir, a licença compulsória não caduca nos termos gerais, na medida em que o titular terá de requerer a revogação da licença. Natural-

---

[1097] Law, *Patents and Public Health...*, ob. cit., pp. 132.
[1098] Cf. arts. 139º a 146º do CPA.
[1099] Neste sentido, Greco, «Aspetti Pubblicistici e Privatistici della C.D. Licenza Obbligatoria di Brevetto», ob. cit., pp. 21.
[1100] Este requisito irá obrigar o decisor, administrativo ou judicial (num eventual recurso), a um *juízo de prognose*, baseado na probabilidade, não se exigindo a certeza de que as circunstâncias não se irão voltar a repetir.
[1101] Remédio Marques, *Licenças (Voluntárias e Obrigatórias) de Direitos de Propriedade Industrial*, ob. cit., pp. 258, nota 344.

mente que este regime da revogação não impede a extinção da licença compulsória por decisão do tribunal administrativo ou judicial, devido, por exemplo, a uma resolução do contrato por incumprimento no pagamento dos *royalties*.

III. A revogação irá ser, como é natural, *ex nunc*[1102], não sendo realizada sem olhar para a posição do licenciado. Segundo o nº 4 do art. 107º, a revogação não poderá colocar em causa a "proteção adequada dos legítimos interesses dos licenciados"[1103]. Como REMÉDIO MARQUES afirma, deverão ser tidos em conta "os interesses económicos do beneficiário da licença"[1104], tal como a possibilidade de comercializar os produtos em *stock*[1105]. Contudo, os interesses do licenciado poderão ainda ir mais longe e protelar mesmo a efetividade da revogação, nomeadamente adiando-se a concessão da revogação para uma data a termo certo ou incerto, pois o que se pretende com esta norma será proteger o investimento realizado pelo licenciado no desenvolvimento e distribuição da licença[1106] e assegurar o razoável retorno financeiro desse mesmo investimento[1107].

A proteção do licenciado e a minuciosa avaliação da existência das circunstâncias que deram lugar à licença ou à sua manifestação no futuro, são motivadas por razões de viabilidade do próprio instituto da licença

---

[1102] No mesmo sentido, cf. GRECO, «Aspetti Pubblicistici e Privatistici della C.D. Licenza Obbligatoria di Brevetto», ob. cit., pp. 23; SCUFFI/FRANZOSI, *Diritto Industriale Italiano*, ob. cit., pp. 1062.

[1103] Interpretando este conceito presente no Acordo *Trips*, LAW, *Patents and Public Health...*, ob. cit., pp. 143, faz uso da densificação realizada na disputa que surgiu na OMC que opôs o União Europeia ao Canadá, onde foi interpretada a expressão "legitimate interests", mas do art. 30º, que diz respeito aos limites dos direitos de patentes. O Painel definiu como sendo "a normative claim calling for protection of interests that are 'justifiable' in the sense that they are supported by relevant public policies or other social norms" (cf. doc. OMC WT//DS114/R, de 17 de março de 2000, § 7.69). Para além de esta tentativa de densificação dizer respeito ao art. 30º e não ao art. 31º, g), podendo não coincidir os *interesses legítimos*, esta definição é bastante geral e pouco adianta para este caso.

[1104] REMÉDIO MARQUES, *Licenças (Voluntárias e Obrigatórias) de Direitos de Propriedade Industrial*, ob. cit., pp. 258, nota 344., *Licenças (Voluntárias e Obrigatórias) de Direitos de Propriedade Industrial*, ob. cit., pp. 258 e 259.

[1105] GERVAIS, *The TRIPS Agreement: Drafting History and Analysis*, ob. cit., pp. 251.

[1106] LAW, *Patents and Public Health...*, ob. cit., pp. 132.

[1107] *Idem*.

compulsória[1108]. Uma antecipada revogação da licença sem a adequada avaliação e/ou sem tomar em conta os interesses do licenciado, poderiam descredibilizar este instituto, levando a que toda teleologia inerente a este tipo de licenças falhasse.

IV. Conforme defendemos para a revisão, somos da opinião que a lei não permite que a revogação seja operada oficiosamente pelo INPI ou pelo Governo. Desta forma, não poderá existir uma "manifestazione di volontà della Pubblica Amministrazione"[1109], que por sua própria iniciativa, revogue a licença compulsória[1110].

De notar ainda que, no direito português, ao contrário do que sucede, por exemplo, no direito indiano, em que a revogação só é permitida após dois anos a contar da concessão da licença compulsória, a revogação poderá ser requerida a qualquer momento.

V. A revogação está ainda prevista para as licenças compulsórias sobre variedades vegetais nacionais[1111]. Neste caso, a revogação tem um escopo totalmente diferente do regulado para o regime geral, admitindo-se a revogação da licença "com fundamento no não cumprimento por parte do seu titular das obrigações a que está vinculado". Desta feita, e a título de exemplo, a falta de pagamento de *royalties* poderá dar lugar à revogação da licença compulsória.

Nas licenças compulsórias sobre variedades vegetais nacionais, dado o interesse público em jogo, fará todo o sentido aplicar ainda analogicamente as causas de revogação presente no art. 107º, nº 4 do CPI[1112].

[1108] *Idem*, pp. 133.
[1109] Greco, «Aspetti Pubblicistici e Privatistici della C.D. Licenza Obbligatoria di Brevetto», ob. cit., pp. 21.
[1110] Esta possibilidade está prevista, expressamente, na sec. 85, nº 1, do *Indian Patent Act*, onde se refere: "Where, in respect of a patent, a compulsory licence has been granted, the Central Government or any person interested may «...» apply to the Controller for an order revoking «...»".
[1111] Cf. art. 26º, nº 5, da Portaria nº 940/90.
[1112] Na previsão da revogação licença compulsória para exportação, de acordo com o nº 1 do art. 16º, do Regulamento (CE) nº 816/2006, a revogação só se aplicará caso haja violação das condições estabelecidas para a licença. Aqui não se justifica tanto a possibilidade de revogação da licença por circunstâncias extrínsecas às partes, na medida em que existe um grande poder de controlo administrativo na concessão e aplicação da licença, v.g., nas quantidades de produtos admitidos e na duração da mesma (cf. art. 6º e ss.).

VI. Na medida em que não está previsto qualquer procedimento administrativo para a revogação de licenças compulsórias, este deverá seguir as regras gerais do procedimento administrativo, com as necessárias adaptações[1113], sendo que o ónus da prova estará, naturalmente, do lado do titular do direito de propriedade industrial, tendo o pedido de ser, como o art. 107º, nº 4, refere, "fundamentado".

42.2. Outras causas de extinção

I. Existem ainda outras causas de extinção das licenças compulsórias. Desde logo, se forem temporalmente definidas, estas poderão extinguir-se por caducidade. Poderão ainda extinguir-se devido ao efeito reflexo originado pelo direito de propriedade industrial ao qual estão ligados. É o que sucede caso o direito de propriedade industrial subjacente caduque ou seja anulado, tendo o mesmo efeito na licença compulsória, operando *ex nunc*[1114].

II. Não obstante, há uma situação em que tal efeito reflexo não se dá. Será no caso de existir renúncia por parte do titular do direito da propriedade industrial. Nestes casos, como refere o art. 38º, nº 5, os titulares de direitos derivados, que têm de ser notificados da declaração de renúncia do titular por parte do INPI, poderão sub-rogar-se na titularidade do mesmo.

III. Por último, de referir ainda que, segundo as regras gerais da boa-fé, aquando da extinção da licença compulsória, haverá um dever pós-contratual de âmbito negativo, que se consubstanciará na obrigação de não divulgar segredos comerciais e financeiros a terceiros, como será exemplo disso o *Know-how*[1115].

[1113] Cf. art. 54º e ss. do CPA.

[1114] Neste sentido, cf. REMÉDIO MARQUES, *Licenças (Voluntárias e Obrigatórias) de Direitos de Propriedade Industrial*, ob. cit., pp. 41 e ss. O Professor alerta ainda para o facto de, "enquanto a nulidade ou a anulação não forem declaradas e a posição jurídica conferida ao licenciado não cesse de produzir efeitos, existe um contrato de licença (ou uma licença obrigatória) válido" (pp. 50).

[1115] Cf. *Idem*, pp. 155, que refere que a mesma obrigação existe para os titulares de licenças contratuais, mesmo após a extinção do contrato. O Professor, apesar de referir que estas obrigações advêm das regras de boa-fé, refere que o regime tem o seu "lugar paralelo" no contrato de agência, que prevê expressamente o dever de segredo no seu art. 8º, do Decreto-lei nº 178/86, de 3 de julho. Acrescenta ainda que se estes deveres não fossem consequência dos deveres gerais de boa-fé, não seria possível conceber licenças por um prazo inferior ao da duração do direito de propriedade industrial.

Secção VI
Natureza Jurídica

§ 43. Teorias normalmente apresentadas

I. Se olharmos para o efeito subjacente ao instituto da licença compulsória, esta origina a perda do direito de exclusividade por parte do titular do direito de propriedade industrial, sem o consentimento deste.

O titular não perde assim o direito de explorar o seu bem incorpóreo, na medida em que a não exclusividade é uma das condições obrigatórias da licença em estudo. O titular do direito de propriedade industrial ficará, sim, em termos positivos, limitado na sua exclusividade; limitação, essa, que afetará a vertente negativa do direito, visto que não poderá fazer uso do *jus prohibendi* contra o titular da licença compulsória.

Partindo destas particularidades assinaladas, constitui um desafio interessante verificar qual a natureza jurídica deste instituto. Na verdade, a (pouca) doutrina que se debruça sobre as licenças compulsórias não atinge um consenso nesta matéria, sendo que muitas vezes se abstém de esclarecer a razão da posição tomada.

II. REMÉDIO MARQUES defende que as licenças compulsórias terão natureza jurídica de requisições civis[1116], mencionando como um dos principais argumentos o facto de o art. 1º, nº 2, do Decreto-lei nº 637/74,

---

[1116] No mesmo sentido, na doutrina brasileira, cf. BORGES BARBOSA, *Uma Introdução à Propriedade Intelectual*, ob. cit., pp. 465.

de 20 de novembro (diploma que regula a requisição civil), permitir a um Governo enjeitar medidas tendo como objetivo a prossecução do interesse público, autorizando a utilização temporária de quaisquer bens[1117].

Não concordamos com a tese apresentada, por duas razões. Em primeiro lugar, a Requisição consiste na apreensão temporária de bens, como vista a certos objetivos da coletividade. REMÉDIO MARQUES aplica assim este instituto a bens incorpóreos, quando o mesmo se aplica paradigmaticamente a bens corpóreos. Isto parece advir na linha do seu pensamento, na medida em que este autor considera que o direito de propriedade poderá ter como objeto bens incorpóreos[1118/1119].

Com todo o respeito, mas não concordamos que a tese apresentada[1120]. Apesar de este não ser o local indicado para densificar tão interessante discussão, sempre podemos afirmar que nos parece que o direito da propriedade industrial – *rectius* o direito intelectual – deverá ser classificado tendo em conta o seu conteúdo, sendo que este é constituído pelo exclusivo outorgado ao titular. Se olharmos para o regime presente no CPI, todo o cerne do Direito de Propriedade Industrial é construído à volta do poder de o titular impedir outros de utilizarem a sua invenção. E a esta tese não obsta o art. 1303º do CC, que vem, dadas as similitudes entre os direitos de propriedade intelectual e o direito de propriedade, aplicar o

---

[1117] Cf. REMÉDIO MARQUES, *Licenças (Voluntárias e Obrigatórias) de Direitos de Propriedade Industrial*, ob. cit., pp. 193 e 194 e notas 248 e 249, e agora mais recentemente mantida, «Contrato de Licença de Patente», *Contratos de Direito de Autor e de Direito Industrial*, Org. Carlos Ferreira de Almeida, Luís Couto Gonçalves, Cláudia Trabuco, Coimbra, Almedina, 2011, pp. 395 e ss., pp. 400.

[1118] REMÉDIO MARQUES, *Licenças (Voluntárias e Obrigatórias) de Direitos de Propriedade Industrial*, ob. cit., pp. 86.

[1119] Esta tese é amplamente defendida na Escola de Coimbra. Cf. CUNHA GONÇALVES, *Tratado de Direito Civil em Comentário ao Código Civil Português*, vol. XIX, Coimbra, Coimbra Editora, 1940, pp. 596 e ss., e *Da Propriedade e da Posse*, Lisboa, Ática, 1952, pp. 78 e 79; ANTUNES VARELA/PIRES DE LIMA, *Código Civil anotado*, vol. III, colab. Henrique Mesquita, Coimbra, Coimbra Editora, pp. 86 e 87; Na doutrina estrangeira, esta posição também é partilhada por alguns autores: cf., entre outros, ASCARELLI, *Teoria della Concorrenza e dei Beni Immateriali – Lezione de Diritto Industriale*, Milano, Giuffré, 1956, pp. 215 e ss.

[1120] No mesmo sentido, negando que o direito de propriedade possa ter por objeto bens incorpóreos, entre outros, cf. JOSÉ VIEIRA, *Direitos Reais*, Coimbra, Coimbra Editora, 2008, pp. 133 e ss; MENEZES LEITÃO, *Direitos Reais*, Coimbra, Coimbra Editora, 2011, pp. 58 e 59. Contra a qualificação de um direito de propriedade industrial como direito real, neste caso a patente, cf. Ac. TCAS de 04.08.2011 (Coelho da Cunha), disponível em «www.dgsi.pt».

regime deste último ao primeiro. Aliás, podemos ainda dizer que, ao lermos o texto do art. 1302º do CC, verificamos claramente que o legislador delimitou o direito de propriedade às coisas corpóreas.

Da mesma forma, rejeitamos ainda outras conceções já defendidas para os direitos de propriedade industrial, tais como aquelas que definem este ramo como constituindo direitos de clientela[1121], direitos de Personalidade[1122] ou ainda como bens imateriais[1123]. Parece-nos, assim, que estes direitos se incluem nas categorias dos direitos de monopólio, permitindo a exclusão de terceiros da exploração de um determinado direito exclusivo atribuído[1124].

III. Apresentado o primeiro obstáculo à requisição de natureza jurídico-científica, compete-nos agora apresentar um segundo de natureza mais prática. Se olharmos para o instituto da requisição, este implica que o Governo fique na posse dos bens – *rectius* bens corpóreos – o que não sucede na licença compulsória, na medida em que o titular apenas perde a exclusividade de exploração. A única similitude existente consiste no caráter temporário da utilização e do facto de a requisição nascer através da emissão de um ato administrativo. Desta feita, as semelhanças ficam-

---

[1121] Tese defendida por ROUBIER, *Le Droit de la Propriété Industrielle*, vol I, ob. cit., pp. 104 e ss.; Segundo o autor "«...» la clientèle constitute une «valeur», c'est-à-dire un bien au sens juridique du mot «...»".

[1122] Sobre esta tese, cf. BAYLOS CORROZA, *Tratado de Derecho Industrial*, 2ª ed., Civitas, Madrid, 1993, pp. 463.

[1123] Sobre esta tese, cf. OLIVEIRA ASCENSÃO, *Direito Comercial – Direito Industrial*, vol. II, Lisboa, AAFDL, 1988, pp. 397 e ss; COUTO GONÇALVES, *Manual de Direito Industrial*, ob. cit., pp. 27.

[1124] No mesmo sentido, OLIVEIRA ASCENSÃO, *Direito Comercial – Direito Industrial*, ob. cit., pp. 404 e ss., e *Direito Civil – Reais*, 5ª ed. revista, Coimbra, Coimbra Editora, 1993, pp. 39. Mais recentemente, OLIVEIRA ASCENSÃO, «Direito Industrial e Direito Penal», *Direito Industrial*, vol. VII, Coimbra, Almedina, 2010, pp. 25 e ss., pp. 28.
No mesmo sentido, *vide* ainda PEDRO SILVA, *Direito Industrial...*, ob. cit., pp. 16 e COUTO GONÇALVES, *Manual de Direito Industrial*, ob. cit., pp. 31.

-se por aqui, não havendo qualquer ligação entre a requisição e a licença compulsória, e, por maioria de razão, com a expropriação[1125/1126].

[1125] Como afirma ROTONDI, *Diritto Industriale*, ob. cit., pp. 212, a licença compulsória não se confunde com a expropriação, pois, na licença, "tale provvedimento di portata minore *lascia inalterata la titolaretà del breveto*" (itálico nosso).

[1126] Ao nível dos contratos internacionais, nos últimos tempos, tem surgido doutrina a discutir se a licença compulsória poderá constituir uma expropriação indireta. Esta discussão advém do facto de se estar a assitir ao crescente número de Acordos Bilaterais, denominados pela sigla inglesa *BIAs (Bilateral Investment Agreements.*) ou *BITs (Bilateral Investment Treaties)*, acordos, estes, que têm sido uma prática comum seguida entre investidores e países em vias de desenvolvimento, consistindo num dos principais instrumentos para atrair investimento estrangeiro (cf. LIN, «Compulsory Licenses for Access to Medicines, Expropriation and Investor-State Arbitration under Bilateral Investment Agreements – Are There Issues Beyond the TRIPS Agreement?», *IIC*, vol. 40, no. 2, Munich/Oxford, 2009, pp. 152 e ss., pp. 154 e ss.). É comum que neste tipo de acordos se preveja um elenco de inúmeras garantias de forma a prevenir e proteger as bases desse investimento. Uma dessas garantias é a proteção contra a expropriação, seja ela direta ou indireta, estabelecendo-se requisitos exigentes para a sua concessão. Sendo os direitos de propriedade intelectual, em especial as patentes, reconhecidos como um investimento (cf. LIN, «Compulsory Licenses for Access to Medicines, Expropriation and Investor-State Arbitration under Bilateral Investment Agreements – Are There Issues Beyond the TRIPS Agreement?», ob. cit., pp. 154; GIBSON, «A Look at the Compulsory License in Investment Arbitration: The Case of Indirect Expropriation», *Am. U. Int'l L. Rev.*, vol. 25, 3, 2010, pp. 357 e ss., pp. 358), a doutrina, depois de excluir que a licença compulsória caía no âmbito da expropriação direta, na medida em que esta "normally requires the state to transfer legal title of the private property to itself or to a third party" (cf. GIBSON, «A look at the compulsory license in investment arbitration...», ob. cit., pp. 378), suscita a dúvida se esta poderá constituir uma expropriação indireta. Esta questão tem preocupado a doutrina no sentido de que, se a licença compulsória cair no âmbito da expropriação indireta, a sua concessão poderá ser posta em causa, tendo como consequência, por exemplo, o não acesso a medicamentos por parte dos países em desenvolvimento em questões graves de saúde pública.
É preciso fazer uma chamada de atenção para o seguinte: nestas discussões, a doutrina não está propriamente a verificar se a licença compulsória consiste ou não numa expropriação indireta. A questão será apenas conceptual e não dogmática. Na realidade, a licença compulsória não consiste em qualquer expropriação, sendo mesmo perigoso denominá-la indireta, pois poderá dar azo a confusões. O problema não tem que ver tanto com a qualificação da licença compulsória como expropriação indireta, mas antes com a própria densificação que texto o estabelece, que parece poder incluir a licença compulsória na *expropriação indireta*. Neste sentido, qualquer tentativa de encontrar dogmaticamente a licença compulsória dentro do âmbito da expropriação indireta, sem qualquer apoio do texto legal estipulado, terá que se rejeitada, pois não é esta a sua natureza jurídica.
Os autores tentam, da mesma forma, encontrar um regime para a licença compulsória caso esta seja considerada *expropriação indireta*. LIN, «Compulsory Licenses for Access to Medici-

VII. O REGIME DAS LICENÇAS COMPULSÓRIAS NA ORDEM JURÍDICA DE FONTE INTERNA

A restante doutrina que tenta aclarar a natureza jurídica da licença compulsória, apenas menciona esta problemática de forma muito genérica e/ou não fundamentando a sua posição.

PIRES DE CARVALHO refere que a licença compulsória consiste num contrato administrativo, não justificando o porquê desta classificação[1127].

Por seu turno, BERCOVITZ menciona que estamos perante um denominado *contrato forzoso*[1128], sendo que a licença compulsória nunca poderá ser qualificada como uma licença contratual, dado o facto não ter havido qualquer tipo de consentimento[1129].

Na doutrina italiana, RAVÀ apresenta a licença compulsória como uma relação de direito privado, nascida de um facto de natureza procedimental, em que se aplicarão as regras da licença voluntária[1130]. Não muito longe está o entendimento de SALAMOLARD, quando afirma que este tipo de licença "est de *même nature* que celui dérivant d'une licence contractuelle" (*itálico* nosso)[1131].

No direito brasileiro, BLASI refere que a licença compulsória poderá ser vista como uma sanção por abuso de direito, ligando esta a princípios constitucionais como a função social da patente e o equilíbrio entre os

---

nes, Expropriation and Investor-State Arbitration under Bilateral Investment Agreements – Are There Issues Beyond the TRIPS Agreement?» ob. cit., pp. 156 e ss., tomando como exemplo o *BIA US-Uruguay*, refere que, no seu Anexo B, existe a possibilidade de a *expropriação indireta* englobar a licença compulsória, discutindo, ainda, se os diversos fatores requeridos, caso a caso, para qualificar tal ato como expropriação indireta se podem verificar nas licenças compulsórias como fundamento em saúde pública, tais como o impacto económico da ação levada a cabo pelo Governo, a interferência nas expectativas legítimas do investidor e o caráter da ação governamental. Contudo, no exemplo em concreto, a questão não se coloca, pois o próprio acordo bilateral prevê a salvaguarda do regime das licenças compulsórias, tal como é estipulado no Acordo *Trips* (art. 6º, nº 5).
GIBSON, «A look at the compulsory license in investment arbitration...», ob. cit., pp. 397 e ss., dado o Acordo Bilateral mencionado referir que se aplicam as regras do Acordo *Trips* à licença compulsória, discute se se poderão aplicar as regras sobre a *expropriação indireta* mencionada. O autor conclui que, quando não há sobreposição, algumas dessas regras poderão ser aplicadas, sendo que terão de ser levadas em conta pelo Tribunal num eventual conflito. Não somos da mesma opinião. De facto, o Acordo, ao mandar aplicar as regras do Acordo *Trips* de forma expressa, está a excluir a aplicação, deveras adaptada, do *BIA*.
[1127] PIRES DE CARVALHO, *The Trips Regime of Patent Rights*, ob. cit., pp. 99 e 230.
[1128] BERCOVITZ, «Notas sobre las Licencias Obligatorias de Patentes», ob. cit., pp. 82.
[1129] *Idem*.
[1130] RAVÀ, *Diritto Industriale*, ob. cit., pp. 180.
[1131] SALAMOLARD, *La licence obligatoire en matière de brevets d'invention...*, ob. cit., pp. 33.

agentes de mercado[1132]. Alguma doutrina preconiza ainda que estamos perante um "contrato involuntário"[1133].

Por último, temos o entendimento de FERNÁNDEZ-NÓVOA, OTERO LASTRES e BOTANA AGRA, para quem a licença compulsória consiste num ato de declaração unilateral, onde se manifesta o *jus imperii*[1134].

§ 44. Posição adotada

I. Cabe-nos tomar posição nesta querela.

Uma ideia pode desde logo ficar assente: a relação que se estabelece entre o titular da patente e o titular de uma licença compulsória é uma relação de direito privado, aplicando-se muitas das disposições referentes às licenças contratuais[1135]. Mas estaremos perante um contrato? Contrato não poderá ser, pois não há qualquer tipo de declaração de vontade por parte do titular do direito de propriedade industrial. Nem sequer se poderá retirar esta ideia, pelo facto de se requerer uma tentativa de obtenção de uma licença voluntária por parte do potencial licenciado, nem tão-pouco pela circunstância de, no direito português, serem os peritos que estabelecem as condições da licença[1136].

Pensamos também que o entendimento de BLASI não poderá vingar. Na verdade, a licença compulsória não pretende tutelar qualquer abuso de direito, tendo subjacente a prossecução de objetivos inerentes ao direito de propriedade industrial e o interesse público.

Com a licença compulsória não se coadunam ainda quaisquer ficções jurídicas ou entendimentos que se baseiem apenas no ato fonte, como declaração unilateral provida de *jus imperii* ou um contrato obrigatório. Salvo melhor opinião, estamos em crer que, à licença compulsória, não poderá caber outra natureza senão aquela que lhe está subjacente, i.e., a de verdadeira licença, mais concretamente a de *licença* não exclusiva.

[1132] BLASI, *A propriedade industrial...*, ob. cit., pp. 306.

[1133] JUNIOR, «Influência do Trips na Harmonização das Regras de Licenciamento Compulsório», *ABPI*, nº 73, nov./dez. de 2004, pp. 24 e ss., pp. 24.

[1134] FERNÁNDEZ-NÓVOA/OTERO LASTRES/BOTANA AGRA, *Manual de la propriedad industrial*, ob. cit., pp. 194. No mesmo sentido, parecem seguir CARLOS CORREA/SALVADOR BERGEL, *Patentes y Competencia*, ob. cit., pp. 43.

[1135] Cf. SCUFFI/FRANZOSI, *Diritto Industriale Italiano*, ob. cit., pp. 1054.

[1136] Logicamente, por estas razões e ainda pelo facto de os contratos administrativos exigirem sempre uma entidade pública como contratante, não poderá vingar a tese de que as licenças compulsórias constituirão contratos administrativos.

Entendemos não ser correto querer desvirtuar a natureza da licença compulsória pelo facto de o seu ato fonte ser administrativo. Na verdade, a licença compulsória contém todas as características inerentes a uma licença, nomeadamente o facto de um terceiro que não é titular do exclusivo, exercer a totalidade ou algumas das faculdades jurídicas inerentes ao direito de propriedade industrial licenciado, sendo que, no caso da licença compulsória, o título de constituição é um ato administrativo, ao contrário das licenças voluntárias, que são fruto de um negócio jurídico. A vontade das partes é comprimida pelo ato administrativo de concessão, mediante os objetivos inerentes à licença compulsória, sendo que a restante relação será de direito privado, regendo-se pelas normas atribuídas às licenças voluntárias, que não deixam de constituir as licenças com maior amplitude jurídica e prática no direito de propriedade industrial.

Em suma, rejeitamos todas teses que, para achar a natureza jurídica da licença compulsória, apenas se concentram no seu ato fonte. A licença *per si* é uma realidade antiga do direito de propriedade industrial – e intelectual –, sendo que o ato fonte apenas nos permite diferenciar o tipo de licença em causa, se contratual, legal ou compulsória.

Conclusões

Ao longo deste estudo, apresentámos várias conclusões e abrimos perspetivas futuras na discussão sobre o instituto das licenças compulsórias. Embora o estudo tenha visado o regime jurídico português de fonte interna, tal obra não se coadunava sem uma forte presença do direito comparado, do direito comunitário e do direito internacional. Apesar de as bases do regime jurídico da licença compulsória serem dadas pela CUP e pelo Acordo *Trips*, este instituto apresenta algumas diferenças assinaláveis ao nível do direito comparado, diferenças, essas, que terão que ver com a própria visão de cada Estado sobre o âmbito do direito de propriedade industrial, como é exemplo disso o regime jurídico alemão, em que o interesse público tem, desde sempre, fundamentado todas as limitações sobre as patentes. Desta forma, estudar o instituto das licenças compulsórias é estudar uma das traves mestras do direito de propriedade industrial, em especial do direito sobre patentes. Este instrumento permite dar ao direito de propriedade industrial um elemento de equilíbrio e promotor dos objetivos inerentes a este ramo do direito.

A licença compulsória é também um instituto promotor do interesse público. Esta característica, que advém do tal elemento de equilíbrio, realiza o balanceamento entre o direito de propriedade industrial e as necessidades de interesse público. O caso da saúde pública é paradigmático. Na medida em que as patentes de medicamentos são determinantes na resolução de questões relacionadas com a saúde pública, a licença compulsória é vista como o principal instrumento na prossecução deste desígnio constitucional.

Fora do âmbito das licenças compulsórias deverão ficar alguns objetivos que não farão parte deste instituto e que apenas o desvirtuam. Desde logo, o caráter sancionatório não faz parte do âmbito da licença compulsória. Esta será sempre uma medida regulatória, sendo que as suas condições deverão ter sempre em conta os objetivos que se pretendem alcançar e não uma eventual sanção a aplicar ao titular.

Da mesma forma, a licença compulsória nunca poderá consistir num instrumento puramente político ao serviço do Estado. No caso concreto da licença compulsória com fundamento em interesse público, o seu mérito deverá ser avaliado. Mesmo ao admitir-se excecionalmente a licença compulsória como medida para a falta de exploração local da patente que – diga-se – constitui um paradoxo relativamente à moderna doutrina económica sobre a divisão internacional do trabalho, é o interesse público que deve ser aqui tutelado e não o eventual favorecimento direto das empresas nacionais.

O escasso número de concessões nunca poderá ser um argumento contra a licença compulsória. Na medida em que um dos objetivos inerentes a este instituto é a promoção da celebração de licenças voluntárias, o seu real impacto no sistema irá muito mais além do que o número de concessões existentes.

De forma a providenciar uma maior efetividade ao sistema de licenças compulsórias, onde se inclui o regime presente no direito português, seria aconselhável rever alguns pontos. Exemplo disso será o regime jurídico da dependência entre patentes, que continua a demonstrar-se dúbio, não sendo exatamente claro que tipo de dependência poderá dar lugar à concessão de licenças compulsórias, juntando-se ainda o facto de os critérios de dependência não serem uniformes.

Existem ainda várias questões que não estão fechadas e que criarão alguma discussão num futuro próximo. A nível internacional, adivinha-se a continuação da discórdia Norte-Sul, continuando a licença compulsória a ser a medida mais controversa. De facto, apesar de a Declaração de Doha ter consistido numa vitória para os países em desenvolvimento, o seu verdadeiro objetivo parece continuar por se concretizar. Para além de a emenda ao Acordo *Trips* (art. 31º-*bis*) ainda aguardar por aprovação, a única experiência prática deste regime não foi um sucesso. Podemos ainda argumentar que a Declaração de Doha, que mais não constitui do que um mero instrumento de interpretação do Acordo *Trips*, terá um

CONCLUSÕES

defeito originário, nomeadamente o facto de ser limitada às questões de saúde pública. Desta forma, de nada valerá a concessão de uma licença compulsória com outros fundamentos, se o país em questão não tiver capacidade industrial de produção da tecnologia sobre a qual versa a licença compulsória. Se, em muitas matérias, este problema não se coloca, em muitas outras é expectável. O caso da tecnologia denominada verde, ou seja, a tecnologia patenteada para uma melhor proteção do ambiente, poderá ser uma das situações. Como já foi referido na doutrina, mesmo que alguns países em desenvolvimento ou menos desenvolvidos, de forma a ultrapassar os níveis de poluição preocupantes, licenciem compulsoriamente certas patentes relacionadas com a defesa do meio ambiente, a importação poderá ser o único meio de tornar essa licença viável. Contudo, o malogrado art. 31º, f), volta a estar em jogo, na medida em que a Declaração de Doha visou apenas a resolução de questões de saúde pública. Desta feita, será desejável a revisão da Declaração de Doha, ou a formulação de uma nova declaração ao nível internacional, sendo que a tónica deverá recair sobre a incapacidade de produção de determinada tecnologia protegida, uma vez que a capacidade de produção industrial se concretiza em todas as áreas da tecnologia, não somente nas invenções sobre medicamentos. À falta de base jurídica direta, sempre poderemos recorrer aos arts. 7º e 8º do Acordo *Trips*, que poderão ser invocados na tutela desta matéria.

A nível comunitário, os desafios também não serão poucos. Será interessante verificar como os tribunais europeus irão lidar com a questão do esgotamento da licença compulsória. Como demos conta, é cada vez maior o número de autores que reclamam por uma revisão do critério do consentimento, critério, este, que não permite dar uma resposta cabal, quando estamos perante uma licença compulsória, sendo suscetível de criar situações injustas, não levando em conta que a remuneração atribuída ao titular do direito de propriedade industrial poderá recompensá-lo de forma justa. Por fim, estamos em crer que os tribunais e os juristas europeus terão de encontrar soluções que amenizem os possíveis efeitos negativos que o novo regime jurídico da patente europeia com efeito unitário poderá ter sobre a inovação. Uma das suas maiores falhas reside no facto de remeter as licenças compulsórias para a legislação dos Estados-membros. O caso das patentes dependentes é paradigmático, sendo este um dos exemplos que demonstra que a patente europeia com efeito unitário poderá tornar-se num mecanismo de bloqueio à inovação.

No que diz respeito ao direito português, curioso será verificar como os tribunais portugueses lidarão com um instituto complexo como a licença compulsória. Efetivamente, a tendência que os autores têm, por vezes, de atribuírem natureza jurídica condizente com o direito administrativo, poderá levar a que os tribunais tenham dificuldades na hora de aplicar as soluções juridicamente mais corretas à licença compulsória, que não é mais do que uma licença não exclusiva, que encontrará o seu regime nas normas da licença voluntária e, ao mesmo tempo, nos objetivos que deverão ser levados a cabo.

Em suma, depois de verificarmos as várias realidades subjacentes à licença compulsória, já estamos em condições de ensaiar uma definição da mesma: as licenças compulsórias consistem em licenças não exclusivas concedidas por entidades públicas sem o consentimento do seu titular, tendo como beneficiários o próprio Estado ou uma entidade privada, tendencialmente, mediante o pagamento de uma remuneração.

BIBLIOGRAFIA CONSULTADA

AAVV, *Código da Propriedade Industrial Anotado*, Coord. António Campinos/ Luís Couto Gonçalves, Coimbra, Almedina, 2010.

AAVV, *Commentario del Codice Civile – Del Lavoro (art. 2555- 2642)*, Libro V, Coord. Antonio Scialoja e Giuseppe Branca, Zanichelli Editore, 1958.

AAVV, *Le Nuove Leggi Civili – La Riforma del Codice della Proprietà Industriale*, Milano, Giuffrè Editore, 2010.

AAVV, *Trattato di Diritto Privato*, Vol. XVIII – Impresa e Lavoro. Tomo IV, Dir. Pietro Rescigno, UTET, 1983.

Abbott, Frederick, *WTO Trips Agreement and Its Implications for Access to Medicines in Developing Countries*, Study paper for the British Comission on Intellectual Property, 2002, disponível em «www.frederickabbott.com» (visitado em 20.02.2011).

Abbott, Frederick/ Puymbroeck, Rudolf Van, *Compulsory Licensing for Public Health: A Guide of Model Documents for Implementation of the Doha Declaration Paragraph 6 Decision*, World Bank Working Paper no. 61, Washington D.C., TheWorld Bank, 2005.

Abbott, Frederick/ Reichman, Jerome, «The Doha Round's Public Health Legacy: Strategies for the Production and Diffusion of Patented Medicines under the Amended Trips Provisions», *JIEL*, vol. 10, 4, Oxford University Press, 2007, pp. 921 e ss.

Abello, Alexandra, *La Licence, Instrument de Régulation des Droits de Propriété Intellectuelle*, Paris, LGDJ, 2008.

Abrams, Howard B., «Copyright's first Compulsory License», Santa Clara Computer & High Tech. L.J., 215, vol. 26, Issue 2, 2010, pp. 215 e ss., disponível em «www.chtlj.org» (consultado em 12.05.2011).

ABREU, J. M. Coutinho de, *Curso de Direito Comercial*, vol. I, 6ª ed., Coimbra, Almedina, 2007.

AIPPI, Annaire 1989/I, *XXXIV Congrés – Amsterdam 1989 (4-10 juin 1989)*, Zurich, 1989.

ADOLF, Huala, «Trade-Related Aspects of Intellectual Property Rights and Developing Countries», *The Developing Economies*, XXXXIX, 1, 2001, pp. 49 e ss.

AKERMAN, Casimir, *L'Obligation d'Exploiter et la Licence Obligatoire en Matière de Brevets d'Invention: Étude de Droit International et de Droit Comparé (Théorie et Jurisprudence)*, Paris, Recueil Siley, 1936.

ALMEIDA, Carlos Ferreira de, «Contratos da Propriedade Intelectual. Uma Síntese», *Contratos de Direito de Autor e de Direito Industrial*, Org. Carlos Ferreira de Almeida, Luís Couto Gonçalves, Cláudia Trabuco, Coimbra, Almedina, 2011, pp. 9 e ss.

ALMEIDA, Alberto Ribeiro de, «Os Princípios Estruturantes do Acordo Trips: Um Contributo para a Liberalização do Comércio Mundial», *ROA*, Ano 64, vols. I/II, Novembro 2004, pp. 257 e ss.

– «Desenhos ou Modelos e Peças Sobresselentes», *Direito Industrial*, vol. VI, Coimbra, Almedina, 2009, pp. 11 e ss.

AHMED, Munnazzar, *Legal Implications of Compulsory Licensing in India – In Light of Nacto vs. Bayer on Pharmaceutical Sector*, Saarbrücken, Lambert, 2013.

ANTUNES, Aquilino Paulo, «O Acordo ADPIC/TRIPS no Direito Português: A Perspectiva do Acesso a Medicamentos e da Saúde Pública», *Direito Industrial*, vol. VIII, Coimbra, Almedina, 2012, pp. 149 e ss.

ARNOLD, Gianna Julian, «International Compulsory Licensing: The Rationales and the Reality», *IDEA*, 1993, pp. 349 e ss.

ARNOLD, Tom/ JANICKE, Paul, «Compulsory Licensing Anyone», Journal of the Patent Office Society, vol. 55, no. 3, 1973, pp. 149 e ss., disponível em «www.heinonline.org» (visitado em 15.03.2012).

ASCARELLI, Tullio, *Teoria della Concorrenza e dei Beni Immateriali – Lezione di Diritto Industriale*, Milano, Giuffré, 1956.

ASCENSÃO, José Oliveira, *Direito Comercial – Direito Industrial*, vol. II, Lisboa, AAFDL, 1988.

– «A Segunda Revisão do Projecto do Código da Propriedade Industrial», *Revista da Faculdade de Direito da Universidade de Lisboa*, vol. XXXIII, 1992, pp. 37 e ss.

– *Direito Civil – Reais*, 5ª ed. revista, Coimbra, Coimbra Editora, 1993.

– «O Projecto de Código da Propriedade Industrial: Patentes, Modelos de Utilidade e Modelos e Desenhos Industriais», *Revista da Faculdade de Direito da Universidade de Lisboa*, vol. XXXVIII, nº 1, 1997, pp. 133 e ss.

– «Relatório Final de Actividade da Comissão de Acompanhamento do Código da Propriedade Industrial», *Revista da Faculdade de Direito da Universidade de Lisboa*, vol. XXXVIII, nº 1, 1997, pp. 339 e ss.

– «Parecer sobre "Proposta de Alteração ao Código da Propriedade Industrial"», *Revista da Faculdade de Direito da Universidade de Lisboa*, vol. XLI, nº 1, 2000, pp. 317 e ss.

– *Direito Civil – Teoria Geral*, vol. II, 2ª ed., Coimbra, Coimbra Editora, 2003.

– *Direito Civil – Direitos de Autor e Direito Conexos*, reimp., Coimbra, Coimbra Editora, 2008.

– «Direito Industrial e Direito Penal», *Direito Industrial*, vol.VII, Coimbra, Almedina, 2010, pp. 25 e ss.

– «A "Licença" no Direito Intelectual», *Contratos de Direito de Autor e de Direito Industrial*, Org. Carlos Ferreira de Almeida, Luís Couto Gonçalves, Cláudia Trabuco, Coimbra, Almedina, 2011, pp. 93 e ss.

Assanti, Anna Maria, «Principi Costituzionale e Sistema delle Licenze Obbligatorie», *Rivista di Diritto Industriale*, 1977, I, pp. 179 e ss.

– *Le Licenze Obbligatorie*, Milano, Giuffrè Editore, 1978.

Ayyangar, Rajagopala, *Report on the Revision of the Patent Law*, New Delhi, Government of India Press, 1959, disponível em «http://www.spicyip.com/ip-resources.html».

Babin, Mara L., «Abuse of Trademarks: A Proposal for Compulsory Licensing», *J.L. Reform*, vol. 7, 3, 1973-1974, pp. 644 e ss., disponível em «http://www.heinonline.org» (consultado em 22.06.11).

Baylos Corroza, *Tratado de Derecho Industrial*, 2ª ed., Madrid, Civitas, 1993.

Barbosa, Denis Borges, *Uma Introdução à Propriedade Intelectual*, 2ª ed. rev., Rio de Janeiro, Lumen Juris, 2003.

Barcellos, Milton Leão, «Licença Compulsória: Balanceamento de Interesses, Motivação e Controle dos Atos Administrativos», *ABPI*, nº 79, nov./dez. de 2005, pp. 60 e ss.

Barros, Carla E. Caldas, *Aperfeiçoamento e Dependência em Patentes*, Rio de Janeiro, Lumen Juris, 2004.

– *Manual de Direito da Propriedade Intelectual*, Aracaju, Evocati, 2007.

– «Aperfeiçoamento de Patentes e Licença de Dependência», *Propriedade Intelectual e Transferência de Tecnologia*, Coord. Patrícia Del Nero, Belo Horizonte, Fórum, 2011, pp. 195 e ss.

Basheer, Shamnad, «India's Tryst with TRIPS: The Patents (Amendment) Act, 2005», *Indian Journal of Law and Technology*, vol. I, 2005, pp. 15 e ss., disponível em «papers.ssrn.com» (visitado em 22.08.2012).

Basheer, Shamnad/ Mrinalini, Kochupillai, *The "Compulsory Licence" Regime in India: Past, Present and Future*, Relatório elaborado para JPO (Junior

Professional Officer), 2005, disponível em «papers.ssrn.com» (visitado em 22.08.2012).

BEIER, Friedrich-Karl, «The Significance of the Patent System for Technical, Economic and Social Progress», *IIC*, vol. 11, no. 5, Munich/Oxford, 1980, pp. 563 e ss.

– «One Hundred Years of International Cooperation – The Role of Paris Convention in the Past, Present and Future», *IIC*, vol. 39, no. 7, Munich//Oxford, 1984, pp. 1 e ss.

– «Exclusive Rights, Statutory and Compulsory Licenses in Patent and Utility Model Law», *IIC*, vol. 30, no. 3, 1999, pp. 251 e ss.

– «Patent Protection and the Free Market Economy», *IIC*, vol. 23, no. 2, Munich/Oxford, 1992, pp. 159 e ss.

BENKARD, Georg, *Gebrauchsmustergesetz (Kurzkommentar)*, 7. Aufl., München, Beck, 1981, pp. 617 (2) e 621 (15).

BENNETT, William, *The American Patent System – An Economic Interpretation*, Louisiana, Louisiana State University Press, 1943.

BENTLY, Lionel,/SHERMAN, Brad, *Intellectual Property Law*, 3rd ed., New York, Oxford University Press, 2009.

– «Limiting Patents», *Compulsory Licensing. Practical Experiences and Ways Forward*, MPI Studies on Intellectual Property and Competition Law, 22, ed. Reto M. Hilty, Kung-Chung Liu, Heidelberg, Springer, pp. 313 e ss.

BERCOVITZ, Alberto, «Notas sobre las Licencias Obligatorias de Patentes», *Direito Industrial*, vol. II, Coimbra, Almedina, 2002, pp. 81 e ss.

– «Globalización y Propriedad Intellectual», *Direito Industrial*, vol.VII, Coimbra, Almedina, 2010, pp. 53 e ss.

BLASI, Gabriel di, *A Propriedade Industrial – Os Sistemas de Marcas, Patentes e Desenhos Industriais Analisados a partir da Lei nº 9.279, de 14 de Maio de 1996*, 2ª ed., Rio de Janeiro, Forense, 2005.

BODENHAUSEN, Georg, *Guide d'Application de la Convention de Paris pour la Protection de la Propriété Industrielle (telle que revisée à Stockholm en 1967)*, Genève, BIRPI, 1969.

BOROS, «La revisione dell'art. 5 della Convenzione di Parigi per la Protezione della Proprietà Industriale nel Contesto della Settima Revisione della Convenzione», *Rivista di Diritto Industriale*, Anno XXXVIII, Milano, Giuffrè, 1989, pp. 85 e ss.

CANOTILHO, José Gomes, «Liberdade e Exclusivo na Constituição», *Direito Industrial*, vol. IV, Coimbra, Almedina, 2005, pp. 57 e ss.

CANOTILHO, José Gomes/ MOREIRA, Vital, *Constituição da República Portuguesa Anotada*, vol. I, 4ª ed., Coimbra, Coimbra Editora, 2007.

CARVALHO, Maria Miguel, «Contratos de Transmissão e de Licença de Marca», *Contratos de Direito de Autor e de Direito Industrial*, Org. Carlos Ferreira de Almeida, Luís Couto Gonçalves, Cláudia Trabuco, Coimbra, Almedina, 2011, pp. 477 e ss.

CARVALHO, Nuno Pires de, *The Trips Regime of Patent Rights*, London, Kluwer Law International, 2002.

– *The Trips Regime of Trademarks and Designs*, Netherlands, Kluwer Law International, 2006.

CARVALHO, Orlando, *Direito das Coisas*, polic., 1969.

CASALONGA, Alain, «The Compulsory License System in France», *Journal of the Patent Office Society*, vol. I, 1954, pp. 19 e ss., disponível em «www.heioonline.org» (visitado em 15.03.2012).

CASTEL, J. G., «Recent Trends in Compulsory Licensing in Case of Non-use of Patents: A Comparative Analysis»,. *Journal of the Patent Office Society*, vol. 36, 6, 1954, pp. 330 e ss., disponível em «www.heinonline.org» (visitado em 20.04.2012).

CASTRO, Carlos Osório de, *Os Efeitos da Nulidade da Patente sobre o Contrato de Licença da Invenção Patenteada*, Porto, Universidade Católica Editora, 1994.

CATALDO, Vicenzo Di, *Il Codice Civile Commentario – I Brevetti per Invenzione e per Modelo art. 2584 – 2594*, 2º ed., Milano, Giuffrè editore, 2000.

CHAMP, Paul/ATTARAN, Amir, «Patent Rights and Local Working Under the WTO TRIPS Agreement: An Analysis of the U.S.-Brazil Patent Dispute», *The Yale Journal of International Law*, vol. 27, 2002, pp. 365 e ss., disponível em «papers.ssrn.com» (visitando em 30.06.2012).

CHATAP, Florence, *La Licence Obligatoire comme Sanction du Defaut d'Explotation des Brevets d'Invention dans les Pays en Developpement*, Paris, Presses Universitaires de France, 1986.

CHAUDHURI, Sudip, «Compulsory Licensing under India's Amend Patent Act», *Technology Policy Briefs*, vol. I, 3, Maastricht, 2002, pp. 3 e ss.

– *Trips and Changes in Pharmaceutical Patent Regime in India*, Working paper, 2005, disponível em «www.who.int» (visitado em 16.03.2011).

CHAVANNE, Albert/ AZÉMA, Jacques, *Le Nouveau Régime des Brevets d'Invention: Commentaire de la Loi du 13 Juillet 1978*, Sirey, Paris, 1979.

CHAVANNE, Albert/ BURST, Jean-Jacques, *Droit de la Propriété Industrielle*, 5e ed., Dalloz, Paris, 1998.

COBURN, Hayward, «Compulsory Licensing by the Courts», *Journal of the Patent Office Society*, vol. 28, no. 3, 1946, pp. 180 e ss., disponível em «www.heinonline.org» (visitado em 22.03.2012).

COELHO, José Gabriel Pinto, «Jurídico dos Inventos ou Assalariados na Moderna Legislação Portuguesa sobre Patentes», *RLJ*, 84, 1952, pp. 2950 e ss.

Cohen, Shlomo, «Compulsory Licensing of Patents – The Paris Convention Model», *IDEA*, vol. 20, nº 2, 1979, pp. 153 e ss.

Cornish, W./ Llewelyn, D./ Aplin, T., *Intellectual Property, Patents, Copyright, Trade Marks & Allied Rights*, 10th ed., London, Sweet & Maxwell, 2010.

Correia, Fernando Alves, *Manual de Direito do Urbanismo*, vol. II, Coimbra, Almedina, 2010.

Cotropia, Christopher, «Compulsory Licensing Under Trips and the Supreme Court of the United States' Decision in eBay vs. MercExchange», *Patent Law and Theory: A Handbook of Contemporary Research*, Cornwall, Edward Elgar, 2008, pp. 557 e ss.

Cotter, Christina, «The implications of Rwanda's Paragraph 6 Agreement with Canada for Other Developing Countries», *Loy. U. Chi. Int'l L. Rev.*, vol. 5, 2, 2008, pp. 177 e ss.

Demaret, Paul, «Patent- und Urheberrechtsschutz, Zwangslizenzen und freier Warenverkehr im Gemeinschaftsrecht», *GRUR Int.*, vol. I, nº 1, 1987, pp. 1 e ss.

– «Industrial Property Rights, Compulsory Licences and the Free Movement of Goods under Community Law», *IIC*, vol. 18, no. 2, Munich/Oxford, 1987, pp. 161 e ss.

Deroo, Pier, «"Public Non-Comercial Use", Compulsory Licensing for Pharmaceutical Drugs in Government Health Care Programs», *Michigan Journal of International Law*, vol. 32, pp. 347 e ss., disponível em http://students.law.umich.edu/mjil/uploads/articles/v32n2-deroo.pdf (visitado em 25.05.2011).

Dias, Anna Coelho, *A Licença Compulsória de Patentes: Análise do Caso Kaletra*, Brasília, 2006, disponível em « www.uniceub.br» (visitado em 05.01.2013).

Dias, Maria Figueiredo, *A Assistência Técnica nos Contratos de Know-How*, Stvdia Ivridica 10, Coimbra, Coimbra Editora, 1995.

Dinwoodie, Graeme/ Hennessey, William/ Perlmutter, Shira, *International Intellectual Property Law and Policy*, San Francisco, Lexis Nevis, 2001.

Dragotti, Gualtiero, «Brevetto Chimico: Invenzioni di Prodotto, Invenzioni d'Uso e Licenza Obbligatoria. Una Riflessione sulle Esperienze Statunitensi», *Rivista di Diritto Industriale*, vol. I, Milano, Giuffrè, 1995, pp. 156 e ss.

Drahos, Peter/ Braitwaite, John, *Information Feudalism: Who Owns the Knowledge Economy?*, London, Earthscan, 2002.

Dreier, Thomas, «Development of the Protection of Semiconductor Integrated Circuits», *IIC*, vol. 19, no. 4, Munich/Oxford, 1988, pp. 427 e ss.

Durojaye, Ebenezer, *Trips, Human Rights and Access to Medicines in Africa – A Post Doha Analysis*, Saabrücken, VDM Verlag, 2010.

Elliot, Richard, «Steps Forward, Backward, and Sideways: Canada›s Bill on Exporting Generic Pharmaceuticals», *HIV/ Aids Policy and Law Review*,

vol. 9, nº 3, 2004, pp. 15 e ss., disponível em «www.aidslaw.ca» (consultado em 17.02.2011).
– «Pledges and Pitfalls: Canada's Legislation on Compulsory Licensing of Pharmaceuticals for Export», *Int. J. Intellectual Property Management*, vol. 1, nos. 1/2, 2006, pp. 94 e ss.
ENCHELMAIER, Stefan, «The Inexhaustible Question – Free Movement of Goods and Intellectual Property in the European Court of Justice Case Law, 2002-2006», *IIC*, vol. 38, no. 4, Munich/Oxford, 2007, pp. 453 e ss.
ENRIQUE MASIÁ/ DANIEL HARGAIN, «Protección Internacional de la Propiedad Industrial e Intelectual», *Derecho del Comercio Internacional, Derecho del Comercio Internacional (Mercosur – Unión Europea)*, Coord. Carlos Mota/Daniel Hargain, Lanús Este, Reus – B de F, 2005, pp. 169 e ss.
FABIANI, Mario, «Onere di Attuazione dell'Invenzione e Abuso del Brevetto», *Studi in Memoria di Tullio Ascarelli*, vol. I, Milano, Giuffrè, 1969, pp. 525 e ss.
FAIR, Robert, «Does Climate Change Justify Compulsory Licensing of Green Technology?», *Int›l L. & Mgmt. Rev.*, vol, 6, 2009, pp. 21 e ss.
FAULL/ NIPKPAY, *The EC Law of Competition*, New York, Oxford University Press, 1999.
FAUVER, Cole, «Compulsory Patent Licensing in the United States: An Idea Whose Time Has Come», *Nw. J. Int›l L. & Bus*, vol. 8, 1988, pp. 666 e ss.
FERNÁNDEZ-NÓVOA, Carlos/ OTERO LASTRES, J. M./ BOTANA AGRA, M., *Manual de la Propriedad Industrial*, Madrid, Marcial Pons, 2009.
FIDALGO, Vítor Palmela, «O Regime Jurídico Internacional das Licenças Compulsórias», *CCJUR em Revista*, ano 9, edição especial, Alagoas, Cesmac, 2011-2012, pp. 113 e ss.
– «A Licença Compulsória sobre Marcas: Um Debate a Ser Retomado?» ABPI, nº 125, 2013, pp. 63 e ss.
FINNEGAN, Marcus, «The Folly of Compulsory Licensing», *Journal of the Licensing Executive Society*, vol. 12, nº 2, 1977, pp. 128 e ss.
FORD, Sarah M., «Compulsory licensing Provisions Under the Trips Agreement: Balancing Bills and Patents», *American University International Review*, vol. 14, 2000, pp. 941 e ss., disponível em «http://www.auilr.org/pdf/15/15-4-5.pdf» (visitado em 10.02.2011).
FOSTER, Angela, «Compulsory Licensing After eBay», *New Jersey Lawyer*, 2009, pp. 35 e ss.
FRASSI, Paola, «Innovazione Derivata, Brevetto Dependente e Licenza Obbligatoria», *Rivista di Diritto Industriale*, vol. I, Milano, Giuffrè, 2006, pp. 212 e ss.
FREDERICO, Pasquale, «Compulsory Licensing in Other Countries», *Law and Contemporary Problems*, 13, 1948, pp. 295 e ss., disponível em «www.heio online.org» (visitado em 15.03.2012).

GALANE, Morton, «Standards for a Reasonable Royalty under the Atomic Energy Compulsory Licensing Program», Va. L. Rev., vol. 38, 1952, pp. 53 e ss., disponível em «www.heionline.org» (visitado em 10.09.2012).

GALLEGO, Beatriz Conde, «El Agotamiento de los Derechos de Propiedad Industrial e Intelectual: Un Analisis desde la Perspectiva del Comercio Internacional y del Derecho de la Libre Competencia», *Actas de Derecho Industrial y Derecho de Autor*, Tomo XXIII, Madrid, Universidad Santiago de Compostela, 2002, pp. 43 e ss.

GALLOUX, Jean-Christophe, *Droit de la Propriété Industrielle*, 2e ed., Paris, Dalloz, 2003.

GERBER, Jeffry/ KITSON, Peter, «Compulsory Licensing of Patents under The Clean Air Act of 1970», *Envtl. L.*, vol. 33, 1973, pp. 33 e ss.

GERVAIS, Daniel, *The TRIPS Agreement: Drafting History and Analysis*, 2nd ed., London, Sweet & Maxwell, 2003.

GIBSON, Christopher, «A Look at the Compulsory License in Investment Arbitration: The Case of Indirect Expropriation», *American University International Law Review*, vol. 25, 3, 2010, pp. 357 e ss.

GHIDINI, Gustavo, *Profili Evolutivi del Diritto Industriale*, 2º ed., Milano, Guiffrè Editore, 2008.

GODT, Christine, «Differential Pricing of Patent-Protected Pharmaceuticals for Life-Threatening Infectious-Diseases inside Europe – Can Compulsory Licenses be Employed?» *Differential Pricing of Patent-Protected Pharmaceuticals inside Europe – Exploring Compulsory Licenses and Exhaustion for Access to Patented Essential Medicines*, Ed. Christine Godt, ZERP, Germany, Nomos, 2010, pp. 23 e ss.

GOLDSMITH, Delvalle, «The Case for "Restricted" Compulsory Licensing», vol. 2, Am. Pat. L. Ass'n Q.J., 1974, pp. 146 e ss., disponível em «http://heionline.org» (vistado em 20.09.2012).

GONÇALVES, Luíz da Cunha, *Tratado de Direito Civil em Comentário ao Código Civil Português*, vol. XIX, Coimbra, Coimbra, Coimbra Editora, 1940.
– *Da Propriedade e da Posse*, Lisboa, Ática, 1952.

GONÇALVES, Luís Couto, *A Função Distintiva da Marca*, Almedina, Coimbra, 1999.
– *Manual de Direito Industrial*, 6ª ed., Coimbra, Almedina, 2015.

GORJÃO-HENRIQUES, Miguel/ PINHEIRO, Paulo, *Direito do Medicamento*, Coimbra, Coimbra Editora, 2009.

GORLIN, Jacques, *An Analysis of the Pharmaceutical Related Provisions of the WTO--TRIPS Intellectual Property Agreement*, London, Intellectual Property Institute, 1999.

GRECO, Guido, «Aspetti Pubblicistici e Privatistici Della C.D. Licenza Obbligatoria di Brevetto», *Rivista di Diritto Industriale*, Anno XXXVIII, I, Milano, Giuffrè, 1977, pp. 5 e ss.

GRECO, Paolo/VERCELLONE, Paolo, *Le Invenzioni e i modelli industriale* (Trattato di Diritto Civile Italiano), vol. XI, Tomo II, Torino, Editrice Torinese, 1968.

– *I Diritti sui Beni Immateriali*, Torino, Giappichelli, 1948.

HAIJUN, Jin, «Reality and Potentiality: Compulsory Patent Licensing in China from a Comparative Perspective», *EIPR*, vol. 31, 2, Sweet & Maxwell, 2009, pp. 93 e ss.

HALEWOOD, Michael, «Regulating Patent Holders: Local Working Requirements and Compulsory Licences at International Law», *Osgoode Hall L. J.*, 35, 1997, pp. 243 e ss.

HARRIS, Donald, «Trips After Fifteen Years: Success or Failure, as Measured by Compulsory Licensing», *J. Intell. Prop. L.*, vol. 18, 2011, pp. 367 e ss.

HASE, Andres M. von, «The Application and Interpretation of the Agreement on Trade-Related Aspects of Intellectual Property Rights», *Intellectual Property and International Trade: The TRIPS Agreement*, ed. Carlos M. Correa, Abdulqawi A. Yusuf, 2nd ed., Alphen aan den Rijn, Kluwer Internacional, 2008, pp. 83 e ss.

HEINEMANN, Andreas, «Compulsory Licences and Product Integration in European Competition Law – Assessment of the European Commission's *Microsoft* Decision», *IIC*, vol. 36, no. 1, Munich/Oxford, 2005, pp. 63 e ss.

HESTERMEYER, Holger, *Human Rights and the WTO*, New York, Oxford Press, 2007.

– *Canadian-made Drugs for Rwanda: The First Application of the WTO Waiver on Patents and Medicines*, ASIL Insight International Economic Law Edition, vol. 11, 28, 2007, disponível em «http://www.asil.org/» (visitado em 16.10.2012).

HOEN, F. M. Ellen, Trips, *Pharmaceutical Patents and Access to Essential Medicines: Seattle, Doha and Beyond*, 2003, disponível em «www.who.int» (visitado em 22.02.2011).

HOEREN, Thomas, «Das Washingtoner Abkommen zum Schutz des geistigen Eigentums an integrierten Schaltkreisen», *NJW*, vol. 41, Frankfurt am Main, Verlag C. H. Beck, 1989, pp. 2605 e ss.

– «The Protection of Semiconductor Chip Products in Trips», *Research Handbook on The Protection of Intellectual Property under WTO Rules Intellectual Property in the WTO*, vol. I, Coord. Carlos Correa, Edward Elgar Publishing Ltd, Northampton, 2010, pp. 698 e ss.

HOLMES, William, «Compulsory Patent and Trademark Licensing: A Framework for Analysis», *Loy. U. Chi. L.J.*, disponível em «www.heionline.org» (visitado em 18.10.2012).

Jaeger, Thomas, «The EU Patent: Cui Bono et Quo Vadit?» *Common Law Market Review*, vol. 47, 2010, pp. 63 e ss.

Jehoram, Herman/ Mortelman, Kamiel, «Zur „Magill"-Entscheidung des Europäischen Gerichtshofs», *GRUR Int*, 1997, pp. 11 e ss.

Junior, Edson Rodrigues, «Influência do Trips na Harmonização das Regras de Licenciamento Compulsório», *ABPI*, nº 73, nov./dez. de 2004, pp. 24 e ss.

Kaun N.G./ Elizabeth, S., «Patent Trolling: Innovation at Risk», *EIPR*, vol. 31, 12, Sweet & Maxwell, 2009, pp. 593 e ss.

Keating, William, «FTC Authority to Order Compulsory. Trademark Licensing: Is "Realemon" Really Real Lemon?», *The Dickinson Law Review*, vol. 85, 1980-1981, pp. 191 e ss., disponível em «www.heionline.org» (visitado em 15.03.2012).

Kuanpoth, Jakkrit, «Compulsory Licences: Law and Practice in Thailand», *Compulsory Licensing. Practical Experiences and Ways Forward*, MPI Studies on Intellectual Property and Competition Law, 22, ed. Reto M. Hilty, Kung--Chung Liu, Heidelberg, Springer, pp. 61 e ss.

Kur, Annete, «Trips und der Designschutz», Grur Int., vol. 3, 1995, pp. 185 e ss.
– «Trips and Design Protection», *ICC Studies – from GATT to Trips*, vol. 18, Beier e Gerhard Schricker, Muniche, Max Planck Institute for Foreign and International Patent, Copyright and Competition Law, 1996, pp. 141 e ss.

Ladas, Stephen, Patents, *Trademarks, and Related Rights*, vol. I, Cambridge, Harvard University Press, 1975.

Lauroesch, Mark, «General Compulsory Patent Licensing in the United States: Good in Theory, But Not Necessary in Practice», *Santa Clara Computer & High Technology Law Journal*, vol. 6, 1990, pp. 41 e ss., disponível em «www.heionline.org» (visitado em 15.03.2012).

Law, Andrew, *Patents and Public Health – Legalising the Policy Thoughts in the Doha TRIPS Declaration of 14 November 2001*, MIPLC (vol. 3), Augsburg/München//Washington DC, Nomos, 2008.

Lee, Yunjoo,/Langley, Malcolm, «Employees' Inventions: Statutory Compensation Schemes in Japan and the United Kingdom», *EIPR*, 7, 2005, PP. 250 e ss.

Leistner, Matthias, Comentário à decisão BGH, de 13 de Julho de 2004, *IIC*, 2005, pp. 749 e ss.
– «The Requirements for Compulsory Dependency Licences: Learning from the Transformative Use Doctrine in Copyright Law», *Compulsory Licensing. Practical Experiences and Ways Forward*, MPI Studies on Intellectual Property and Competition Law, 22, ed. Reto M. Hilty, Kung-Chung Liu, Heidelberg, Springer, pp. 221 e ss.

LEITÃO, Luís Menezes, «Os Efeitos do Incumprimento dos Contratos de Propriedade Intelectual», *Contratos de Direito de Autor e de Direito Industrial*, Org. Carlos Ferreira de Almeida, Luís Couto Gonçalves, Cláudia Trabuco, Coimbra, Almedina, 2011, pp. 113 e ss.
– *Direitos Reais*, Coimbra, Coimbra Editora, 2011.
– *Direitos de Autor*, Coimbra, Almedina, 2011.
LIN, Tsai-Yu, «Compulsory Licenses for Access to Medicines, Expropriation and Investor-State Arbitration Under Bilateral Investment Agreements – Are There Issues Beyond the TRIPS Agreement?» *IIC*, vol. 40, no. 2, Munich/ /Oxford, 2009, pp. 152 e ss.
LIU, Kung-Chung, «Rationalising the Regime of Compulsory Patent Licensing by the Essential Facilities Doctrine», *IIC*, vol. 39, no. 7, Munich/Oxford, 2008, pp. 757 e ss.
– «The Need and Justification for a General Competition Oriented Compulsory Licensing Regime», *IIC*, vol. 43, no. 6, Munich/Oxford, 2012, pp. 679 e ss.
LOVE, James, *Remuneration Guidelines for Non-voluntary use of Patents on Medicines*, WHO Health Economics and Drugs TCM, series no. 18, Washington D.C., UNDP, 2005.
LYBECKER, Kristina/ FOWLER, Elisabeth, «Compulsory Licensing in Canada and Thailand: Comparing Regimes to Ensure Legitimate Use of the WTO Rules», *Journal of Law, Medicines & Ethics*, 2009, pp. 222 e ss.
MAIA, José Mota, *Instituto Nacional da Propriedade Industrial: 20 anos/ Instituto Nacional da Propriedade Industrial*, Lisboa, Instituto Nacional da Propriedade Industrial, 1996.
– *Propriedade Industrial*, vol. II (Código da Propriedade Industrial Anotado), Coimbra, Almedina, 2005.
MARIA CORREA, Carlos, *Intellectual Property Rights and the Use of Compulsory Licenses: Options for Developing Countries*, Trade-Related Agenda, Development, and Equity, Working papers, South Center, Genève, 1999, disponível em «www.southcentre.org» (visitado em 17.01.2011).
– *Intellectual Property Rigths, the WTO and Developing Countries*, London, ZED books, 2000.
– *Implications of the Doha Declaration on the Trips Agreement and Public Health*, World Health Organization, Buenos Aires, 2002, disponível em «www.who. int» (visitado em 17.01.2011).
– «Compulsory Licensing: How to Gain Access to Patented Technology», *Intellectual Property Management in Health and Agricultural Innovation: A Handbook of Best Practices*, 2007, pp. 273 e ss., disponível em «www.iphandbook. org» (visitado em 12.04.2011).

– *Trade Related Aspects of Intellectual Property Rights: A Commentary on the TRIPS Agreement*, Oxford, Oxford University Press, 2007.
– «Patent Rights», *Intellectual Property and International Trade: The TRIPS Agreement*, ed. Carlos M. Correa, Abdulqawi A. Yusuf, 2nd ed., Alphen aan den Rijn, Kluwer Law International, 2008, pp. 227 e ss.
– «Layout Designs of Integrated Circuits», *Intellectual Property and International Trade: The TRIPS Agreement*, ed. Carlos M. Correa, Abdulqawi A. Yusuf, 2nd ed., Alphen aan den Rijn, Kluwer Law International, 2008, pp. 259 e ss.
– «The Use of Compulsory Licences in Latin America», *Compulsory Licensing. Practical Experiences and Ways Forward*, MPI Studies on Intellectual Property and Competition Law, 22, ed. Reto M. Hilty, Kung-Chung Liu, Heidelberg, Springer, pp. 43 e ss.

MARIA CORREA/SALVADOR BERGEL, *Patentes y Competencia*, Argentina, Rubinzal – Culzoni Editores, 1996.

MARQUES, João Paulo Remédio, «Patentes Biotecnológicas e Direitos de Obtentor de Variedades Vegetais – Diferenças de Regime e Pistas para a Respectiva Articulação», in AAVV, *Direito Industrial*, vol. II, Coimbra, Almedina, 2002, pp. 163 e ss.
– «Propriedade Intelectual e Interesse Público», *Boletim da Faculdade de Direito de Coimbra*, vol. 79, 2003, pag. 293 e ss.
– *Biotecnologia(s) e Propriedade Intelectual*, vol. I e II, Coimbra, Almedina, 2007.
– «O Conteúdo dos Pedidos de Patente: A Descrição do Invento e a Importância das Reivindicações – Algumas Notas», *O Direito*, 139º, IV, Coimbra, Almedina, 2007, pp. 769 e ss.
– *Licenças (Voluntárias e Obrigatórias) de Direitos de Propriedade Industrial*, Coimbra, Almedina, 2008.
– *Medicamentos vs. Patentes: Estudos de Propriedade Industrial*, Coimbra, Coimbra Editora, 2008.
– «Patentes Biotecnológicas e o Acesso a Produtos de Saúde – Uma Perspectiva Europeia e Luso-Brasileira», *O Direito*, 141º, I, Coimbra, Almedina, 2009, pp. 163 e ss.
– «O Direito de Patentes, o Sistema Regulatório de Aprovação, o Direito de Concorrência e o Acesso aos Medicamentos Genéricos», in AAVV, *Direito Industrial*, vol. VII, Coimbra, Almedina, 2010, pp. 285 e ss.
– «Direito de Autor e Licença Compulsória – Um Olhar Luso-Brasileiro», *Boletim da Faculdade de Direito de Coimbra*, vol. 86, 2010, pp. 49 e ss.
– «Contrato de Licença de Patente», *Contratos de Direito de Autor e de Direito Industrial*, Org. Carlos Ferreira de Almeida, Luís Couto Gonçalves, Cláudia Trabuco, Coimbra, Almedina, 2011, pp. 395 e ss.

MARQUES, J.P. Remédio/ SERENS, Nogueira, «Direito de Patente: sucessão de leis no tempo e a proibição de outorga de patentes nacionais sobre produtos químicos ou farmacêuticos no domínio do CPI de 1940 – o aditamento de reivindicações de produto químico ou farmacêutico no quadro do CPI de 1995, nos procedimentos de protecção de pendentes na data de adesão à Convenção da Patente Europeia e ao Acordo Trips», *O Direito*, 138º, V, Coimbra, Almedina, 2006, pp. 1011 e ss.

MARQUES, Mário Castro, «As Licenças de Direito de Propriedade Intelectual e a Defesa da Concorrência», in AAVV, *Direito Industrial*, vol. III, Coimbra, Almedina, 2003, pp. 329 e ss.

MATTHEWS, Duncan, «WTO Decision on Implementation of paragraph 6 of the Doha Declaration on the Trips Agreement and Public Health: A Solution to the Access to Essential Medicines Problem?», *JIEL*, vol. 7, 1, Oxford University Press, 2004, pp. 73 e ss.

– «Trips Flexibilities and Access to Medicines in Developing Countries: The Problem with Technical Assistance and Free Trade Agreements», *EIPR*, 11, Sweet & Maxwell, 2005, pp. 420 e ss.

MAUME, Philipp, «Compulsoy Licensing in Germany», *Compulsory Licensing. Practical Experiences and Ways Forward*, MPI Studies on Intellectual Property and Competition Law, 22, ed. Reto M. Hilty, Kung-Chung Liu, Heidelberg, Springer, pp. 95 e ss.

MCCARTHY, Thomas, «Compulsory Licensing of a Trademark: Remedy or Penalty?», *TMR*, vol. 67, I, 1977, pp. 197 e ss., disponível em «www.heioonline. org» (visitado em 20.04.2012).

MELLO, Alberto Sá, *Manual de Direito de Autor*, Coimbra, Almedina, 2014.

MELLO, Maria Chaves de, *Dicionário Jurídico – Law Dictionary (português-inglês/ /inglês-português)*, 4ª ed. rev., Lisboa, Dina Livro, 2008.

MELO, Renato Dolabella, «A Proposta de Nova Lei de Defesa de Concorrência e o Licenciamento Compulsório de Direitos de Propriedade Intelectual», *Revista de Direito*, Universidade Federal de Viçosa, vol. I, nº 3, 2010, pp. 157 e ss.

MIRANDA, Jorge/GOUVEIA, Jorge Bacelar, «A Duração da Patente no Acordo Trips e no Novo Código da Propriedade Industrial à Luz da Constituição Portuguesa», *ROA*, Ano 57, vol. I, Janeiro de 1997, pp. 249 e ss.

MONTEIRO, Luís Pinto, *A Recusa em Licenciar Direitos de Propriedade Intelectual no Direito da Concorrência*, Coimbra, Almedina, 2010.

MUKHERJEE, Santana, «The Journey of Indian Patent Law Towards Trips Compliance», *IIC*, vol. 35, no. 2, Munich/Oxford, 2004, pp. 125 e ss.

MUSUNGU, Sisule/ OH, Cecile, *The use of Flexibilities in Trips by Developing Countries: Can they Promote Access to Medicines?*, South Centre, Geneve, 2006.

NIELSEN, Carol/SAMARDZIJA, Michael, «Compulsory Patent Licensing: Is It a Viable Solution in the United States?», *Michigan Telecommunications and Technology Law Review*, vol. 13, 2007, pp. 509 e ss.

NIRK, Rudolf, *Gewerblicher Rechtsschutz: Urheber- und Geschmacksmusterrecht, Erfinder-, Wettbewerbs, Kartell- und Warenzeichenrecht*, Stuttgart, Kohlhammer, 1981.

NG, Emily/ KOHLER, Jilian Clare, «Finding Flaws: The Limitations of Compulsory Licensing for Improving Access To Medicines – An International Comparison», *Health Law Journal*, vol. 16, 2008, pp. 143 e ss.

NOBILI, «La Nouvelle Loi Italienne sur les Licences Obligatoires», *La Propriété Industrielle*, 1969, pp. 229 e ss.

OLAVO, Carlos, «O Trips e a Duração das Patentes», *ROA*, Lisboa, Ano 66, nº 3, vol. II, setembro 2006, pp. 915 e ss.
 – *Propriedade Industrial*, vol. I, Coimbra, Almedina, 2005
 – «Desenhos e Modelos: Evolução Legislativa», *Direito Industrial*, vol. III, Coimbra, Almedina, 2003, pp. 45 e ss.
 – «Importações Paralelas e Esgotamento de Direitos de Propriedade Industrial: Questões e Perspectivas», *ROA*, Lisboa, ano 61, nº 3, dezembro 2001, pp. 1413 e ss.

OVERWALLE, Geertrui Van, «Differential Pricing: Piercing or Fostering the IP Incentive for Public Health?» *Differential Pricing of Patent-Protected Pharmaceuticals inside Europe – Exploring Compulsory Licenses and Exhaustion for Access to Patented Essential Medicines*, Ed. Christine Godt, ZERP, Germany, Nomos, 2010, pp. 113 e ss.

PAAS, Katri, «Compulsory Licensing under TRIPS Agreement – a Cruel Taunt for Developing Countries», *EIPR*, vol. 31, 12, Sweet & Maxwell, 2009, pp. 609 e ss.

PAIS, Sofia Oliveira, *Entre Inovação e Concorrência – Em Defesa de um Modelo Europeu*, Lisboa, Universidade Católica Editora, 2011.

PALLADINO, Vincent N., «Compulsory Licensing of a Trademark», *Buffalo Law Review*, vol. 68, 457, 1978, pp. 522 e ss., disponível em «www.heinonline.org» (visitado em 22.06.11).

PEREIRA, Alexandre Dias, «Circuitos Integrados: Protecção Jurídica das Topografias de Produtos Semi-Condutores», *Direito Industrial*, vol. II, Coimbra, Almedina, 2002, pp. 309 e ss.

PERLINGIERI, Pietro, *Codice Civile Annotato con la Dottrina e la Giurisprudenza*, Libro quinto, Torino, UTET, 1980.

PFANNER, Klaus, «Die Zwangslizenzierung von Patenten: Überblick und neuere Entwicklungen», *GRUR Int.*, vol. 6, 1985, pp. 357 e ss.

BIBLIOGRAFIA CONSULTADA

PLAISANT, Marcel/JACQ, Fernand, *Le Nouveau Régime International de la Propriété Industrielle*, Recueil Sirey, Paris, 1927.
PLAISANT, Robert, «Les Licences Obligatoires», *Rivista di Diritto Industriale*, I, 1956, pp. 101 e ss.;
PRAVEL, «Say "No" to More Compulsory Licensing Statutes», *Am. Pat. L. Ass›n Q.J.*, vol. 2, 3, 1974, pp. 185 e ss.
PROPRIEDADE INDUSTRIAL – PARECER, *Parecer das 13ª, 18ª e 20ª Secções ouvida a 11ª Secção, da Câmara Corporativa sobre a respectiva proposta de lei, nos termos do artigo 105º da Constituição*, Assembleia Nacional, Lisboa, 1937.
QUADROS, Fausto de, «O Carácter Self-Executing de Disposições de Tratados Internacionais. O Caso Concreto do Acordo Trips», *ROA*, ano 61, nº 3, dezembro de 2001, pp. 1269 e ss.
RAMELA, Agustín, *Tratado de la Propriedad Industrial, I* (inventos industriales), trad., Revista General de Legislacíon y Jurisprudencia), Madrid, Hijos de Reus Editores, 1913.
RATO, Gonçalo Moreira, «O Acordo Trips/ADPIC: Avaliação», *Direito Industrial*, Vol.II, Coimbra, Almedina, 2002, pp. 281 e ss.
RAVÀ, Tito, *Diritto Industriale*, vol. II, Torino, UTET, 1988.
REBELLO, Luiz Rebello, *Código do Direito de Autor e dos Direitos Conexos*, Lisboa, Âncora, 2002.
REICHENBERGER, Melanie, «The Role of Compulsory Licensing in Unilateral Refusals to Deal: Have the United States and European Approaches Grown Further Apart IMS?», *J. Corp. L.*, vol. 31, 2006, pp. 549 e ss.
REICHMAN, Jerome, «Universal Minimum Standards of Intellectual Property Protection under the Trips Component of the WTO Agreement», *Intellectual Property and International Trade: The TRIPS Agreement*, ed. Carlos M. Correa, Abdulqawi A. Yusuf, 2nd ed., Alphen aan den Rijn, Kluwer Internacional, 2008, pp. 23 e ss.
– «Compulsory Licensing of Patented Pharmaceutical Inventions: Evaluating the Options», *Journal of Law, Medicine & Ethics*, vol. 37, 2009, pp. 247 e ss.
– «Lessons to be Learned in Europe from the International Discourse on Patents and Public Health», *Differential Pricing of Patent-Protected Pharmaceuticals inside Europe – Exploring Compulsory Licenses and Exhaustion for Access to Patented Essential Medicines*, Ed. Christine Godt, ZERP, Germany, Nomos, 2010, pp. 133 e ss.
REICHMAN, Jerome/ HAZENDHAL, C., *Non-voluntary Licensing of Patented Inventions: Historical Perspectives, Legal Frameworks Under Trips and an Overview of the Practice in Canada and in United States of America*, Issues Papers no. 5, UNC

Rodrigues, William,/Soler, Orenzio, «Licença Compulsória do Efavirenz no Brasil em 2007: Contextualização», Rev Panam Salud Publica, vol. 26, 6, 2009, pp. 553 e ss.

Rotondi, Mario, *Diritto Industriale*, 4º ed., Milano, Casa Editora Ambrosiana, 1942.

Roubier, Paul, *Le Droit de la Propriété Industrielle*, vol I, (Les Droits Privatifs) e II (Les Créations Nouvelles), Paris, Du Recueil Sirey, 1952.

Sabatier, Marc, *L'Explotation des Brevets d'Invention et l'Intérêt Général d'Ordre Économique*, Paris, Librarie de la Cour de Cassation, 1976.

Salamolard, Jean-Marc, *La Licence Obligatoire en Matière de Brevets d'Invention – Etude de Droit Comparé*, Genève, Libraire Doz, 1978.

Salis, Eli, «Patentes. Materia Patentable. Régimen de Licencias Obligatorias. El Daño Indemnizable en la Infracción de Derechos de Patente», *UAIPIT*, sección de publicaciones, 2001, disponível em «http://www.uaipit.com» (visitado em 13/09/20012).

Sarti, Davide, «Nuove Norme sul Procedimento di Concessione di Licenza Obbligatoria di Brevetto», *Le Nuove Leggi Civili Commentate*, nº 1, anno XIX, CEDAM, 1996, pp. 87 e ss.

Salvador Jovaní, Carmen, *El Ámbito de Protección de la Patente*, Valencia, Tirant lo Blanch, 2002.

Schecter, Frank, «Would Compulsory Licensing of Patents be Unconstitutional?», *Va. L. Rev.*, vol. 22, 1936, pp. 287 e ss.

Scheffler, Dietrich, «Die (ungenutzten) Möglichkeiten des Rechtsinstituts der Zwangslizenz», *Grur*, 2003, pp. 97 e ss.

Schlam, Lawrence, «Compulsory Royalty-Free Licensing as an Antitrust Remedy for Patent Fraud: Law, Policy and The Patent-Antitrust Interface Revisited», *Cornell J.L. and Pub. Pol'y.*, vol. 7, 1998, pp. 467 e ss., disponível em disponível em «www.heinonline.org» (visitado em 18.05.2012).

Schmidt, John, «Compulsory Licensing and National Defense: Danger in Abandoning Our Patent System», *A.B.A. J.*, vol. 35, 1949, pp. 476 e ss., disponível em «www.heinonline.org» (visitado em 20.04.2012).

Schmidt -Szalewski, Joanna/ Pierre, Jean-Luc, *Droit de la Propriété Industrielle*, 3e ed., Paris, Litec, 2003.

Schroeder, Werner, «Community Exhaustion: Does European Law Allow for Flexibility?» *Differential Pricing of Patent-Protected Pharmaceuticals inside Europe – Exploring Compulsory Licenses and Exhaustion for Access to Patented Essential Medicines*, Ed. Christine Godt, ZERP, Germany, Nomos, 2010, pp. 77 e ss.

Sena, Giuseppe, *Trattato di Diritto Civile e Commerciale – I Diritti Suelle Invenzioni e Sui Modelli Industriali*, vol. IX, 2º ed., Milano, Giuffrè Editore, 1984.

– «L'art. 5 della Convenzione di Unione e la Decadenza del Brevetto per Difetto di Attuazione», *Rivista di Diritto Industriale*, I, Milano, Giuffrè, 1964, pp. 5 e ss.

SHULMAN, Sheila/ RICHARD, Barbara, «The 1987 Canadian Patent Law Amendments: Revised Pharmaceutical Compulsory Licensing Provisions», *Food Drug Cosm. L. J.*, vol. 43, 1988, pp. 745 e ss.

SILVA, Pedro Sousa e, «E Depois do Adeus. O "Esgotamento" do Direito Industrial e os Direitos Subsistentes após a Colocação no Mercado», *Direito Industrial*, vol. III, Coimbra, Almedina, 2003, pp. 201 e ss.

– «Os Novos Modelos de Utilidade», *Direito Industrial*, vol. IV, Coimbra, Almedina, 2005, pp. 301 e ss.

– *Direito Industrial – Noções Fundamentais*, Coimbra, Coimbra Editora, 2011.

STRAUS, Joseph, «Implications of the TRIPs Agreement in the Field of Patent Law», *ICC Studies – from GATT to Trips*, vol. 18, Beier e Gerhard Schricker, Munich, Max Planck Institute for foreign and International Patent, Copyright and Competition Law, 1996, pp. 160 e ss.

– «Bedeutung des TRIPS für das Patentrecht», *Grur Int.*, pp. 179 e ss.

– «Abhängigkeit bei Patenten auf genetische Information – Ein Sonderfall?, *Grur*, 1998, pp. 314 e ss.

SCUFFI, Massimo/ FRANZOSI, Mario, *Diritto Industriale Italiano*, Tomo Primo (Diritto Sostanziale), Padova, CEDAM, 2014.

SUTHERSANEN, Uma, *Design Law in Europe*, London, Sweet & Maxwell, 2000.

TALADAY, John,/CARLIN, James, «Compulsory Licensing of Intelectual Property under the Competition Law of the United States and European Community», *George Mason Law Review*, 10, 2002, pp. 443 e ss., disponível www.heionline.org (visitado em 15.03.2012).

TAVASSI, Marina, «Diritti della Proprietà e Antitrust nell'Esperienza Comunitaria e Italiana», *Rivista di Diritto Industriale*, Anno XLVI, Milano, Giuffrè, 1997, pp. 147 e ss.

TAUBMAN, Antony, «Rethinking Trips: 'Adequate Remuneration' for Non-Voluntary Patent Licensing», *JIEL*, vol. 11, 4, Oxford University Press, 2008, pp. 927 e ss.

TELLES, Inocêncio Galvão, *Manual de Contratos em Geral*, 4ª ed., Coimbra, Coimbra Editora, 2010.

THOMAS, Kimberly, «Protectiong Academic and Non-Profit Research: Creating a Compulsory Licensing Provision in the Absence of an Experimental Use Exception», *Santa Clara Computer & High Tecnology Law Journal*, vol. 23, 2006, pp. 347 e ss.

TROLLER, Kamen, *Précis de Droit Suisse des Biens Immatériels*, 2e ed., Bâle, Helbing & Lichtenhahn, 2006.

TSAI, Goerge, «Canada's Access to Medicines Regime: Compulsory Licensing Schemes Under the WTO Doha Declaration», *Virginia Journal of International Law*, vol. 49, 4, 2009, pp. 1063 e ss.

TSUR, Yoel, «Compulsory Licensing in the Israel Patents Law», *IIC*, vol. 16, no. 5, Munich/Oxford, 1985, pp. 541 e ss.

UBERTAZZI, Luigi Carlo, *Invenzione e Innovazione*, Milano, Giuffrè Editore, 1978.
– «Un'Ipotesi di Conflitto tra Diritto Nazionale dei Brevetti e Diritto Comunitario: l'Onere di Attuare l'Invenzione», *Rivista di Diritto Industriale*, 1976, I, pp. 67 e ss.

UBERTAZZI, Luigi Carlo/ VOHLAND, Ludwig, «The New Italian Patent Act», *IIC*, vol. 11, no. 4, Munich/Oxford, 1980, pp. 441 e ss.

URBAIN, Françoise, «Compulsory Licenses in French Patent Law», *IIC*, vol. 5, no. 3, Munich/Oxford, 1974, pp. 273 e ss.

ULLRICH, Hanns, «European Competition Law, Community-wide and Compulsory Licenses – Disintegrating the Internal Market in the Public Interest», *Differential Pricing of Patent-Protected Pharmaceuticals inside Europe – Exploring Compulsory Licenses and Exhaustion for Access to Patented Essential Medicines*, Ed. Christine Godt, ZERP,Germany, Nomos, 2010, pp. 89 e ss.
– «Select from within the System: The European Patent with Unitary Effect», *Max Planck Institute for Intellectual Property & Competition Law Research Paper no. 12-11*, 2012, disponível «www.ip.mpg.de» (visitado em 01.02.2014).
– «Mandatory Licensing Under Patent Law and Competition Law. Different Concerns, Complementary Roles», *Compulsory Licensing. Practical Experiences and Ways Forward*, MPI Studies on Intellectual Property and Competition Law, 22, ed. Reto M. Hilty, Kung-Chung Liu, Heidelberg, Springer, pp. 333 e ss.

UNNI, V. K., «Indian Patent Law and TRIPS: Redrawing the Flexibility Framework in the Context of Public Policy and Health», *Global Business and Development Law Jounal*, vol. 25, 2012, pp. 323 e ss.

VANZETTI, Adriano/ DI CATALDO, Vincenzo, Manuale di Diritto Industriale, 2º ed., Milano, Giuffrè, 1996.

VARELA, Antunes/LIMA, Pires de, *Código Civil Anotado*, vol. III, 4ª ed., colab. Henrique Mesquita, Coimbra, Coimbra Editora, 2010.

VENKATESAN, Jaideep, «Compulsory Licensing of Nonpracticing Patentees After eBay vs. MercExchange», *Va. L. Rev.*, vol. 14, 26, 2009, pp. 13 e ss.

VIANÈS, Georges, «The New French Patent Law», *IIC*, vol.. 11, no. 2, Munich //Oxford, 1980, pp. 131 e ss.

VICENTE, Dário Moura, *A Tutela Internacional da Propriedade Intelectual*, Coimbra, Almedina, 2008.

– «O Equilíbrio de Interesses no Direito de Autor», Direito da Sociedade da Informação, vol. IX, Coimbra, Coimbra Editora, 2011, pp. 249 e ss.

VIEIRA, José Alberto, *Direitos Reais*, Coimbra, Coimbra Editora, 2008.

VIVANT, Michel/ BILON, Jean-Louis, *Code de la Properiété Intellectuelle 2005*, 8th ed., Litec, Paris, 2005

WALTER, Hans Peter, «Compulsory Licenses in Respect of Dependent Patents Under the Law of Switzerland and Other European States», *IIC*, vol. 21, no. 4, Munich/Oxford, 1990, pp. 532 e ss.

WATAL, Jayashree, *Access to Essential Medicines in Developing Countries: Does the WTO TRIPS Agreement Hinder It?*, Science, Technology and Innovation Discussion Paper No. 8, Center for International Development, Harvard University, Cambridge, 2000.
– *Intellectual Property Rights in the WTO and Developing Countries*, The Hague, Kluwer Law International, 2001.

WATAL, Jayashree/ SCHERER, F., «Post-Trips Options For Access to Patented Medicines in Developing Nations», *JIEL*, vol. 5, 4, 2002, pp. 913 e ss.

WETZEL, James, «Can Patent Properties Be Redistributed Through Compulsory Licensing», *Am. Pat. L. Ass›n Q.J.*, vol. 1, 1973, pp. 184 e ss.

WHITAKER, Leroy, «Compulsory Licensing – Another Nail in the Coffin», *Am. Pat. L. Ass'n Q.J.*, vol. 2, 1974, pp. 155 e ss.

WHITE, Blanco, *Patents for Inventions and the Registration of Industrial Designs*, London, Stevens & Sons, 1950.

WOLFF, Christian, *Zwangslizenzen im Immaterialgüterrecht*, Göttingen, V & R Unipress, 2005.

WOLK, Sanna, «Remuneration of Employee Inventors – Is there a Common European Ground? A Comparison of National Laws on Compensation of Inventors in Germany, France, Spain, Sweden, and the United Kingdom», *IIC*, vol.. 42, no. 3, Munich/Oxford, 2011, pp. 272 e ss.

WIPO, *Economic Significance, Functions and Purpose of the Trademark*, Question 68, Resolution, Executive Committee of Toronto, September 23-29, 1979.
– *Exclusions from Patentable Subject Matter and Exceptions and Limitations to the Rights*, Standing Committee on the Law of Patents, Thirteenth Session, Geneva, 2009.

WÜRTENBERGER, Gert/ KOOIJ, Paul Van der/ KIEWIET, Bartv/ EKVAD, Martin, *European Community Plant Variety Protection*, New York, Oxford University Press, 2006.

YOSICK, Joseph A., «Compulsory Patent Licensing for Efficient Use of Inventions», *University of Illinois law review*, 2001, pp. 1275 e ss., disponível em «http://www.brinkshofer.com/files/107.pdf» (visitado em 15.12.10).

YUSUF, Abdulqawi A., «Trips: Background, Principles and General Provisions», *Intellectual Property and International Trade: The TRIPS Agreement*, ed. Carlos M. Correa, Abdulqawi A. Yusuf, 2nd ed., Alphen aan den Rijn, Kluwer Law International, 2008, pp. 3 e ss.

ZIMMEREN, Esther Van/ OVERWALLE, Geertrui Van, *Reshaping Belgian Patent Law: The Revision of the Research Exemption and the Introduction of a Compulsory License for Public Health*, 2006, disponível em «www.iip.or.jp» (visitado em 03.05.2012).

– «A Paper Triger? Compulsory License Regimes for Public Health in Europe, *IIC*, vol.. 42, no. 4, Munich/Oxford, 2011, pp.. 4 e ss.

ZORRAQUÍN, Aracama «Der gewerbliche Rechtsschutz in Lateinamerika – Beginn einer neuen Entwicklung», *GRUR*, vol. 2, 1976, pp. 53 e ss.

ZUDDAS, Goffredo, «Le Licenze Obbligatorie (Spunti Critici sulla Mancata Attuazione del Brevetto)», in Giust. civ., 1976, V, 144, pp. 137 e ss.

JURISPRUDÊNCIA E DECISÕES ADMINISTRATIVAS

I – ALEMANHA
- BPatG, 7 de junho de 1991, IIC, 1993, pp. 397 e ss.
- BGH, 5 de dezembro de 1995, IIC, 1997, pp. 242 e ss.
- BGH, 13 de julho de 2004, IIC, 2005, pp. 341 e ss.
- BGH, de 6 de Maio de 2009, IIC, 2010, pp. 369 e ss.
- BGH, 6 de março de 2012, IIC, 2012, pp. 712 e ss.

II – BRASIL
- Decreto Presidencial nº 6108, de 4 de maio de 2007.

II – EUA
- Caso *James vs. Campbell*, Supreme Court, 1888, 104 U.S. 356 e ss.
- Caso *Continental Paper Bag Co. vs. Eastern Paper Bag Co.*, Supreme Court, de 1 de junho de 1908, 210 U.S. 405.
- Caso *Morton Salt Co. vs. G. S. Suppiger Co.*, Supreme Court, 5 de janeiro de 1942, 314 U.S. 488 e ss.
- Caso *B. B. Chemical Co. vs. Ellis*, 5 de Janeiro de 1942, 314 U.S. 495 e ss.
- Caso *Hartford-Empire Co. vs. United States*, Supreme Court, 8 de janeiro de 1945, 323 U.S., 386 e ss.
- Caso *United States vs. National Lead Co.*, Supreme Court, 23 de junho de 1947, 332 U.S. 319 e ss.
- Caso *United States vs. United States Gypsum Co.*, Supreme Court, 27 de novembro de 1950, 340 U.S. 76 e ss.
- Caso *United States vs. Glaxo Group Ltd.*, Supreme Court, 22 de janeiro de 1973, 410 U.S. 52 e ss.;
- Caso *Foster vs. American Machine & Foundry Co.*, Court of Appeals – Second Circuit, de 21 de fevereiro de 1974, 492 F.2d 1317 e ss.

- Caso *Dawson Chemical Co. vs Rohm & Haas Co.*, Supreme Court, de 27 de junho de 1980, disponível em «http://caselaw.lp.findlaw.com/cgi-bin/getcase.pl?court=US&vol=448&invol=176».
- Caso *Roche Products Inc vs. Bolar Pharmaceutical Co.*, de 23 de abril de 1984, US Appeals for the Federal Circuit, disponível em «http://biotech.law.lsu.edu/cases/IP/patent/roche_v_bolar.htm».
- Caso *Image Technical Services Inc vs. Eastman Kodak Co.*, Court of Appeals – Ninth Circuit, 26 de agosto de 1997, disponível em «http://openjurist.org/125/f3d/1195/image-technical-services-inc-v-eastman-kodak-co».
- Caso *In Re Independent Service Organizations Antitrust Litigation vs. Xerox Corporation*, Court of Appeals – Federal Circuit, 17 de fevereiro de 2000, 203 F.3d 1322 e ss.
- Caso *Madey vs. Duke*, US Appeals for the Federal Circuit, 3 de outubro de 2002, disponível em «http://cyber.law.harvard.edu/people/tfisher/2002Madeyedit.html».
- Caso *eBay vs. MerExchange L.L.C.*, Supreme Court, 15 de maio de 2006, 547 U.S. 388.
- Caso *Innogenetics, N.V. vs. Abbott Laboratories*, Court of Appeals – Federal Circuit, 17 de janeiro de 2008, disponível em « http://docs.justia.com/cases/federal/appellate-courts/cafc/07-1145/07-1145-2011-03-27.pdf?1301283923».

III – FRANÇA
- Tribunal de Grande Instance de Paris ("Tetracycline Derivatives"), 6 de junho de 1973, IIC, 1974, pp. 314 e ss.

IV – ÍNDIA
- Decisão do Controller General of Patents, Designs and Trademarks of India, 28 de julho de 1959, caso *Raptakos, Brett & Co (P) vs. Benger Laboratories Ltd.*, Basheer, Shamnad,/Mrinalini, Kochupillai, *The "Compulsory Licence" Regime in India: Past, Present and Future*, Relatório elaborado para JPO (Junior Professional Officer), 2005, disponível em «papers.ssrn.com» (visitado em 22.08.2012), pp. 1 e ss., pp. 40 e 41 (Factos e sumário da decisão).
- Decisão do Controller General of Patents, Designs and Trademarks of India, Mumbai, de 9 de março de 2012, caso *Nacto Pharma Limited vs. Bayer Corporation*, IIC, vol. 5, 2012, pp. 587 e ss.

V – ITÁLIA
- Corte di Appello di Torino, 15 de outubro de 1965, *Rivista di Diritto Industriale*, II, 1965, pp. 265 e ss.

- Tribunale di Modena, 6 de novembro de 1969, *Rivista di Diritto Industriale*, II, 1969, pp. 381 e ss.
- Corte di Appello di Genova, 4 de agosto de 1978, *Rivista di Diritto Industriale*, II, 1981, pp. 133 e ss.
- Caso *Glaxo-Principi ativvi* (A363), Autoritá Garante della Concorrenza e del Mercato, 23 de fevereiro de 2005, disponível em «http://www.agcm.it/concorrenza/concorrenza-delibere.html».
- Caso *Merck-Principi ativvi* (A364), Autoritá Garante della Concorrenza e del Mercato, 23 de fevereiro de 2005, disponível em «http://www.agcm.it/concorrenza/concorrenza-delibere.html».
- *Merck-Principi ativvi* (A364), Autoritá Garante della Concorrenza e del Mercato, 21 de março de 2007, disponível em «http://www.agcm.it/concorrenza/concorrenza-delibere.html».

VI – Moçambique
- Doc. do Ministro da Indústria e Comércio (Gabinete do Ministro), Licença Compulsiva No. 01/MIC/04, disponível em «http://www.cptech.org».

VII – Reino Unido
- Caso *Pfizer Corporation vs. Ministry of Health*, de 1 de fevereiro de 1965, House of Lords, AC, 512 e ss.

VIII – Portugal
- Tribunal da Relação de Lisboa, Acórdão de 26 de abril de 1972, *BMJ*, nº 216, 1972, pp. 195.
- Supremo Tribunal de Justiça, Acórdão de 2 de fevereiro de 1973 (Manuel José Fernandes Costa), *BMJ*, nº 224, 1973, pp. 124 e ss.
- Tribunal da Relação de Lisboa, Acórdão de 14 de dezembro de 2004 (Maria do Rosário Morgado), disponível em «www.dgsi.pt».
- Tribunal da Relação de Lisboa, Acórdão de 7 de julho de 2009 (Roque Nogueira), disponível em «www.dgsi.pt».
- Tribunal da Relação do Porto, Acórdão de 2 de novembro de 2010 (Ana Resende), disponível em «www.dgsi.pt».
- Tribunal Central Administrativo Sul, Acórdão de 4 de agosto de 2011 (Coelho da Cunha), disponível em «www.dgsi.pt».

IX – União Europeia
- Caso *Centrafarm vs. Sterling Drug*, TJUE, 31 de outubro de 1974, disponível em «http://eur-lex.europa.eu».

- Caso *Merck vs. Stephar*, TJUE, 14 de julho de 1981, disponível em «http://eur-lex.europa.eu».
- Caso *Pharmon vs. Hoechst*, TJUE, 9 de julho de 1985, disponível em «http://eur-lex.europa.eu».
- Caso *AB Volvo*, TJUE, 5 de outubro de 1988, disponível em «http://eur-lex.europa.eu».
- Caso *Renault*, TJUE, 5 de outubro de 1988, disponível em «http://eur-lex.europa.eu».
- Caso *Comissão Europeia vs. República Italiana*, TJUE, 18 de fevereiro de 1992, disponível em «http://eur-lex.europa.eu».
- Caso *Generics e Harris Pharmaceuticals vs. Smith Kline e French Laboratories*, TJUE, 27 de outubro de 1992, disponível em «http://eur-lex.europa.eu».
- Caso *Magill*, TJUE, 6 de abril de 1995, disponível em «http://eur-lex.europa.eu».
- Caso *Merck vs. Primecrown*, TJUE, 5 de dezembro de 1996, disponível em «http://eur-lex.europa.eu».
- Caso *Portugal vs. Conselho*, 23 de novembro de 1999, TJUE, in *Colectânea de Jurisprudência do Tribunal de Justiça das Comunidades*, 1999, I, pp. 8395, nº 42 a 46.
- Caso *Parfums Christian Dior vs. Tuk Consultancy BV*, TJUE, 14 de dezembro de 2000, disponível em «www.curia.europa.eu».

Documentos GAAT/OMC
- Doc. GATT MTN.GNG/NG11/W/14/Ver.1, de 17 de outubro de 1986.
- Doc. GATT, MTN.GNG/NG11/W/17/Add.1, de 23 de setembro de 1988.
- Doc. GATT MTN.GNG/NGll/W/38, de 11 de julho de 1989.
- Doc. GATT, MTN.GNG/NG11/W/47, de 25 de outubro de 1989.
- Doc. GATT, MTN.GNG/NG11/W/57, de 11 de dezembro de 1989.
- Doc. GATT MTN.GNG/NG11/17, de 23 de janeiro de 1990.
- Doc. GATT MTN.GNG/NG11/W/68, de 29 de março de 1990.
- Doc. GATT MTN.GNG/NG11/W/70, de 11 de maio de 1990.
- Doc. GATT MTN.GNG/NG11/W/71, de 14 maio de 1990.
- Doc. GATT MTN.GNG/NG11/21, de 22 de junho de 1990.
- Doc. GAAT MTN.GNG/NG11/W/76, de 23 e julho de 1990.
- Doc. GATT MTN.TNC/W/35/Rev.1, de 3 de dezembro de 1990.
- Doc. OMC WT/WGTCP/W/105, de 23 de outubro de 1998.
- Doc. OMC WT/DS114/R, de 17 de março de 2000.
- Doc. OMC WT/DS199/1, de 8 de junho de 2000.
- Doc. OMC WT/DS199/3, de 9 de janeiro de 2001.

- Doc. OMC WT/DS224/1, de 7 de fevereiro de 2001.
- Doc. OMC IP/C/W/296, de 29 junho de 2001.
- Doc. OMC WT/DS199/4, de 19 de julho de 2001.
- Doc. OMC WT/MIN(01)/DEC/W/2, de 14 de novembro de 2001.
- Doc. OMC, IP/C/W/339, de 4 de março de 2002.
- Doc. OMC IP/C/W/355, de 24 de junho de 2002.
- Doc. OMC WT/L/540, de 2 setembro de 2003.
- Doc. OMC IP/C/W/427, de 17 de setembro de 2004.
- Doc. OMC WT/L/540/Corr.1, 29 de julho de 2005.
- Doc. OMC IP/C/37, de 3 de novembro de 2005.
- Doc. WT/MN(05)/DEC, 22 de dezembro de 2005.
- Doc. OMC IP/N/10/CAN/1, de 8 de outubro de 2007.
- Doc. OMC WT/L/785, de 18 de dezembro de 2009.
- Doc. OMC WT/L/829, 5 de dezembro de 2011.
- Doc. OMC WT/L/965, de 30 de novembro de 2015.

ÍNDICE

NOTA PRÉVIA E AGRADECIMENTOS	7
ADVERTÊNCIAS	9
ABREVIATURAS	11

CAPÍTULO. INTRODUÇÃO — 15
§ 1. Apresentação — 15
§ 2. Enquadramento e sistematização — 17
§ 3. Objetivos do Direito de Propriedade Industrial. Licença compulsória como balanceamento das desvantagens do sistema — 18
§ 4. Delimitação terminológica — 20

CAPÍTULO II. GENERALIDADES — 23
§ 5. Conceito introdutório de licença compulsória — 23
§ 6. Antecedentes históricos — 24
    6.1. Génese das licenças compulsórias a nível internacional — 24
    6.2. Surgimento das Licenças Compulsórias no Direito Português — 34
§ 7. Delimitação de figuras próximas — 36
    7.1. Licenças voluntárias — 36
    7.2. Licenças de pleno direito — 37
    7.3. Licenças constituídas de acordo com o regime especial do inventor dependente — 39
§ 8. O uso público não-comercial — 41
    8.1. Conceito e seu significado. *Crown use, government use* e *amtliche Benutzungsanordnung* — 41
    8.2. O *uso público não comercial* como figura jurídica autónoma? — 45

§ 9. Fundamentos e *ratio* subjacente ao instituto das licenças
compulsórias 50
§ 10. Excurso sobre as licenças compulsórias nos direitos de autor
e conexos 54

CAPÍTULO III. AS LICENÇAS COMPULSÓRIAS COMO
INSTRUMENTO DETERMINANTE NO ACESSO
AOS MEDICAMENTOS 59
§ 11. Colocação do problema. Apontamento histórico da mediatização
da questão. Valores jurídicos em colisão 59
§ 12. A Declaração de Doha de novembro de 2001. A decisão
do Conselho do *Trips* de 30/08/2003 e a emenda ao Acordo *Trips*
de 6 de dezembro de 2005 65
§ 13. O regime jurídico das licenças compulsórias para exportação
de medicamentos. Experiências comparativas. 73
 13.1. O regime jurídico canadiano. A experiência canadiana
  no caso *Canadá – Apo TriAvir – Ruanda* 73
 13.2. A legislação da União Indiana no regime das Licenças
  compulsórias com fins de exportação 80
 13.3. A alteração à lei de patentes norueguesa 82
 13.4. A resposta da União Europeia ao problema da concessão
  de licenças compulsórias para exportação e o acesso à saúde
  pública 85

CAPÍTULO IV. AS LICENÇAS COMPULSÓRIAS NA CUP
E NO ACORDO TRIPS 91
§ 14. As disposições jurídicas internacionais 91
§ 15. A ligação entre os arts. 30º e 31º do Acordo *Trips* 93
§ 16. A questão da exigência de exploração local e os acordos
internacionais: apontamento histórico e discussão jurídica .. 96
§ 17. A relação entre a Convenção da União de Paris e o Acordo *Trips* 109
§ 18. A liberdade de fundamentos deixada aos Estados-membros
para a concessão de licenças compulsórias. As previsões específicas
previstas na CUP e no Acordo *Trips* 109

CAPÍTULO V. AS LICENÇAS COMPULSÓRIAS NA UNIÃO
EUROPEIA 117
§ 19. A (falta de) previsão das licenças compulsórias no ordenamento
jurídico europeu. O desequilíbrio promovido pelo regime
da patente europeia com efeito unitário 117

§ 20. As licenças compulsórias por práticas anticoncorrenciais
no âmbito europeu   121

CAPÍTULO VI. ANÁLISE COMPARATIVA DE DIVERSOS REGIMES
JURÍDICOS SOBRE LICENÇAS COMPULSÓRIAS   127
§ 21. A aparente harmonização do regime de licenças compulsórias
com o Acordo *Trips*: posição do problema   127
§ 22. Alemanha   128
     22.1. Introdução   128
     22.2. Regime jurídico   129
     22.3. A concessão de licenças compulsórias com fundamentos
em práticas anticoncorrenciais no direito alemão   132
     22.4. O âmbito do öffentliche Interesse no caso *Prolyferon*   135
§ 23. Brasil   138
     23.1. Introdução   138
     23.2. Regime Jurídico   139
     23.3. Do caso *Kaletra* ao caso *Efavirenz*   145
     23.4. A admissão de uma *exclusividade única* pela doutrina
e a ausência do pré-requisito de obtenção de licença
contratual. O Mercosul e o art. 31º, f), do Acordo *Trips*   147
§ 24. EUA   149
     24.1. Introdução   149
     24.2. Discussão jurisprudencial, doutrinal e legislativa à volta
das licenças compulsórias   150
     24.3. A doutrina do *non-use*. O caso *eBay vs. MercExchange*:
um ponto de viragem nos EUA?   155
     24.4. Os regimes especiais previstos para a concessão de licenças
compulsórias   160
     24.5. O problema da fixação dos *royalties* aos titulares das patentes
e os *royalties free*   165
     24.6. Uma síntese conclusiva: a rejeição da licença compulsória
com raízes na "sagrada" proteção da propriedade. O caso
Antrax. A atitude protecionista dos EUA em termos
político-económicos   167
§ 25. França   170
     25.1. Introdução   170
     25.2. As licenças compulsórias judiciais   173
     25.3. As licenças compulsórias de ofício   175
     25.4. *Redevances* da licença compulsória: entre a falta de critérios
legais e a primazia do acordo entre as partes   178

§ 26. Índia 178
    26.1. Introdução 178
    26.2. Os princípios gerais aplicados à exploração de patentes.
        A influência no regime jurídico de licenças compulsórias 181
    26.3. A liberdade de fundamentos presente na ordem jurídica
        indiana. A densificação do regime no caso *Nacto Pharma*
        Limited vs. Bayer Corporation 182
    26.4. A garantia de exploração a cargo do potencial licenciado.
        A total impossibilidade de transmissão da licença compulsória.
        Os critérios para a quantificação da remuneração 188
§ 27. Itália 189
    27.1. Introdução 189
    27.2. Os fundamentos presentes no *Codice della Proprietà Industriale* 190
    27.3. Condições e procedimento administrativo 194
    27.4. Revogação da licença compulsória 197
    27.5. Concessão de licenças compulsórias por práticas
        anticoncorrenciais no direito italiano 198

CAPÍTULO VII. O REGIME DAS LICENÇAS COMPULSÓRIAS
NA ORDEM JURÍDICA DE FONTE INTERNA 201

SECÇÃO I. GENERALIDADES 201
§ 28. Tipos de licenças compulsórias 201
§ 29. Modalidades de licenças compulsórias 204
§ 30. Entidades com competência para a concessão de licenças
    compulsórias 206
§ 31. Direitos de propriedade industrial que podem ser sujeitos
a licenças compulsórias 208
    31.1. Invenções protegidas 208
        31.1.1. Patentes 208
        31.1.2. Modelos de utilidade 210
        31.1.3. Topografias de produtos semicondutores 212
        31.1.4. Certificado complementar de proteção
            para medicamentos e produtos fitofarmacêuticos 214
    31.2. Outros Direitos de Propriedade Industrial 217
        31.2.1. Desenhos ou modelos 217
        31.2.2. Marcas 223
        31.2.3. Variedades Vegetais 230
        31.2.4. *Know-How* 234

§ 32. As licenças compulsórias e o crivo constitucional   235

Secção II. Os Fundamentos das licenças compulsórias no direito português. A tentativa de obtenção de licença voluntária como requisito geral   239
§ 33. Os fundamentos estipulados no direito português   239
    33.1. Falta ou insuficiente exploração   241
        33.1.1. Introdução   241
        33.1.2. Fundamentos jurídico-filosóficos para a "obrigação" de explorar a patente   242
        33.1.3. Conceito de exploração   246
        33.1.4. Sujeito que efetua a exploração   251
        33.1.5. Período de imunidade   254
        33.1.6. Justos motivos   257
        33.1.7. A supressão da caducidade com fundamento na falta de exploração da patente no direito português   259
    33.2. Dependência entre direitos de propriedade industrial   262
        33.2.1. Objeto do problema e considerações gerais sobre as inovações derivadas   262
        33.2.2. O regime jurídico das licenças compulsórias por dependência entre invenções protegidas   267
        33.2.3. O regime jurídico das licenças compulsórias por dependência, tendo como objeto a interseção entre direitos de propriedade industrial de diferente espécie   269
        33.2.5. Quais as condições a que ficam sujeitas as licenças cruzadas?   273
        33.2.6. O âmbito de aplicação da licença compulsória por dependência: dependência parcial vs. dependência total   274
        33.2.7. O regime da licença compulsória por dependência entre patentes e a conformidade com o Acordo *Trips*   275
        33.2.7. A violação do direito de propriedade industrial pelo titular do direito dependente: uma hipótese autónoma de contrafação?   276
        33.2.8. Uma hipótese de *jure constituendo*: a licença compulsória solicitada em pedido reconvencional   277
    33.3. Motivos de interesse público   277
§ 34. Tentativa de obtenção de licença voluntária. Densificação dos conceitos indeterminados: *condições comerciais aceitáveis* e *prazo razoável*   283

Secção III. Procedimento administrativo e condições
para a concessão de licenças compulsórias.
Discricionariedade dos peritos   289
§ 35. Procedimento administrativo   289
§ 36. Condições obrigatórias   289
    36. 1. Não exclusividade   297
    36.2. Intransmissibilidade tendencial   298
    36.3. Deverão servir predominantemente para o fornecimento
        do mercado interno   300
    36.4. Remuneração   302
        36.4.1. Critério legislativo   302
        36.4.2. Cálculo da *remuneração adequada*. Critérios
            de abordagem   303
    36.5. Garantias oferecidas pelo Requerente   307

Secção IV. Construção da licença compulsória como
um instituto unitário   310
§ 37. As dificuldades hermenêuticas das licenças compulsórias:
    perfil publicista e privatístico   310
§ 38. O problema da modificação do âmbito objetivo (reivindicações)
    da patente   317
§ 39. Eventual esgotamento da patente através da licença compulsória   317
    39.1. Os direitos de patente e o esgotamento. O caso *Pharmon*
        vs. *Hoechst*   317
    39.2. As críticas à doutrina do consentimento e os novos critérios
        sugeridos   320

Secção V. Revisão, impugnação e extinção das licenças
compulsórias   325
§ 40. Revisão   325
§ 41. Impugnação   327
§ 42. Extinção. Em especial: revogação da licença compulsória 329
    42.1. Revogação   329
    42.2. Outras causas de extinção   332

Secção VI. Natureza Jurídica   333
§ 43. Teorias normalmente apresentadas   333
§ 44. Posição adotada   338

conclusões   341

ÍNDICE

BIBLIOGRAFIA CONSULTADA 345

JURISPRUDÊNCIA E DECISÕES ADMINISTRATIVAS 365